Ihr Vorteil als Käufer dieses Buches

Auf der Bonus-Webseite zu diesem Buch finden Sie zusätzliche Informationen und Services. Dazu gehört auch ein kostenloser **Testzugang** zur Online-Fassung Ihres Buches. Und der besondere Vorteil: Wenn Sie Ihr **Online-Buch** auch weiterhin nutzen wollen, erhalten Sie den vollen Zugang zum **Vorzugspreis**.

So nutzen Sie Ihren Vorteil

Halten Sie den unten abgedruckten Zugangscode bereit und gehen Sie auf **www.sap-press.de**. Dort finden Sie den Kasten **Die Bonus-Seite für Buchkäufer**. Klicken Sie auf **Zur Bonus-Seite / Buch registrieren**, und geben Sie Ihren **Zugangscode** ein. Schon stehen Ihnen die Bonus-Angebote zur Verfügung.

Ihr persönlicher **Zugangscode**: p9yk-56g8-wqh3-mjaz

ABAP™ Workbench – 100 Tipps & Tricks

SAP PRESS ist eine gemeinschaftliche Initiative von SAP und Galileo Press. Ziel ist es, Anwendern qualifiziertes SAP-Wissen zur Verfügung zu stellen. SAP PRESS vereint das fachliche Know-how der SAP und die verlegerische Kompetenz von Galileo Press. Die Bücher bieten Expertenwissen zu technischen wie auch zu betriebswirtschaftlichen SAP-Themen.

Horst Keller
ABAP-Referenz
1.367 S., 3., akt. und erw. Auflage 2010, geb.
ISBN 978-3-8362-1524-4

Randolf Eilenberger, Frank Ruggaber, Reinhard Schilcher
Praxishandbuch SAP Code Inspector
466 S., 2011, geb.
ISBN 978-3-8362-1706-4

Ilja-Daniel Werner
Workflow-Programmierung mit ABAP
188 S., 2011, geb.
ISBN 978-3-8362-1677-7

Roland Schwaiger, Dominik Ofenloch
Web Dynpro ABAP
Das umfassende Handbuch
1.176 S., 2011, geb.
ISBN 978-3-8362-1522-0

Michael Wegelin, Michael Englbrecht
SAP-Schnittstellenprogrammierung
490 S., 2., akt. und erw. Auflage 2011, geb.
ISBN 978-3-8362-1736-1

Aktuelle Angaben zum gesamten SAP PRESS-Programm finden Sie unter *www.sap-press.de*.

Christian Assig

ABAP™ Workbench – 100 Tipps & Tricks

Bonn • Boston

Liebe Leserin, lieber Leser,

vielen Dank, dass Sie sich für ein Buch von SAP PRESS entschieden haben.

Wenn Sie Software in ABAP entwickeln, ist die ABAP Workbench Ihre Werkstatt: Sie finden darin die Werkzeuge, die Sie für Ihre Arbeit brauchen, und verwenden manche davon vielleicht sogar täglich. Die Umgebung ist Ihnen vertraut, Sie kennen jeden Weg und jeden Winkel ... oder?

Was würden Sie sagen, wenn jemand Ihnen zeigt, dass in Ihrer Werkstatt praktische Werkzeuge liegen, von denen Sie gar nichts wussten? Dass Sie vertraute Wege abkürzen und dadurch Ihre Aufgaben wesentlich effizienter lösen können als bisher? Dass Sie sich das Leben mit der ABAP Workbench also grundsätzlich leichter machen können?

Genau das tut Christian Assig mit diesem Buch. Er kennt sich mit ABAP und der ABAP Workbench bestens aus und er versteht es immer wieder, Themen gut verständlich darzustellen. Für dieses Buch hat er aus seinem Erfahrungsschatz und dem seiner Kollegen 100 Tipps, Tricks und bewährte Methoden ausgewählt und in schnell umsetzbare Tutorials verwandelt. Ich bin sicher, dass Sie von den zahlreichen Tipps im Handumdrehen profitieren werden und wünsche Ihnen viel Spaß bei der Entdeckungstour in Ihrer ABAP-Werkstatt!

Wir freuen uns stets über Lob, aber auch über kritische Anmerkungen, die uns helfen, unsere Bücher zu verbessern. Am Ende dieses Buches finden Sie daher eine Postkarte, mit der Sie uns Ihre Meinung mitteilen können. Als Dankeschön verlosen wir unter den Einsendern regelmäßig Gutscheine für SAP PRESS-Bücher.

Ihr Stefan Proksch
Lektorat SAP PRESS

Galileo Press
Rheinwerkallee 4
53227 Bonn

stefan.proksch@galileo-press.de
www.sap-press.de

Auf einen Blick

TEIL 1	Quelltext bearbeiten	17
TEIL 2	Quelltext automatisch erzeugen	73
TEIL 3	Mit Zusatzinformationen zu Entwicklungsobjekten arbeiten	97
TEIL 4	Allgemeines zur ABAP Workbench	147
TEIL 5	ABAP-Dictionary-Objekte und Tabellenpflegewerkzeuge bearbeiten	163
TEIL 6	Web-Dynpro-Components bearbeiten	195
TEIL 7	Anwendungen testen	211
TEIL 8	Anwendungen debuggen...	239
TEIL 9	In Entwicklungsobjekten suchen	287
TEIL 10	Werkzeuge zur Analyse von Anwendungen	309
TEIL 11	Mit Transportaufträgen arbeiten	369

Der Name Galileo Press geht auf den italienischen Mathematiker und Philosophen Galileo Galilei (1564–1642) zurück. Er gilt als Gründungsfigur der neuzeitlichen Wissenschaft und wurde berühmt als Verfechter des modernen, heliozentrischen Weltbilds. Legendär ist sein Ausspruch *Eppur si muove* (Und sie bewegt sich doch). Das Emblem von Galileo Press ist der Jupiter, umkreist von den vier Galileischen Monden. Galilei entdeckte die nach ihm benannten Monde 1610.

Lektorat Stefan Proksch, Sonja Corsten
Korrektorat Osseline Fenner, Troisdorf
Einbandgestaltung Nadine Kohl
Titelbild Janina Conrady
Herstellung Maxi Beithe
Satz III-satz, Husby
Druck und Bindung Kösel GmbH & Co. KG, Altusried-Krugzell

Gerne stehen wir Ihnen mit Rat und Tat zur Seite:
stefan.proksch@galileo-press.de bei Fragen und Anmerkungen zum Inhalt des Buches
service@galileo-press.de für versandkostenfreie Bestellungen und Reklamationen
thomas.losch@galileo-press.de für Rezensionsexemplare

Bibliografische Information der Deutschen Nationalbibliothek
Die Deutsche Nationalbibliothek verzeichnet diese Publikation in der Deutschen Nationalbibliografie; detaillierte bibliografische Daten sind im Internet über *http://dnb.d-nb.de* abrufbar.

ISBN 978-3-8362-1719-4

© Galileo Press, Bonn 2012
1. Auflage 2012

Das vorliegende Werk ist in all seinen Teilen urheberrechtlich geschützt. Alle Rechte vorbehalten, insbesondere das Recht der Übersetzung, des Vortrags, der Reproduktion, der Vervielfältigung auf fotomechanischen oder anderen Wegen und der Speicherung in elektronischen Medien. Ungeachtet der Sorgfalt, die auf die Erstellung von Text, Abbildungen und Programmen verwendet wurde, können weder Verlag noch Autor, Herausgeber oder Übersetzer für mögliche Fehler und deren Folgen eine juristische Verantwortung oder irgendeine Haftung übernehmen.

Die in diesem Werk wiedergegebenen Gebrauchsnamen, Handelsnamen, Warenbezeichnungen usw. können auch ohne besondere Kennzeichnung Marken sein und als solche den gesetzlichen Bestimmungen unterliegen.

Sämtliche in diesem Werk abgedruckten Bildschirmabzüge unterliegen dem Urheberrecht © der SAP AG, Dietmar-Hopp-Allee 16, D-69190 Walldorf.

SAP, das SAP-Logo, mySAP, mySAP.com, mySAP Business Suite, SAP NetWeaver, SAP R/3, SAP R/2, SAP B2B, SAPtronic, SAPscript, SAP BW, SAP CRM, SAP EarlyWatch, SAP ArchiveLink, SAP GUI, SAP Business Workflow, SAP Business Engineer, SAP Business Navigator, SAP Business Framework, SAP Business Information Warehouse, SAP interenterprise solutions, SAP APO, AcceleratedSAP, InterSAP, SAPoffice, SAPfind, SAPfile, SAPtime, SAPmail, SAPaccess, SAP-EDI, R/3 Retail, Accelerated HR, Accelerated HiTech, Accelerated Consumer Products, ABAP, ABAP/4, ALE/WEB, Alloy, BAPI, Business Framework, BW Explorer, Duet, Enjoy-SAP, mySAP.com e-business platform, mySAP Enterprise Portals, RIVA, SAPPHIRE, TeamSAP, Webflow und SAP PRESS sind Marken oder eingetragene Marken der SAP AG, Walldorf.

Inhalt

Einleitung 13

TEIL 1 Quelltext bearbeiten 17

Tipp 1	Den neuen ABAP Editor aktivieren	18
Tipp 2	Neue Ansichten ab Release 7.0 EHP2	23
Tipp 3	Den Sperrmechanismus besser verstehen	27
Tipp 4	Die mehrstufige Zwischenablage nutzen	30
Tipp 5	Quelltext spaltenweise markieren	33
Tipp 6	Zwischen Groß- und Kleinschreibung wechseln	37
Tipp 7	Kommentare mit dem Pretty Printer automatisch einrücken	40
Tipp 8	Automatische Formatierung beim Einfügen aktivieren	43
Tipp 9	Den Pretty Printer als Vorstufe der Syntaxprüfung nutzen	46
Tipp 10	Fehlermeldungen der Syntaxprüfung besser verstehen	49
Tipp 11	Die automatische Fehlerkorrektur verwenden	53
Tipp 12	Objektorientierte Ereignisse	57
Tipp 13	Variablendefinitionen bereinigen	62
Tipp 14	Methoden verschieben	65
Tipp 15	Quelltext-Segmente extrahieren	68

TEIL 2 Quelltext automatisch erzeugen 73

Tipp 16	Muster per Drag & Drop einfügen	74
Trick 17	Funktionale Schreibweise in Mustern aktivieren	76
Tipp 18	Eigene Muster definieren	78
Tipp 19	Remote Function Calls mit dem BAPI Browser erzeugen	81
Tipp 20	Die Code-Vervollständigung verwenden	84
Tipp 21	Funktionalitäten der Code-Vervollständigung	86
Tipp 22	Einstellungen zur Code-Vervollständigung	89
Tipp 23	Code-Vorlagen definieren und einfügen	91
Tipp 24	Textsymbol aus Literal anlegen	94

TEIL 3 Mit Zusatzinformationen zu Entwicklungsobjekten arbeiten ... 97

Tipp 25	Den Programmstatus deklarieren	98
Tipp 26	Die Standardnachrichtenklasse festlegen	101
Tipp 27	Informationen aus dem Objektkatalog auswerten	103
Tipp 28	Bevorzugte Parameter von Methoden deklarieren	107
Tipp 29	Die Editorsperre verwenden	110
Tipp 30	Interne Namen von Modularisierungseinheiten ermitteln	114
Tipp 31	Typen in Klassen und Interfaces definieren	119
Tipp 32	Das Workflow-Interface integrieren	122
Tipp 33	Versionen von Entwicklungsobjekten anlegen	124
Tipp 34	Versionsstände vergleichen	126
Tipp 35	Alte Versionen von Entwicklungsobjekten zurückholen	130
Tipp 36	Pakete definieren	133
Tipp 37	Paketschnittstellen definieren	136
Tipp 38	Verwendungserklärungen definieren	139
Tipp 39	Paketabhängigkeiten prüfen	142

TEIL 4 Allgemeines zur ABAP Workbench ... 147

Tipp 40	Die Vorwärtsnavigation nutzen	148
Tipp 41	Mit der Historie im SAP GUI arbeiten	151
Tipp 42	Formulare schneller ausfüllen	154
Tipp 43	Die Spaltenbreite anpassen	157
Tipp 44	Darstellungen von Entwicklungsobjekten aktualisieren	160

TEIL 5 ABAP-Dictionary-Objekte und Tabellenpflegewerkzeuge bearbeiten ... 163

Tipp 45	Elementare Suchhilfen definieren	164
Tipp 46	Fremdschlüssel definieren	168
Tipp 47	Schlüsselfelder und Initialwerte in Strukturen	173
Tipp 48	Die Reihenfolge der Felder in Datenbanktabellen korrigieren	176
Tipp 49	Pflegedialoge anlegen und aktualisieren	179
Tipp 50	Pflegedialoge um Anwendungslogik erweitern	183
Tipp 51	Pflege-Views definieren	186
Tipp 52	Viewcluster definieren	190

TEIL 6 Web-Dynpro-Components bearbeiten ... 195

Tipp 53	Ansicht im Context-Editor wechseln	196
Tipp 54	Die quelltextbasierte Ansicht in Web Dynpro nutzen	199
Tipp 55	Mit dem Code-Wizard Quelltext generieren	202
Tipp 56	Mit dem Code-Wizard Benutzeroberflächen generieren	205
Tipp 57	Mit relativen Breitenangaben in Web Dynpro arbeiten	208

TEIL 7 Anwendungen testen ... 211

Tipp 58	Die Testumgebung für Klassen und Funktionsbausteine einsetzen	212
Tipp 59	Sperren testen	218
Tipp 60	Die Performance-Beispiele nutzen	221
Tipp 61	Modultests mit ABAP Unit durchführen	224
Tipp 62	Tests von Benutzeroberflächen mit eCATT automatisieren	228
Tipp 63	Assertions, Breakpoints und Logpoints aktivieren	235

TEIL 8 Anwendungen debuggen ... 239

Tipp 64	Zwischen dem klassischen und dem neuen ABAP Debugger umschalten	240
Tipp 65	Debugging von Systemprogrammen	243
Tipp 66	Debugging aus einem Pop-up aktivieren	246
Tipp 67	Debugging von Hintergrundanwendungen aktivieren	249
Tipp 68	Debugging für laufende Web-Dynpro-Anwendungen aktivieren	253
Tipp 69	Besonderheiten beim Debugging von Web-Dynpro-Anwendungen	256
Tipp 70	Breakpoints bei bestimmten Anweisungen anlegen	260
Tipp 71	Breakpoints mit Bedingungen verwenden	264
Tipp 72	Watchpoints verwenden	267
Tipp 73	Layer-Aware Debugging	271
Tipp 74	Layouts im ABAP Debugger konfigurieren	274
Tipp 75	Klassenbasierte Ausnahmen im ABAP Debugger auswerten	278
Tipp 76	Informationen aus einem Kurzdump auswerten	282

TEIL 9 In Entwicklungsobjekten suchen ... 287

Tipp 77	Im Quelltext inkrementell suchen	288
Tipp 78	Systemweit Quelltext durchsuchen	291
Tipp 79	Klassen schneller finden	297
Tipp 80	Grenzen des Indexes für den Verwendungsnachweis kennen	300
Tipp 81	Den Verwendungsnachweis für Methoden ausführen	303
Tipp 82	Die Umfeldermittlung verwenden	306

TEIL 10 Werkzeuge zur Analyse von Anwendungen ... 309

Tipp 83	Quelltexte mit dem Splitscreen-Editor vergleichen	310
Tipp 84	Die erweiterte Prüfung verwenden	314
Tipp 85	Die Funktionalitäten des Code Inspectors kennen	318
Tipp 86	Inspektionen, Objektmengen und Prüfvarianten im Code Inspector	322
Tipp 87	Syntaxprüfung, erweiterte Prüfung und Modultests automatisieren	328
Tipp 88	Eigene Code-Inspector-Tests implementieren	333
Tipp 89	Die unterschiedlichen Möglichkeiten des Performance-Trace	339
Tipp 90	Datenbanktabellen zu einer laufenden Anwendung bestimmen	342
Tipp 91	Die Laufzeitanalyse verwenden	345
Tipp 92	Die Laufzeitanalyse mit Web-Dynpro-Applikationen verwenden	352
Tipp 93	Den Performancemonitor in Web-Dynpro-Anwendungen einsetzen	356
Tipp 94	Den Speicherbedarf von Anwendungen analysieren	360
Tipp 95	Den Coverage Analyzer einsetzen	364

TEIL 11 Mit Transportaufträgen arbeiten ... 369

Tipp 96	Standardaufträge definieren	370
Tipp 97	Transportaufträge organisieren	373
Tipp 98	Mit Sperren in Transportaufträgen arbeiten	378
Tipp 99	Einträge in Transportaufträgen verschieben	382
Tipp 100	Mit Entwicklungsobjekten in ein anderes System umziehen	386

Der Autor und die Ideengeber ... 393
Index ... 397

Einleitung

Die Entwicklung von Software in ABAP unterscheidet sich deutlich von der Entwicklung in anderen Programmiersprachen wie Java, C++ oder C#. Während es bei zahlreichen anderen Programmiersprachen eine Vielzahl von Entwicklungsumgebungen gibt, aus der ein Entwickler die für sich passende Entwicklungsumgebung aussuchen kann, besitzt die ABAP Workbench mehr oder weniger ein Monopol für die Softwareentwicklung in ABAP. Jeder ABAP-Entwickler kennt darum die ABAP Workbench und ihre grundlegenden Funktionalitäten.

Auch am Buchmarkt spiegelt sich der Unterschied in den Entwicklungslandschaften wider: Zu Entwicklungsumgebungen für andere Programmiersprachen wie Eclipse oder Microsoft Visual Studio ist eine Vielzahl von Büchern verfügbar. In diesen Büchern steht die Entwicklungsumgebung im Vordergrund. Die Programmiersprache spielt, wenn überhaupt, nur eine untergeordnete Rolle. In der ABAP-Welt gibt es dagegen viele Bücher, die sich mit der Programmiersprache ABAP oder mit bestimmten Technologien in der ABAP-Welt beschäftigen. Die ABAP Workbench als Entwicklungsumgebung thematisieren diese Bücher dabei jedoch nur am Rand.

Natürlich wäre es auch wenig sinnvoll, ein Buch zu schreiben, das alle Grundlagen der ABAP Workbench, vom Anmelden am System über den Entwicklerschlüssel bis hin zum Aktivieren von Entwicklungsobjekten, im Detail erläutert. All das kennt jeder ABAP-Entwickler ohnehin, da es wahrscheinlich keinen ABAP-Entwickler gibt, der niemals mit der ABAP Workbench gearbeitet hat.

Aber über die Grundlagen hinaus bietet die ABAP Workbench noch eine Vielzahl von Möglichkeiten, die nicht jedem Entwickler bekannt sind. Manche erlauben es Ihnen, Dinge zu tun, von denen Sie bisher dachten, dass sie in der ABAP-Welt nicht möglich seien. Andere helfen Ihnen dabei, Ihr Ziel deutlich schneller und mit viel weniger Aufwand zu erreichen als auf die Ihnen bereits bekannte Art.

Aber wo kann ein ABAP-Entwickler nachschlagen, wenn er mehr über das Werkzeug erfahren möchte, mit dem er tagtäglich arbeitet? Beim Versuch diese Frage zu beantworten, entstand die Idee zu diesem Buch.

Zielgruppe

Dieses Buch richtet sich an alle, die in Ihrem beruflichen Alltag mit der Software-Entwicklung in ABAP zu tun haben. Egal, ob Sie vornehmlich kleinere Erweiterungen zu bestehenden SAP-Produkten schreiben oder größere Komponenten selbst entwickeln, ob Sie gerade erst in die ABAP-Entwicklung eingestiegen sind oder sich in der ABAP-Welt bereits seit Jahren zu Hause fühlen: Sie werden in diesem Buch neue Ideen finden, die Sie bei der Arbeit mit der ABAP Workbench weiterbringen.

Zielsetzung und Inhalt

Ich verzichte in diesem Buch bewusst darauf, Ihnen Grundlagen zu erläutern, die Sie seit Ihren ersten Gehversuchen in ABAP ohnehin schon kennen. Stattdessen ist es das Ziel, Ihnen in Form der Tipps und Tricks möglichst viele neue Themen zu vermitteln, die Ihnen den Umgang mit der ABAP Workbench erleichtern, und damit Ihre Arbeit produktiver machen. Je nach Ihrem Kenntnisstand werden Sie sicherlich einige oder vielleicht sogar viele Themen bereits kennen, die im Buch erwähnt werden. Das Ziel des Buches ist es nicht, nur Geheimnisse zu offenbaren, die vorher noch keinem Entwickler bekannt waren. Vielmehr möchte ich Ihnen einen Überblick über die wichtigsten Themen vermitteln, die für jeden ABAP-Entwickler interessant sein können. Und ich bin mir sicher, dass auch Sie in diesem Buch Tipps finden werden, deren Inhalt Sie bisher noch nicht im Alltag anwenden.

Zum Aufbau

Das Buch enthält elf Teile, die jeweils mehrere Tipps zu einem Themengebiet zusammenfassen. Die einzelnen Tipps setzen nicht voraus, dass Sie auch die vorhergehenden Tipps gelesen haben. Sie können also an beliebiger Stelle damit beginnen, einzelne Tipps oder einzelne Teile in beliebiger Reihenfolge zu lesen. Wo inhaltliche Zusammenhänge zwischen mehreren Tipps bestehen, enthalten die Tipps jeweils Verweise auf die anderen Tipps, die notwendiges Vorwissen oder weitere Informationen zum aktuellen Tipp beinhalten.

Systemvoraussetzungen

Die meisten Inhalte dieses Buches können Sie in jedem SAP-System anwenden, das auf einem SAP NetWeaver Application Server ABAP basiert. Dazu gehören neben SAP ERP auch die meisten anderen betriebswirtschaftlichen Systeme von SAP. Einige Tipps beziehen sich auf Funktionalitäten, die erst in den letzten Jahren neu zur ABAP Workbench hinzugekommen sind.

Diese Tipps enthalten darum Hinweise dazu, ab welchem Release die beschriebenen Funktionalitäten verfügbar sind. Diese Release-Angaben beziehen sich jeweils auf das Basis-Release, das heißt darauf, welche Version der ABAP-Laufzeit- und Entwicklungsumgebung in Ihrem System enthalten ist. Um herauszufinden, mit welchem Basis-Release Sie arbeiten, rufen Sie im SAP GUI den Menüeintrag **System ▸ Status...** auf. Klicken Sie dann im Bereich **SAP-Systemdaten** auf das Detail-Symbol (). In der Zeile mit der Softwarekomponente SAP_BASIS sehen Sie dann in der Spalte **Release**, mit welchem Basis-Release Sie arbeiten.

Mit dem Basis-Release 7.0 können Sie den Großteil der Tipps aus diesem Buch nutzen. Die Funktionalitäten aus allen Tipps können Sie nutzen, sobald Sie mindestens mit dem Basis-Release 7.0 EHP2 arbeiten.

Danksagung

Die Ideen zu den einzelnen Tipps sind im beruflichen Alltag mit der Softwareentwicklung in ABAP entstanden. Natürlich habe ich mir nicht alle Tipps selbst ausgedacht. Eine Vielzahl von Vorschlägen für Tipps haben Experten für verschiedene Themenbereiche der Softwareentwicklung in ABAP beigetragen. Diese Ideengeber sind am Ende des Buches im Abschnitt »Der Autor und die Ideengeber« genannt. Ihnen gilt mein besonderer Dank. Ohne sie wäre es nicht möglich gewesen, ein Buch wie dieses zu schreiben.

Christian Assig
SAP-Entwickler, Thalia Holding

TEIL 1
Quelltext bearbeiten

Die Zeiten, in denen Entwickler jedes Zeichen im Quelltext manuell eintippen mussten, sind zum Glück lange vorbei. Die ABAP Workbench unterstützt Sie mit einer Vielzahl von Werkzeugen dabei, Quelltext schnell und einfach zu erstellen oder zu verändern. Zu diesen Werkzeugen gehören beispielsweise die Zwischenablage, die nicht nur den letzten, sondern die letzten zwölf kopierten Werte für Sie bereithält, oder Tastaturkürzel, mit denen Sie zwischen Groß- und Kleinschreibung wechseln können. Nicht mehr benötigte Variablen und zahlreiche Syntaxfehler kann die ABAP Workbench sogar automatisch entfernen.

Tipps in diesem Teil

Tipp 1	Den neuen ABAP Editor aktivieren	18
Tipp 2	Neue Ansichten ab Release 7.0 EHP2	23
Tipp 3	Den Sperrmechanismus besser verstehen	27
Tipp 4	Die mehrstufige Zwischenablage nutzen	30
Tipp 5	Quelltext spaltenweise markieren	33
Tipp 6	Zwischen Groß- und Kleinschreibung wechseln	37
Tipp 7	Kommentare mit dem Pretty Printer automatisch einrücken	40
Tipp 8	Automatische Formatierung beim Einfügen aktivieren	43
Tipp 9	Den Pretty Printer als Vorstufe der Syntaxprüfung nutzen	46
Tipp 10	Fehlermeldungen der Syntaxprüfung besser verstehen	49
Tipp 11	Die automatische Fehlerkorrektur verwenden	53
Tipp 12	Objektorientierte Ereignisse	57
Tipp 13	Variablendefinitionen bereinigen	62
Tipp 14	Methoden verschieben	65
Tipp 15	Quelltext-Segmente extrahieren	68

Tipp 1

Den neuen ABAP Editor aktivieren

Aktivieren Sie ihn am besten sofort: Der neue ABAP Editor ist die Basis für viele der in diesem Buch genannten Tipps und Tricks und bietet zahlreiche Vorteile!

In den Benutzerprofilen zahlreicher Entwickler ist noch der alte ABAP Editor aktiviert. Der neue ABAP Editor ist zwar in aktuellen SAP-Systemen mittlerweile als Standard voreingestellt. Wer aber in einem SAP-System bereits ein Benutzerkonto hatte, als es den neuen ABAP Editor noch nicht gab, arbeitet in der Regel weiter mit dem alten ABAP Editor, bis er sich explizit für einen Wechsel entscheidet.

Entwickler, die den neuen ABAP Editor nie verwendet haben, vermissen ihn auch nicht unbedingt. Der neue ABAP Editor bringt jedoch viele Vorteile im Alltag, ein Umstieg lohnt sich, versprochen!

› Und so geht's

Ist der neue ABAP Editor in Ihrem Benutzerprofil noch nicht aktiviert, rufen Sie aus der ABAP Workbench heraus den folgenden Menüeintrag auf:

Hilfsmittel › Einstellungen

Wechseln Sie anschließend auf der Registerkarte **ABAP Editor** auf die Unterregisterkarte **Editor**. Hier können Sie über die Einstellung **Frontend Editor (neu)** den neuen ABAP Editor aktivieren.

Nach der Aktivierung des neuen ABAP Editors wird Ihnen der ABAP-Quelltext angezeigt – erste Unterschiede fallen schon rein optisch auf.

Den neuen ABAP Editor aktivieren **Tipp 1**

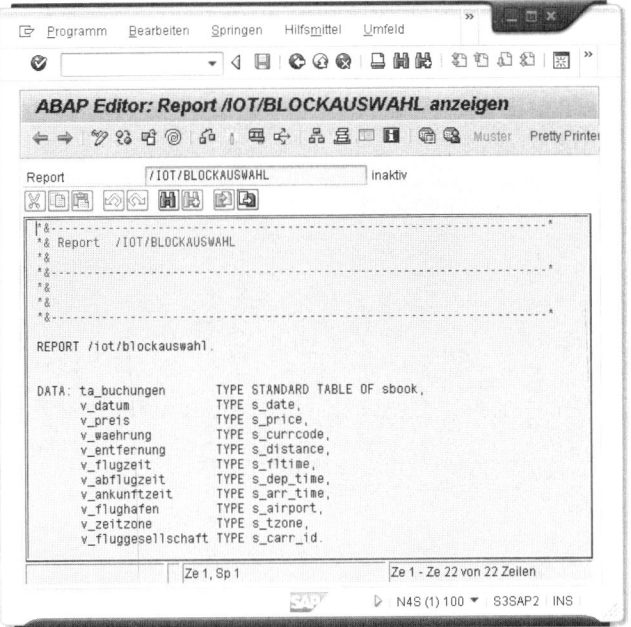

ABAP-Quelltext im alten ABAP Editor

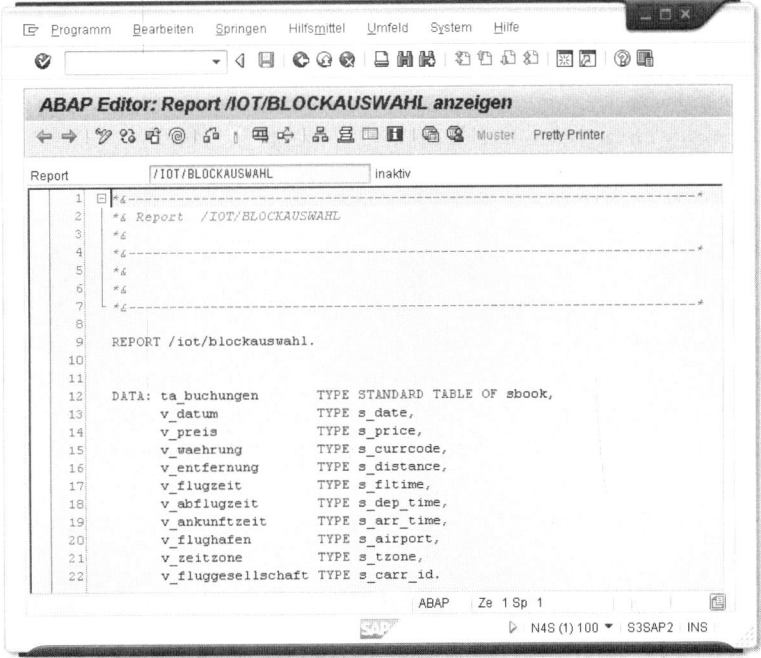

ABAP-Quelltext im neuen ABAP Editor

TEIL 1 Quelltext bearbeiten

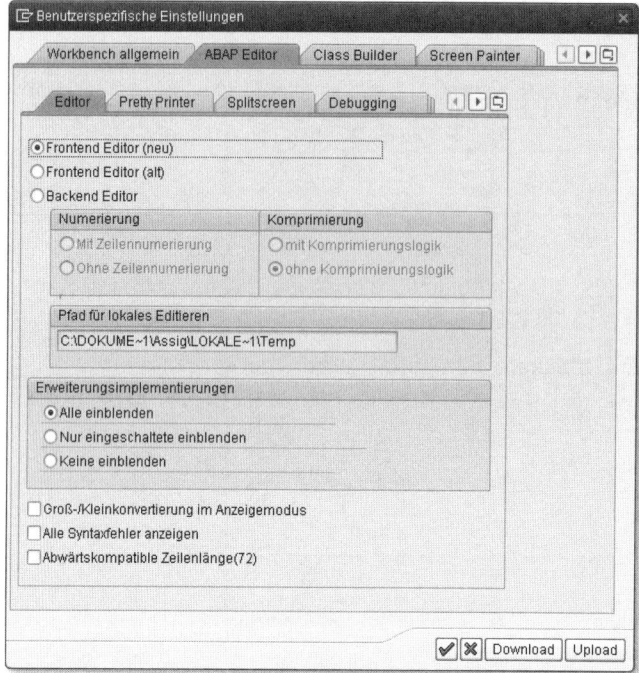

Einstellung zum Aktivieren des neuen ABAP Editors

Zu den zusätzlichen Funktionalitäten, die der neue ABAP Editor bereitstellt, gehören unter anderem:

- **Automatische Code-Vervollständigung**: Während Sie die ersten Zeichen einer ABAP-Anweisung eingeben, bietet Ihnen der neue ABAP Editor verschiedene Möglichkeiten an, wie die weiteren Bestandteile der Anweisung aussehen könnten.

- **Code-Vorlagen**: Häufig benötigte Blöcke aus Kommentaren und ABAP-Quelltext werden Ihnen automatisch vorgeschlagen, wenn Sie die ersten Zeichen eines solchen Blocks eingeben. Haben Sie beispielsweise das Wort CASE eingegeben, bietet Ihnen der neue ABAP Editor an, einen vollständigen CASE-Block inklusive WHEN-Anweisungen und ENDCASE-Anweisung einzufügen. Sie können auch eigene Code-Vorlagen definieren, die Ihnen auf demselben Weg angeboten werden.

- **Mehrstufige Zwischenablage**: Der neue ABAP Editor merkt sich nicht nur den letzten Wert, den Sie in die Zwischenablage kopiert haben, sondern die letzten zwölf Werte. So können Sie zunächst mehrere Werte kopieren und diese dann einzeln an anderer Stelle wieder einfügen.

- **Farbliche Hervorhebung im Quelltext**: Die verschiedenen Bestandteile des Quelltextes wie Schlüsselwörter, Kommentare oder Operatoren werden in verschiedenen Farben und Schriftstilen dargestellt. Welche Farben und Schriftstile verwendet werden, können Sie auch individuell einstellen.

- **Einfache Syntaxprüfung während der Eingabe**: Schon bevor Sie den Quelltext sichern, aktivieren oder prüfen, führt der neue ABAP Editor bestimmte Syntaxprüfungen durch. So erkennen Sie beispielsweise bereits während der Eingabe an der farblichen Hervorhebung, wenn Sie sich bei einem Schlüsselwort vertippt haben.

- **Hervorhebung von Blöcken**: Ebenfalls optisch hervorgehoben stellt der neue ABAP Editor zusammengehörige Anweisungen dar, beispielsweise welche ELSE- und welche ENDIF-Anweisung zu einer gerade markierten IF-Anweisung gehört.

- **Zusammenklappen von Blöcken**: Sie können zusammenhängende Quelltext-Blöcke zusammenklappen, zum Beispiel Kommentarblöcke, Schleifen oder andere Kontrollstrukturen. So können Sie aktuell für Sie nicht relevante Quelltext-Bestandteile ausblenden und den Blick auf das Wesentliche fokussieren.

- **Zeilennummerierung**: Am linken Rand jeder Quelltext-Zeile wird die Zeilennummer angezeigt. Diese Funktionalität ist hilfreich, um bestimmte Zeilen zu referenzieren, zum Beispiel wenn Sie sich am Telefon mit einem anderen Entwickler über den Quelltext eines Programms unterhalten.

- **Markierung veränderter Zeilen**: Der neue ABAP Editor markiert Zeilen, die Sie seit dem Öffnen des Quelltextes und seit dem letzten Speichern bearbeitet haben. So haben Sie die Möglichkeit, schnell festzustellen, ob Sie versehentlich auch Zeilen bearbeitet haben, die Sie eigentlich nicht bearbeiten wollten.

- **Inkrementelle Suche**: Mit der inkrementellen Suche springt der ABAP Editor bereits zu dem ersten passenden Treffer, während Sie noch eintippen, wonach Sie suchen möchten. So müssen Sie in der Regel nicht einmal ein vollständiges Wort eingeben, nach dem Sie suchen möchten, da Ihnen schon vorher die gesuchte Stelle angezeigt wird.

- **Automatisches Setzen von schließenden Klammern**: Bei der Eingabe einer öffnenden Klammer setzt der neue ABAP Editor automatisch eine entsprechende schließende Klammer. Einige Entwickler stört diese Funktionalität mehr als sie ihnen nützt, da sie daran gewöhnt sind, die schließende Klammer selbst einzugeben. Darum können Sie diese Funktionalität – wie die meisten anderen auch – auf Wunsch abschalten.

- **Frei konfigurierbare Tastaturkürzel**: Die meisten Funktionalitäten des ABAP Editors können auch über Tastaturkürzel aufgerufen werden. Die standardmäßig vorgegebenen Tastaturkürzel können Sie durch Ihre eigenen ersetzen.

- **Lesezeichen**: Sie können interessante Stellen im Quelltext mit Lesezeichen markieren. Mit wenigen Mausklicks oder einem Tastaturkürzel können Sie dann schnell wieder zu einer solchen Stelle springen.

- **Fensterteilungslinie**: Das aktuelle Fenster des ABAP Editors können Sie mit der Fensterteilungslinie horizontal aufteilen. So können Sie sich in einem Modus gleichzeitig mehrere Stellen im Quelltext eines Programms ansehen bzw. diese Stellen bearbeiten.

Bei Bedarf können Sie natürlich jederzeit zum alten ABAP Editor zurückwechseln. Aufgrund von Stabilitätsproblemen, die bei der Einführung des neuen ABAP Editors noch auftraten, ist ein Wechsel in den alten ABAP Editor bei aktuellen Releases aber nicht mehr notwendig; Probleme dieser Art gehören inzwischen der Vergangenheit an.

Tipp 2

Neue Ansichten ab Release 7.0 EHP2

Seit Release 7.0 EHP2 können Sie ABAP-Klassen auch so darstellen, wie Klassen in vielen anderen Entwicklungsumgebungen abgebildet werden: in der quelltextbasierten Form mit dem Quelltext aller Methoden untereinander.

Erinnern Sie sich noch an Ihren ersten Kontakt mit einer Klasse im Class Builder? Wenn Sie Klassen bereits aus Entwicklungsumgebungen für andere Programmiersprachen wie Java oder C++ kannten, waren Sie sicher überrascht über die formularbasierte Darstellung einer Klasse.

Viele andere Entwicklungsumgebungen legen alle Methoden einer Klasse in einer Datei ab und stellen die Methoden im Editor untereinander dar. Die ABAP Workbench dagegen legt die Quelltexte jeweils einer Methode einer globalen Klasse separat in der Datenbank ab, und stellte in der Vergangenheit auf dem Bildschirm immer nur den Quelltext einer Methode dar. Seit Release 7.0 EHP2 können Sie entscheiden, ob Sie die ABAP-typische formularbasierte Darstellung für übersichtlicher halten oder eine Klasse lieber in der alternativen quelltextbasierten Form bearbeiten.

› Und so geht's

Wenn Sie die Möglichkeit haben, zwischen der formularbasierten und der quelltextbasierten Darstellung zu wechseln, erscheint die Schaltfläche **Quelltextbasiert** mit dem Symbol zum Wechseln der Ansicht () in der Symbolleiste des Class Builders. Klicken Sie auf diese Schaltfläche, um in die quelltextbasierte Ansicht zu wechseln.

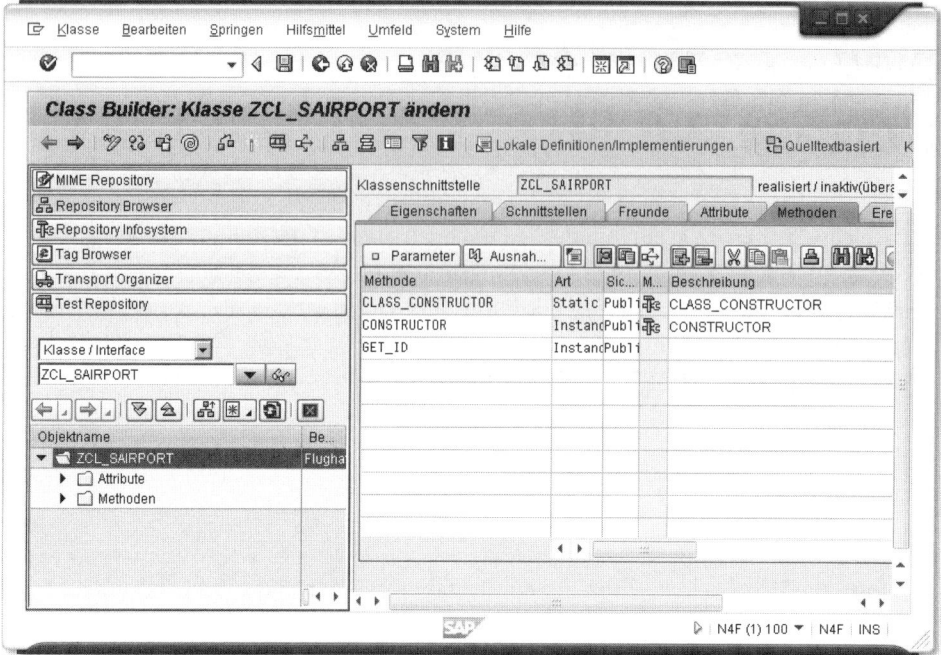

Formularbasierte Ansicht mit der Möglichkeit zum Wechsel in die quelltextbasierte Ansicht

In der quelltextbasierten Ansicht zeigt Ihnen der Class Builder den gesamten Quelltext einer globalen Klasse in einem Editorfenster an. Dazu zählen die Klassendefinition mit der Public Section, der Protected Section und der Private Section sowie alle Methodenimplementierungen. Diese Darstellung entspricht der Darstellung von lokalen Klassen in ABAP, und sie ähnelt der Darstellung von Klassen, wie sie in Entwicklungsumgebungen für andere Programmiersprachen typisch ist.

Im Rahmen der quelltextbasierten Ansicht steht Ihnen außerdem ein neuer Dialog zur Navigation innerhalb der aktuell geöffneten Klasse zur Verfügung: der Klassen-/Interface-Navigator. Sie können den Klassen-/Interface-Navigator in der quelltextbasierten Ansicht über das Navigations-Symbol ( ) in der Symbolleiste des Class Builders aufrufen. Über ihn erhalten Sie schnell einen Überblick über die Attribute und Methoden der geöffneten Klasse. Mit einem Doppelklick auf einen Bestandteil der Klasse im Klassen-/Interface-Navigator navigieren Sie direkt zur entsprechenden Stelle im Quelltext der Klasse. Neben dem Klassen-/Interface-Navigator steht Ihnen auch in der quelltextbasierten Ansicht weiterhin die Navigation über die bekannte Objektliste am linken Bildschirmrand zur Verfügung.

Neue Ansichten ab Release 7.0 EHP2 **Tipp 2**

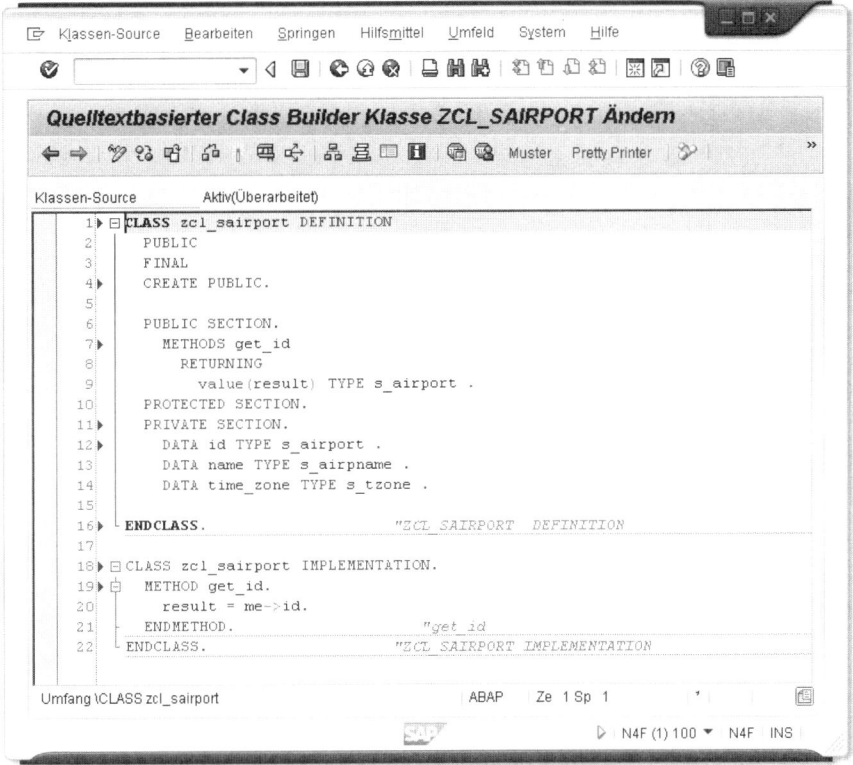

Quelltextbasierte Ansicht einer globalen Klasse

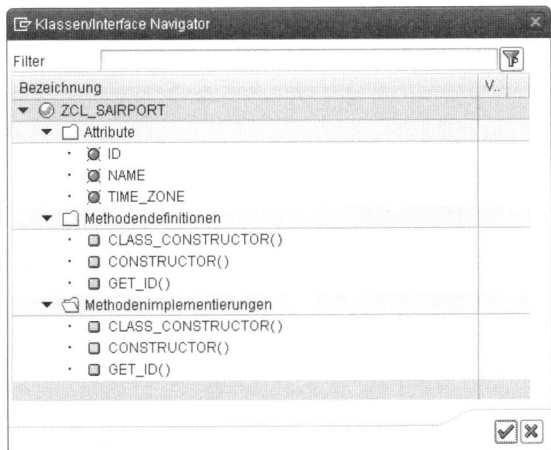

Klassen-/Interface-Navigator

TEIL 1 Quelltext bearbeiten

Mit der quelltextbasierten Ansicht versucht SAP nicht, die für globale Klassen bisher ausschließlich verwendete formularbasierte Darstellungsform abzulösen. Die quelltextbasierte Ansicht ist vielmehr als Alternative für Entwickler gedacht, die diese Darstellungsform aus anderen Programmiersprachen bzw. Entwicklungsumgebungen gewohnt sind. Außerdem ist die Verwendung der quelltextbasierten Ansicht sinnvoll, wenn Sie kleine Änderungen an vielen Methoden einer Klasse durchführen möchten. Auch das Ausdrucken oder das Kopieren einer ganzen Klasse in der quelltextbasierten Ansicht ist deutlich einfacher. Die formularbasierte Ansicht, mit der Navigation über Registerkarten und der Darstellung von jeweils einer Methode im Editor, ist dagegen übersichtlicher. Die Definition von Attributen und Methoden erfordert mit den Formularen deutlich weniger Wissen über die Details der ABAP-Syntax als die direkte Definition im Quelltext.

Tipp 3
Den Sperrmechanismus besser verstehen

Gleiches Recht für alle: Denselben Sperrmechanismus, den Sie in Ihren Programmen verwenden, verwendet auch die ABAP Workbench, um zu verhindern, dass mehrere Entwickler gleichzeitig an demselben Entwicklungsobjekt arbeiten.

Die Entwicklung in ABAP ist durch ein pessimistisches Sperrverfahren geschützt. Möchten Sie eine Methode ändern, die gerade von einem Ihrer Kollegen bearbeitet wird, erhalten Sie eine Fehlermeldung mit dem Hinweis auf den Namen des Benutzers, der Ihnen zuvorgekommen ist.

Technisch gelöst ist die Implementierung durch das SAP-Sperrkonzept, mit dem auch Sie in Ihren Programmen konkurrierende Zugriffe verhindern müssen. Das hat zur Folge, dass Sie die Werkzeuge des SAP-Sperrkonzeptes zur Auswertung der gesetzten Sperren auch anwenden können, um herauszufinden, welche Sperren die ABAP Workbench gerade gesetzt hat. Wenn Sie in einem großen Team mit vielen Entwicklern arbeiten, haben Sie so die Möglichkeit, sich schnell einen Überblick darüber zu verschaffen, an welchen Stellen aktuell gearbeitet wird.

> ### Und so geht's

Möchten Sie sich einen Überblick über die Entwicklungsobjekte verschaffen, die gerade in einem SAP-System bearbeitet werden, schauen Sie in die Liste der Sperreinträge (Transaktion SM12). Für jedes Entwicklungsobjekt, das gerade bearbeitet wird, zeigt Ihnen die Liste der Sperreinträge mindestens einen entsprechenden Sperreintrag an.

Im Selektionsbild zur Liste der Sperreinträge können Sie auswählen, welche Sperren Sie sehen möchten. Beispielsweise können Sie sich alle Sperren eines Benutzers oder alle Sperren in einem Mandanten ansehen. Sie können in dem Selektionsbild auch mit den Platzhaltern ? (ein beliebiges Zeichen) und * (beliebig viele beliebige Zeichen) arbeiten.

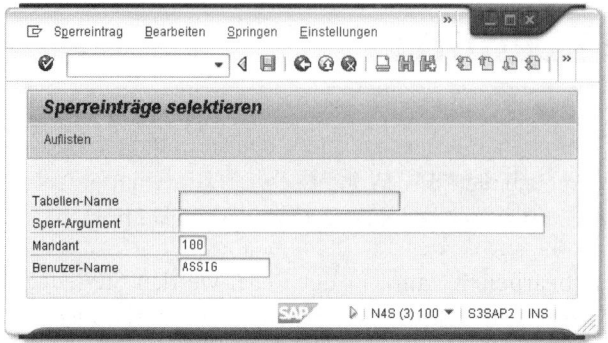

Selektionsbild zur Liste der Sperreinträge

Da die ABAP Workbench eine Vielzahl verschiedener Tabellennamen für die Sperren verwendet, ist es eher schwierig, über den Tabellennamen die Selektion auf Entwicklungsobjekte eines bestimmten Typs einzuschränken. Schon eher geeignet ist das Sperrargument. Der Name des Entwicklungsobjekts kommt in der Regel im Sperrargument vor. So können Sie sich beispielsweise über den Ausdruck */IOT/CL* alle aktuell bearbeiteten Klassen aus dem Namensraum /IOT/ anzeigen lassen.

Die folgende Abbildung zeigt ein Beispiel für die Liste der aktuell gesetzten Sperren. In diesem Fall bearbeitet der Benutzer ASSIG das Programm /IOT/BLOCKAUSWAHL und die Methode RAISE_EVENT der Klasse /IOT/CL_EVENT_RAISER.

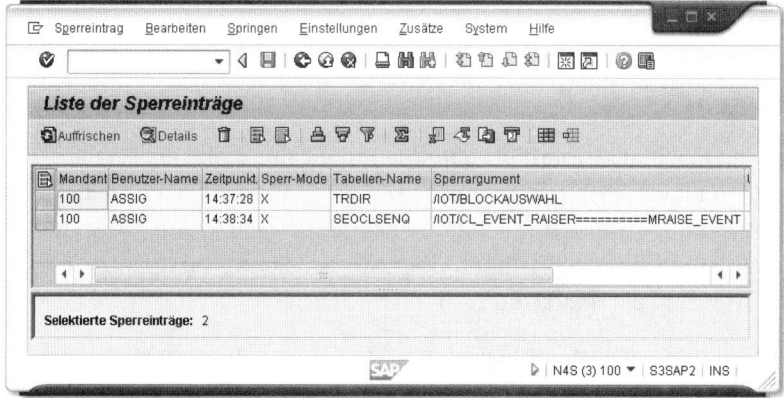

Liste der aktuell gesetzten Sperren

Je nachdem, was Sie gerade bearbeiten, setzt die ABAP Workbench Sperren mit unterschiedlichen Granularitäten. Bearbeiten Sie beispielsweise im Class Builder die Definition einer Klasse, ist die gesamte Klasse gesperrt. Ein anderer Entwickler kann daher zur gleichen Zeit keine Methode der Klasse bearbeiten. Wenn Sie dagegen die Implementierung einer Methode bearbeiten, ist nur diese eine Methode gesperrt. Andere Methoden derselben Klasse können parallel auch von anderen Entwicklern bearbeitet werden.

Ähnlich verhält sich auch der Dialog zur Bearbeitung von Nachrichtenklassen (Transaktion SE91). Bearbeiten Sie die gesamte Nachrichtenklasse, verhindern Sie, dass ein anderer Entwickler parallel eine andere Nachricht derselben Nachrichtenklasse bearbeiten kann. In der Regel werden Sie jedoch nur eine oder wenige Nachrichten auf einmal bearbeiten. Wechseln Sie dann auch nur für die einzelnen Nachrichten, die Sie ändern möchten, in den Änderungsmodus. So ermöglichen Sie es Ihren Kollegen, parallel Änderungen an anderen Nachrichten derselben Nachrichtenklasse vorzunehmen.

Tipp 4

Die mehrstufige Zwischenablage nutzen

Mit mehr als nur einem Wert in der Zwischenablage sparen Sie sich unnötiges Hin- und Herkopieren.

Möchten Sie mehrere Zeilen Quelltext aus einem Entwicklungsobjekt in ein anderes kopieren, verwenden Sie vermutlich eine der folgenden Vorgehensweisen: Entweder wechseln Sie mehrfach zwischen Fenstern hin und her und kopieren dabei jeweils die Blöcke, die Sie übernehmen möchten. Oder Sie kopieren einen zusammenhängenden Block, der auch Zeilen enthält, die Sie eigentlich nicht benötigen, und löschen dann nachträglich wieder die Zeilen, die Sie eigentlich gar nicht benötigen.

Die elegante Alternative, die die ABAP Workbench für Aufgaben dieser Art anbietet, ist nur wenigen Entwicklern bekannt.

〉 Und so geht's

Der neue ABAP Editor der ABAP Workbench merkt sich automatisch nicht nur den letzten Wert, sondern die letzten zwölf Werte, die Sie aus dem Editor in die Zwischenablage kopiert haben.

Um diese mehrstufige Zwischenablage zu nutzen, kopieren Sie den markierten Text einfach auf dem gewohnten Weg in die Zwischenablage, das heißt entweder über das Tastaturkürzel Strg + C oder über den Eintrag **Kopieren** aus dem Kontextmenü. Um einen der letzten zwölf Werte, den Sie in die Zwischenablage kopiert haben, wieder einzufügen, haben Sie dann ebenfalls zwei Möglichkeiten:

- Sie können sich über das Kontextmenü unter dem Eintrag **Mehr ▸ Erweitertes Einfügen** die letzten Werte anzeigen lassen, die Sie in die Zwischenablage kopiert haben, und den gewünschten Wert auswählen, um ihn einzufügen.

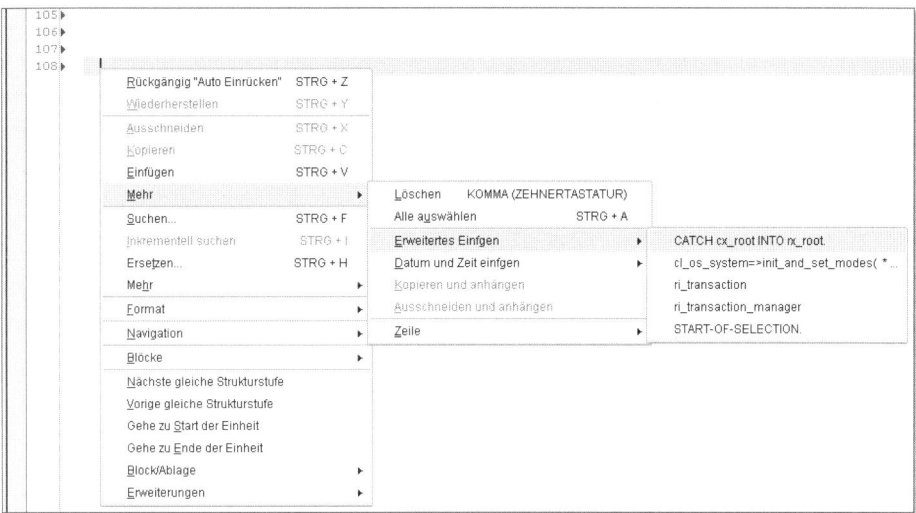

Mehrstufige Zwischenablage, aufgerufen über das Kontextmenü

- Über die Tastatur erreichen Sie dieselbe Liste auch direkt mit dem Kürzel ⌈Strg⌉ + ⌈⇧⌉ + ⌈V⌉. Mit den Cursor-Tasten (⌈↑⌉ bzw. ⌈↓⌉) können Sie den gewünschten Eintrag markieren und den Wert mit der ⌈↵⌉-Taste einfügen.

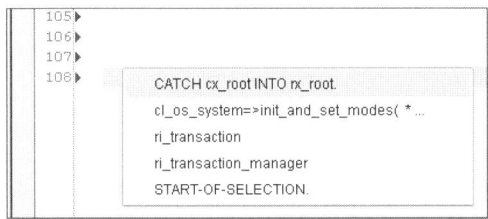

Mehrstufige Zwischenablage, aufgerufen über das Tastaturkürzel

Unabhängig davon, für welche der beiden Möglichkeiten Sie sich entscheiden, müssen Sie zuvor mindestens zwei Werte aus dem ABAP Editor in die Zwischenablage kopiert haben, damit Ihnen die Liste der letzten Werte angezeigt wird.

Um die mehrstufige Zwischenablage zu nutzen, ist keine besondere Aktion beim Kopieren notwendig – sie ist automatisch aktiv. Daher ist es auch möglich, Werte einzufügen, die Sie zuvor in die Zwischenablage kopiert haben, ohne dass Sie sich beim Kopieren bereits bewusst waren, dass Sie den Wert später noch einmal benötigen. Haben Sie beispielsweise den Namen einer Variablen vor kurzem in die Zwischenablage kopiert, die Zwischenablage aber zwischenzeitlich für andere Dinge verwendet, können Sie den Variablennamen später erneut einfügen, ohne ihn zuvor wieder in die Zwischenablage kopieren zu müssen.

Tipp 5
Quelltext spaltenweise markieren

Wenn Sie die Alt-Taste beim Ausrichten von Quelltext für sich entdeckt haben, wird sie Sie nicht mehr loslassen – nicht umgekehrt.

Viele Entwickler legen Wert auf eine optisch ansprechende Formatierung des Quelltextes. Dazu kann beispielsweise gehören, dass bei mehreren aufeinanderfolgenden Variablendefinitionen das Schlüsselwort TYPE immer in derselben Spalte steht.

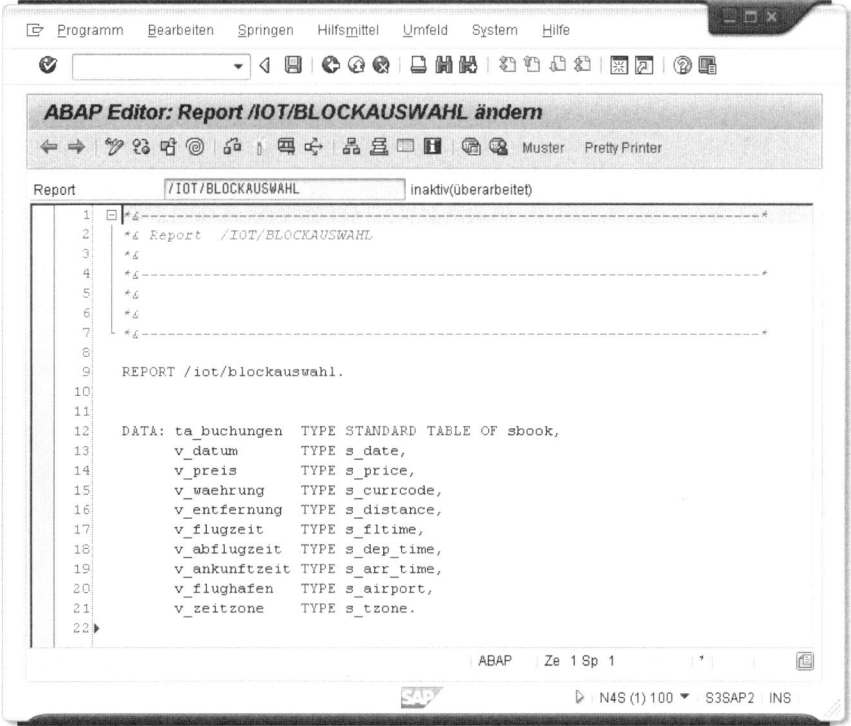

Ausgangssituation mit zehn Variablen

TEIL 1 Quelltext bearbeiten

Was geschieht aber, wenn bereits zehn Variablen definiert und ausgerichtet sind, und nun eine elfte Variable hinzugefügt werden soll, deren Name länger ist als die Namen der bereits vorhandenen Variablen? Es ist lästig, alle zehn Zeilen einzeln zu bearbeiten, um dort jeweils die benötigten weiteren Leerzeichen einzufügen.

〉 Und so geht's

Mit gedrückter [Alt]-Taste können Sie im ABAP Editor mit der sogenannten *Blockauswahl* den Quelltext spaltenweise markieren. So ist es zum Beispiel möglich, nur die Variablennamen aus mehreren Zeilen mit Variablendefinitionen zu kopieren, in mehreren Zeilen gleichzeitig etwas einzufügen oder aus mehreren Zeilen gleichzeitig bestimmte Teile zu löschen.

Um die Blockauswahl zu verwenden, halten Sie die [Alt]-Taste gedrückt und markieren einen Block aus mehreren Zeilen und Spalten mit der Maus. Auch ohne die Maus können Sie die Blockauswahl verwenden, indem Sie die [Alt]-Taste und die [⇧]-Taste gedrückt halten und den Block mit den Cursor-Tasten markieren. Den markierten Block können Sie wie gewohnt über [Strg] + [C] kopieren. Dabei werden nur die markierten Zeichen in die Zwischenablage kopiert, nicht aber der Teil der Zeilen, den Sie mit der Blockauswahl nicht markiert haben.

Wenn Sie einen Block auswählen und dann den Inhalt der Zwischenablage einfügen, ersetzt der ABAP Editor die markierten Zeichen durch den Inhalt der Zwischenablage. Mit der [Entf]-Taste oder mit der [←]-Taste können Sie die per Blockauswahl markierten Zeichen aus mehreren Zeilen löschen. Ebenfalls in Kombination mit der Blockauswahl nutzbar ist die Funktionalität, die Einrückung von Quelltext über die [⇥]-Taste zu vergrößern oder zu verkleinern. In Kombination mit der Blockauswahl ändern Sie jedoch nicht die Einrückung der gesamten Zeile, sondern nur die Einrückung des markierten Blocks inklusive aller Zeichen, die sich rechts vom markierten Block befinden.

Folgende Abbildung zeigt die eingangs skizzierte Problemstellung. Das Schlüsselwort TYPE soll wieder in allen Zeilen untereinander stehen. Um dies zu erreichen, wurde bereits ein Block markiert. Der markierte Block und alles, was rechts davon steht, sollen weiter nach rechts verschoben werden.

Quelltext spaltenweise markieren **Tipp 5**

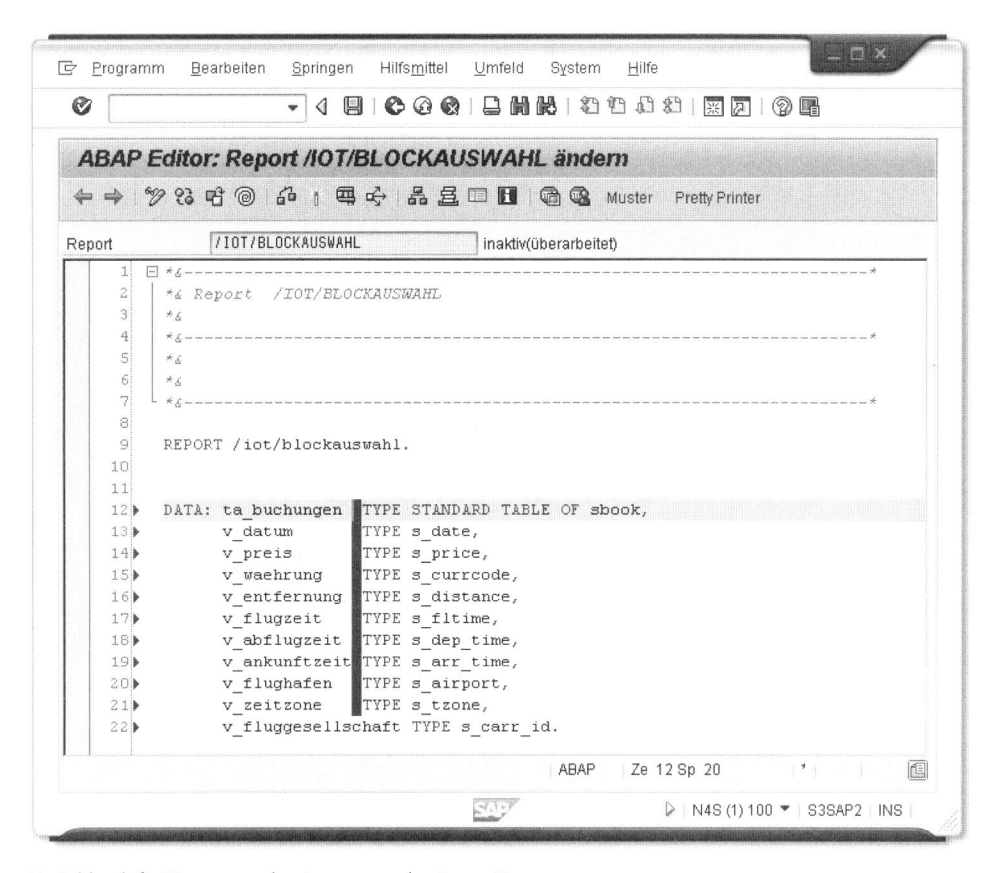

Variablendefinitionen vor der Anpassung der Formatierung

Mit der ⇥-Taste können Sie die rechte Hälfte der Variablendefinitionen nun jeweils um zwei Leerzeichen nach rechts verschieben, bis sie an der gewünschten Position angekommen sind. Mit der ⇧-Taste und der ⇥-Taste können Sie jeweils zwei Leerzeichen entfernen und damit den rechten Teil der Variablendefinitionen wieder nach links verschieben. Haben Sie genau eine Spalte markiert, bevor Sie mit dem Verändern der Einrückung beginnen, können Sie zum Abschluss noch eine Feinkorrektur vornehmen, indem Sie den markierten Block und damit aus jeder Zeile ein einzelnes Leerzeichen mit der `Entf`-Taste löschen. Bei der Formatierung von Quelltext auf die beschriebene Art ist es darum sinnvoll, mit der Blockauswahl immer genau eine Spalte zu markieren, die nur Leerzeichen enthält, und dann die Einrückung anzupassen.

TEIL 1 Quelltext bearbeiten

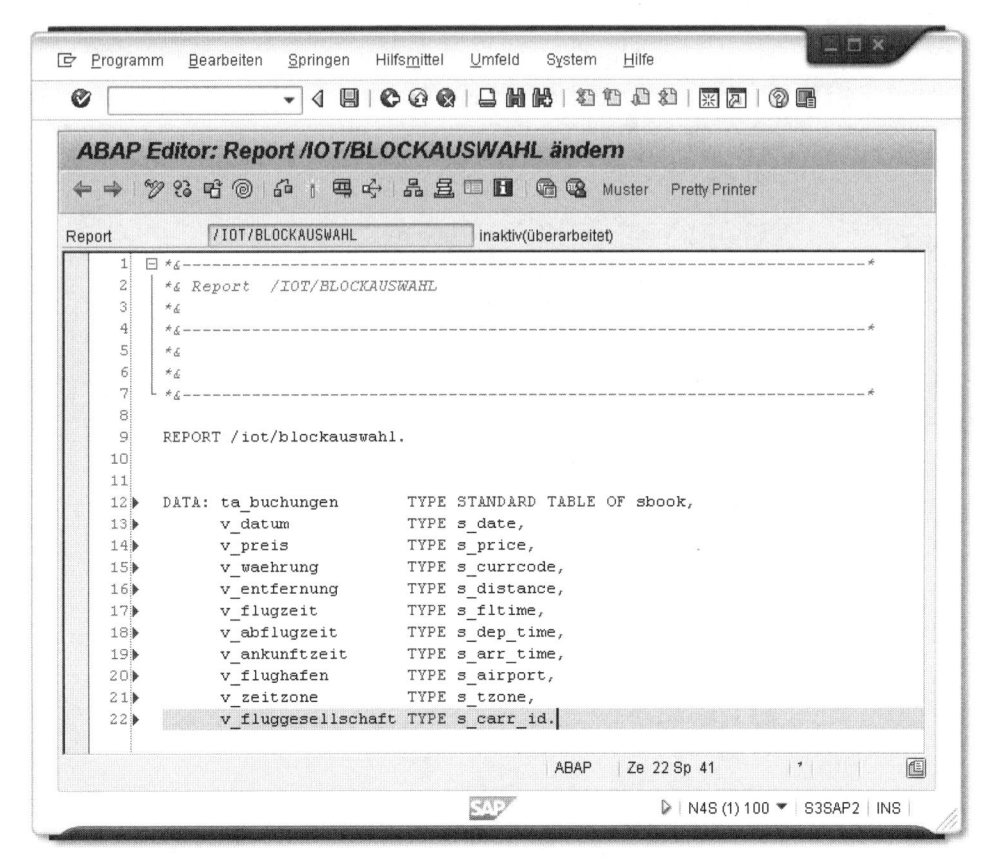

```
ABAP Editor: Report /IOT/BLOCKAUSWAHL ändern

Report      /IOT/BLOCKAUSWAHL                inaktiv(überarbeitet)
    1  *&---------------------------------------------------------------*
    2  *& Report   /IOT/BLOCKAUSWAHL
    3  *&
    4  *&---------------------------------------------------------------*
    5  *&
    6  *&
    7  *&---------------------------------------------------------------*
    8
    9  REPORT /iot/blockauswahl.
   10
   11
   12  DATA: ta_buchungen        TYPE STANDARD TABLE OF sbook,
   13        v_datum             TYPE s_date,
   14        v_preis             TYPE s_price,
   15        v_waehrung          TYPE s_currcode,
   16        v_entfernung        TYPE s_distance,
   17        v_flugzeit          TYPE s_fltime,
   18        v_abflugzeit        TYPE s_dep_time,
   19        v_ankunftzeit       TYPE s_arr_time,
   20        v_flughafen         TYPE s_airport,
   21        v_zeitzone          TYPE s_tzone,
   22        v_fluggesellschaft  TYPE s_carr_id.
```

Variablendefinitionen nach der Anpassung der Formatierung

Tipp 6
Zwischen Groß- und Kleinschreibung wechseln

Um im Quelltext zwischen Groß- und Kleinschreibung zu wechseln, müssen Sie den Text nicht manuell abtippen. Merken Sie sich einfach die dafür vorgesehenen Tastaturkürzel, oder nutzen Sie das Kontextmenü.

Was tun Sie, wenn Sie im ABAP-Quelltext einen langen Namen eines Datentyps eigentlich in Großbuchstaben benötigen, Sie ihn aber per Copy & Paste nur in Kleinbuchstaben kopieren könnten? Schreiben Sie den Namen des Datentyps von Hand ab? Oder kopieren Sie den Namen in Kleinbuchstaben und lassen ihn so stehen, auch wenn Sie ihn eigentlich lieber in Großbuchstaben geschrieben hätten?

Wenn Sie eine der beiden letzten Fragen mit Ja beantwortet haben, kennen Sie wahrscheinlich noch nicht die Tastaturkürzel, mit denen Sie markierten Quelltext in Groß- oder in Kleinbuchstaben umwandeln können.

› Und so geht's

Im ABAP Editor stehen Ihnen insgesamt fünf verschiedene Funktionalitäten zur Verfügung, die sich auf die Groß- und Kleinschreibung des markierten Quelltextes auswirken. Zu jeder Funktionalität existiert ein eigenes Tastaturkürzel, mit dem Sie die Funktionalität direkt aufrufen können. Daneben existiert auch, etwas versteckt in den Tiefen des Kontextmenüs, eine Möglichkeit, die Funktionalitäten mit der Maus aufzurufen.

Mit den folgenden Funktionen können Sie die Groß- und Kleinschreibung des markierten Quelltextes verändern:

- Mit dem Tastaturkürzel [Strg] + [U] (U wie *upper case*, englisch für Großschreibung) sorgen Sie dafür, dass der ABAP Editor alle markierten Buchstaben in Großbuchstaben umwandelt.

- Analog können Sie mit dem Tastaturkürzel [Strg] + [L] (L wie *lower case*, englisch für Kleinschreibung) erreichen, dass alle markierten Buchstaben kleingeschrieben werden.

- Nach der Anwendung des Tastaturkürzels [Strg] + [J] beginnen alle markierten Wörter mit einem Großbuchstaben. Alle weiteren Buchstaben sind kleingeschrieben.

- Das Tastaturkürzel [Strg] + [T] macht nur aus dem jeweils ersten Buchstaben jeder markierten Zeile oder aus dem ersten markierten Buchstaben einen Großbuchstaben. Alle anderen markierten Buchstaben schreibt es klein.

- Um bei allen markierten Buchstaben zwischen der Groß- und Kleinschreibung hin und her zu wechseln, können Sie das Tastaturkürzel [Strg] + [K] verwenden.

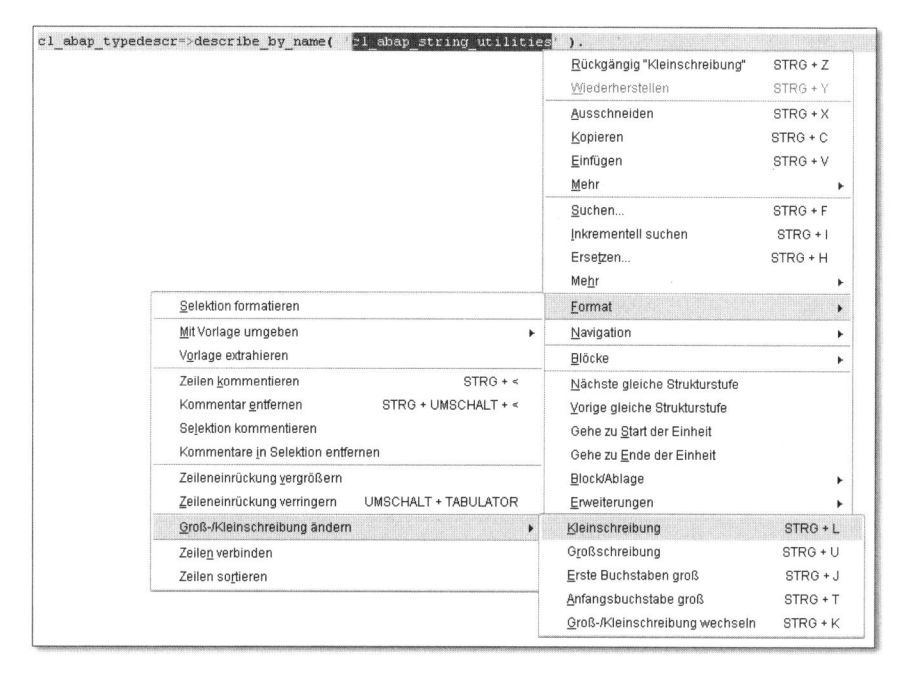

Kontextmenü mit Funktionen zur Groß-/Kleinschreibung

Ob die Zeichen im ABAP-Quelltext in Groß- oder in Kleinbuchstaben geschrieben sind, hat in vielen Fällen nur kosmetische Auswirkungen, so auch in dem Beispiel aus der vorhergehenden Abbildung. An anderen Stellen ändert sich mit der Groß- und Kleinschreibung jedoch auch die Semantik: Verwenden Sie beispielsweise in der WHERE-Klausel einer SELECT-Anweisung

Zwischen Groß- und Kleinschreibung wechseln **Tipp 6**

ein Literal, wird die Datenbankabfrage nur dann das gewünschte Ergebnis liefern, wenn Sie die Groß- und Kleinschreibung berücksichtigen.

Eine ähnliche Funktionalität können Sie auch verwenden, wenn Sie innerhalb der ABAP Workbench eine Dokumentation zu einem Entwicklungsobjekt verfassen. Das zu diesem Zweck in die ABAP Workbench integrierte Microsoft Word kennt das Tastaturkürzel ⇧ + F3. Mit diesem Tastaturkürzel wechselt der markierte Text zwischen den drei Schreibweisen »nur mit Großbuchstaben«, »nur mit Kleinbuchstaben« und »ein Großbuchstabe am Anfang jedes Worts gefolgt von Kleinbuchstaben« hin und her.

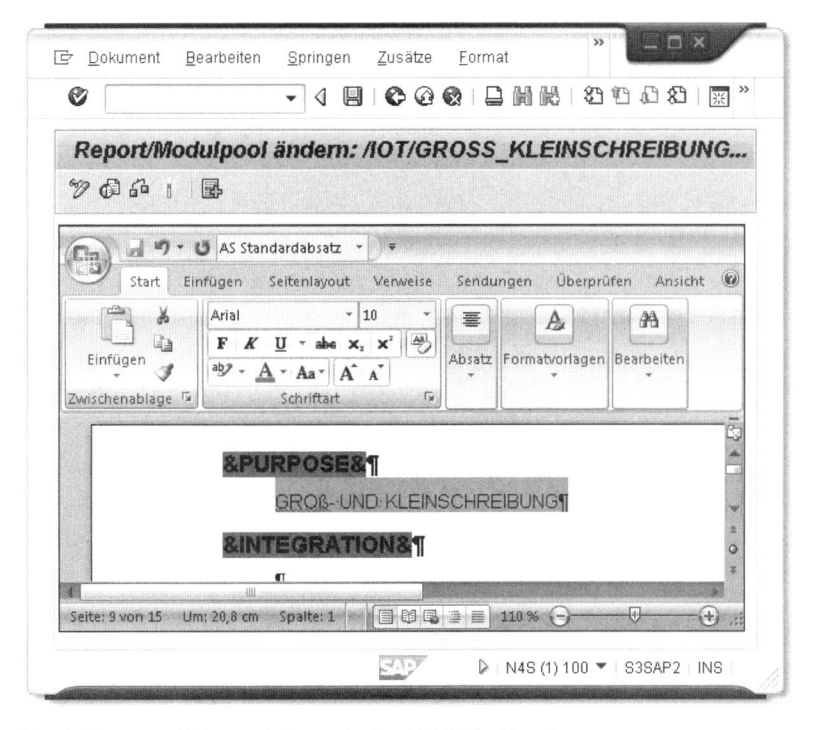

Bearbeitung von Dokumentationen in der ABAP Workbench

Tipp 7
Kommentare mit dem Pretty Printer automatisch einrücken

Der Pretty Printer passt die Einrückung von Kommentaren, die mit dem Zeichen * beginnen, nicht automatisch an. Möchten Sie dennoch passend zum Quelltext eingerückte Kommentare verwenden, müssen Sie die Einrückung entweder manuell anpassen, oder Sie verwenden zur Einleitung Ihrer Kommentare das Zeichen ".

In ABAP können Sie zwei Arten von Kommentaren verwenden: Bei einer Kommentarzeile enthält eine Zeile im Quelltext nichts außer einem Kommentar, bei einem Zeilenendekommentar beginnt die Zeile mit einem Teil einer Anweisung, einer vollständigen oder gar mit mehreren Anweisungen, bevor am Ende der Zeile noch ein Kommentar folgt. Zeilenendekommentare beginnen dabei immer mit dem Zollzeichen ("). Bei Kommentarzeilen haben Sie die Wahl zwischen zwei Zeichen, die den Kommentar einleiten können: Entweder ist das erste Zeichen der Zeile ein Sternchen (*), oder nach einer beliebigen Anzahl von Leerzeichen leitet das Zeichen " den Kommentar ein.

Der Pretty Printer belässt die Einrückung von einem Kommentar, der mit dem Zeichen * beginnt, in der Form, in der er sie vorfindet. Sie können die Einrückung in diesem Fall nur manuell anpassen. Dazu können Sie beispielsweise die Zeile markieren und mit der ⇥-Taste den Einzug vergrößern oder ihn mit der Tastenkombination ⇧ + ⇥ verkleinern. Dagegen rückt der Pretty Printer Zeilenkommentare, die mit dem Zeichen " beginnen, automatisch passend zur folgenden Anweisung ein.

> **Und so geht's**

Aufgrund des beschriebenen Verhaltens der unterschiedlichen Zeichen zur Einleitung von Zeilenkommentaren empfiehlt SAP, Kommentare mit dem

Zeichen * am Anfang nur zur Strukturierung des Quelltextes zu verwenden, beispielsweise für den Kopfkommentar zu einer Methode. Für einen Kommentar, der die im Quelltext folgenden Anweisungen beschreibt, sollten Sie dagegen das Zeichen " verwenden. Wenn Sie sich an diese Konvention halten, nimmt Ihnen der Pretty Printer das passende Einrücken der Kommentare automatisch ab.

Die beiden nachfolgenden Abbildungen zeigen ein Beispiel für eine Methode, in der die Zeilenkommentare wie empfohlen verwendet werden. In der ersten Abbildung wurde der Pretty Printer noch nicht ausgeführt. Alle Anweisungen und Kommentare sind daher nicht eingerückt.

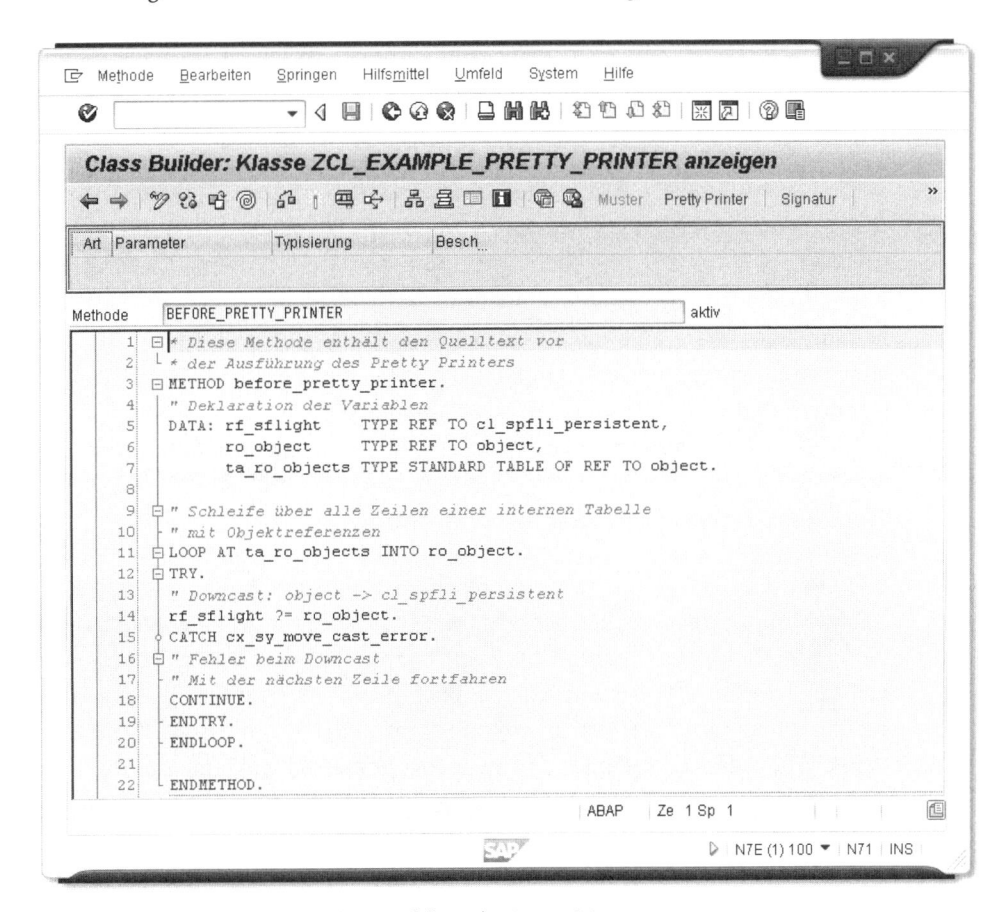

Quelltext mit Kommentaren vor dem Ausführen des Pretty Printers

Die folgende Abbildung enthält das Ergebnis des Pretty Printers. Alle Anweisungen und die zugehörigen Kommentare sind nun passend eingerückt.

41

TEIL 1 Quelltext bearbeiten

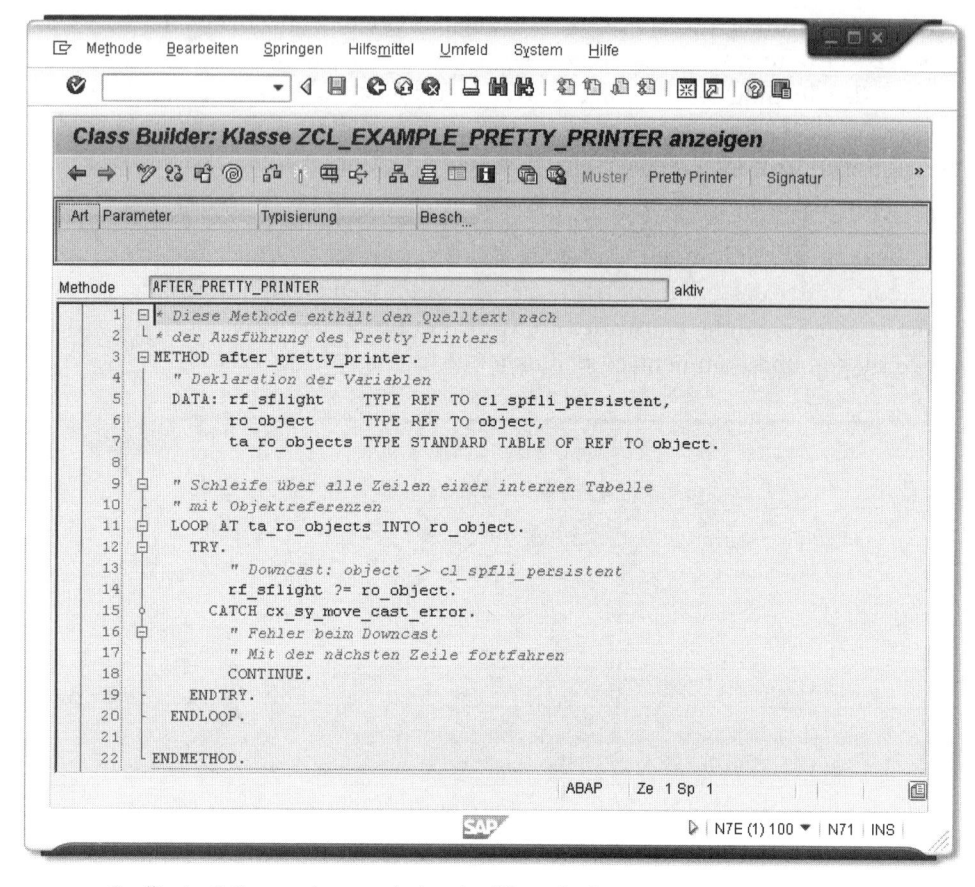

```
Class Builder: Klasse ZCL_EXAMPLE_PRETTY_PRINTER anzeigen

Art  Parameter        Typisierung        Besch..

Methode  AFTER_PRETTY_PRINTER                             aktiv

 1  * Diese Methode enthält den Quelltext nach
 2  * der Ausführung des Pretty Printers
 3  METHOD after_pretty_printer.
 4     " Deklaration der Variablen
 5     DATA: rf_sflight    TYPE REF TO cl_spfli_persistent,
 6           ro_object     TYPE REF TO object,
 7           ta_ro_objects TYPE STANDARD TABLE OF REF TO object.
 8
 9     " Schleife über alle Zeilen einer internen Tabelle
10     " mit Objektreferenzen
11     LOOP AT ta_ro_objects INTO ro_object.
12       TRY.
13         " Downcast: object -> cl_spfli_persistent
14         rf_sflight ?= ro_object.
15         CATCH cx_sy_move_cast_error.
16         " Fehler beim Downcast
17         " Mit der nächsten Zeile fortfahren
18         CONTINUE.
19       ENDTRY.
20     ENDLOOP.
21
22  ENDMETHOD.
```

Quelltext mit Kommentaren nach dem Ausführen des Pretty Printers

Übrigens: Falls Sie sich daran gewöhnt haben, dass am Anfang Ihrer Zeilenkommentare immer das Zeichen * steht, können Sie dieses Zeichen auch mit der Empfehlung aus diesem Tipp kombinieren. Lassen Sie den Kommentar mit den Zeichen "* nacheinander anfangen, hält das System diesen Kommentar für einen Kommentar, der mit dem Zeichen " beginnt. Der Pretty Printer rückt den Kommentar darum auch automatisch passend ein. Ihr Auge sieht dagegen weiterhin auch das gewohnte Zeichen * und weiß, dass nun ein Kommentar folgt, der den folgenden Quelltext beschreibt.

Tipp 8

Automatische Formatierung beim Einfügen aktivieren

Wenn Sie von Copy & Paste und vom Pretty Printer nicht genug bekommen können, ist diese Funktionalität etwas für Sie: Sie sorgt dafür, dass auch nach dem Kopieren und Einfügen von Quelltext die Einrückung nach den Regeln des Pretty Printers erhalten bleibt.

Wenn Sie mithilfe der Zwischenablage mehrere Zeilen Quelltext von einer Stelle an einer andere kopieren oder verschieben, ist der Quelltext oft nicht mehr wie gewünscht eingerückt.

Sie könnten die Einrückung nach dem Einfügen von Hand korrigieren oder manuell den Pretty Printer ausführen. Der ABAP Editor bietet darüber hinaus die Möglichkeit, das Einrücken nach dem Einfügen automatisiert durchzuführen. Aktivieren Sie diese Einstellung, und Sie müssen im Idealfall nichts tun, um nach dem Einfügen die korrekte Einrückung zu erhalten.

〉 Und so geht's

Damit Ihr Quelltext beim Einfügen automatisch eingerückt wird, müssen Sie eine entsprechende Einstellung aktivieren. Klicken Sie dazu auf das Einstellungs-Symbol (🗎) in der unteren rechten Ecke des ABAP Editors. Markieren Sie dann im Einstellungsdialog im Navigationsbaum auf der linken Seite den Eintrag **Formatierungen**. Hier können Sie die Einstellung **Automatische Formatierung nach jedem Einfügen** aktivieren.

Die folgenden drei Abbildungen zeigen die Auswirkung der automatischen Formatierung nach dem Einfügen. Die erste Abbildung stellt die Ausgangssituation dar: Zwei Zeilen Quelltext wurden markiert und sollen verschoben werden. Die zweite Abbildung zeigt, wie der Quelltext nach dem Einfügen aussieht, wenn die Einstellung nicht aktiv ist. Die beiden verschobenen Zeilen sind so eingerückt wie zuvor. Sie müssten aber weiter eingerückt sein, weil sie sich nun innerhalb von zwei IF-Blöcken befinden. Das gewünschte Ergebnis sehen Sie in der dritten Abbildung. Hier war die Einstellung beim Einfügen des Quelltextes aktiv.

Quelltext-Ausschnitt vor dem Verschieben der markierten Zeilen

Quelltext-Ausschnitt nach dem Einfügen ohne automatische Formatierung

Quelltext-Ausschnitt nach dem Einfügen mit automatischer Formatierung

Die Funktionalität hat nur Auswirkungen auf das Einfügen aus der Zwischenablage. Wenn Sie Quelltext beispielsweise per Drag & Drop mit der Maus verschieben, wird der Quelltext nicht automatisch formatiert. Außerdem ist es notwendig, mindestens zwei Zeilen Quelltext zu verschieben. Fügen Sie nur eine Zeile ein, behält diese ihre alte Einrückung.

Wie beim Pretty Printer werden Kommentare oder auskommentierter Quelltext nicht automatisch eingerückt. Gegebenenfalls müssen Sie in solchen Fällen manuell nacharbeiten.

Leider verursacht diese Funktionalität manchmal kleinere unerwünschte Nebenwirkungen. So wird beispielsweise in manchen Konstellationen beim Auswählen eines Code-Vorschlags die aktuelle Zeile ganz nach links verschoben, und die zuvor noch vorhandene korrekte Einrückung damit zerstört. Sie sollten daher testen, ob die Funktionalität in Ihrem System ähnliche Nebenwirkungen mit sich bringt. Entscheiden Sie dann selbst, ob es sich lohnt, die Einstellung zu aktivieren.

Tipp 9

Den Pretty Printer als Vorstufe der Syntaxprüfung nutzen

Den Pretty Printer können Sie auch auf syntaktisch fehlerhaften Quelltext anwenden. So erhalten Sie oft wertvolle Hinweise dazu, an welcher Stelle sich ein Fehler befindet.

Zu den Syntaxfehlern, bei denen oft nicht auf den ersten Blick klar ist, wie sie korrigiert werden sollten, gehören falsch aufgebaute Kontrollstrukturen. Fehlt zu einem IF das ENDIF, kann die Syntaxprüfung Ihnen nicht zeigen, an welcher Stelle der Fehler liegt. Möchten Sie nur eine Zeile Quelltext in den IF-Block schreiben oder gehört fast die gesamte Methode in den IF-Block?

Der Pretty Printer führt anhand der öffnenden und schließenden Anweisungen in Ihrem Quelltext die Einrückung des Quelltextes durch. Bei einem Syntaxfehler, der sich auf Kontrollstrukturen wie IF, CASE, METHOD, LOOP, DO oder WHILE bezieht, ist es daher hilfreich, den Pretty Printer auszuführen. Das Ergebnis hilft Ihnen dabei, schneller die Stelle zu finden, an der Sie sich den Programmablauf eigentlich anders vorgestellt hatten.

> **Und so geht's**

Wenn Sie bei der Syntaxprüfung eine Fehlermeldung erhalten, die sich auf zum falschen Zeitpunkt geöffnete oder geschlossene Kontrollstrukturen bezieht, führen Sie für den fehlerhaften Quelltext den Pretty Printer aus. Schauen Sie sich dann das Ergebnis an. Wie ist der Quelltext eingerückt? Entspricht die Einrückung dem Programmfluss, den Sie erreichen möchten?

Die folgende Abbildung zeigt einen Syntaxfehler, der mit dem falschen Umgang mit Kontrollstrukturen zusammenhängt. Die Fehlermeldung nennt ein fehlendes ENDIF als Ursache des Fehlers. Die ABAP Workbench hat den Cursor auf die Zeile 12 gesetzt. Aber fehlt tatsächlich in dieser Zeile ein

ENDIF? Können Sie auf einen Blick erkennen, an welcher Stelle hier das ENDIF mit höherer Wahrscheinlichkeit fehlt? Hätten Sie das auch so schnell erkannt, wenn die Methode nicht nur 13, sondern 130 Zeilen hätte?

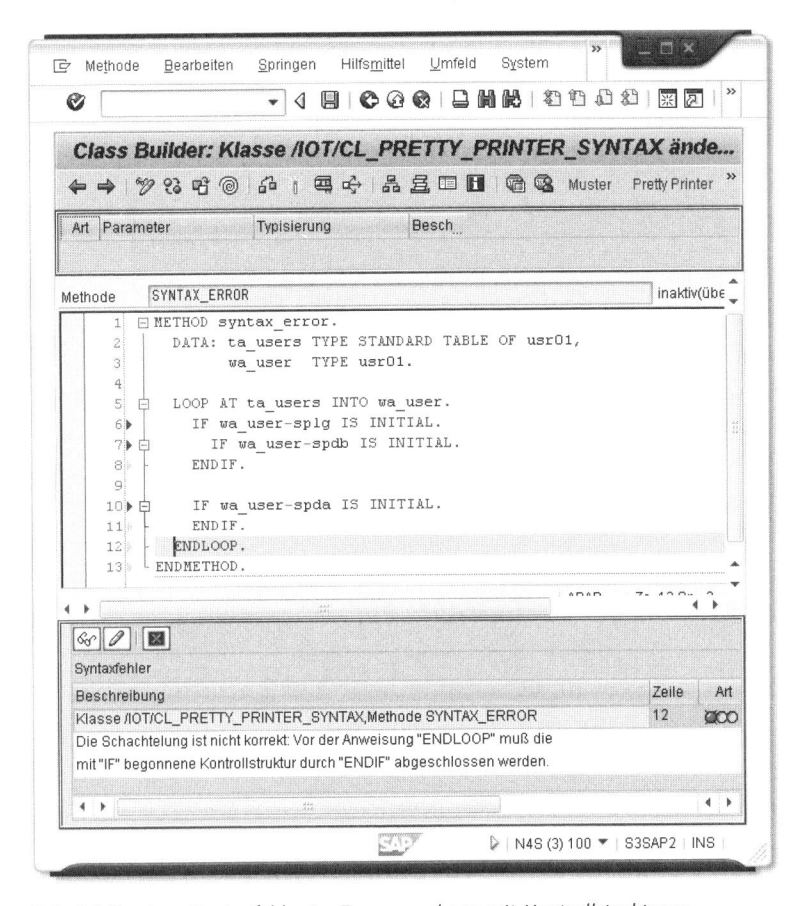

Beispiel für einen Syntaxfehler im Zusammenhang mit Kontrollstrukturen

Was aus diesem fehlerhaften Quelltext wird, wenn Sie den Pretty Printer ausführen, zeigt die nächste Abbildung. Auf den ersten Blick fällt hier auf, dass die Anweisung ENDMETHOD nicht am linken Rand, sondern leicht eingerückt steht. Daraus können Sie ableiten, dass tatsächlich ein ENDIF fehlt und nicht nur an der falschen Stelle steht. Ebenfalls ist zu erkennen, dass das ENDLOOP weiter eingerückt ist als die zugehörige LOOP-Anweisung. Das ENDIF fehlt demnach innerhalb der LOOP-Schleife. Im Vergleich der beiden Abbildungen wird außerdem deutlich, dass alle Zeilen ab Zeile 8 weiter eingerückt sind als zuvor. Und hier liegt vermutlich auch der Fehler: Das ENDIF zur IF-Anweisung aus Zeile 7 scheint zu fehlen.

TEIL 1 Quelltext bearbeiten

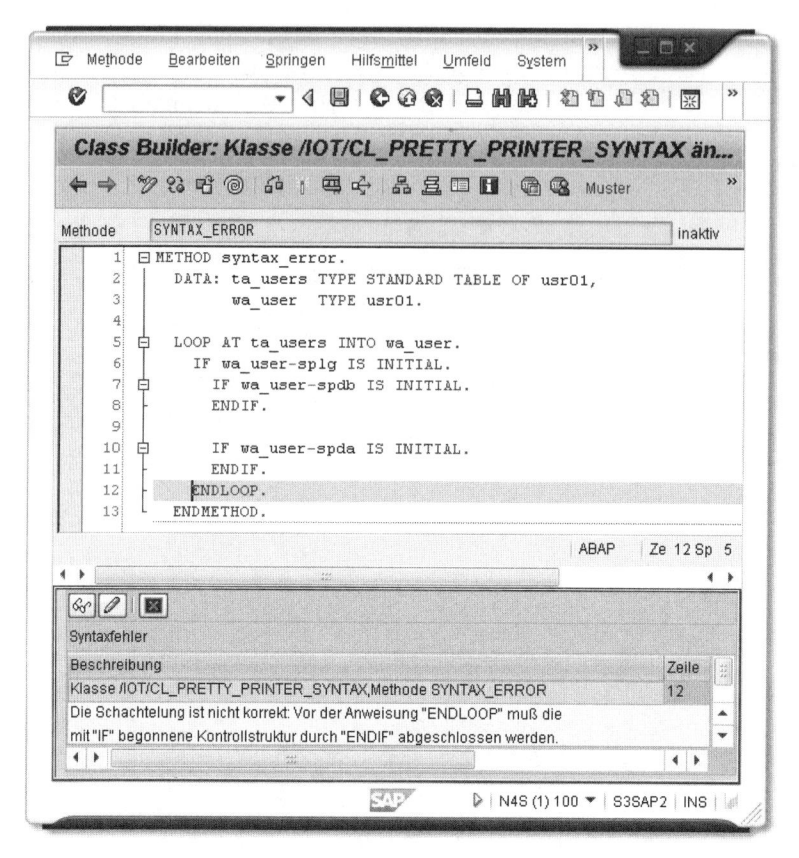

Quelltext nachdem der Pretty Printer ausgeführt wurde

In der Praxis können Sie natürlich nicht so leicht den Vorher-Nachher-Vergleich durchführen, wie es mit den beiden Abbildungen in diesem Buch möglich ist. Dafür können Sie im ABAP Editor beobachten, wie sich der Quelltext beim Ausführen des Pretty Printers verändert. Dabei fällt leicht auf, dass die ersten sieben Zeilen gleich bleiben, während sich ab der achten Zeile etwas verändert.

Tipp 10
Fehlermeldungen der Syntaxprüfung besser verstehen

Kommen Sie der Ursache von möglicherweise verwirrenden Fehlermeldungen der Syntaxprüfung auf die Spur, indem Sie sich das Vorgehen des Compilers bei der Analyse des Quelltextes vergegenwärtigen.

Der Compiler liest Quelltext anders als ein Mensch. Das erkennen Sie schon daran, dass es ihm möglich ist, auch für Menschen unleserlich geschriebenen Quelltext zur Ausführung zu bringen. Dafür fällt es einem Compiler häufig schwerer als einem Menschen, einen Syntaxfehler so zu beschreiben, dass der Entwickler auf den ersten Blick erkennt, wie er den Syntaxfehler korrigieren kann.

Darum sollten Sie wissen, wie der Compiler den Quelltext analysiert. Dann fällt es Ihnen leichter, die vom System angezeigten Fehlermeldungen zur Syntax zu interpretieren, und Sie können Ihre Syntaxfehler schneller korrigieren.

› Und so geht's

Compiler analysieren den Quelltext eines Programms in aller Regel in drei Phasen:

1. **Lexikalische Analyse**: Der sogenannte *Scanner* führt die lexikalische Analyse des Quelltextes durch. Dabei unterteilt er Ihren Quelltext in seine Bestandteile, die als *Token* bezeichnet werden. Bei einem einzelnen Token kann es sich beispielsweise um ein Schlüsselwort, um einen Bezeichner oder um einen Operator handeln. Zwischen zwei Token befindet sich im Quelltext in der Regel ein Leerzeichen.

2. **Syntaktische Analyse**: Die syntaktische Analyse wird durch eine Komponente des Compilers durchgeführt, die als *Parser* bezeichnet wird. Der Par-

ser überprüft, ob die Token der Syntax der Sprache entsprechen. In ABAP prüft der Parser beispielsweise, ob nach einer Anweisung, die mit dem Token `METHOD` beginnt, im Quelltext ein Token mit einem gültigen Bezeichner einer Methode folgt. Darauf muss ein Punkt folgen.

Die Prüfung, ob die Methode mit dem angegebenen Bezeichner auch korrekt definiert wurde oder ob in einer Klasse mehrere Implementierungen zu demselben Methodennamen existieren, fällt nicht mehr in den Aufgabenbereich der syntaktischen Analyse.

3. **Semantische Analyse**: In der semantischen Analyse betrachtet der Compiler schließlich auch die Zusammenhänge zwischen mehreren Anweisungen und verschiedenen Entwicklungsobjekten. Erst die semantische Analyse beantwortet Fragen wie die folgenden: Existieren Klassen oder Datentypen, die bei Variablendefinitionen als Typangaben verwendet werden? Sind die vergebenen Variablennamen eindeutig? Wurden Variablen, die in Anweisungen verwendet werden, zuvor bereits definiert?

In allen drei Phasen kann der Compiler Fehler erkennen. Nach Abschluss dieser drei Phasen kann der Compiler eine Aussage darüber treffen, ob ein Programm Syntaxfehler enthält. Diese Syntaxfehler zeigt Ihnen das System dann in der ABAP Workbench an.

Dieses Wissen über den Aufbau der Quelltext-Analyse hilft Ihnen dabei, mit auf den ersten Blick verwirrenden Fehlermeldungen umzugehen. Wenn Sie sich beim Lesen einer Fehlermeldung den Ablauf der Syntaxprüfung vergegenwärtigen, können Sie die Entstehung der Fehlermeldung besser nachvollziehen und so den Syntaxfehler in Ihrem Programm leichter beheben. Schauen Sie sich die beiden folgenden Beispiele für Syntaxfehler an, und versuchen Sie nachzuvollziehen, warum der Compiler den Syntaxfehler so ungewöhnlich beschreibt.

Die folgende Abbildung zeigt einen Quelltext-Ausschnitt und die zugehörige Fehlermeldung der Syntaxprüfung. Ein Mensch würde bei diesem Syntaxfehler darauf hinweisen, dass ein Leerzeichen zwischen dem Variablenbezeichner `material` und dem ABAP-Schlüsselwort `TYPE` fehlt. Der Compiler geht jedoch anders vor: Die lexikalische Analyse erkennt `materialTYPE` als einen möglichen Bezeichner für eine Variable, ohne das Umfeld genauer zu betrachten. Der syntaktischen Analyse wird `materialTYPE` darum als ein Token und nicht als zwei Token geliefert. Zu den Aufgaben der syntaktischen Analyse gehört es auch nicht, aus einem Token mehrere zu machen. Daher kann sie nicht erkennen, dass hier ein Leerzeichen fehlen könnte. Stattdessen stellt die syntaktische Prüfung fest, dass hinter dem vermeintlichen Vari-

Fehlermeldungen der Syntaxprüfung besser verstehen **Tipp 10**

ablenbezeichner `materialTYPE` ein Token mit dem Schlüsselwort `TYPE` oder mit dem Schlüsselwort `LIKE` stehen müsste. Dort steht jedoch ein Token mit dem Bezeichner `matnr`. Folglich handelt es sich aus Sicht der syntaktischen Analyse um eine falsche Schreibweise der `DATA`-Anweisung, was das System Ihnen als Fehlermeldung anzeigt.

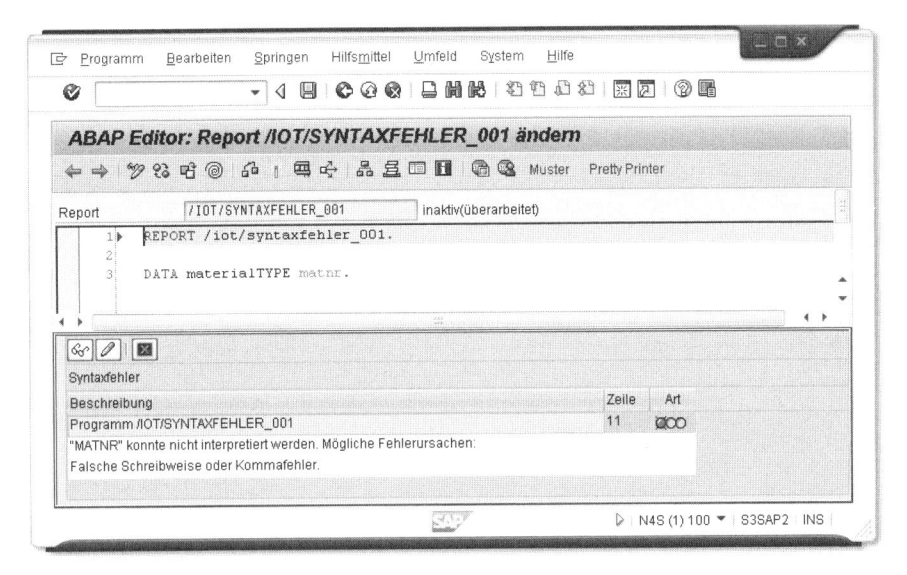

Missverständliche Fehlermeldung der syntaktischen Analyse

Im Quelltext aus der folgenden Abbildung wollte der Entwickler eigentlich die statische Methode `INIT` in der Klasse `CL_OS_SYSTEM` aufrufen. Statt des Operators für statische Methoden (=>) hat er fälschlicherweise den Operator für Instanzmethoden (->) verwendet. Auch hier kommt die Syntaxprüfung zu einer Fehlermeldung, die den eigentlichen Fehler nicht wirklich zu beschreiben scheint. Für die lexikalische Analyse und für die syntaktische Analyse scheint im Quelltext alles in Ordnung. Die syntaktische Analyse glaubt, einen Aufruf einer Instanzmethode erkannt zu haben. Darum sollte aus Sicht des Compilers vor dem Operator -> eine Referenz auf ein Objekt stehen. Die semantische Analyse prüft daraufhin, ob dies tatsächlich so ist. Sie stellt fest, dass unter dem Namen `CL_OS_SYSTEM` keine Referenz auf ein Objekt existiert. Da die semantische Analyse von der syntaktischen Analyse schon die Information erhalten hat, dass vor dem Operator -> in jedem Fall eine Objektreferenz stehen muss, interessiert sie sich nicht dafür, dass hier der Name einer tatsächlich vorhandenen Klasse steht. Darum gibt das System die Fehlermeldung aus, dass der Entwickler hier scheinbar vergessen hat, die Variable namens `CL_OS_SYSTEM` zu definieren.

TEIL 1 Quelltext bearbeiten

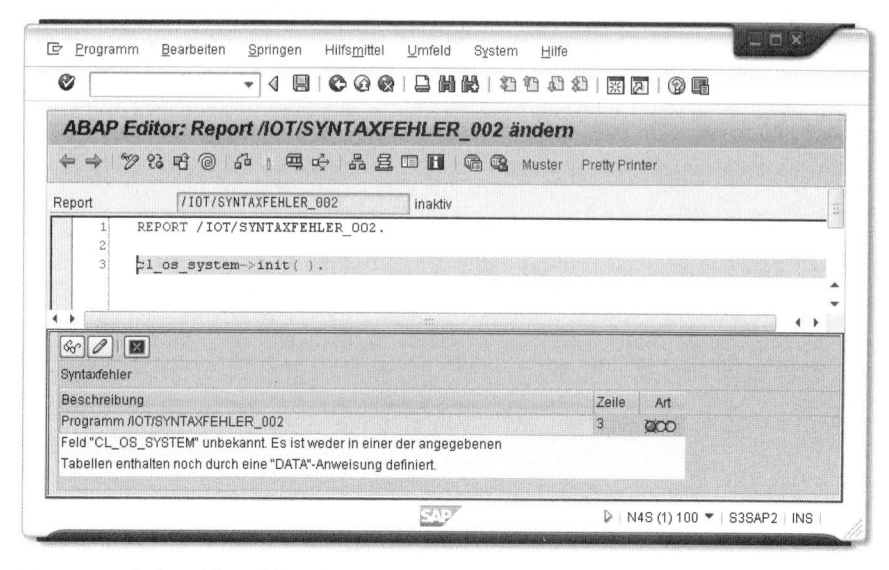

Missverständliche Fehlermeldung der semantischen Analyse

Tipp 11

Die automatische Fehlerkorrektur verwenden

Die Syntaxprüfung bietet Ihnen gleich mehrere Möglichkeiten, wie Sie Schreibfehler im Quelltext entdecken und vermeiden können.

Eine der häufigsten Ursachen für Fehler, die die Syntaxprüfung der ABAP Workbench anzeigt, sind einfache Schreibfehler. Ob verursacht durch einen Tippfehler oder durch die nur grobe Erinnerung an den tatsächlichen Namen der Variablen, häufig weicht der eingegebene Name nur leicht von dem tatsächlichen Namen ab.

Ein kurzer Blick auf die Fehlermeldung, den Cursor an die richtige Position setzen, den Namen korrigieren, und der Fehler ist behoben. Aber es geht in den meisten Fällen noch einfacher.

› Und so geht's

Erkennt die Syntaxprüfung, wie sie den Schreibfehler wahrscheinlich korrigieren kann, bietet sie Ihnen die Möglichkeit, diese Korrektur mit nur einem Mausklick durchzuführen. Korrekturvorschläge bietet die ABAP Workbench im Rahmen der Syntaxprüfung unter anderem für Variablennamen, Schlüsselwörter, Methodennamen und Attributnamen an, bei denen der eingegebene Name nur leicht von dem tatsächlichen Namen abweicht.

Falls die Syntaxprüfung einen Korrekturvorschlag ermitteln konnte, zeigt sie Ihnen neben der Fehlermeldung ein Symbol ( ). Durch einen einfachen Mausklick auf dieses Symbol ersetzen Sie den fehlerhaften Quelltext durch den automatisch ermittelten Korrekturvorschlag.

TEIL 1 Quelltext bearbeiten

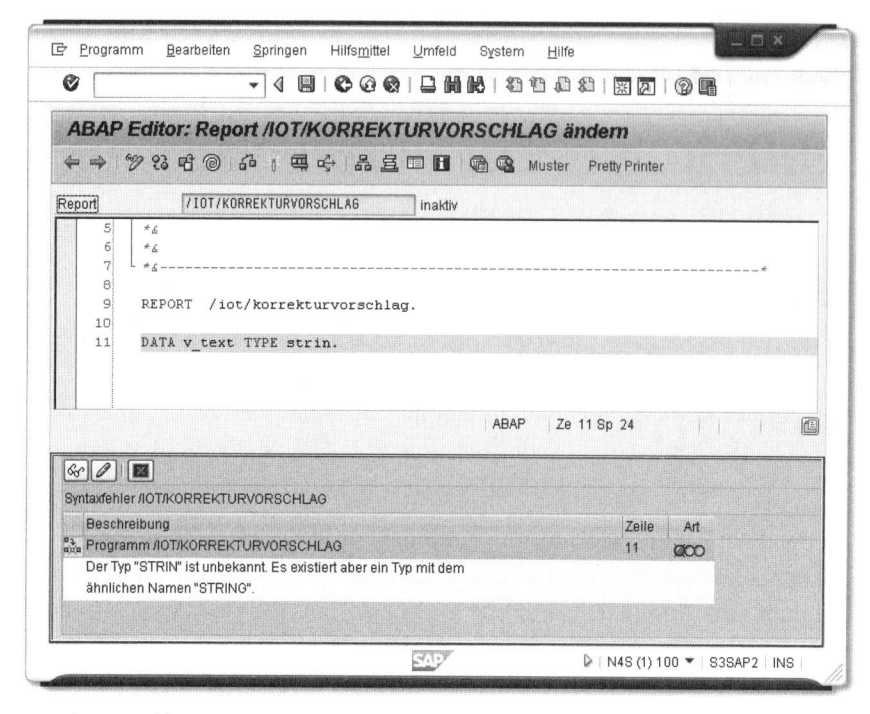

Korrekturvorschlag zu einem Syntaxfehler

Es ist auch möglich, dass die ABAP Workbench nicht nur einen, sondern mehrere Korrekturvorschläge für einen Syntaxfehler ermittelt. In diesem Fall können Sie nach dem Klick auf das Symbol zur automatischen Korrektur über ein Pop-up auswählen, welchen Korrekturvorschlag Sie annehmen möchten (hier: V_TEXT_1). Bestätigen Sie Ihre Auswahl anschließend mit einem Klick auf **Korrigieren**.

Pop-up zur Auswahl aus mehreren Korrekturvorschlägen

Das Symbol (🔁), mit dem Sie den Korrekturvorschlag automatisch annehmen können, zeigt Ihnen die ABAP Workbench jedoch nur an, wenn Sie im Gegenzug auf eine andere Funktionalität verzichten. Die entsprechende Einstellung können Sie aus der ABAP Workbench heraus unter folgendem Menüpfad vornehmen:

Hilfsmittel ▸ Einstellungen

Wechseln Sie dann auf die Registerkarte **ABAP Editor** und dort auf die Unterregisterkarte **Editor**. Wenn Sie hier die Einstellung **Alle Syntaxfehler anzeigen** aktivieren, zeigt Ihnen die ABAP Workbench im Rahmen der Syntaxprüfung nicht nur den ersten Fehler an, auf den sie stößt. Stattdessen untersucht sie den Quelltext auch weiter, nachdem sie bereits Fehler gefunden hat, und gibt eine Liste aller identifizierten Syntaxfehler aus. Die Möglichkeit, Korrekturvorschläge automatisch anzunehmen, haben Sie dagegen nur, wenn Sie diese Einstellung deaktivieren. Die ABAP Workbench zeigt Ihnen dann nur den ersten Fehler an, den sie im Quelltext findet.

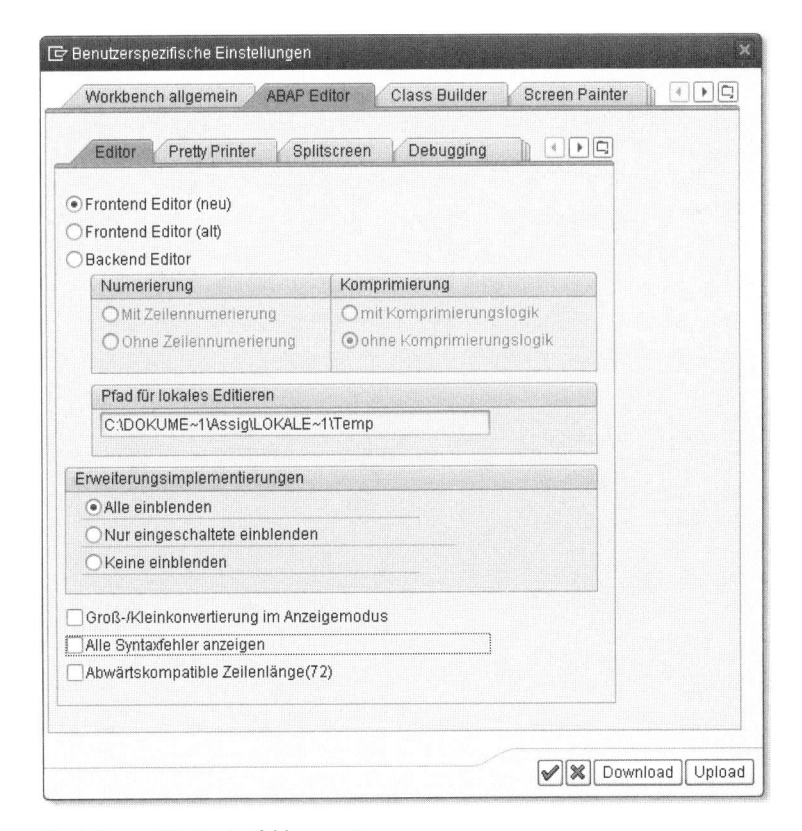

Einstellung »Alle Syntaxfehler anzeigen«

Natürlich kann es auch sinnvoll sein, nicht nur den ersten, sondern alle Fehler anzuzeigen, den die Syntaxprüfung findet. Wenn Sie diese Funktionalität benötigen, können Sie die Einstellung **Alle Syntaxfehler anzeigen** auf demselben Weg wieder aktivieren. Die Korrekturvorschläge werden Ihnen dann weiterhin angezeigt. Sie können sie nur nicht mehr durch einen Klick auf das Symbol vom System korrigieren lassen, sondern müssen die Korrektur selbst vornehmen.

Tipp 12
Objektorientierte Ereignisse

Verlieren Sie nicht den Überblick: Im Zusammenhang mit Ereignissen müssen Sie auch die Definition der Methoden anders durchführen als bei gewöhnlichen Methoden.

Wenn Sie in der Literatur etwas über die Behandlung von Ereignissen in objektorientierten Sprachen lesen, stoßen Sie häufig auf den Begriff der *Inversion of Control*, der Umkehr der Steuerung. Gemeint ist hiermit, dass nicht der Aufrufer einer Funktionalität entscheidet, wo er die benötigte Funktionalität aufruft. Stattdessen teilt der Aufgerufene dem Aufrufer mit, dass er in bestimmten Situationen aufgerufen werden möchte.

Auf diese Umkehrung werden Sie auch bei der Definition von Ereignis und Ereignisbehandler, oder anders ausgedrückt, von Aufrufer und aufgerufener Methode stoßen. Die Namen der Parameter und die zugehörigen Datentypen definieren Sie nicht an der Stelle, an der Sie die Funktionalität implementieren, sondern an der Stelle, an der Sie die Funktionalität aufrufen.

〉 Und so geht's

Beginnen Sie mit der Definition des Ereignisses. Die Definition des Ereignisses kann direkt in der Klasse erfolgen, in der Sie später das Ereignis auslösen möchten. Alternativ können Sie die Definition auch in einer Superklasse oder in einem Interface durchführen, das diese Klasse implementiert. Dann können Sie das Ereignis in allen Klassen auslösen, die entweder Subklasse der Klasse mit der Definition sind oder die das Interface mit dem Ereignis implementieren.

Die Definition eines Ereignisses führen Sie sowohl in Interfaces als auch in Klassen auf der Registerkarte **Ereignisse** durch. Die Definition eines Ereignisses ähnelt der Definition einer Methode. Direkt auf der Registerkarte legen Sie den Namen, die Art und die Sichtbarkeit des Ereignisses fest.

TEIL 1 Quelltext bearbeiten

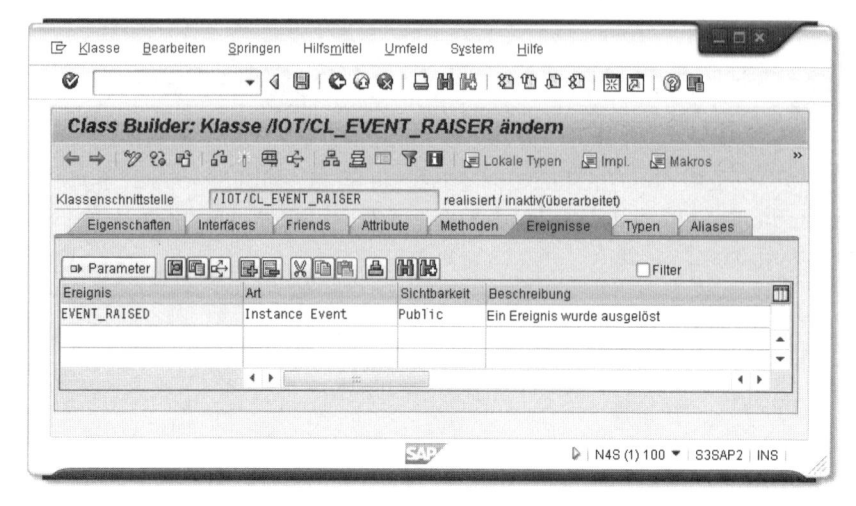

Registerkarte »Ereignisse« im Class Builder

Bei der Auswahl der Art des Ereignisses sollten Sie sich überlegen, in welchen Fällen sich die späteren Ereignisbehandler für das Eintreten eines Ereignisses interessieren werden. Falls es Ereignisbehandler geben wird, die nur dann benachrichtigt werden sollen, wenn das Ereignis an einem ganz bestimmten Objekt stattgefunden hat, definieren Sie ein Instanzereignis. Nur wenn die Ereignisbehandler sich immer für alle Ereignisse interessieren, unabhängig von den beteiligten Objekten, sollten Sie ein statisches Ereignis definieren.

Die Definition der Ereignisparameter führen Sie analog zur Definition von Parametern von Methoden durch. Der große Unterschied hierbei: Sie können keine Art der Parameter auswählen. Alle Parameter sind aus der Sicht des Auslösers des Ereignisses Exporting-Parameter, aus Sicht des Behandlers Importing-Parameter. Die Informationen fließen demnach nur vom Auslöser zum Behandler, nie zurück. Der Auslöser eines Ereignisses soll nichts darüber erfahren, was die Behandler mit dem Ereignis getan haben, und ob dies erfolgreich war oder nicht. Aus diesem Grund können Sie zu Ereignissen auch keine Ausnahmen definieren.

Bei Instanzereignissen müssen Sie übrigens keinen Parameter definieren, über den Sie eine Referenz auf das Objekt übergeben, bei dem das Ereignis eingetreten ist. Implizit hat jedes Instanzereignis einen Parameter namens SENDER, über den die Referenz auf den Auslöser des Ereignisses an den Behandler übergeben wird. Da ein entsprechender Parameter bereits implizit definiert ist, dürfen Sie auch nicht selbst einen Parameter mit dem Namen SENDER definieren.

Objektorientierte Ereignisse Tipp 12

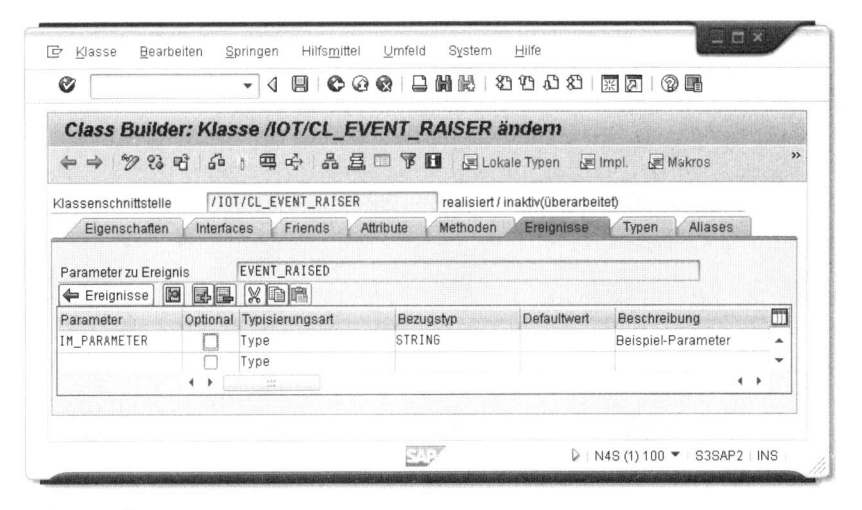

Definition der Parameter eines Ereignisses

Nach der Definition des Ereignisses können Sie damit beginnen, einen oder mehrere Ereignisbehandler anzulegen. Definieren Sie dazu zunächst wie gewohnt eine Methode, legen Sie aber noch keine Parameter oder Ausnahmen fest. Wechseln Sie dann über das Detail-Symbol ([🔍]) in den Dialog, in dem Sie weitere Einstellungen zur Methode vornehmen können.

Details zur Definition einer Methode

Aktivieren Sie in diesem Dialog die Einstellung **Ereignisbehandler für**, und geben Sie darunter den Namen der **Klasse** bzw. des **Interface** an, in der/dem Sie das Ereignis definiert haben. Im Feld **Ereignis** können Sie dann den Namen des Ereignisses manuell eingeben oder über die Wertehilfe auswählen. Verlassen Sie den Dialog über die Schaltfläche **Ändern**. Die Methode wird nun über das entsprechende Symbol (▶) auf der Registerkarte mit den Methoden der Klasse als Ereignisbehandler gekennzeichnet.

Bevor Sie die Ereignisbehandlermethode implementieren, müssen Sie noch die Parameter auswählen, auf die Sie bei der Ereignisbehandlung zugreifen möchten. Wechseln Sie dazu wie gewohnt über die Schaltfläche **Parameter** in die Liste der Parameter der Methode. An dieser Stelle haben Sie im Gegensatz zu regulären Methoden nicht die Möglichkeit, neue Parameter zu definieren. Stattdessen wählen Sie aus den bereits zuvor definierten Parametern des Ereignisses diejenigen aus, auf die Sie in der Implementierung der Methode zugreifen möchten.

Die Parameter aus der Ereignisdefinition können Sie über das Parameter-Symbol (□) mit einem Klick in die Liste der Parameter des Ereignisbehandlers übernehmen. Benötigen Sie in einem Ereignisbehandler nicht alle Parameter, entfernen Sie an dieser Stelle danach einfach manuell die jeweiligen Parameter. Den in Instanzereignissen implizit definierten Parameter mit dem Namen SENDER müssen Sie gegebenenfalls manuell übernehmen, indem Sie den Namen in die Spalte **Parameter** eintragen.

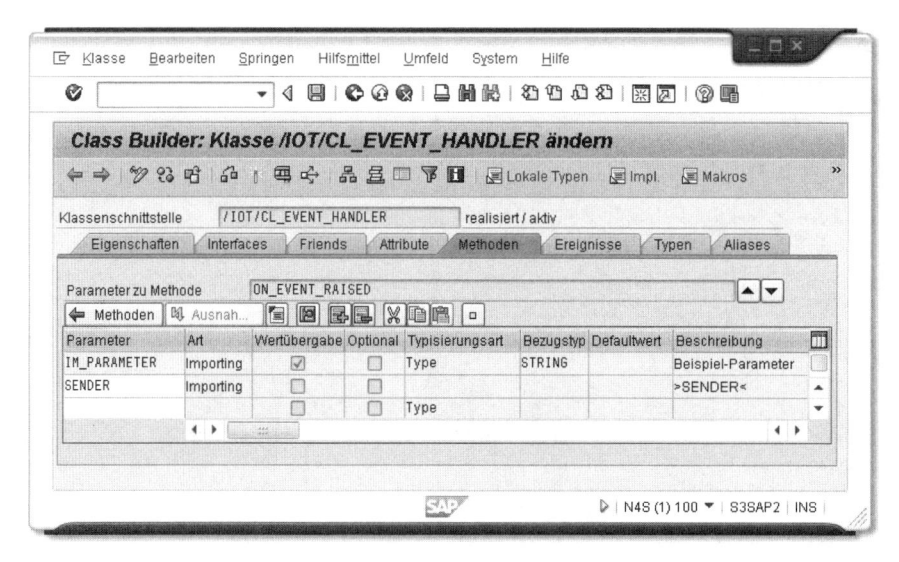

Auswahl der Parameter für den Ereignisbehandler

Damit der Ereignisbehandler auch aufgerufen wird, müssen Sie im ABAP-Quelltext nun noch zwei Dinge tun: Im Quelltext des Ereignisbehandlers müssen Sie mit der Anweisung SET HANDLER den Ereignisbehandler beim Auslöser des Ereignisses registrieren. Danach können Sie das Ereignis auslösen, und der Ereignisbehandler wird aufgerufen.

```
SET HANDLER me->on_event_raised FOR im_rf_event_raiser.
```

Registrieren des Ereignisbehandlers

```
RAISE EVENT event_raised
  EXPORTING
    im_parameter = 'PARAMETERWERT'.
```

Auslösen des Ereignisses

Tipp 13

Variablendefinitionen bereinigen

Sie möchten Ordnung in die im Quelltext definierten Variablen bringen? Die ABAP Workbench unterstützt Sie beim Umbenennen von Variablen und beim Entfernen von nicht verwendeten Variablen.

Wer kennt das nicht? Eine Methode ist über die Jahre gewachsen. Im Überfluss sind Variablen deklariert, manche mit wenig aussagekräftigen Namen, andere werden gar nicht verwendet. Ab Release 7.0 EHP2 unterstützt Sie die ABAP Workbench mit neuen Refactoring-Funktionalitäten, mit denen Sie schnell Ordnung in eine solche Methode bringen.

Um eine Variable umzubenennen, haben Sie nun die Möglichkeit, einfach den neuen Namen der Variablen anzugeben. Den Rest übernimmt das System: Es findet alle Stellen, an denen die Variable verwendet wird, und ersetzt dort den bisherigen Namen durch den neuen Namen. Noch einfacher ist mittlerweile das Entfernen nicht mehr benötigter Variablen: Rufen Sie einfach die entsprechende Funktionalität auf, und das System entfernt für Sie automatisch alle Variablen, die Sie nicht verwenden.

› Und so geht's

Um eine Variable umzubenennen, führen Sie die folgenden Schritte aus:

1. Platzieren Sie den Cursor im ABAP Editor innerhalb der DATA-Anweisung, mit der die Variable definiert ist, auf den Namen der Variablen.

2. Rufen Sie aus dem Kontextmenü des ABAP Editors den Eintrag **Refactoring › Umbenennen** auf.

3. Ein Pop-up erscheint, das Ihnen die Funktionsweise des Refactorings erläutert. Klicken Sie auf die Schaltfläche **Weiter** ( ), nachdem Sie sich mit dem Inhalt vertraut gemacht haben.

4. Im zweiten Schritt im Rahmen des Pop-ups wird Ihnen nun der alte Name der Variablen angezeigt, und Sie haben die Möglichkeit, den neuen Namen auszuwählen. Bestätigen Sie auch hier Ihre Eingabe mit der Schaltfläche **Weiter** (🔲).

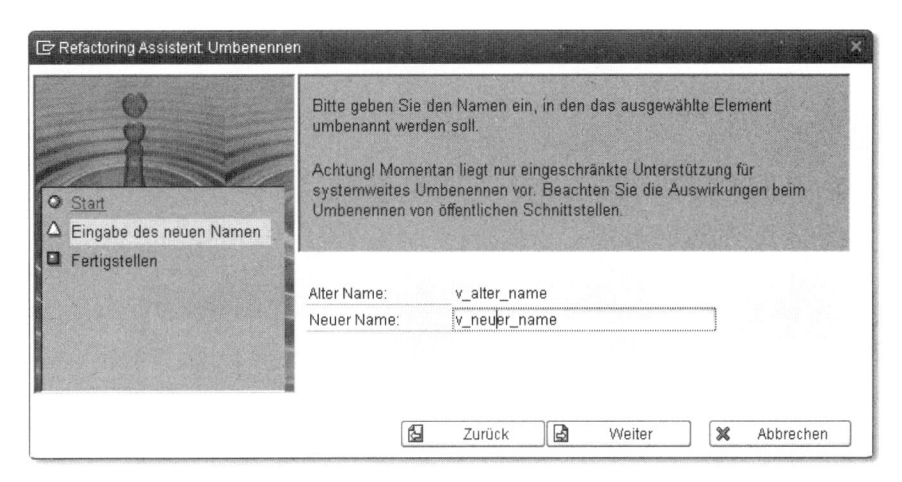

Dialog zum Umbenennen einer Variablen

5. Im letzten Schritt werden Sie noch gefragt, ob Sie die Änderungen tatsächlich vornehmen möchten. Bestätigen Sie dies über die Schaltfläche **Fertigstellen** (✅).

Das Umbenennen ist nicht nur für Variablen auf die beschriebene Art möglich, sondern auch für andere lokal definierte Elemente wie Konstanten, Typen oder lokale Klassen.

Sie können ganz ähnlich vorgehen, um nicht mehr benötigte Variablen zu entfernen:

1. Öffnen Sie im ABAP Editor die Methode, das Programm oder den Funktionsbaustein, aus dem Sie die nicht benötigten Variablen entfernen möchten.

2. Rufen Sie aus dem Kontextmenü des ABAP Editors den Eintrag **Refactoring • Löschen ungenutzter Datendeklarationen** auf.

3. Hier erscheint ein ähnliches Pop-up wie beim Umbenennen, nur müssen Sie hier keinen neuen Namen einer Variablen angeben. Bestätigen Sie die drei Schritte über die Schaltflächen **Weiter** (🔲) bzw. **Fertigstellen** (✅).

Alle Variablen, die nicht mehr benötigt werden, entfernt das System nun automatisch. Dabei löscht es auch lokal definierte Konstanten und Typen, die nicht verwendet werden.

TEIL 1 Quelltext bearbeiten

Sowohl beim Umbenennen als auch beim Löschen ungenutzter Datendeklarationen führt das System die gewünschten Änderungen durch, ohne sie sofort automatisch zu speichern. Sie können sich darum zunächst noch einmal in Ruhe ansehen, ob die Änderungen Ihren Vorstellungen entsprechen. Über das Kontextmenü des ABAP Editors können Sie dazu den Menüeintrag **Refactoring ▸ Übersicht anzeigen** aufrufen. In einem Pop-up sehen Sie dann eine Auflistung aller Änderungen, die das System im Rahmen der automatischen Refactoring-Aktion durchgeführt hat. Sind Sie mit den Änderungen zufrieden, speichern Sie den geänderten Stand wie gewohnt ab. Anderenfalls verlassen Sie den Änderungsmodus, ohne zu speichern, um den alten Stand wiederherzustellen.

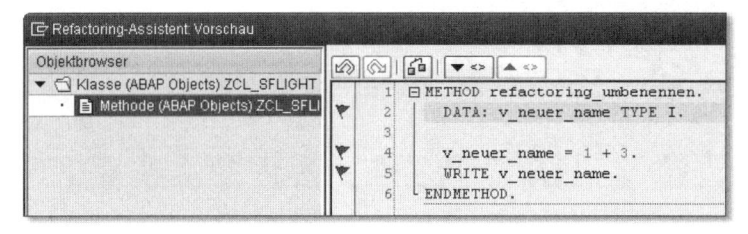

Übersicht über die durchgeführten Änderungen

# Tipp 14

Methoden verschieben

Mit dem Refactoring-Assistenten können Sie Attribute und Methoden von Klassen und Interfaces an eine andere Stelle verschieben.

Der Refactoring-Assistent unterstützt Sie bei Umbauten an objektorientiert geschriebenen Entwicklungsobjekten. Er bietet Ihnen die Möglichkeit, Komponenten von globalen Klassen und globalen Interfaces in eine andere Klasse oder in ein anderes Interface zu verschieben. Zu den Komponenten, die Sie verschieben können, gehören Methoden, Attribute und Ereignisse.

Als Ziel für das Verschieben der Komponente bietet der Refactoring-Assistent Klassen und Interfaces im Umfeld des Quell-Entwicklungsobjekts an. Das Ziel-Entwicklungsobjekt kann sich in derselben Vererbungshierarchie befinden, das heißt beispielsweise in einer Super- oder Subklasse einer Klasse. Auch aus einer Klasse in ein implementiertes Interface oder umgekehrt können Sie Komponenten mit der Hilfe des Refactoring-Assistenten verschieben. Mit einem Trick können Sie sogar auf Entwicklungsobjekte außerhalb der Vererbungshierarchie zugreifen. Voraussetzung dafür ist lediglich, dass die Entwicklungsobjekte assoziiert sind, das heißt, dass das Quell-Entwicklungsobjekt ein Attribut mit dem Ziel-Entwicklungsobjekt als Typ enthält.

〉 Und so geht's

Öffnen Sie zunächst das Quell-Entwicklungsobjekt (eine Klasse oder ein Interface) im Class Builder. Starten Sie dann den Refactoring-Assistenten über den folgenden Menüeintrag:

Hilfsmittel › Refactoring › Refactoring-Assistent

Der Refactoring-Assistent zeigt die Bestandteile und das Umfeld des Quell-Entwicklungsobjekts in Form eines Baums an.

TEIL 1 Quelltext bearbeiten

Klasse	Beschreibung
▼ ZCL_SFLIGHT	
▼ Interfaces	
· IF_OS_STATE	
· ZIF_SFLIGHT	
▼ Assoziationen	
· CL_ABAP_RANDOM	
▼ Attribute	
· CARRID	Kurzbezeichnung der Fluggesellschaft
· CONNID	Code der Einzelflugverbindung
· CURRENCY	Hauswährung der Fluggesellschaft
· FLDATE	Flugdatum
· PAYMENTSUM	Summe der bisherigen Buchungseinnahm...
· PLANETYPE	Flugzeugtyp
· PRICE	Flugpreis
· RF_RANDOM	Pseudozufallszahlengenerator
· SEATSMAX	Maximale Belegung Economy Class
· SEATSMAX_B	Maximale Belegung Business Class
· SEATSMAX_F	Maximale Belegung First Class
· SEATSOCC	Belegte Plätze Economy Class
· SEATSOCC_B	Belegte Plätze Business Class
· SEATSOCC_F	Belegte Plätze First Class
▶ Methoden	
▼ Ereignisse	
· TAKE_OFF	

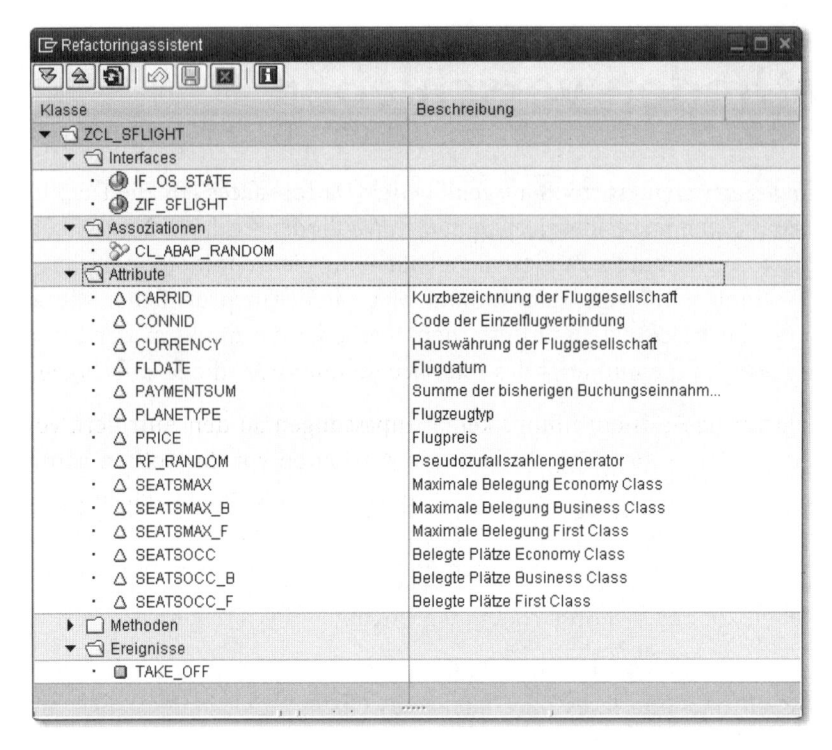

Der Refactoring-Assistent

Klappen Sie hier zunächst den Knoten auf, unter dem sich die Komponente des Quell-Entwicklungsobjekts befindet, die Sie verschieben möchten. Möchten Sie beispielsweise ein Attribut verschieben, klappen Sie daher den Knoten **Attribute** auf.

Klappen Sie außerdem den Knoten auf, unter dem sich das Ziel-Entwicklungsobjekt befindet. Wenn Sie beispielsweise eine Komponente in ein Interface verschieben möchten, das die aktuelle Klasse implementiert, klappen Sie den Knoten **Interfaces** auf.

Um die Komponente zu verschieben, verwenden Sie einfach Drag & Drop: Drücken Sie mit der linken Maustaste auf die Komponente, die Sie verschieben möchten. Halten Sie die Maustaste dann gedrückt, und lassen Sie die Komponente auf dem Ziel-Entwicklungsobjekt fallen, im Beispiel auf dem Interface. Bestätigen Sie Ihre Änderungen mit einem Klick das Speichern-Symbol (▣), sobald Sie alle gewünschten Änderungen vorgenommen haben.

Der Refactoring-Assistent setzt die von Ihnen gewünschten Änderungen automatisch im Quelltext um. Haben Sie beispielsweise eine Methode aus einer Klasse in eine andere verschoben, verschiebt das System die Definition und den Quelltext der Implementierung entsprechend. Das Ergebnis entspricht dem Zustand, den Sie auch durch das Kopieren und anschließende Löschen der Methode in der Quell-Klasse erreicht hätten.

Ist das Ziel-Entwicklungsobjekt dagegen ein Interface, ist das Verhalten des Refactoring-Assistenten etwas ausgeklügelter: Da Interfaces nur die Definitionen, aber keine Implementierungen von Methoden enthalten, verschiebt der Refactoring-Assistent in diesem Fall auch nur die Definition in das Interface. Die Implementierung der Methode bleibt in der ursprünglichen Klasse. Sie wird jedoch aus der ursprünglichen Methode, die direkt in der Klasse definiert war, in die nun über das Interface definierte Methode verschoben.

Der Refactoring-Assistent nimmt keine Anpassungen an den Aufrufern von Methoden oder an den Verwendern von Attributen vor. Sie sollten darum nach der Verwendung des Refactoring-Assistenten die beteiligten Entwicklungsobjekte und ihre Verwender manuell prüfen. Die dort notwendigen Anpassungen müssen Sie selbst durchführen, auch wenn Sie mit dem Refactoring-Assistenten arbeiten.

Tipp 15

Quelltext-Segmente extrahieren

Modularisierung leicht gemacht: Sie markieren einige Zeilen Quelltext, wählen die entsprechende Funktionalität im Menü aus, und schon haben Sie aus einer großen Methode zwei übersichtlichere Methoden gemacht.

Methoden und Funktionsbausteine mit mehreren Hundert oder gar mehreren Tausend Zeilen Quelltext haben einige entscheidende Nachteile: Sie können nur noch schwer gewartet werden, da schnell der Überblick darüber verloren geht, was in dem Verarbeitungsblock alles geschieht. Auch die Wiederverwendbarkeit ist reduziert, da es oft zahlreiche potenzielle Aufrufer gibt, die nur Teile der enthaltenen Funktionalität benötigen würden. Der viel zu groß geratene Verarbeitungsblock enthält dabei meist auch Funktionalitäten, die für potenzielle Aufrufer nicht nur unnötig, sondern sogar hinderlich sind.

Abhilfe schafft hier die Gliederung des Verarbeitungsblocks durch das Anlegen weiterer Methoden bzw. Funktionsbausteine, die dann aus dem ursprünglichen Verarbeitungsblock aufgerufen werden. Dank der Unterstützung durch die ABAP Workbench ist ein solcher Umbau mittlerweile auch nicht mehr mit allzu großem Aufwand verbunden.

› Und so geht's

Die Beschreibung erfolgt am Beispiel einer Methode, aus der Teile des Quelltextes in eine neue Methode extrahiert werden. Sie können analog auch für einen Funktionsbaustein vorgehen, um einen Teil des Quelltextes in einen neuen Funktionsbaustein zu extrahieren.

Quelltext-Segmente extrahieren Tipp 15

Um Quelltext aus einer Methode in eine neue Methode zu extrahieren, führen Sie die folgenden Schritte aus:

1. Öffnen Sie die ursprüngliche Methode zunächst im Bearbeitungsmodus im ABAP Editor.

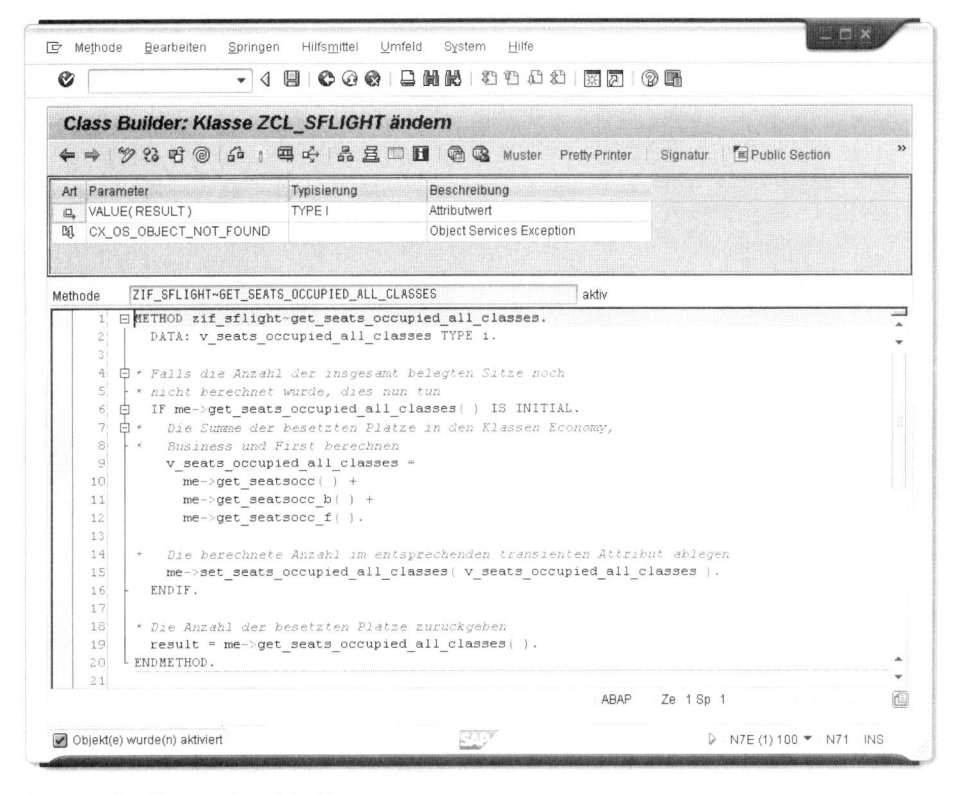

Ausgangssituation vor dem Extrahieren

2. Markieren Sie die Zeilen, die Sie in eine neue Methode extrahieren möchten.

3. Rufen Sie aus dem Kontextmenü des ABAP Editors den Eintrag **Refactoring • Source extrahieren** auf.

4. Ein Pop-up erscheint, das die Refactoring-Operationen erklärt. Klicken Sie auf die Schaltfläche **Weiter** (), um fortzufahren.

5. Geben Sie im nächsten Schritt im Pop-up den Namen und die Sichtbarkeit der neuen Methode an. Bestätigen Sie Ihre Eingabe mit der Schaltfläche **Weiter** ().

TEIL 1 Quelltext bearbeiten

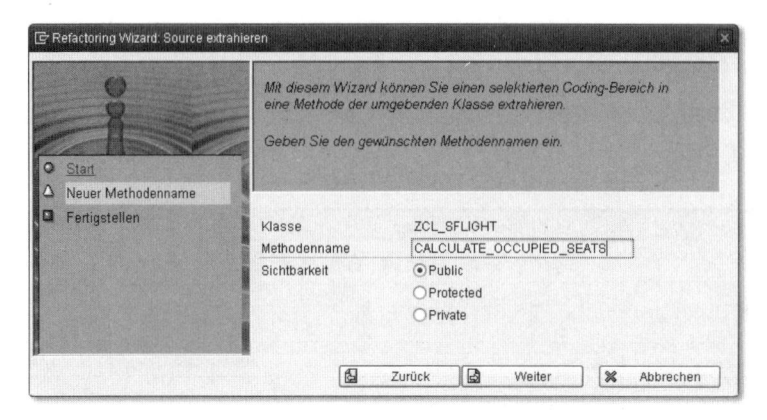

Dialog zur Extraktion von Quelltext in eine neue Methode

6. Abschließend werden Sie im Pop-up erneut dazu aufgefordert, Ihre Angaben zu bestätigen. Tun Sie dies über die Schaltfläche **Weiter** (🗎).

Das System hat nun eine neue Methode angelegt und die markierten Zeilen aus der ursprünglichen Methode in die neue Methode verschoben. Dort, wo sich die markierten Zeilen ursprünglich befanden, findet sich nun ein Aufruf der neuen Methode.

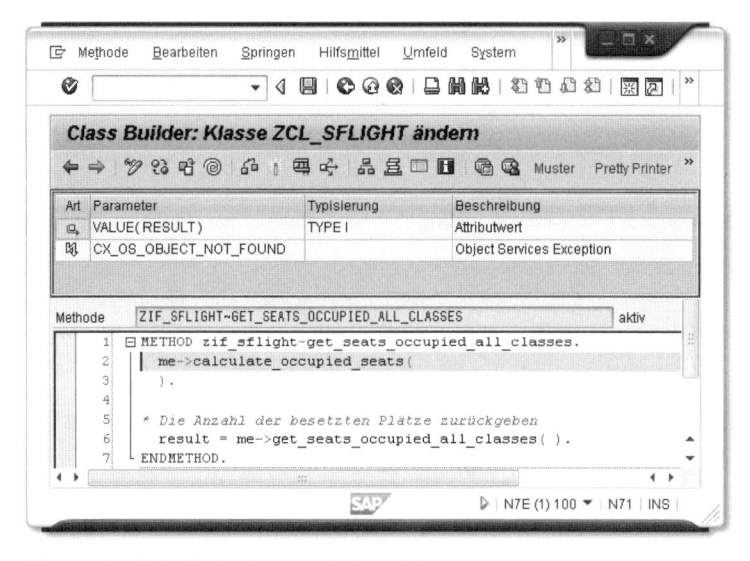

Die ursprüngliche Methode nach der Extraktion

Ein wenig Arbeit bleibt für Sie in den meisten Fällen nach der automatischen Extraktion noch übrig. Die neue Methode hat beispielsweise noch keine Beschreibung, und der Pretty Printer sollte ausgeführt werden. Auch wird es

Quelltext-Segmente extrahieren **Tipp 15**

häufig notwendig sein, manuell Variablen zu verschieben oder für die neue Methode Parameter anzulegen und diese im Aufrufer zu versorgen.

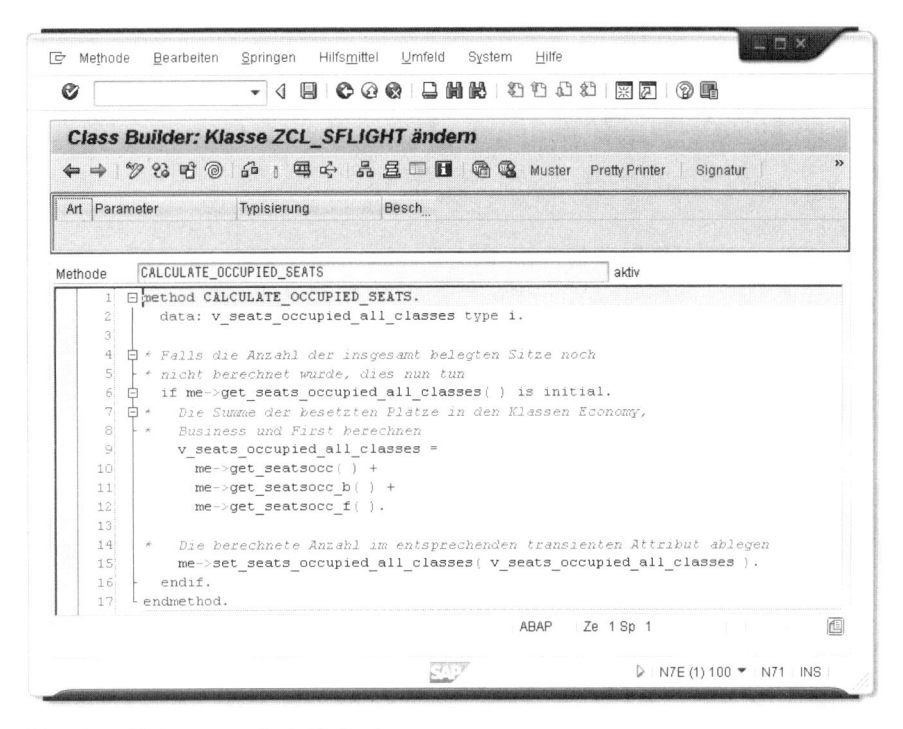

Die automatisch neu angelegte Methode

71

TEIL 2
Quelltext automatisch erzeugen

Wussten Sie, dass Sie die Musterfunktion auch aufrufen können, indem Sie per Drag & Drop Methoden aus der Objektliste in den Quelltext ziehen? Auch mit eigenen Mustern können Sie häufig benötigte Quelltext-Blöcke automatisch erstellen, beispielsweise den Kopfkommentar über Ihren Methoden. Sobald Sie die ersten Zeichen einer Anweisung eingeben, unterbreitet das System Ihnen mit der automatischen Code-Vervollständigung und den Code-Vorlagen Vorschläge, wie Sie die aktuelle Anweisung fortsetzen könnten.

Tipps in diesem Teil

Tipp 16	Muster per Drag & Drop einfügen	74
Trick 17	Funktionale Schreibweise in Mustern aktivieren	76
Tipp 18	Eigene Muster definieren	78
Tipp 19	Remote Function Calls mit dem BAPI Browser erzeugen	81
Tipp 20	Die Code-Vervollständigung verwenden	84
Tipp 21	Funktionalitäten der Code-Vervollständigung	86
Tipp 22	Einstellungen zur Code-Vervollständigung	89
Tipp 23	Code-Vorlagen definieren und einfügen	91
Tipp 24	Textsymbol aus Literal anlegen	94

Tipp 16
Muster per Drag & Drop einfügen

Anstatt einen Methodenaufruf manuell zu schreiben oder über die Musterfunktion einzufügen, können Sie eine Methode einfach per Drag & Drop in Ihren Quelltext ziehen.

Die Implementierung des Aufrufs einer Methode oder eines Funktionsbausteins ist mit ein wenig Arbeit verbunden. Dies ist vor allem dann der Fall, wenn die Methode bzw. der Funktionsbaustein mit einer Vielzahl von Parametern und Ausnahmen definiert ist.

Die Musterfunktion nimmt Ihnen einen Großteil dieser Arbeit ab. Sie geben die Namen einer Klasse und einer zugehörigen Methode bzw. den Namen des Funktionsbausteins an, und die Musterfunktion generiert den entsprechenden Aufruf. Noch einfacher ist die Nutzung der Musterfunktion, wenn Sie mit der Objektliste arbeiten, dem Navigationsbaum am linken Rand der ABAP Workbench. Dann können Sie den Aufruf per Drag & Drop in Sekundenschnelle generieren lassen.

› Und so geht's

1. Öffnen Sie den Quelltext im ABAP Editor, in den Sie den Aufruf der Methode bzw. des Funktionsbausteins einfügen möchten.

2. Falls diese noch nicht angezeigt wird, öffnen Sie die Objektliste mit einem Klick auf das Baum-Symbol (🗂).

3. Öffnen Sie in der Objektliste eine Klasse oder eine Funktionsgruppe. Klappen Sie den Baum so weit auf, dass Sie die aufzurufende Methode bzw. den aufzurufenden Funktionsbaustein sehen.

Muster per Drag & Drop einfügen **Tipp 16**

4. Ziehen Sie den Namen der Methode bzw. des Funktionsbausteins mit gedrückter linker Maustaste aus der Objektliste an die Stelle in Ihrem Quelltext, an der Sie den Aufruf einbauen möchten.

5. Sobald Sie die linke Maustaste loslassen, wird der Aufruf an der Stelle in Ihren Quelltext eingefügt, an der sich der Mauszeiger befindet.

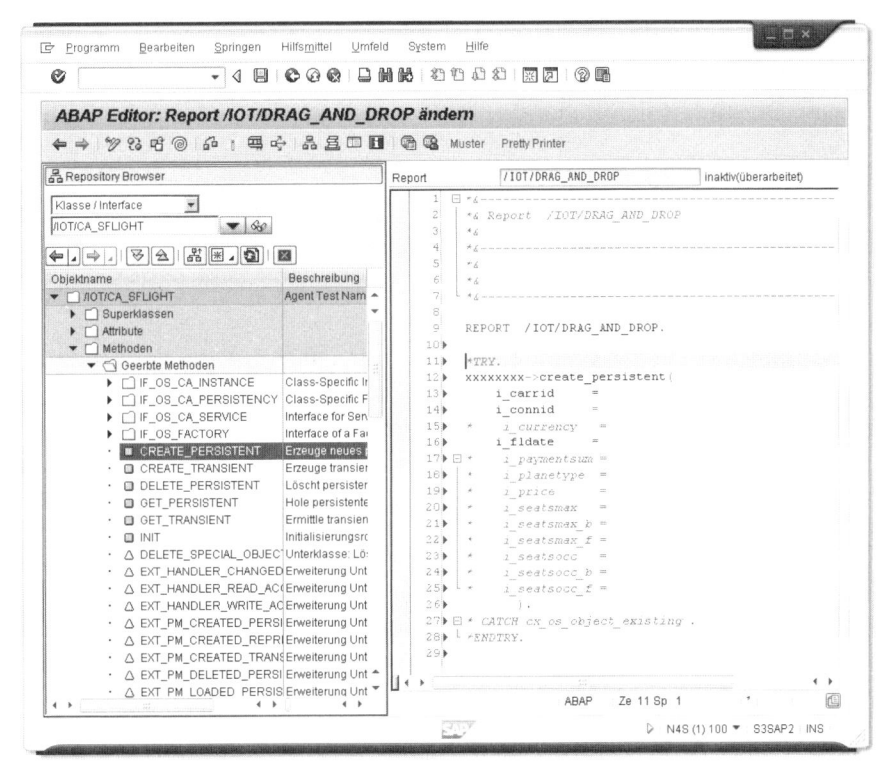

Per Drag & Drop erzeugter Aufruf einer Methode

Wenn Sie die beschriebenen Schritte durchführen, generiert das System den Aufruf genauso wie über die Musterschaltfläche im ABAP Editor. Auch die Einstellungen zu den Mustern, beispielsweise zur funktionalen Schreibweise (siehe Trick 17), berücksichtigt das System beim Erzeugen von Aufrufen von Methoden und Funktionsbausteinen per Drag & Drop.

Auf die beschriebene Art und Weise können Sie nicht nur Aufrufe von Methoden und Funktionsbausteinen erzeugen, sondern auch andere Teilfunktionalitäten der Musterfunktion aufrufen. Beispielsweise erzeugen Sie einen Aufruf des Konstruktors einer Klasse mit der Anweisung CREATE OBJECT, wenn Sie den Namen einer Klasse in Ihren Quelltext ziehen.

Trick 17

Funktionale Schreibweise in Mustern aktivieren

Mit der richtigen Konfiguration generiert die Musterfunktion auch Methodenaufrufe mit der funktionalen Schreibweise. So generiert die Musterfunktion wirklich Musterbeispiele für den Aufruf von Methoden.

SAP empfiehlt in den Programmierrichtlinien für ABAP die Verwendung der funktionalen Kurzschreibweise für den statischen Aufruf beliebiger Methoden. Wenn Sie über die Musterfunktion einen Methodenaufruf in Ihren Quelltext einfügen, erhalten Sie mit den Standardeinstellungen einen Methodenaufruf in der klassischen Schreibweise mit dem Schlüsselwort CALL METHOD.

Damit Sie den Quelltext, den die Musterfunktion erzeugt, nicht manuell in die funktionale Schreibweise umschreiben müssen, können Sie die Musterfunktion so konfigurieren, dass sie direkt den Aufruf in der funktionalen Schreibweise generiert.

› **Und so geht's**

Ob die Musterfunktion die Aufrufe von Methoden in der klassischen oder in der funktionalen Schreibweise generiert, können Sie unter dem Menüeintrag **Hilfsmittel › Einstellungen** auf der Registerkarte **ABAP Editor** und dort auf der Unterregisterkarte **Muster** festlegen. Ist die Einstellung **Funktionale Schreibweise für CALL METHOD** aktiviert, erhalten Sie über die Musterfunktion die Kurzschreibweise, anderenfalls generiert die ABAP Workbench die Methodenaufrufe in der klassischen Schreibweise.

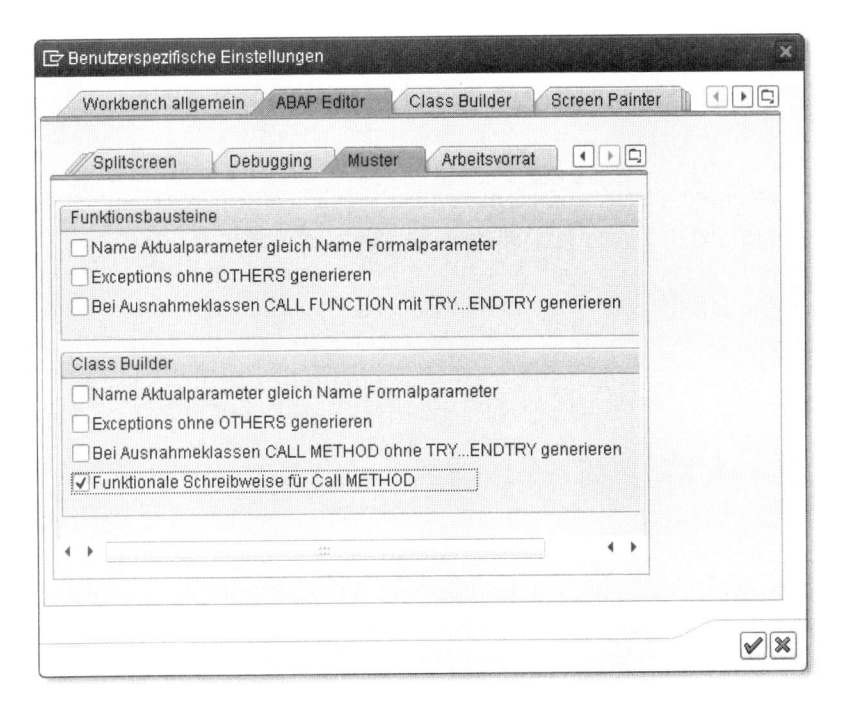

Funktionale Schreibweise in Mustern aktivieren **Trick 17**

Einstellung zur Aktivierung der funktionalen Schreibweise

```
CALL METHOD cl_abap_random=>create
*    EXPORTING
*      seed =
   receiving
     prng =
         .
```

Generierter Methodenaufruf in der klassischen Schreibweise

```
cl_abap_random=>create(
*   seed =
        ).
```

Generierter Methodenaufruf in der funktionalen Schreibweise

Die Einstellung wirkt sich auch auf Methodenaufrufe aus, die Sie erzeugen, indem Sie eine Methode per Drag & Drop aus der Objektliste am linken Bildschirmrand in den Editor ziehen. Auch hier wird die Musterfunktion verwendet, selbst wenn Sie bei diesem Vorgehen weder die Schaltfläche **Muster** anklicken noch den Musterdialog zu Gesicht bekommen.

Tipp 18
Eigene Muster definieren

Mit selbst definierten Mustern, ob mit oder ohne dynamischem Anteil, können Sie erfolgreich gegen Quelltext-Wildwuchs vorgehen.

In vielen Unternehmen und Projekten existieren Konventionen darüber, wie die Kommentare über einer Methode oder über einem Funktionsbaustein aufgebaut sein sollen. Oft soll der Kommentar den Namen des Entwicklers, das Datum des Anlegens und weitere Informationen enthalten, die im System bereits bekannt sind. Um einen entsprechenden Kommentar zu erstellen, kopieren viele Entwickler einen Kommentar eines Kollegen und passen den Namen, das Datum und die weiteren Informationen manuell an.

Dieses Vorgehen ist nicht nur unnötig aufwendig. Es hat zudem noch den Nachteil, dass sich Abweichungen von der eigentlich gewünschten Struktur des Kommentars durch das Kopieren und Einfügen immer weiter ausbreiten können. Nutzen Sie stattdessen doch einfach ein selbst definiertes Muster. Ähnlich wie bei den vorgegebenen Mustern von SAP können Sie entweder einen festen statischen Text als Muster definieren oder beim Einfügen des Musters dynamisch den Quelltext generieren, den Sie durch die Musterfunktion einfügen möchten.

› Und so geht's

Über den Mechanismus der Muster im ABAP Editor ist es nicht nur möglich, Aufrufe von Methoden oder Funktionsbausteinen zu generieren und die weiteren vorhandenen Muster zu nutzen, die von SAP ausgeliefert wurden. Vielmehr ist es auch möglich, eigene Muster zu definieren und diese dann analog zu den von SAP ausgelieferten Mustern an beliebiger Stelle schnell in den Quelltext einzufügen.

Eigene Muster definieren **Tipp 18**

Aus dem ABAP Editor können Sie die selbst definierten Muster unter folgendem Menüeintrag verwalten:

Hilfsmittel ▸ Weitere Hilfsmittel ▸ Muster bearbeiten

Über diesen Menüeintrag gelangen Sie in einen Editor, mit dem Sie das Muster definieren können. Sie können hier in bis zu 100 Zeilen beliebige Kommentare oder ABAP-Anweisungen ablegen, die dann über die Musterfunktionalität an beliebiger Stelle in den ABAP-Quelltext eingefügt werden können.

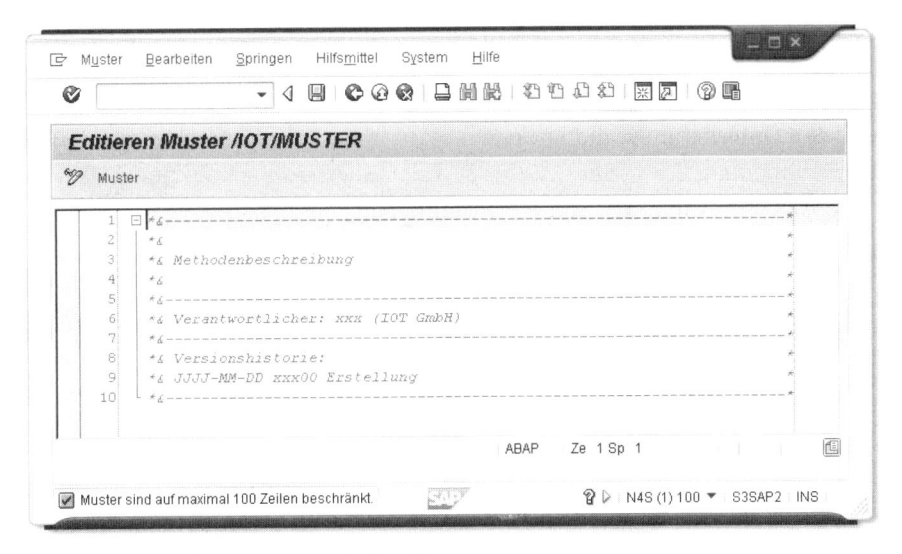

Beispiel für die Definition eines statischen Musters

In diesem Beispiel wird ein Kommentar für den Methodenanfang definiert. Dieser enthält jedoch noch keinen dynamischen Anteil. Sie müssen bei diesem statischen Muster manuell Ihren Namen und das aktuelle Datum in den Kommentar einfügen.

Um in einem Muster dynamische Bestandteile zu verwenden, können Sie einen Funktionsbaustein schreiben, der den einzufügenden ABAP-Quelltext dynamisch aufbaut. Dazu legen Sie zunächst ein Muster im Y- oder Z-Kundennamensbereich oder in einem für Sie reservierten Namensraum an. Verwenden Sie für ein dynamisches Muster einen Namen, der maximal 18 Zeichen lang ist. Anstatt bei der Definition des Musters den einzufügenden ABAP-Quelltext einzugeben, geben Sie dort nur eine Zeile mit folgendem Inhalt ein:

```
*$&$MUSTER
```

Mit diesem Ausdruck erreichen Sie, dass die ABAP Workbench einen Funktionsbaustein aufruft, der den einzufügenden Quelltext zum Muster liefert. Legen Sie dazu einen Funktionsbaustein an, dessen Name sich aus dem Namen des selbst definierten Musters gefolgt vom Suffix _EDITOR_EXIT zusammensetzt. Dieser Funktionsbaustein muss als einzigen Parameter eine Tabelle namens BUFFER mit dem Typ RSWSOURCET haben. Dieser Tabelle können Sie in dem Funktionsbaustein die Zeilen hinzufügen, die bei der Auswahl des Musters in den ABAP-Quelltext eingefügt werden sollen.

Folgende Abbildung zeigt einen Funktionsbaustein, der beim Einfügen des dynamischen Musters mit dem Namen /IOT/DYNAM_MUSTER durchlaufen wird. Er fügt das aktuelle Datum und den Namen des Benutzers in den Quelltext ein.

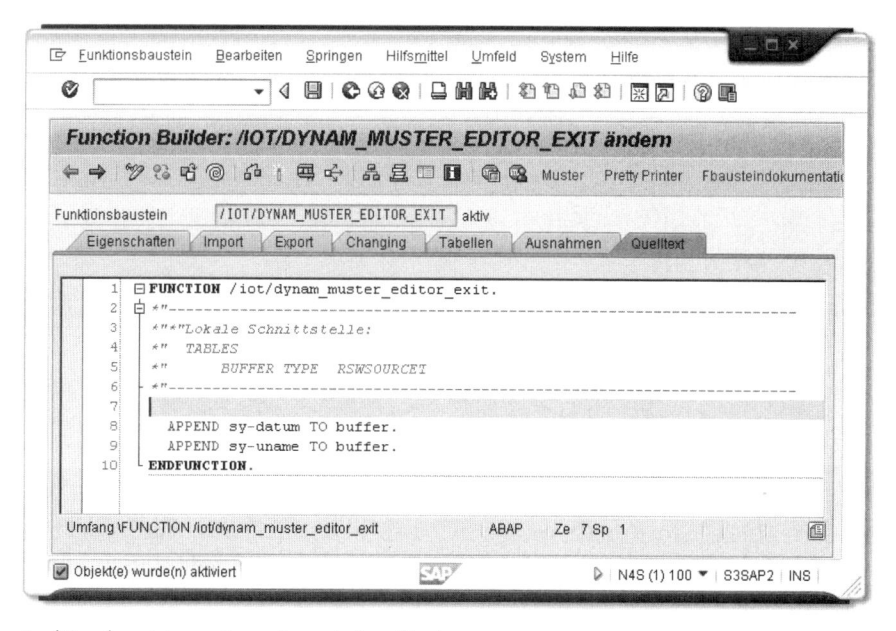

Funktionsbaustein zu einem dynamischen Muster

Sie können in einem Funktionsbaustein zu einem dynamischen Muster auch weitere Informationen hinzulesen, indem Sie andere Funktionsbausteine oder Methoden aufrufen oder Daten aus der Datenbank lesen. Beispielsweise können Sie über den Funktionsbaustein POPUP_GET_VALUES Benutzereingaben anfordern und diese beim Aufbau des Quelltextes berücksichtigen.

Tipp 19
Remote Function Calls mit dem BAPI Browser erzeugen

Was die Musterfunktion für Funktionsbausteinaufrufe innerhalb eines Systems anbietet, leistet der BAPI Browser auch über Systemgrenzen hinweg.

Kaum Schwierigkeiten bereitet der Aufruf eines remotefähigen Funktionsbausteins in einem anderen SAP-System (Remote Function Call, RFC), wenn der aufzurufende Funktionsbaustein in identischer Form auch im aktuellen System vorhanden ist: Sie fügen über die Musterfunktion die Anweisung CALL FUNCTION in Ihren Quelltext ein und ergänzen manuell den Zusatz DESTINATION um den Namen der RFC-Destination.

Komplizierter wird es, wenn der Funktionsbaustein in dem System, aus dem Sie den Funktionsbaustein in einem anderen System aufrufen möchten, gar nicht oder mit einer abweichenden Parameterschnittstelle vorhanden ist. Möglicherweise ist die Schnittstelle des Funktionsbausteins zu allem Überfluss auch noch auf der Grundlage von Datentypen definiert, die im aktuellen System gar nicht vorhanden sind. Ohne die Hilfe des BAPI Browsers entsteht dann ein beträchtlicher manueller Aufwand: Sie müssen sich im Zielsystem anmelden, anhand der dort vorhandenen Daten die Anweisung für den Aufruf des Funktionsbausteins zusammenstellen, eventuell noch Datenelemente von Hand ins Quellsystem kopieren und dort Variablen mit kompatiblen Datentypen anlegen. All diese Schritte kann Ihnen der BAPI Browser abnehmen.

> **Und so geht's**

Der BAPI Browser ist in der Lage, Ihnen zu einem remotefähigen Funktionsbaustein in einem anderen SAP-System ABAP-Quelltext mit dem entsprechenden Aufruf zu generieren. Die Funktionalität ähnelt der Musterfunktion des ABAP Editors, mit dem Unterschied, dass sie nicht nur für Funktionsbausteine im aktuellen SAP-System ausgelegt ist, sondern Sie auch beim Aufruf remotefähiger Funktionsbausteine in anderen SAP-Systemen unterstützt.

Zusätzlich zur Anweisung CALL FUNCTION, die den von Ihnen benötigten Funktionsbaustein aufruft, generiert der BAPI Browser auch Datentypen und Definitionen von Variablen mit Datentypen, die kompatibel mit den Datentypen der Parameter des aufzurufenden Funktionsbausteins sind. Sie müssen sich so auch nicht darum kümmern, im Quellsystem nicht vorhandene Datentypen manuell anzulegen.

Aus der ABAP Workbench heraus erreichen Sie den BAPI Browser aus dem Web Application Builder, dem Werkzeug zur Bearbeitung von BSP-Seiten. Öffnen Sie dazu beispielsweise im Object Navigator (Transaktion SE80) die in jedem System vorhandene BSP-Applikation BSP_MODEL und die darin enthaltene Seite default.htm. Aus dem Web Application Builder können Sie den BAPI Browser dann über den folgenden Menüeintrag aufrufen:

Springen ▸ BAPI Browser

Alternativ zum Einstieg über den Web Application Builder können Sie den BAPI Browser auch direkt aufrufen, indem Sie das Programm WDY_BAPI_BROWSER ausführen.

In der linken Hälfte des BAPI-Browser-Fensters sehen Sie einen Baum, in dem alle RFC-Destinationen dargestellt werden, die im aktuellen System gepflegt sind. Wenn Sie den Knoten zu einer RFC-Destination aufklappen, werden Ihnen alle Funktionsbausteine aus dem Zielsystem angezeigt, die der BAPI-Definition entsprechen. Mit einem Doppelklick auf den Namen eines solchen Funktionsbausteins erreichen Sie, dass der BAPI Browser Ihnen rechts neben dem Baum in der oberen Hälfte des Fensters geeignete Typdefinitionen zum Aufruf des Funktionsbausteins anzeigt. Die untere Hälfte enthält ABAP-Quelltext, der Variablen zu diesen Datentypen definiert, sowie den vollständigen Aufruf des Funktionsbausteins mit der Anweisung CALL FUNCTION inklusive des Zusatzes DESTINATION und dem Namen der RFC-Destination für das von Ihnen ausgewählte Zielsystem.

Trotz seines Namens eignet sich der BAPI Browser nicht nur zum Aufruf von Funktionsbausteinen, die der BAPI-Definition entsprechen. Über die Schaltfläche **Direkte Eingabe** können Sie auch einen beliebigen anderen remotefähigen Funktionsbaustein auswählen. Rechts neben dem Baum zeigt der BAPI Browser Ihnen dann den ABAP-Quelltext mit den Typen, den Variablen und dem Aufruf dieses Funktionsbausteins im ausgewählten Zielsystem an.

Remote Function Calls mit dem BAPI Browser erzeugen **Tipp 19**

Dialog zum BAPI Browser

Direkte Eingabe des Namens eines Funktionsbausteins

Tipp 20

Die Code-Vervollständigung verwenden

Während Sie Quelltext eingeben, versucht der ABAP Editor zu erraten, was Sie eingeben möchten. Damit weiß der ABAP Editor oft schon vorab, was Sie eingeben möchten, manchmal sogar, bevor Sie es selbst wissen.

Ein Texteditor wie der ABAP Editor bietet Ihnen scheinbar grenzenlose Freiheit bei der Eingabe von Quelltext. Zumindest in Kommentaren können Sie auch tatsächlich völlig frei darüber entscheiden, welches Wort Sie an das andere reihen. Doch bei der Eingabe von Anweisungen müssen Sie sich an die Syntax der Programmiersprache halten. In ABAP heißt das beispielsweise, dass Sie eine Schleife, die Sie mit der Anweisung LOOP öffnen, irgendwann mit der Anweisung ENDLOOP wieder schließen müssen. Auf die Schlüsselwörter CALL METHOD muss in jedem Fall die Angabe des Namens einer vorhandenen Methode folgen, wenn Sie syntaktisch korrekten Quelltext erstellen möchten.

Dabei versucht der ABAP Editor, Sie nach Kräften zu unterstützen. Bereits wenn Sie die ersten Zeichen einer Anweisung eingeben, zeigt der ABAP Editor Ihnen einen Vorschlag für eine Anweisung an, die mit den bereits eingegebenen Zeichen beginnt. Zeigt der ABAP Editor Ihnen den richtigen Vorschlag an, können Sie diesen mit einem Tastendruck annehmen. Sie sparen sich damit die Arbeit, die Anweisung manuell zu Ende zu tippen – und so über den Tag verteilt eine Menge Zeit.

› **Und so geht's**

Sobald Sie damit beginnen, eine Anweisung im ABAP Editor einzugeben, zeigt dieser Ihnen Vorschläge für Anweisungen oder Teile von Anweisungen an, die mit den Zeichen beginnen, die Sie bereits eingegeben haben. Diese sogenannten *Code-Hinweise* werden Ihnen auf gelbem Hintergrund angezeigt,

Die Code-Vervollständigung verwenden **Tipp 20**

wenn die Entwicklungsumgebung nur einen Vorschlag ermitteln konnte. Können Sie aus mehreren Vorschlägen auswählen, wird Ihnen zunächst ein Vorschlag als Code-Hinweis auf schwarzem Hintergrund angezeigt.

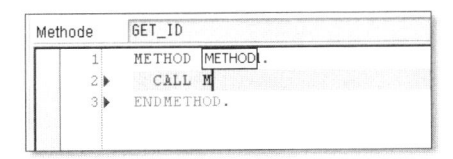

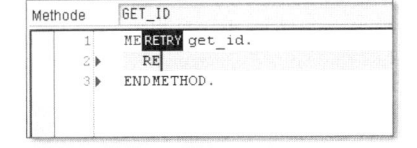

Code-Hinweis mit nur einem Vorschlag   *Code-Hinweis mit einem von mehreren möglichen Vorschlägen*

Mit welcher Taste Sie einen Vorschlag annehmen können, hängt von der Version des SAP GUI und von Ihren Einstellungen ab. Im SAP GUI war es bis zu Release 6.40 immer möglich, einen Vorschlag mit der ⏎-Taste anzunehmen. Seit Release 7.10 müssen Sie hierzu die ⇥-Taste verwenden, wenn Sie mit den Standardeinstellungen arbeiten. Wie Sie auch ab Release 7.10 mit der ⏎-Taste die Vorschläge annehmen können, erfahren Sie in SAP-Hinweis 1042863.

Falls die Entwicklungsumgebung mehrere Vorschläge ermittelt hat, können Sie sich die Liste dieser Vorschläge mit der Tastenkombination Strg + Leertaste anzeigen lassen. Aus dieser Liste können Sie mit der Tastatur (↑ / ↓ und ⏎) oder durch einen Mausklick den richtigen Vorschlag auswählen.

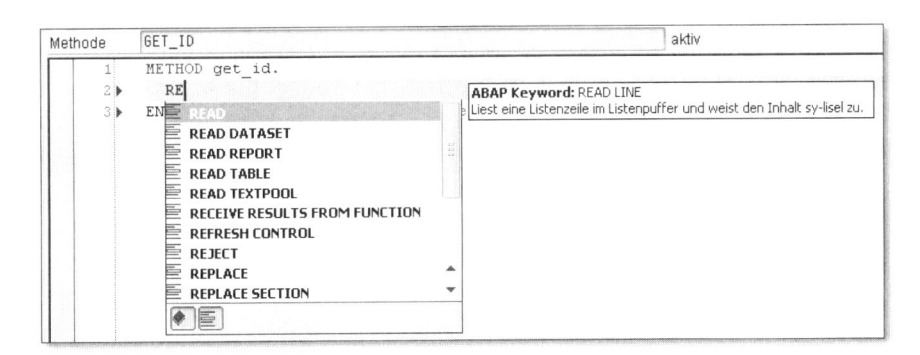

Auswahl eines Vorschlags aus mehreren Vorschlägen

Welche Funktionalitäten Ihnen im Rahmen der Code-Vervollständigung zur Verfügung stehen, erfahren Sie in Tipp 21. Außerdem können Sie in Tipp 22 nachlesen, welche Einstellungen Sie an der Code-Vervollständigung vornehmen können.

Tipp 21

Funktionalitäten der Code-Vervollständigung

Abhängig vom Release Ihres SAP GUI und Ihres Applikationsservers, kann die Entwicklungsumgebung Ihnen mehr oder weniger Vorschläge zur Code-Vervollständigung anbieten – ein Grund mehr für ein Update auf die aktuellsten Versionen.

Verglichen mit anderen gängigen Entwicklungsumgebungen, ist es für die ABAP Workbench deutlich schwieriger, auf den gesamten Quelltext des Systems zuzugreifen, um Vorschläge für die Code-Vervollständigung zu erzeugen. Schließlich wird der Quelltext nicht lokal auf demselben Rechner verwaltet, auf dem das SAP GUI läuft, sondern auf einem zentralen Datenbankserver, auf den alle Benutzer des Systems zugreifen. Auf den Datenbankserver greift das SAP GUI aber auch nicht direkt zu, es kommuniziert nur mit dem Applikationsserver.

Im Extremfall wären daher drei verschiedene physikalische Rechner damit beschäftigt, Ihnen einen Vorschlag für die Code-Vervollständigung zu unterbreiten. Nach jedem Tastaturanschlag eines Entwicklers in Ihrem System die Kommunikation von dem SAP GUI bis hin zur Datenbank und wieder zurück auszulösen würde zu viel zu hoher Kommunikationslast führen, und Sie müssten zu lange auf die Anzeige der Vorschläge warten. Darum hat es etwas länger als bei vielen anderen Entwicklungsumgebungen gedauert, bis SAP eine integrierte Lösung implementiert hat, die auch in diesem komplexen Szenario gut funktioniert. Mittlerweile aber sind die Vorschläge zur Code-Vervollständigung auch in der ABAP Workbench so mächtig wie in anderen Entwicklungsumgebungen.

Wie Ihnen die ABAP Workbench Vorschläge zur Code-Vervollständigung anzeigt und wie Sie einen geeigneten Vorschlag auswählen können, erfahren Sie in Tipp 20.

› **Und so geht's**

Um von den Vorschlägen der Code-Vervollständigung in vollem Umfang profitieren zu können, benötigen Sie auf Ihrem Applikationsserver mindestens das Release 7.0 EHP2. Ihr SAP GUI sollte sich mindestens auf dem Stand von Release 7.10 befinden.

In dieser Konstellation werden Ihnen auch Vorschläge angeboten, mit denen die ABAP Workbench in früheren Versionen noch nicht dienen konnte. Dazu zählen beispielsweise folgende Funktionalitäten:

- Befinden Sie sich im Quelltext an einer Stelle, an der Sie auf eine Variable zugreifen können, werden Ihnen in der Liste alle bereits definierten Variablen angezeigt, auf die Sie an dieser Stelle zugreifen können. Dasselbe gilt für Konstanten und Attribute von Klassen.

- Zu einer Referenz auf ein Objekt werden Ihnen alle Attribute, Methoden und Typen angezeigt, auf die Sie über diese Referenz zugreifen könnten. Zum Namen einer Klasse sehen Sie alle statischen Bestandteile dieser Klasse.

- Bei der Definition einer Variablen können Sie sich eine Liste aller Typen aus dem ABAP Dictionary anzeigen lassen, die mit den bereits eingegebenen Zeichen beginnen.

- Möchten Sie den Aufruf einer Methode oder eines Funktionsbausteins implementieren, können Sie sich die Namen aller Methoden bzw. Funktionsbausteine anzeigen lassen, die zu Ihren bisherigen Eingaben passen und an der aktuellen Position im Quelltext aufgerufen werden können. Wenn Sie den gewünschten Eintrag aus der Liste auswählen, wird der vollständige Name der Methode bzw. des Funktionsbausteins eingefügt.

  Bei Methoden haben Sie danach die Möglichkeit, denselben Eintrag aus der Liste der Vorschläge erneut auszuwählen. Dann wird ähnlich wie bei der Musterfunktion der gesamte Methodenaufruf mit allen Parametern und Ausnahmen automatisch in den Quelltext eingefügt.

- Wenn Sie mit Strukturen arbeiten, wird Ihnen eine Liste aller Komponenten der Struktur angezeigt.

In älteren Releases stehen Ihnen dagegen im Rahmen der Code-Vervollständigung nur sehr eingeschränkte Funktionalitäten zur Verfügung. Diese sind natürlich auch in aktuellen Releases weiterhin enthalten. Zu den schon länger verfügbaren Funktionalitäten zählen unter anderem folgende:

- Namen von Methoden und Variablen, die Sie in derselben Methode oder in demselben Programm bereits verwendet haben, werden Ihnen angezeigt, sobald Sie die ersten Zeichen eines Namens eingeben.

- Zu allen ABAP-Anweisungen werden Ihnen an der geeigneten Stelle Vorschläge für mögliche Anweisungen bzw. für Zusätze zu der bereits begonnenen Anweisung angezeigt.

- Zusammengehörige Blöcke aus mehreren Anweisungen, die Sie immer wieder benötigen, beispielsweise die Anweisung IF mit den Anweisungen ELSE und ENDIF, können Sie über Code-Vorlagen einfügen. Näheres zu Code-Vorlagen erfahren Sie in Tipp 23.

Tipp 22
Einstellungen zur Code-Vervollständigung

Damit Ihre individuellen Vorlieben berücksichtigt werden, haben Sie über die Einstellungen die Möglichkeit, das Verhalten der Code-Vervollständigung zu individualisieren.

Möchten Sie selbst entscheiden, wann Ihnen der ABAP Editor Vorschläge zur Code-Vervollständigung anzeigt? Oder stört es Sie, dass die Vorschläge automatisch ausgeblendet werden, bevor Sie sich entscheiden konnten, ob Sie den Vorschlag annehmen möchten?

Dann nutzen Sie die Einstellungen zur Code-Vervollständigung, um den ABAP Editor dazu zu bewegen, sich Ihren Wünschen entsprechend zu verhalten.

〉 Und so geht's

Um in den Dialog mit den Einstellungen zur Code-Vervollständigung zu gelangen, klicken Sie auf das Einstellungs-Symbol ([📄]) in der unteren rechten Ecke des ABAP Editors. Wählen Sie dann aus dem Navigationsbaum am linken Rand des Dialogs den Eintrag **Code-Vervollständigung** aus.

- Über die Einstellung **Code-Hinweise aktivieren** legen Sie fest, ob Ihnen beim Bearbeiten von Quelltext automatisch einzelne Vorschläge zur Code-Vervollständigung angezeigt werden. Bei aktivierten Code-Hinweisen können Sie über die Einstellung **Code-Vorschlag anzeigen bei Einsparen von x Zeichen** angeben, dass Ihnen die Vorschläge nur dann angezeigt werden sollen, wenn Sie durch die Annahme des Vorschlags mindestens die angegebene Anzahl von Zeichen nicht mehr selbst eingeben müssten.

- Die Einstellung **Code-Vorschläge automatisch ausblenden** ist in den Standardeinstellungen aktiv. Wenn Sie nicht möchten, dass die Vorschläge schon nach kurzer Zeit wieder ausgeblendet werden, deaktivieren Sie einfach diese Einstellung.

- Über die Einstellung **Vervollständigung aktivieren** steuern Sie, ob Sie sich eine Liste mit Vorschlägen zur Code-Vervollständigung anzeigen lassen können. Die Liste können Sie sich im ABAP Editor mit der entsprechenden Tastenkombination ([Strg] + Leertaste) nur anzeigen lassen, wenn diese Einstellung aktiviert ist.

- Noch nicht funktionsfähig ist zum Zeitpunkt der Entstehung dieses Buches die Einstellung **Liste automatisch öffnen nach**. Über diese Einstellung soll es in Zukunft möglich werden, dass die Liste der Vorschläge automatisch angezeigt wird, und nicht erst, nachdem Sie eine Tastenkombination gedrückt haben.

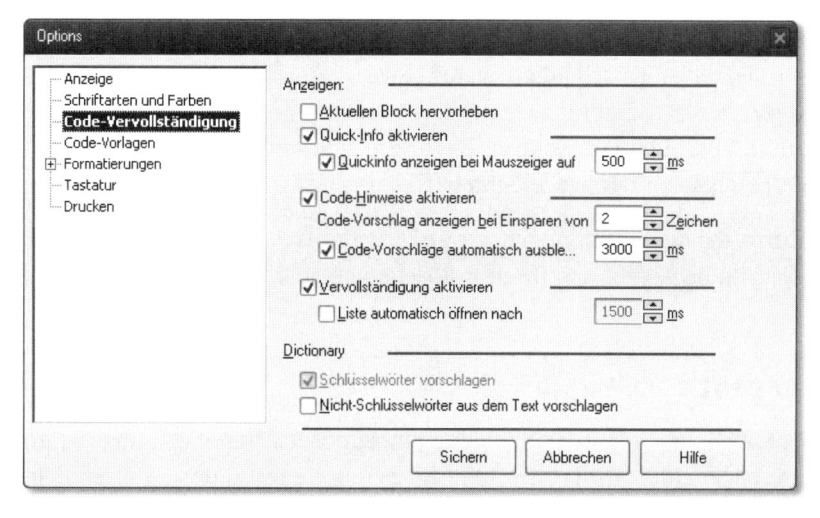

Dialog mit den Einstellungen zur Code-Vervollständigung

Tipp 23
Code-Vorlagen definieren und einfügen

Definieren Sie Code-Vorlagen, um zu verhindern, dass Sie immer wieder Blöcke mit ähnlichem Quelltext von Hand schreiben müssen.

Finden Sie es nicht auch vergleichsweise aufwendig, einen vollständigen CASE-Block mit der CASE-Anweisung, mit mehreren WHEN-Anweisungen und der schließenden ENDCASE-Anweisung manuell einzutippen? Vielleicht haben Sie im ABAP Editor schon einmal den Code-Hinweis **Case (§)** gesehen, nachdem Sie das Wort »case« eingegeben haben. Hinter diesem Code-Hinweis verbirgt sich eine sogenannte *Code-Vorlage*. Wenn Sie diesen Vorschlag annehmen, wie in Tipp 20 beschrieben, wird der vollständige CASE-Block in Ihren Quelltext eingefügt, und Sie müssen ihn nur noch mit Leben füllen.

Neben Code-Vorlagen wie dieser, die in jedem System auf der Basis eines ABAP-Applikationsservers schon vorhanden sind, können Sie auch eigene Code-Vorlagen definieren. Für immer wieder benötigte Blöcke mit ähnlichem Quelltext schaffen Sie sich so auf Ihre Bedürfnisse abgestimmte Vorlagen, die Sie mit minimalem Aufwand an jeder Stelle in den Quelltext einfügen können.

❯ Und so geht's

Um sich einen Überblick über die vorhandenen Code-Vorlagen zu verschaffen oder um eigene Code-Vorlagen zu definieren, klicken Sie auf das Einstellungs-Symbol (🗎) in der unteren rechten Ecke des ABAP Editors. Wählen Sie dann aus dem Navigationsbaum am linken Rand des Dialogs den Eintrag **Code-Vorlagen** aus.

TEIL 2 Quelltext automatisch erzeugen

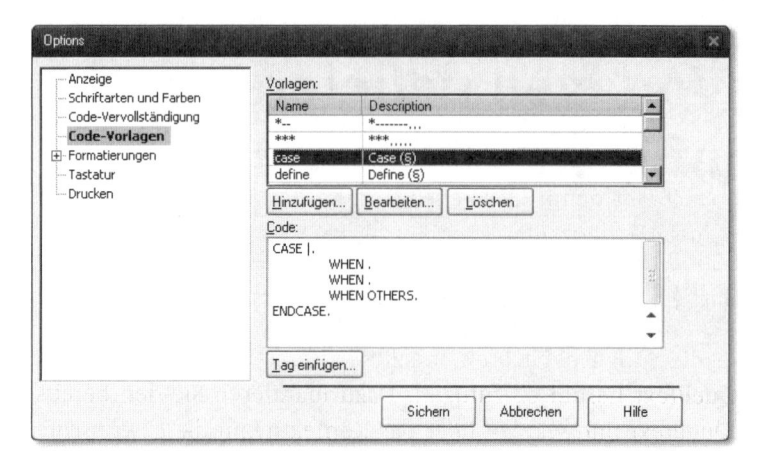

Dialog zur Definition von Code-Vorlagen

In der oberen Hälfte dieses Dialogs sehen Sie alle bereits definierten Code-Vorlagen. Wenn Sie in dieser Liste eine einzelne Code-Vorlage markieren, wird Ihnen der Inhalt der Code-Vorlage in der unteren Hälfte des Dialogs angezeigt. Hier können Sie auch den Inhalt der Code-Vorlage bearbeiten. Eine eigene Code-Vorlage können Sie über die Schaltfläche **Hinzufügen** definieren. Verlassen Sie den Dialog über die Schaltfläche **Sichern**, wenn Sie Änderungen vorgenommen haben, die Sie dauerhaft übernehmen möchten.

Um den Inhalt einer Code-Vorlage in Ihren Quelltext einzufügen, geben Sie einfach direkt im ABAP Editor den Namen der Code-Vorlage ein. Nun erscheint ein Code-Hinweis, der den Beschreibungstext der Code-Vorlage enthält. Mit der ⇆-Taste bzw. mit der ↵-Taste können Sie den Inhalt der vorgeschlagenen Code-Vorlage in den Quelltext einfügen.

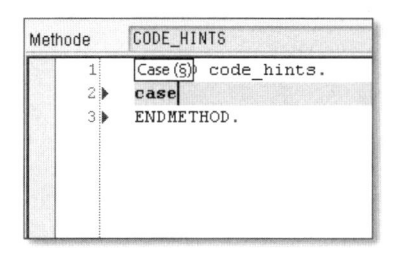

Anzeige eines Code-Vorschlags mit einer Code-Vorlage

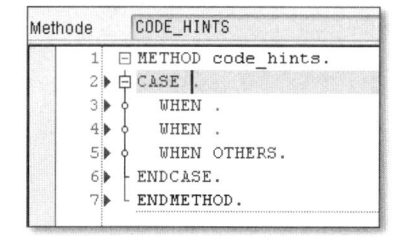

Quelltext nach dem Einfügen der Code-Vorlage

Bei der Definition einer eigenen Code-Vorlage können Sie im Inhalt der Code-Vorlage Platzhalter verwenden, um an einer bestimmten Stelle statt des Platzhalters dynamisch einen bestimmten Inhalt einzutragen. Platzhalter beginnen und enden mit dem Prozentzeichen (%). Dazwischen können Sie entweder den Namen eines vordefinierten Platzhalters wie `DateTime` verwenden oder einen eigenen Platzhalter definieren. Einen Überblick über die vordefinierten Platzhalter erhalten Sie über die Schaltfläche **Tag einfügen** im Dialog zur Definition von Code-Vorlagen. Wenn Sie einen eigenen Platzhalter definieren, erscheint beim Einfügen der Code-Vorlage ein Pop-up, das nach dem Wert für den Platzhalter fragt.

Eine besondere Bedeutung unter den Platzhaltern hat der Platzhalter `%SurroundedText%`. Wenn Sie diesen Platzhalter in einer Code-Vorlage verwenden, haben Sie die Möglichkeit, den Inhalt der Code-Vorlage um bereits bestehenden Quelltext herum einzufügen. Dazu markieren Sie den bereits vorhandenen Quelltext und wählen über das Kontextmenü die gewünschte Code-Vorlage aus; dazu nutzen Sie den folgenden Menüeintrag:

Format ▸ Mit Vorlage umgeben

Der zuvor markierte Quelltext erscheint dann im Inhalt der Code-Vorlage an der Stelle des Platzhalters `%SurroundedText%`. Beispielsweise können Sie auf diesem Weg mehrere Anweisungen in eine Schleife verschieben, indem Sie die vordefinierte Code-Vorlage **Loop** auswählen.

Außerdem können Sie in Code-Vorlagen durch einen senkrechten Strich (das Pipe-Symbol) festlegen, an welcher Stelle sich der Cursor nach dem Einfügen der Code-Vorlage befinden soll.

Code-Vorlagen bieten eine ähnliche Funktionalität wie Muster. Durch die Integration in die Code-Vervollständigung ist es einfacher, eine Code-Vorlage in den Quelltext einzufügen als ein Muster. Code-Vorlagen sind aber nicht so mächtig wie Muster, für die Sie ABAP-Quelltext schreiben können, der den einzufügenden Text dynamisch aufbaut. Mehr über die Definition eigener Muster erfahren Sie in Tipp 18.

Tipp 24
Textsymbol aus Literal anlegen

Gehen Sie nicht den umständlichen Weg über das Menü. Legen Sie ein Textsymbol doch lieber einfach per Doppelklick direkt aus dem Quelltext an.

Als ordentlicher ABAP-Entwickler wissen Sie natürlich, dass Sie die Texte, die Sie beispielsweise in einem Report ausgeben möchten, nicht in Form von Literalen direkt in den Quelltext schreiben sollten; sonst ist der Text schließlich nicht mit den ABAP-Bordmitteln in andere Sprachen übersetzbar. Ertappen Sie sich trotzdem manchmal dabei, dass Sie Literale verwenden, weil Ihnen das Anlegen eines Textsymbols zu aufwendig ist?

Diese Ausrede zählt ab jetzt nicht mehr, denn in diesem Tipp erfahren Sie, wie Sie mit nur einem Doppelklick aus einem Literal ein Textsymbol erstellen – und das ist nun wirklich nicht zu aufwendig!

› Und so geht's

1. Geben Sie Ihren Text in Ihrem Programm an der Stelle, an der Sie ihn benötigen, als Literal ein. Dabei können Sie entweder ein Textfeldliteral (Text in einfachen Hochkommata, `'Text'`) oder ein String-Literal (Text in einfachen Backquotes, `` `Text` ``) verwenden.

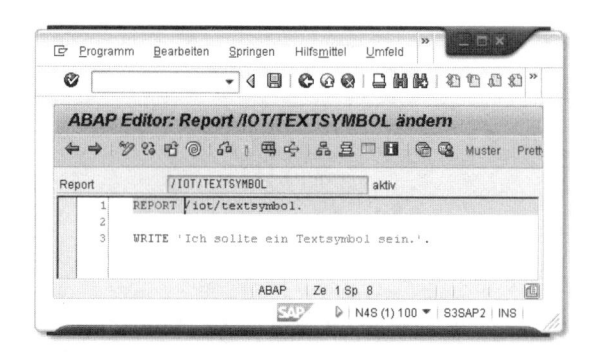

Quelltext mit Textfeldliteral ohne Textsymbol

Textsymbol aus Literal anlegen **Tipp 24**

2. Klicken Sie mit der linken Maustaste doppelt auf das Literal.

3. Beantworten Sie die Nachfrage, ob Sie einen neuen Programmtext anlegen möchten, mit **Ja**.

4. Das System übernimmt den Text aus Ihrem Literal automatisch in ein neues Textsymbol. Auch die Nummer für das Textsymbol vergibt es automatisch.

5. Vergessen Sie nicht, die Textsymbole zu aktivieren, indem Sie auf die Schaltfläche mit dem Aktivieren-Symbol ( ) klicken.

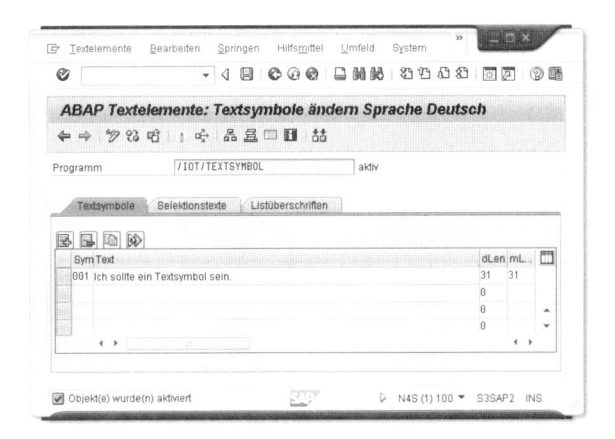

Automatisch erzeugtes Textsymbol

6. Zurück im Quelltext Ihres Programms steht die zuvor automatisch vergebene Nummer des Textsymbols schon in Klammern hinter dem Literal. Damit verwendet Ihr Programm das Textsymbol, solange es vorhanden ist. Falls Sie das Textsymbol noch nicht aktiviert haben oder es später wieder löschen, verwendet es den Text aus dem Literal.

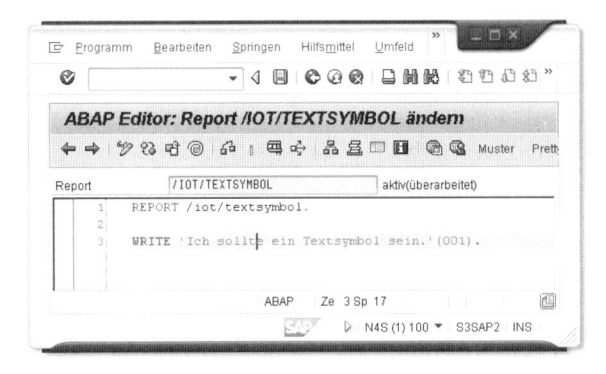

Quelltext mit Textfeldliteral und Bezug zum Textsymbol

TEIL 3

Mit Zusatzinformationen zu Entwicklungsobjekten arbeiten

Abgesehen vom Quelltext Ihrer Anwendungen, bestimmen auch zahlreiche Eigenschaften Ihrer Entwicklungsobjekte das Verhalten Ihrer Anwendungen und der Entwicklungsumgebung. Der Objektkatalog zum Beispiel liefert Ihnen einen Überblick über die Entwicklungsobjekte in Ihrem System. Zu jedem Entwicklungsobjekt enthält er Informationen wie den Verantwortlichen oder das System, in dem das Entwicklungsobjekt weiterentwickelt wird. Die Versionsverwaltung hilft Ihnen dabei, die Änderungen an einem Entwicklungsobjekt nachzuvollziehen, und mit dem Paketkonzept können Sie Ordnung in Ihre Entwicklungsobjekte und in die Abhängigkeiten zwischen den Entwicklungsobjekten bringen.

Tipps in diesem Teil

Tipp 25	Den Programmstatus deklarieren	98
Tipp 26	Die Standardnachrichtenklasse festlegen	101
Tipp 27	Informationen aus dem Objektkatalog auswerten	103
Tipp 28	Bevorzugte Parameter von Methoden deklarieren	107
Tipp 29	Die Editorsperre verwenden	110
Tipp 30	Interne Namen von Modularisierungseinheiten ermitteln	114
Tipp 31	Typen in Klassen und Interfaces definieren	119
Tipp 32	Das Workflow-Interface integrieren	122
Tipp 33	Versionen von Entwicklungsobjekten anlegen	124
Tipp 34	Versionsstände vergleichen	126
Tipp 35	Alte Versionen von Entwicklungsobjekten zurückholen	130
Tipp 36	Pakete definieren	133
Tipp 37	Paketschnittstellen definieren	136
Tipp 38	Verwendungserklärungen definieren	139
Tipp 39	Paketabhängigkeiten prüfen	142

Tipp 25

Den Programmstatus deklarieren

Über den Status einer Klasse oder eines Programms können Sie für Ordnung sorgen, indem Sie betriebswirtschaftliche Anwendungslogik von rein technischem Quelltext oder Testprogrammen unterscheiden.

Die Programmiersprache ABAP ist in erster Linie darauf ausgelegt, Ihnen die Implementierung von Funktionalitäten zu erleichtern, die zur Unterstützung von Geschäftsprozessen in Unternehmen benötigt werden. Aber nicht jede Zeile Quelltext in ABAP hat einen direkten betriebswirtschaftlichen Bezug.

Über den Programmstatus können Sie Ihren Quelltext klassifizieren und so einen schnellen Überblick darüber erhalten, in welchen Programmen es eher um betriebswirtschaftliche Funktionalitäten geht, und welche Programme sich eher mit dem SAP-System selbst beschäftigen.

› Und so geht's

Zu jeder globalen Klasse und zu jedem Programm in ABAP können Sie einen sogenannten *Programmstatus* angeben. Als Programmstatus sind die folgenden Angaben möglich:

- **Produktives SAP-Standardprogramm:** Dieser Programmstatus kennzeichnet Quelltext von SAP, der allgemeingültig für die Abbildung von Geschäftsprozessen im SAP-System vorgesehen ist. Wenn Sie nicht für SAP selbst entwickeln, sollten Sie diesen Status nicht setzen.

- **Produktives Kundenprogramm:** Als produktives Kundenprogramm können Sie Ihre eigenen Entwicklungen mit Bezug zu Geschäftsprozessen kennzeichnen.

- **Systemprogramm:** Systemprogramme enthalten ausschließlich technischen Quelltext. Sie erleichtern die Implementierung anderer Programme oder führen Verwaltungsfunktionen mit Bezug zum SAP-System durch.

- **Testprogramm:** Wenn Sie Quelltext schreiben, der nur zu Testzwecken gedacht ist und produktiv nicht zum Einsatz kommen soll, kennzeichnen Sie ihn als Testprogramm.

Den **Programmstatus** einer globalen Klasse können Sie im Class Builder auf der Registerkarte **Eigenschaften** auswählen.

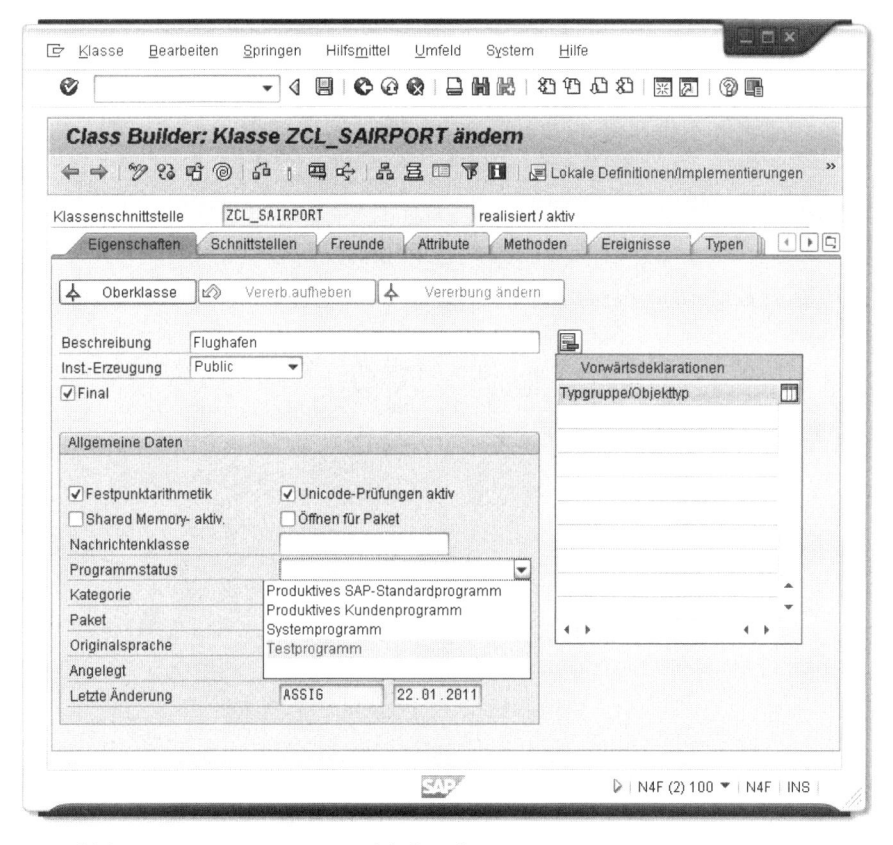

Auswahl des Programmstatus in einer globalen Klasse

Aus einem Programm gelangen Sie über folgenden Menüeintrag in den Dialog mit den Programmeigenschaften:

Springen ▸ Eigenschaften

Der Programmstatus wird in diesem Dialog als **Status** bezeichnet.

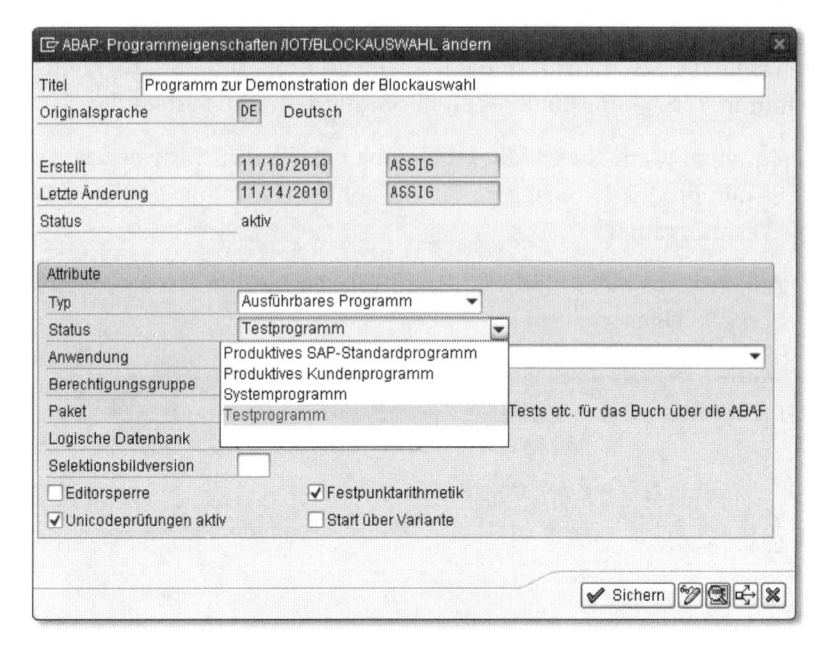

Auswahl des Programmstatus für ein Programm

Bei Quelltext, der als Systemprogramm gekennzeichnet ist, bestehen Besonderheiten bezüglich des Verhaltens im ABAP Debugger. Diese Besonderheiten können Sie in Tipp 65 kennenlernen.

Tipp 26
Die Standardnachrichtenklasse festlegen

Durch die Angabe einer Standardnachrichtenklasse vereinfachen Sie die Ausgabe von Nachrichten mit der MESSAGE-Anweisung.

Eine vollständig ausgeprägte MESSAGE-Anweisung wirkt häufig etwas sperrig: Sie enthält die Nachrichtenklasse, aus der die Nachricht stammt, den Typ und die Nummer der auszugebenden Nachricht. Falls vorhanden, müssen noch Werte für die Platzhalter aus der Nachricht angegeben werden, und über den Zusatz DISPLAY LIKE kann die Darstellungsform der Nachricht angepasst werden.

In der Praxis sind jedoch viele MESSAGE-Anweisungen deutlich kompakter, da zur Angabe des Nachrichtentyps und der Nachrichtennummer eine Kurzschreibweise existiert und die meisten Bestandteile der MESSAGE-Anweisung optional sind. Auch die Angabe der Nachrichtenklasse ist in der MESSAGE-Anweisung optional. Voraussetzung für das Weglassen der Nachrichtenklasse in der MESSAGE-Anweisung ist aber, dass Sie eine Standardnachrichtenklasse definiert haben.

› Und so geht's

Bei globalen Klassen haben Sie in der ABAP Workbench die Möglichkeit, auf der Registerkarte **Eigenschaften** in das Feld **Nachrichtenklasse** den Namen der Standardnachrichtenklasse einzugeben. Verwenden Sie dann in dieser globalen Klasse eine MESSAGE-Anweisung ohne die Angabe der Nachrichtenklasse, wird automatisch eine Nachricht aus der hier angegebenen Nachrichtenklasse erzeugt.

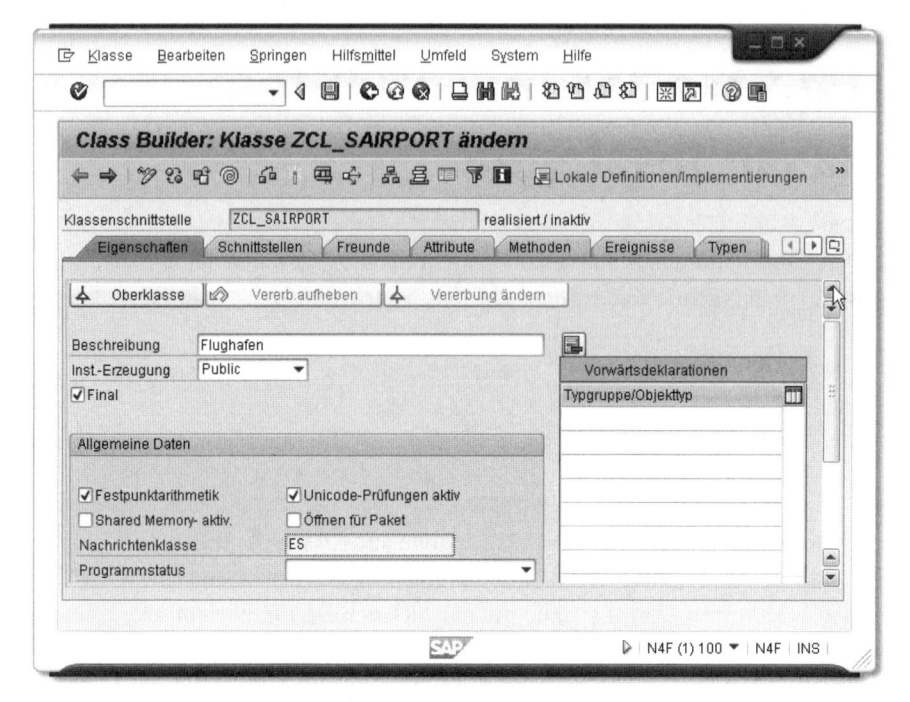

Auswahl der Standardnachrichtenklasse

Im Rahmen von Programmen wird die Standardnachrichtenklasse nicht über einen Dialog der ABAP Workbench, sondern über den ABAP-Quelltext ausgewählt. Dazu geben Sie in der REPORT-Anweisung den Namen der gewünschten Standardnachrichtenklasse hinter dem Zusatz MESSAGE-ID an.

Auch wenn Sie eine Standardnachrichtenklasse angegeben haben, können Sie weiterhin Nachrichten aus anderen Nachrichtenklassen erzeugen. Dazu geben Sie einfach die andere Nachrichtenklasse bei der jeweiligen MESSAGE-Anweisung an.

Tipp 27

Informationen aus dem Objektkatalog auswerten

Nutzen Sie den Objektkatalog, um sich einen schnellen Überblick über die Entwicklungsobjekte in einem System zu verschaffen.

Der Objektkatalog enthält zahlreiche Eigenschaften von Entwicklungsobjekten, die das System zu jedem Entwicklungsobjekt verwaltet – beispielsweise unabhängig davon, ob es sich um eine Klasse oder um ein Datenelement handelt. Zu diesen Eigenschaften zählen neben dem Namen des Entwicklungsobjekts der verantwortliche Benutzer, das Paket, das Originalsystem und die Originalsprache. Der Objektkatalog enthält alle aktuell im System vorhandenen Entwicklungsobjekte, und sogar bereits gelöschte Entwicklungsobjekte.

Über die zugrunde liegende Datenbanktabelle können Sie schnell und einfach verschiedene Auswertungen durchführen. Zum Beispiel können Sie mit dem Objektkatalog folgende Fragen beantworten: Wie viele Entwicklungsobjekte existieren im Z-Namensbereich? Wie viele der Entwicklungsobjekte sind Klassen? Welche Entwicklungsobjekte sind in der Originalsprache deutsch, welche in der Originalsprache englisch? Welche Entwicklungsobjekte wurden in einem bestimmten System entwickelt?

› Und so geht's

Über den Menüeintrag **Springen › Objektkatalogeintrag** gelangen Sie aus den meisten Entwicklungsobjekten in den sogenannten *Objektkatalogeintrag*. Ein Objektkatalogeintrag enthält die Informationen aus dem Objektkatalog zu einem bestimmten Entwicklungsobjekt.

Nachdem Sie die Schaltfläche zum Umschalten zwischen Anzeige- und Änderungsmodus (🖉) angeklickt haben, können Sie einige Eigenschaften des Objektkatalogeintrags auch direkt bearbeiten. In der Regel können Sie an dieser Stelle das **Paket**, dem das Entwicklungsobjekt zugeordnet ist, und den Benutzer auswählen, der als **Verantwortlicher** für das Entwicklungsobjekt geführt wird.

Die wichtigsten Daten aus einem Objektkatalogeintrag

Über das Detail-Symbol (🗊) können Sie zur Anzeige weiterer Objektattribute wechseln. Bei diesen Objektattributen handelt es sich sowohl um Informationen aus dem Objektkatalog als auch um weitere Eigenschaften, die das System an anderer Stelle führt. Zu letzteren Eigenschaften gehört die Angabe, ob das Entwicklungsobjekt aktuell in einem offenen Transportauftrag gesperrt ist.

Objektattribute aus dem Objektkatalog und aus anderen Quellen

Um sich die Objektkalogeinträge zu mehreren Entwicklungsobjekten anzusehen oder Auswertungen über den Objektkatalog auszuführen, starten Sie den Data Browser (Transaktion SE16). Öffnen Sie die Datenbanktabelle TADIR, in der der Objektkatalog abgelegt ist.

Der Schlüssel der Datenbanktabelle besteht aus den folgenden drei Feldern. In Klammern ist dabei jeweils der Name des Feldes angegeben.

- **Programm-ID (PGMID):** Über die Programm-ID unterscheidet das System vor allem in Transportaufträgen, ob es sich um ein vollständiges Entwicklungsobjekt (zum Beispiel eine Klasse, der Wert ist dann R3TR) oder um einen Bestandteil eines Entwicklungsobjekts (beispielsweise eine Methode, Wert LIMU) handelt. Der Objektkatalog enthält nur vollständige Entwicklungsobjekte. Die Programm-ID ist im Objektkatalog daher fast immer R3TR.

- **Objekttyp (OBJECT):** Der Objekttyp gibt die Art des Entwicklungsobjekts als vierstelliges Kürzel an. Beispielsweise steht CLAS für eine globale Klasse, DTEL für ein Datenelement oder PROG für ein Programm. Über eine Wertehilfe können Sie sich die entsprechenden Kürzel für andere Objekttypen anzeigen lassen.

- **Objektname (OBJ_NAME):** Der Objektname identifiziert ein einzelnes Entwicklungsobjekt. Der Objektname ist in der Regel identisch mit dem Namen des Entwicklungsobjekts, zum Beispiel mit dem Namen einer Klasse oder mit dem Namen eines Programms.

Neben dem Schlüssel enthält der Objektkatalog eine Reihe von Eigenschaften zu jedem Entwicklungsobjekt. Zu den aussagekräftigsten zählen die folgenden:

- **Originalsystem (SRCSYSTEM):** Das Feld mit dem Originalsystem des Entwicklungsobjekts enthält die System-ID des Systems, in dem das Entwicklungsobjekt erstellt wurde bzw. in dem es mittlerweile weiterentwickelt wird. Änderungen am Entwicklungsobjekt sind nur in diesem System möglich. In anderen Systemen können Sie an einem solchen Entwicklungsobjekt allenfalls Reparaturen vornehmen.

- **Verantwortlicher (AUTHOR):** Als Verantwortlicher wird zunächst der Benutzer eingestuft, der das Entwicklungsobjekt angelegt hat. Über den Dialog zum Objektkatalogeintrag können Sie manuell auch einen anderen Benutzer als Verantwortlichen hinterlegen.

- **Paket (DEVCLASS):** Das Feld enthält den Namen des Pakets, dem das Entwicklungsobjekt zugeordnet ist. Der englische Name des Feldes hat seinen Ursprung darin, dass Pakete in ABAP in grauer Vorzeit als *Entwicklungsklassen* bezeichnet wurden.

- **Originalsprache (MASTERLANG):** Die Originalsprache eines Entwicklungsobjekts gibt an, in welcher Sprache alle beschreibenden Texte im Entwicklungsobjekt zu pflegen sind. Möchten Sie auch Texte in anderen Sprachen hinterlegen, sollten Sie die Texte nicht direkt in die zugehörigen Felder eintragen, sondern die Mechanismen zur Übersetzung verwenden.

- **Löschungskennzeichen (DELFLAG):** Objekte, die im System einmal existierten, mittlerweile aber gelöscht wurden, werden im Objektkatalog mit gesetztem Löschungskennzeichen (Wert X) geführt. In allen aktuell existierenden Entwicklungsobjekten hat das Löschungskennzeichen den Initialwert (ein Leerzeichen).

Der Objektkatalog enthält nur solche Informationen, die das System zu allen Entwicklungsobjekten verwaltet. Spezifische Informationen zu Entwicklungsobjekten mit einem bestimmten Objekttyp legt das System in weiteren Datenbanktabellen ab. Auch diese Datenbanktabellen können für Auswertungen hilfreich sein. Einen Überblick über die Datenbanktabellen, die die spezifischen Eigenschaften von globalen Klassen enthalten, finden Sie in Tipp 79.

Tipp 28
Bevorzugte Parameter von Methoden deklarieren

Ermöglichen Sie einfach zu schreibende, leicht lesbare Methodenaufrufe durch die Verwendung von bevorzugten Parametern.

Bei Methodenaufrufen in der klassischen Schreibweise mit der Anweisung CALL METHOD müssen Sie zu jedem Parameter der Methode den Namen des Parameters angeben. Mit der funktionalen Kurzschreibweise können Sie den Namen eines Returning-Parameters immer weglassen. In einigen Fällen können Sie bei der funktionalen Kurzschreibweise auch darauf verzichten, den Namen eines Importing-Parameters anzugeben. Dazu muss ohne Angabe des Namens des Parameters feststehen, auf welchen Parameter Sie sich beziehen. Dies ist beispielsweise dann der Fall, wenn eine Methode nur einen Importing-Parameter hat oder nur ein Importing-Parameter nicht als optional deklariert ist.

Daneben gibt es noch eine weitere, eher unbekannte Konstellation, in der der Name des Parameters beim Methodenaufruf ebenfalls nicht angegeben werden muss.

› Und so geht's

Verfügt eine Methode über mehrere Importing-Parameter, die alle als optional gekennzeichnet sind, können Sie einen dieser Parameter als bevorzugten Parameter auszeichnen. Wenn beim Aufruf einer solchen Methode nur ein Wert übergeben wird und dazu kein Parametername angegeben ist, wird dieser Wert automatisch dem bevorzugten Parameter zugeordnet.

Ein Beispiel: Beim Aufruf einer Methode wird in den meisten Fällen ein Integer-Wert übergeben. Alternativ soll es aber auch möglich sein, der Methode eine Gleitkommazahl zu übergeben. Beide Parameter sind als optional deklariert, der Integer-Wert ist als bevorzugter Parameter ausgezeichnet. Der typische Aufruf der Methode mit einem Integer-Wert ist in diesem Fall ohne die Angabe des Parameternamens möglich. Nur in dem selten benötigten Fall eines Aufrufs mit einer Gleitkommazahl ist die Angabe des Parameternamens notwendig. Das folgende Listing zeigt zu diesem Beispiel einen Methodenaufruf, bei dem der Wert dem bevorzugten Parameter übergeben wird, und einen Methodenaufruf, bei dem über die Angabe des Namens des Parameters der Wert dem anderen Parameter übergeben wird.

```
METHOD methodenaufruf.
  me->setze_gewicht_in_kg( 500 ).

  me->setze_gewicht_in_kg( im_gleitkommazahl = '503.25' ).
ENDMETHOD.
```

Methodenaufrufe zu einer Methode mit einem bevorzugten Parameter

Um einen Parameter als bevorzugten Parameter zu definieren, positionieren Sie den Cursor im Dialog zur Definition der Parameter auf dem Parameter, den Sie zum bevorzugten Parameter ernennen möchten. Klicken Sie dann auf das Detail-Symbol (🔲).

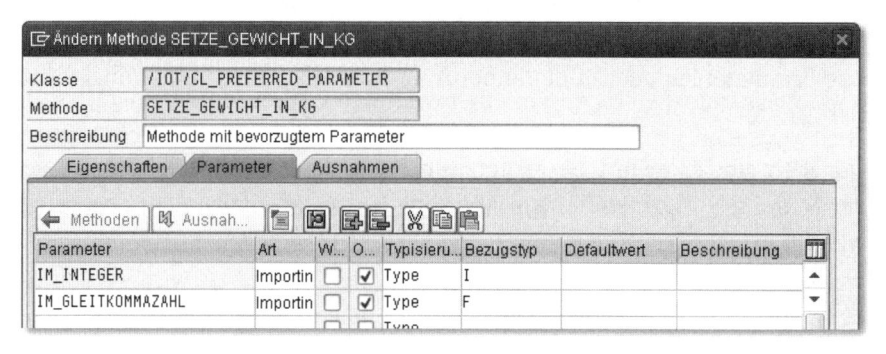

Parameterdefinition einer Methode

Im nun erscheinenden Dialog mit den Details zur Definition des ausgewählten Parameters aktivieren Sie die Einstellung **Preferred**. In neueren Releases heißt diese Einstellung **Präferiert**.

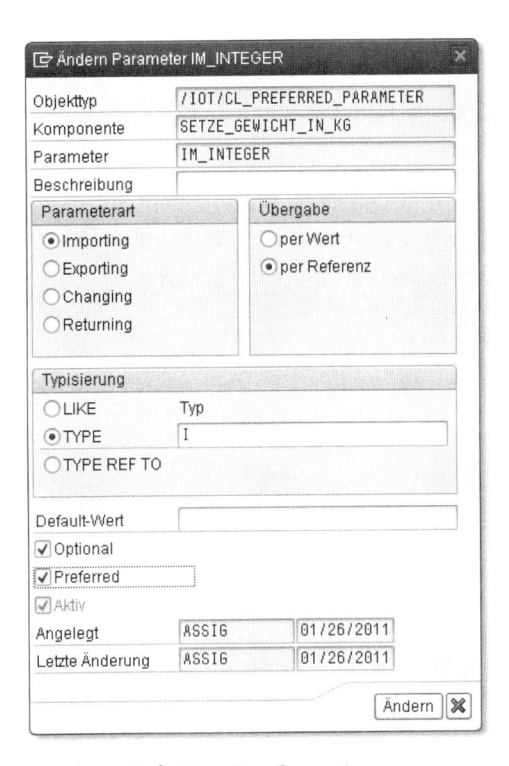

Details zur Definition eines Parameters

Die Verwendung von bevorzugten Parametern ist auch hilfreich, wenn Sie nachträglich eine Methode um einen weiteren optionalen Parameter ergänzen. Stellen Sie sich vor, Sie möchten eine Methode, zu der zunächst nur ein optionaler Importing-Parameter definiert war, um einen weiteren optionalen Importing-Parameter ergänzen. Ohne die Funktionalität des bevorzugten Parameters müssten Sie alle Methodenaufrufe umstellen, bei denen die Methode ohne Angabe des Parameternamens aufgerufen wird. Wenn Sie aber den bereits zuvor existierenden Parameter als bevorzugten Parameter definieren, funktionieren die schon vorhandenen Methodenaufrufe weiterhin, ohne dass Sie sie manuell anpassen müssten.

Tipp 29
Die Editorsperre verwenden

Sie möchten eine Methode bearbeiten, und die ABAP Workbench teilt Ihnen mit, dass ein anderer Benutzer Änderungen an der Methode untersagt hat? Dann hat Ihr Kollege eine Editorsperre gesetzt. Er muss die Editorsperre wieder aufheben, damit Sie die Methode bearbeiten können.

Mit einer Editorsperre können Sie dafür sorgen, dass bis auf Weiteres niemand außer Ihnen eine Methode, einen Funktionsbaustein oder ein Programm bearbeiten kann. Auch wenn Sie das Entwicklungsobjekt gerade nicht bearbeiten oder nicht am System angemeldet sind, können andere Entwickler bei gesetzter Editorsperre das gesperrte Entwicklungsobjekt weder ändern noch umbenennen oder löschen.

Verwechseln Sie Editorsperren daher nicht mit den Sperren des SAP-Sperrkonzepts, die die ABAP Workbench automatisch setzt, während Sie ein Entwicklungsobjekt im Änderungsmodus geöffnet haben (siehe Tipp 3). Editorsperren müssen Sie manuell setzen und aufheben, und das System legt sie in der Datenbank ab, nicht auf dem Sperrserver.

⟩ Und so geht's

Eine Editorsperre können Sie für eine Methode, für ein Programm oder ein Include sowie für einen Funktionsbaustein setzen. Der Weg ist jeweils ein wenig anders:

- **Editorsperre für eine Methode setzen**: Um eine Editorsperre für eine Methode einer globalen Klasse zu setzen, öffnen Sie die Klasse im Änderungsmodus im Class Builder. Wechseln Sie auf die Registerkarte **Methoden**, und platzieren Sie dort den Cursor auf dem Namen einer Methode. Klicken Sie dann auf das Detail-Symbol ([🔍]) in der Toolbar der Liste der Methoden. Ein Pop-up mit den Eigenschaften der Methode erscheint. Setzen Sie hier den Haken im Ankreuzfeld **Editorsperre**. Verlassen Sie das Pop-up über die Schaltfläche mit dem Okay-Symbol (✔), speichern und aktivieren Sie die Klasse.

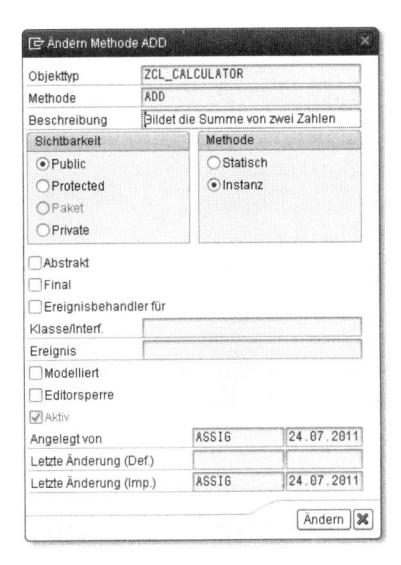

Editorsperre zu einer Methode

- **Editorsperre für ein Programm oder ein Include setzen**: Öffnen Sie das Programm bzw. das Include im Änderungsmodus im ABAP Editor. Rufen Sie dort den Menüeintrag **Springen ▸ Eigenschaften** auf. Auch hier erscheint ein Pop-up, in dem sich ein Ankreuzfeld mit dem Namen **Editorsperre** befindet. Setzen Sie dort den Haken, und verlassen Sie das Pop-up über die Schaltfläche mit dem Okay-Symbol (✔) und der Beschriftung **Sichern**. Speichern und aktivieren Sie das Programm bzw. das Include.

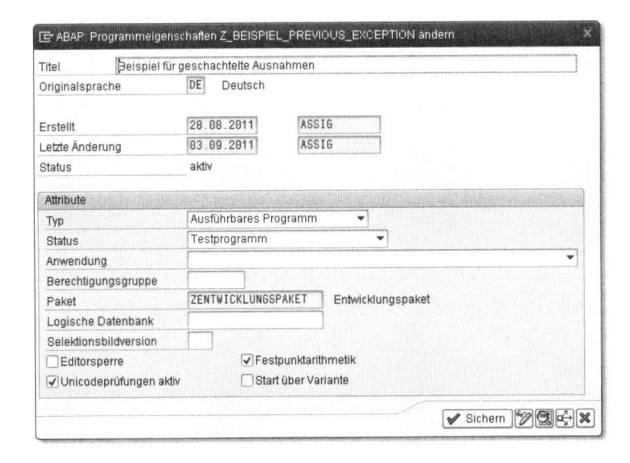

Editorsperre zu einem Programm

TEIL 3 Mit Zusatzinformationen zu Entwicklungsobjekten arbeiten

- **Editorsperre für einen Funktionsbaustein setzen**: Öffnen Sie den Funktionsbaustein im Änderungsmodus im Function Builder. Wechseln Sie auf die Registerkarte **Eigenschaften**. Das Ankreuzfeld ist hier nicht als Editorsperre, sondern als **Editiersperre** bezeichnet. Das Verhalten ist jedoch identisch. Setzen Sie den Haken in dem Ankreuzfeld, speichern und aktivieren Sie den Funktionsbaustein.

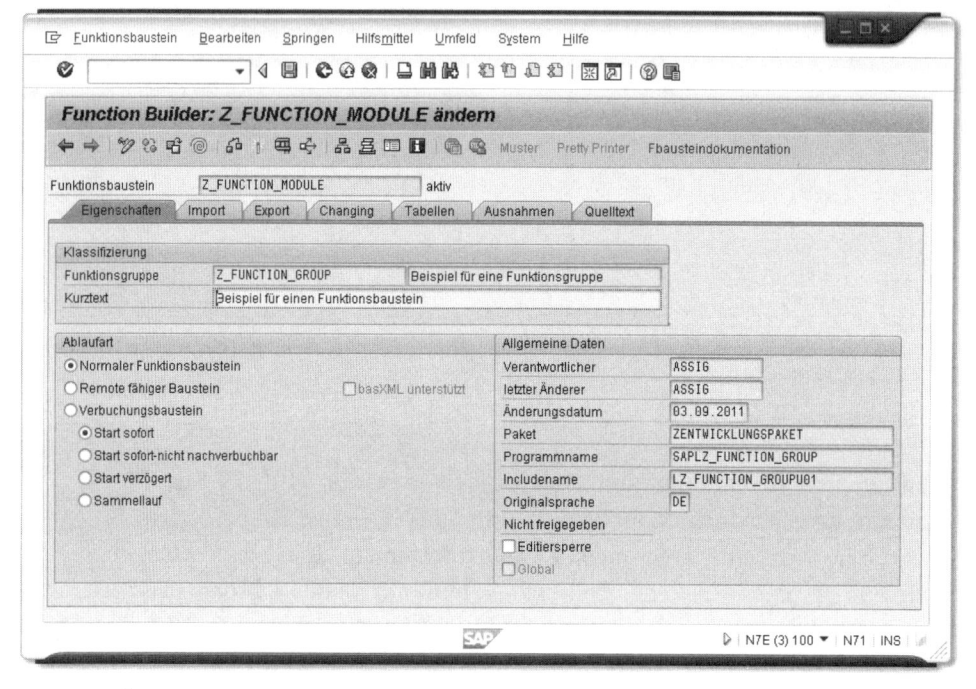

Editorsperre zu einem Funktionsbaustein

An derselben Stelle, an der Sie die Editorsperre setzen, können Sie jeweils auch nachsehen, ob aktuell eine Editorsperre gesetzt ist, und die Editorsperre wieder aufheben. Hat ein anderer Benutzer die Editorsperre gesetzt, ist das Ankreuzfeld inaktiv. Sie können seinen Wert daher nicht ändern.

In Programmen, Includes und Funktionsbausteinen kann neben dem Benutzer, der die Sperre gesetzt hat, auch der Verantwortliche für das jeweilige Entwicklungsobjekt die Editorsperre wieder aufheben. Wie Sie den Verantwortlichen über den Objektkatalog ermitteln oder bei Bedarf einen anderen Verantwortlichen festlegen können, erfahren Sie in Tipp 27.

Bei Methoden hat der Verantwortliche dagegen nicht die Möglichkeit, eine Editorsperre aufzuheben, die ein anderer Entwickler gesetzt hat. Wenn dort der Entwickler, der die Editorsperre gesetzt hat, nicht erreichbar ist, müssen Sie noch tiefer in die Trickkiste greifen, um die Editorsperre wieder aufzuheben. Beispielsweise könnte Ihr Systemverantwortlicher das Passwort des Benutzerkontos zurücksetzen, mit dem die Sperre gesetzt wurde, sodass Sie mit diesem Benutzerkonto die Sperre aufheben können. Oder Sie finden heraus, an welcher Stelle das System die Editorsperre in der Datenbank ablegt. Dabei dürfte Ihnen Tipp 90 behilflich sein. Dann können Sie ein Programm schreiben, das den Wert in der Datenbanktabelle zurücksetzt.

Tipp 30
Interne Namen von Modularisierungseinheiten ermitteln

Klassen und Web-Dynpro-Components legt das System in der Datenbank mit speziellen Namen ab. In manchen Situationen kann es hilfreich sein, auch diese internen Namen zu kennen.

Die Quelltext-Bestandteile von Klassen und Web-Dynpro-Components legt das System in der Datenbank in denselben Datenbanktabellen ab wie Programme und Includes. Dabei generiert das System automatisch Namen für die interne Ablage Ihres Quelltextes. Diese automatisch generierten Namen bekommen Sie im Normalfall nicht zu Gesicht, doch auch von dieser Regel gibt es Ausnahmen.

Mit den internen Namen kommen Sie beispielsweise in Berührung, wenn Sie für eine Klasse oder eine Web-Dynpro-Component die erweiterte Prüfung starten. Im Einstiegsbild der erweiterten Prüfung sehen Sie dabei den internen Namen der Klasse bzw. der Web-Dynpro-Component als Namen des Programms, für das das System die erweiterte Prüfung durchführen wird. Interne Namen sind außerdem hilfreich, wenn Sie selbst Programme schreiben möchten, die Quelltext analysieren oder generieren, beispielsweise wenn Sie eine individuelle Code-Inspector-Prüfung implementieren möchten (siehe Tipp 88).

> **Und so geht's**

Die Klasse `CL_OO_INCLUDE_NAMING` bietet Ihnen verschiedene Methoden an, mit denen Sie die internen Namen der Bestandteile einer globalen Klasse ermitteln können. Auch umgekehrt können Sie über diese Klasse zu einem internen Namen den Namen der entsprechenden Methode ermitteln.

Natürlich können Sie die Klasse CL_OO_INCLUDE_NAMING innerhalb Ihrer Programme verwenden, um Übersetzungen zwischen den verschiedenen Namen durchzuführen. Aber auch ohne eine einzige Zeile Quelltext selbst schreiben zu müssen, können Sie mithilfe der Klasse Namen übersetzen: Öffnen Sie sie einfach in der Testumgebung.

Führen Sie dazu die folgenden Schritte durch:

1. Öffnen Sie die Klasse CL_OO_INCLUDE_NAMING im Class Builder (Transaktion SE24).

2. Öffnen Sie die Testumgebung der Klasse über die Schaltfläche mit dem Test-Symbol ().

3. In einem Pop-up fordert das System Sie zum **Ersetzen generischer Parameter** auf. Geben Sie in der Spalte **Länge** den Wert 30 ein, und bestätigen Sie Ihre Eingabe mit einem Klick auf das Weiter-Symbol (). Damit haben Sie festgelegt, dass Sie in der Testumgebung bis zu 30 Zeichen für die Eingabe des Namens der Klasse verwenden dürfen.

4. Sie sehen nun eine Liste der statischen Methoden der Klasse. Klicken Sie neben der Methode GET_INSTANCE_BY_NAME auf das Ausführen-Symbol ().

5. Die Methode erwartet als Importing-Parameter den Namen einer Klasse. Geben Sie den Namen der Klasse ein, zu der Sie die internen Namen ermitteln möchten. Klicken Sie erneut auf das Ausführen-Symbol (), das sich nun in der Toolbar befindet, um die Methode aufzurufen.

6. Die Methode liefert als Ergebnis ein Objekt der Klasse CL_OO_INCLUDE_NAMING. Unter dem zuvor eingegebenen Namen der Klasse sehen Sie darum nun das Klassen-Symbol (). Klicken Sie auf dieses Symbol, um innerhalb der Testumgebung in das Objekt zu navigieren, das die internen Namen zu Ihrer Klasse enthält.

7. Die Methoden, mit denen Sie die einzelnen Namen ermitteln können, sind im Interface IF_OO_CLASS_INCL_NAMING definiert. Klicken Sie darum auf das Detailauswahl-Symbol () neben dem Interface IF_OO_CLASS_INCL_NAMING.

8. Sie können nun aus mehreren Methoden diejenige auswählen, die Ihnen die benötigten Informationen liefert. Die Methode GET_ALL_METHOD_INCLUDES liefert beispielsweise eine interne Tabelle mit den Methodennamen und den zugehörigen internen Include-Namen zu allen Methoden der Klasse.

Mit der Methode `GET_INCLUDE_BY_SECTION` können Sie den Namen des Includes zur Public Section, Protected Section oder Private Section der Klasse ermitteln. Geben Sie der Methode einen der drei folgenden Werte als Importing-Parameter mit:

- für die Public Section: **CPUB**
  (entspricht dem Wert der Konstante `seok_limu_public`)

- für die Protected Section: **CPRO**
  (entspricht dem Wert der Konstante `seok_limu_protected`)

- für die Private Section: **CPRI**
  (entspricht dem Wert der Konstante `seok_limu_private`)

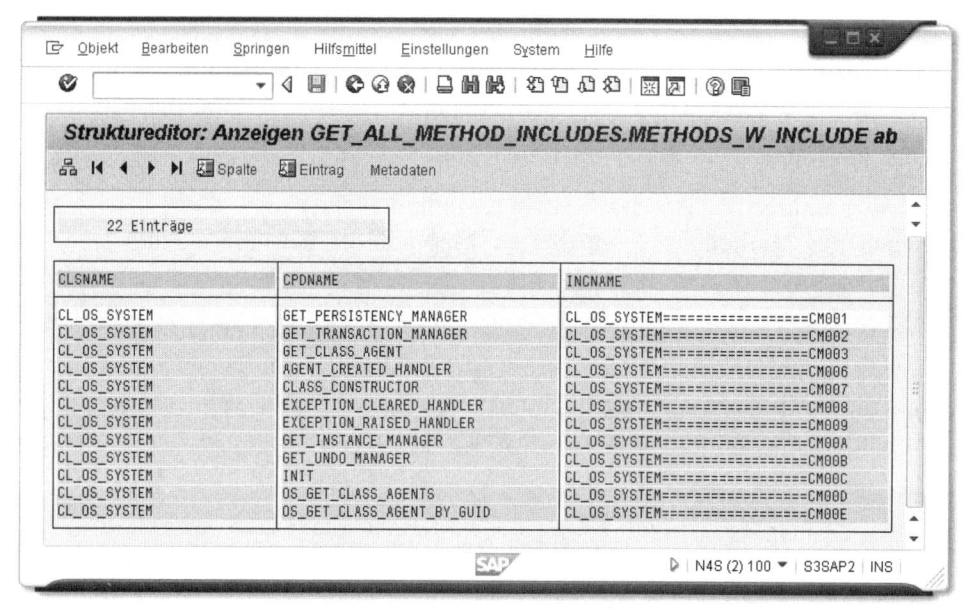

Interne Namen der Methoden zur Klasse CL_OS_SYSTEM

Möchten Sie zu dem Include-Namen einer Methode einer Klasse herausfinden, um welche Methode es sich handelt, haben Sie noch eine weitere Möglichkeit: Öffnen Sie den ABAP Editor (Transaktion SE38), und geben Sie den Include-Namen als Namen des zu öffnenden Programms ein. Wenn Sie das Programm anzeigen lassen, springt das System automatisch in den Class Builder und zeigt Ihnen dort die entsprechende Methode an.

Auch die Quelltexte zu Web-Dynpro-Components und zu Web-Dynpro-Controllern legt das System intern unter Namen ab, die es Ihnen im Normalfall

Interne Namen von Modularisierungseinheiten ermitteln **Tipp 30**

nicht anzeigt. Zur Übersetzung nutzt es hier verschiedene Funktionsbausteine, die Sie auch selbst aufrufen können. Auch diese Funktionsbausteine können Sie sowohl aus Ihren Programmen als auch über die Testumgebung nutzen.

Mit dem Funktionsbaustein WDY_WB_GET_COMPONENT_CLASS können Sie den internen Klassennamen zu einer Web-Dynpro-Component ermitteln. Diese Klasse können Sie dann wie jede andere Klasse im Class Builder öffnen. Da sie sich im SAP-Namensraum befindet, können Sie sie aber nicht direkt verändern.

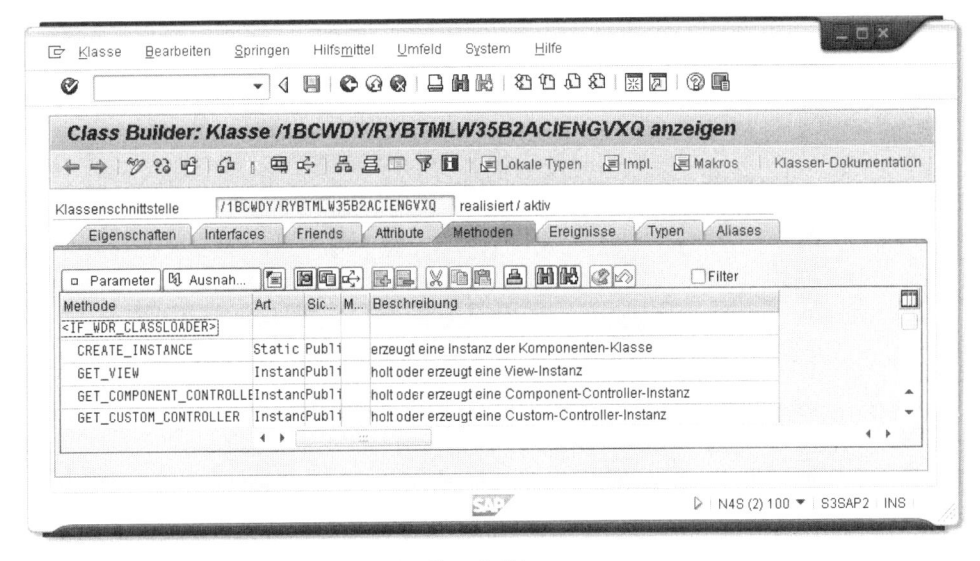

Klasse zu einer Web-Dynpro-Component im Class Builder

Um den internen Namen für die Ablage des Quelltextes zu einem bestimmten Controller einer Web-Dynpro-Component zu ermitteln, können Sie den Funktionsbaustein WDY_WB_GET_CONTROLLER_INCLUDE verwenden. Er erwartet als Importing-Parameter eine Struktur, der Sie den Namen einer Web-Dynpro-Component und eines darin enthaltenen Controllers übergeben. Der Name des Controllers kann beispielsweise der Name eines Views sein. Als optionalen Importing-Parameter können Sie außerdem angeben, ob Ihnen der interne Name zur Definition der Schnittstelle der Component oder der interne Name zur Implementierung der Component angezeigt werden soll. Als Ergebnis liefert der Funktionsbaustein den Namen eines Includes. Dieses Include können Sie im ABAP Editor öffnen und sich den Quelltext der Definition bzw. der Implementierung des Controllers ansehen.

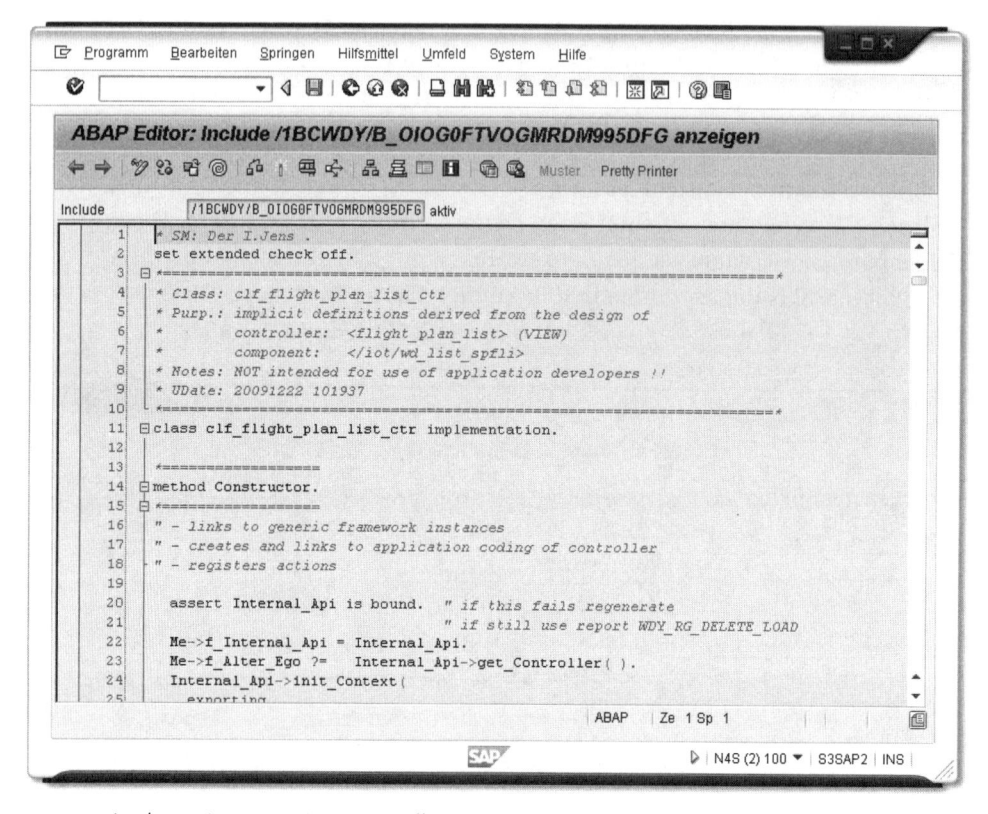

TEIL 3 Mit Zusatzinformationen zu Entwicklungsobjekten arbeiten

Implementierung zu einem Controller einer Web-Dynpro-Component

Die internen Namen zu den Bestandteilen von Klassen und Web-Dynpro-Components sind keine dauerhaft gültigen Konstanten. Sie können sich verändern, beispielsweise wenn Sie Änderungen an den Entwicklungsobjekten durchführen oder wenn Sie die Entwicklungsobjekte in ein anderes System transportieren. Benötigen Sie die Übersetzung eines internen Namens, sollten Sie den Namen darum immer zeitnah im entsprechenden System ermitteln. Namen, die Sie zu einem früheren Zeitpunkt oder in einem anderen System ermittelt haben, könnten mittlerweile schon nicht mehr gültig sein.

Tipp 31
Typen in Klassen und Interfaces definieren

Datentypen, die Sie nicht systemweit benötigen, sondern nur in einem bestimmten Kontext, können Sie in Klassen und Interfaces ablegen. Sie sind dann, bei der richtigen Sichtbarkeit, auch aus anderen Klassen, Interfaces und Programmen nutzbar.

Im klassischen ABAP gab es zwei Möglichkeiten zur programmübergreifenden Definition von Datentypen: das ABAP Dictionary und Typgruppen. SAP rät jedoch mittlerweile davon ab, neue Typgruppen zu definieren, da für Typgruppen bestimmte Einschränkungen gelten. Unter anderem können Sie aufgrund der Kürze des Namens einer Typgruppe – zur Verfügung stehen Ihnen hier nur fünf Zeichen – keine Typgruppen in reservierten Namensräumen wie /IOT/ anlegen.

Seit Release 6.40 steht Ihnen mit Typen, die Sie in globalen Klassen und Interfaces definieren, die moderne Alternative zu Typgruppen zur Verfügung. Auf diese Typen können Sie seitdem auch außerhalb des Entwicklungsobjekts zugreifen, in dem Sie den Typ definiert haben. Dabei können Sie, analog zur Sichtbarkeit von Attributen und Methoden, die Sichtbarkeit der Typen festlegen. So können Sie gezielt steuern, welche Typen Sie nur in einer bestimmten Klasse nutzen und welche Sie auch anderen Klassen zur Verwendung anbieten möchten.

Typen in Interfaces und Klassen sind damit ein vollwertiger Ersatz für Typen in Typgruppen, jedoch nicht für Typen im ABAP Dictionary. Gerade in Bezug auf die Möglichkeiten im Bereich der Oberflächengestaltung sind die Fähigkeiten von Typen in Klassen und Interfaces eingeschränkt: Anders als im ABAP Dictionary können Sie beispielsweise keine Spaltenüberschriften, Ausgabelängen, Konvertierungsroutinen oder Suchhilfen zu einem Typ angeben. Auch können Sie weder Typen aus Typgruppen noch Typen aus Klassen oder Interfaces verwenden, wenn Sie im ABAP Dictionary Datentypen oder Datenbanktabellen definieren.

› Und so geht's

Genau wie für Methoden und Attribute bietet Ihnen der Class Builder eine eigene Registerkarte namens **Typen** an, auf der Sie die Typen zu einer Klasse bzw. zu einem Interface definieren können. In der Spalte **Typ** vergeben Sie den Namen für den Typ, den Sie definieren möchten. Analog zu Attributen und Methoden können Sie in Klassen auch zu jedem Typ eine Sichtbarkeit festlegen: Typen mit der Sichtbarkeit **Private** können Sie nur in derselben Klasse nutzen. Typen mit der Sichtbarkeit **Protected** stehen darüber hinaus auch in den Subklassen der Klasse zur Verfügung. Mit der Sichtbarkeit **Public** machen Sie einen Typ von überall zugreifbar. In Interfaces definierte Typen sind genau wie dort definierte Methoden und Attribute überall sichtbar, ohne dass Sie dies selbst festlegen müssten. In der letzten Spalte haben Sie die Möglichkeit, eine Beschreibung des Typs zu hinterlegen.

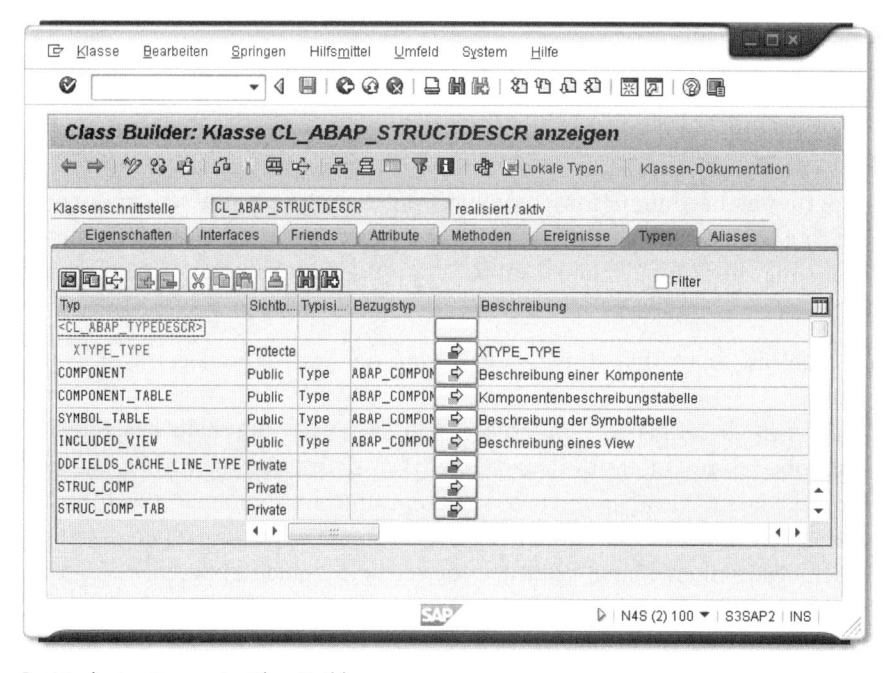

Registerkarte »Typen« im Class Builder

Einfache Typdefinitionen können Sie direkt auf der Registerkarte **Typen** über die beiden Spalten **Typisierungsart** und **Bezugstyp** formulieren. Auf diese Art können Sie einen bereits vorhandenen Datentyp mit einem anderen Namen oder mit einer anderen Sichtbarkeit bereitstellen. Als Typisierungsart können Sie an dieser Stelle zwischen **Type**, **Type Ref To** und **Like** wählen. Bei **Type** und **Type Ref To** können Sie dann in der Spalte **Bezugstyp** den Namen eines bereits vorhandenen Typs angeben. Bei **Like** können Sie sich beispielsweise auf Attribute derselben Klasse oder auf sichtbare Attribute anderer Klassen beziehen.

Für eine komplexere Definition eines Typs klicken Sie auf das Mehrfachselektions-Symbol ([⇨]). Sie gelangen so zur direkten Typeingabe im ABAP Editor. Hier können Sie in Form von ABAP-Quelltext mit der Anweisung TYPES den Datentyp beschreiben, den Sie definieren möchten. Auf diese Weise können Sie beispielsweise eine neue Struktur, einen Tabellentyp oder einen Typ auf der Grundlage eines elementaren Typs mit Längeneingabe definieren.

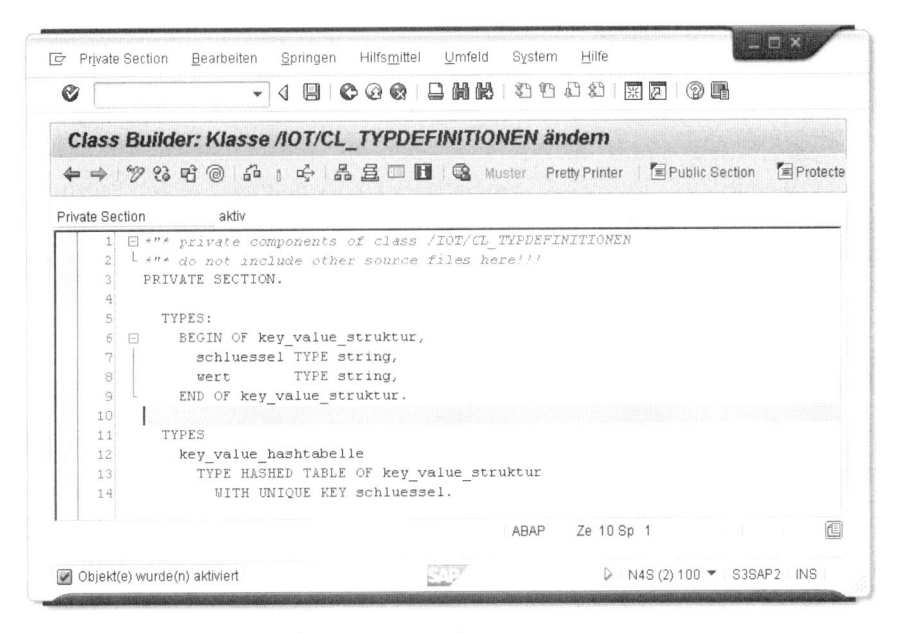

Direkte Typeingabe zu einem Typ in einem Interface

Den definierten Typ können Sie de facto überall im ABAP-Quelltext verwenden: im objektorientierten Umfeld zum Beispiel in Klassen und Interfaces sowie in Methodendefinitionen, aber auch im klassischen Umfeld in Reports, Funktionsbausteinen und Unterprogrammen oder in deren Schnittstellendefinitionen. Auf einen Typ greifen Sie dabei genau so zu wie auf andere statische Bestandteile einer Klasse oder eines Interface. Möchten Sie den Typ COMPONENT aus der Klasse CL_ABAP_STRUCTDESCR nutzen, verwenden Sie den Ausdruck CL_ABAP_STRUCTDESCR=>COMPONENT. Innerhalb der Klasse CL_ABAP_STRUCTDESCR ist der Typ auch nur mit dem Namen COMPONENT ansprechbar.

Tipp 32

Das Workflow-Interface integrieren

Manchmal verhält sich der Class Builder wie ein Chamäleon: Ändert sich die angezeigte Klasse, ändert auch der Class Builder sein Aussehen.

Über den SAP Business Workflow können Sie anwendungsübergreifende betriebswirtschaftliche Abläufe definieren. Zwischen den einzelnen Schritten eines solchen Ablaufs können Sie Objekte übergeben, wenn diese ein bestimmtes Interface implementieren.

Da Sie das Interface nicht nur implementieren, sondern auch zusätzliche Einstellungen vornehmen müssen, ist für das entsprechende Interface im Class Builder eine Sonderbehandlung vorgesehen. Nur wenn Sie dieses Interface in einer Klasse implementieren, erscheint eine zusätzliche Spalte, in der Sie die notwendigen Einstellungen vornehmen können.

› Und so geht's

Sobald das Interface IF_WORKFLOW auf der Registerkarte **Interfaces** einer Klasse als implementiertes Interface aufgenommen wird, erscheint eine neue Spalte auf der Registerkarte **Attribute**, über die Sie einzelne Attribute der Klasse als Schlüsselattribute kennzeichnen können. Diese Einstellung bezieht sich darauf, welche Attribute der SAP Business Workflow verwendet, um ein Objekt eindeutig zu identifizieren.

Das Interface IF_WORKFLOW umschließt das Interface BI_PERSISTENT. Damit implementiert jede Klasse, die das Interface IF_WORKFLOW implementiert, automatisch auch das Interface BI_PERSISTENT mit den Methoden FIND_BY_LPOR und LPOR. Diese Methoden haben als Parameter jeweils eine Struktur vom Typ SIBFLPOR. Sie müssen diese Methoden so implementieren, dass der

Wert der Komponente INSTID der Struktur vom Typ SIBFLPOR aus den Attributen besteht, die Sie als Schlüsselattribute gekennzeichnet haben.

In persistenten Klassen geht mit der Definition der Schlüsselattribute nicht automatisch einher, dass diese Attribute auch der Primärschlüssel in der Persistenzabbildung sind. Der Primärschlüssel der zugeordneten Datenbanktabelle und die Workflow-Schlüsselattribute sind sinnvollerweise häufig identisch, aber auch eine abweichende Deklaration ist in manchen Fällen notwendig. So muss der Schlüssel für den SAP Business Workflow aus zeichenartigen Attributen mit einer Gesamtlänge von maximal 32 Zeichen bestehen. Die Persistenzabbildung der Object Services erlaubt auch andere Schlüssel, beispielsweise RAW-Felder oder numerische Felder.

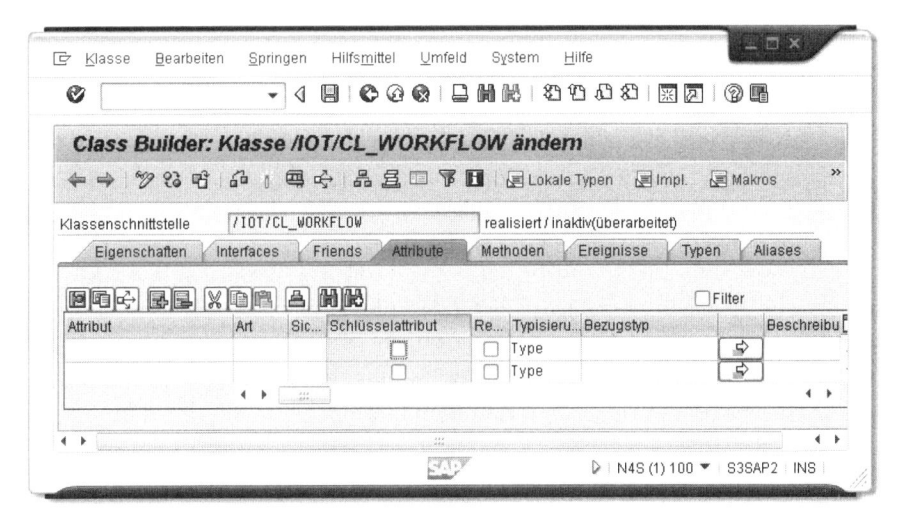

Zusätzliche Spalte zur Auswahl der Schlüsselattribute

Tipp 33

Versionen von Entwicklungsobjekten anlegen

Zu bestimmten Zeitpunkten legt das System automatisch eine Version eines Entwicklungsobjekts an. Bei Bedarf können Sie auch manuell eine Version anlegen.

Über die Versionshistorie zu einem Entwicklungsobjekt können Sie die Änderungen nachvollziehen, die im Lauf der Zeit an dem Entwicklungsobjekt vorgenommen wurden. Bei Bedarf haben Sie auch die Möglichkeit, zu einem alten Stand zurückzukehren.

Die Versionshistorie ist so konzipiert, dass das System, in dem Sie ein Entwicklungsobjekt entwickeln, automatisch die alten Versionen des Entwicklungsobjekts abspeichert. Alle anderen Systeme, in die Sie das Entwicklungsobjekt transportieren, legen mit den Standardeinstellungen nur den jeweils aktuellen Stand ab und schreiben keine Versionshistorie fort.

› Und so geht's

Jedes Entwicklungssystem legt automatisch eine Version eines Entwicklungsobjekts an, wenn Sie einen Transportauftrag freigeben, der das Entwicklungsobjekt enthält. Dabei ist es egal, ob Sie in dem Transportauftrag Änderungen vorgenommen haben, oder ob Sie beispielsweise in einem Transport von Kopien Entwicklungsobjekte transportieren, die Sie zwischenzeitlich nicht geändert haben. Auf diese Art haben Sie im Entwicklungssystem über die Versionsverwaltung automatisch einen Überblick darüber, welche Änderungen Sie an einem Entwicklungsobjekt durchgeführt haben.

Auch wenn Sie die Versionsverwaltung verwenden, um einen alten Stand eines Entwicklungsobjekts wiederherzustellen, legt das System automatisch eine Version an. Diese Version speichert den Stand ab, den das Entwicklungsobjekt hatte, als Sie sich entschieden haben, zu einem alten Stand zurückzukehren. Die so angelegte Version können Sie nutzen, um gezielt einzelne Änderungen der verworfenen Version wiederherzustellen oder um doch noch zur zunächst verworfenen Version zurückzukehren.

Bei den Versionen, die das System beim Zurückholen eines alten Standes anlegt, handelt es sich im Gegensatz zu den Versionen, die es beim Transportieren anlegt, um sogenannte *temporäre Versionen*. Temporäre Versionen löscht das System automatisch, sobald Sie einen Transport freigeben, der das entsprechende Entwicklungsobjekt enthält. Die Versionen, die das System bei Transporten anlegt, bleiben dagegen dauerhaft bestehen.

Darüber hinaus haben Sie die Möglichkeit, manuell eine Version anzulegen. Dies kann beispielsweise sinnvoll sein, wenn Sie bereits Änderungen an einem Entwicklungsobjekt vorgenommen haben, die Sie noch nicht transportiert haben, und nun weitere größere Änderungen an dem Entwicklungsobjekt vornehmen möchten.

Um eine Version manuell anzulegen, öffnen Sie das jeweilige Entwicklungsobjekt in der ABAP Workbench und rufen den Menüeintrag **Hilfsmittel ▸ Versionen ▸ Version erzeugen** auf. In älteren Releases hieß dieser Menüeintrag noch etwas umgangssprachlicher **Version ziehen**. Bei den auf diese Art erzeugten Versionen handelt es sich leider auch um temporäre Versionen. Sie gehen daher beim nächsten Transport des Entwicklungsobjekts verloren und eignen sich daher nicht dazu, einen bestimmten Entwicklungsstand dauerhaft abzulegen.

Da das System mit den Standardeinstellungen nur bei der Freigabe von Transportaufträgen automatisch eine Version anlegt, funktioniert die automatische Versionierung nur im Entwicklungssystem. Die übrigen Systeme, in die Sie die Entwicklungsobjekte transportieren, halten dagegen immer nur die aktuelle Version vor. Sie können ein System auch so konfigurieren, dass es auch für Entwicklungsobjekte, die Sie aus einem anderen System über einen Transport importieren, eine Versionshistorie aufbaut. Dazu müssen Sie im Transport Management System den Profilparameter VERS_AT_IMP auf den Wert ALWAYS einstellen. Mit dieser Einstellung legt das System bei jedem Import eines Transportauftrags eine neue Version der importierten Entwicklungsobjekte an. Die Standardeinstellung für diesen Parameter ist der Wert NEVER. Das System legt daher normalerweise bei Importen niemals automatisch neue Versionen an.

Tipp 34
Versionsstände vergleichen

Die ABAP Workbench unterstützt Sie auf vielfältige Art beim Vergleich von zwei Versionsständen. Die Suche nach den Stellen, an denen Unterschiede bestehen, nimmt Ihnen das System ab. So können Sie sich darauf konzentrieren, die Unterschiede inhaltlich zu bewerten.

Die Versionsverwaltung stellt verschiedene Werkzeuge bereit, mit denen Sie die automatisch oder manuell erstellten Versionen miteinander vergleichen können. So können Sie beispielsweise vor dem Aktivieren oder vor dem Transportieren eines Entwicklungsobjekts noch einmal nachsehen, welche Änderungen Sie im Detail vorgenommen haben. Auf diese Art finden Sie heraus, ob Sie alle Änderungen durchgeführt haben, die Sie durchführen wollten, und ob Sie eventuell versehentlich noch weitere unerwünschte Änderungen vorgenommen haben.

Auch zur längerfristigen Betrachtung der Veränderungen an einem Entwicklungsobjekt eignet sich die Versionsverwaltung. Da das System die Versionen, die es bei Transporten automatisch anlegt, dauerhaft aufbewahrt, können Sie die Änderungen an einem Entwicklungsobjekt auch über Wochen, Monate oder Jahre nachvollziehen. Die Versionsverwaltung ist auch nicht darauf beschränkt, nur lokal in einem System Versionen miteinander zu vergleichen. Auch über Systemgrenzen hinweg können Sie die Versionsverwaltung nutzen, um herauszufinden, ob Versionen im Entwicklungssystem und im Produktivsystem gleich sind. Bei Unterschieden können Sie so mögliche Probleme schon identifizieren, bevor Sie einen Transport in das andere System einspielen.

› Und so geht's

Öffnen Sie in der ABAP Workbench zunächst das Entwicklungsobjekt, zu dem Sie die Versionsstände vergleichen möchten. Rufen Sie dann den folgenden Menüeintrag auf:

Hilfsmittel ▸ Versionen ▸ Versionsverwaltung

In manchen Entwicklungsobjekten müssen Sie im Menü noch auswählen, für welchen Teil des Entwicklungsobjekts Sie die Versionsverwaltung aufrufen möchten. Bei einer Klasse zum Beispiel können Sie unter dem genannten Menüpfad zwischen der Versionsverwaltung für die verschiedenen Sichtbarkeitsbereiche (**Public**, **Protected** oder **Private**) wählen. Diese Bereiche enthalten jeweils den Deklarationsteil der Klasse. Darüber hinaus können Sie zu jeder Methode die entsprechende Versionsverwaltung aufrufen. Öffnen Sie dazu zunächst die Implementierung der jeweiligen Methode, und rufen Sie erst dann den genannten Menüeintrag auf.

Nach dem Aufruf des Menüeintrags wird Ihnen die Liste der Versionen angezeigt, die im aktuellen System zu dem Entwicklungsobjekt vorhanden sind. Dabei unterscheidet das System zwischen Versionen in der **Entwicklungsdatenbank** und in der **Versionsdatenbank**. Die Entwicklungsdatenbank enthält jeweils – falls vorhanden – die aktuelle aktive und die aktuelle inaktive Version des Entwicklungsobjekts. Alle älteren Versionen befinden sich in der Versionsdatenbank.

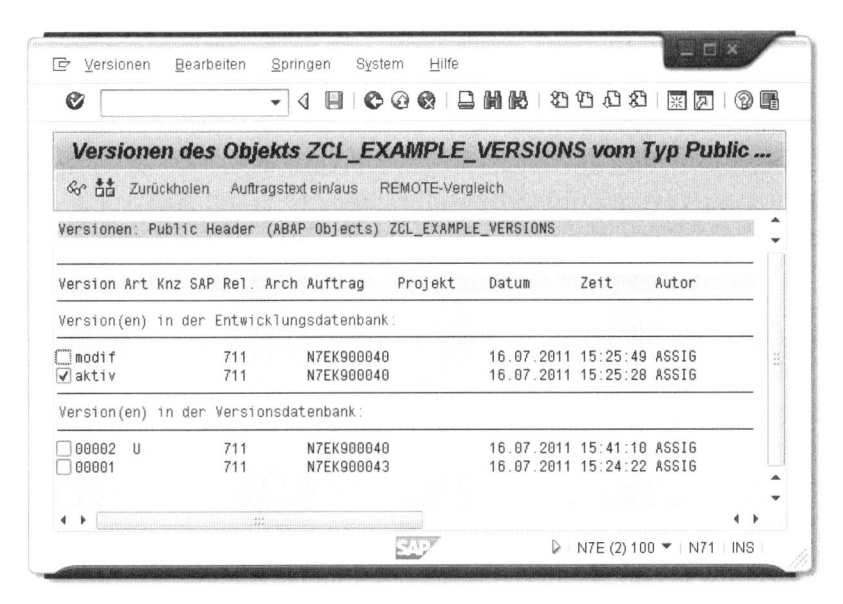

Liste der vorhandenen Versionen zu einem Entwicklungsobjekt

Die Liste der Versionen aus der Versionsdatenbank ist aufsteigend durchnummeriert, beginnend bei 1 für die älteste Version. Die Art gibt Auskunft darüber, wie die Version entstanden ist. Ist keine Art angegeben, entstand die Version bei der Freigabe eines Transportauftrags. Das **U** steht für eine Version, die der Benutzer manuell erstellt hat. Bei der Freigabe des nächsten Transportauftrags, der das Entwicklungsobjekt enthält, entfernt das System diese Version aus der Versionsdatenbank.

Sie haben nun die Möglichkeit, sich eine einzelne Version anzeigen zu lassen oder zwei Versionen miteinander zu vergleichen. Um eine einzelne Version anzuzeigen, markieren Sie das Ankreuzfeld in der Zeile mit der gewünschten Version. Deaktivieren Sie gegebenenfalls die Ankreuzfelder aller weiteren Versionen. Klicken Sie dann auf die Schaltfläche mit dem Anzeigen-Symbol ( ). Sie gelangen in dieselbe Ansicht, mit der Sie auch den aktuellen Stand des Entwicklungsobjekts bearbeiten können. Haben Sie eine alte Version aus der Versionsdatenbank ausgewählt, können Sie in dieser Ansicht natürlich keine Änderungen vornehmen.

Um zwei Versionen miteinander zu vergleichen, markieren Sie die Ankreuzfelder zu diesen beiden Versionen. Klicken Sie dann auf die Schaltfläche mit dem Vergleichen-Symbol ( ). Das System zeigt Ihnen nun die Unterschiede zwischen den beiden ausgewählten Versionen. Wie genau der Versionsvergleich dargestellt wird, hängt von der Art des Entwicklungsobjekts ab. ABAP-Quelltext zeigt Ihnen das System anders an als Entwicklungsobjekte aus dem ABAP Dictionary oder aus der Web-Dynpro-Welt. Bei fast allen Entwicklungsobjekten hebt das System die Unterschiede farblich oder mit Symbolen hervor, sodass Sie schnell einen Überblick darüber erhalten, was sich zwischen den beiden Versionen geändert hat. Außerdem haben Sie in der Regel die Möglichkeit, über Schaltflächen jeweils zur nächsten Änderung zu springen. Dies ist besonders dann hilfreich, wenn an komplexen Entwicklungsobjekten nur wenige kleine Änderungen vorgenommen wurden.

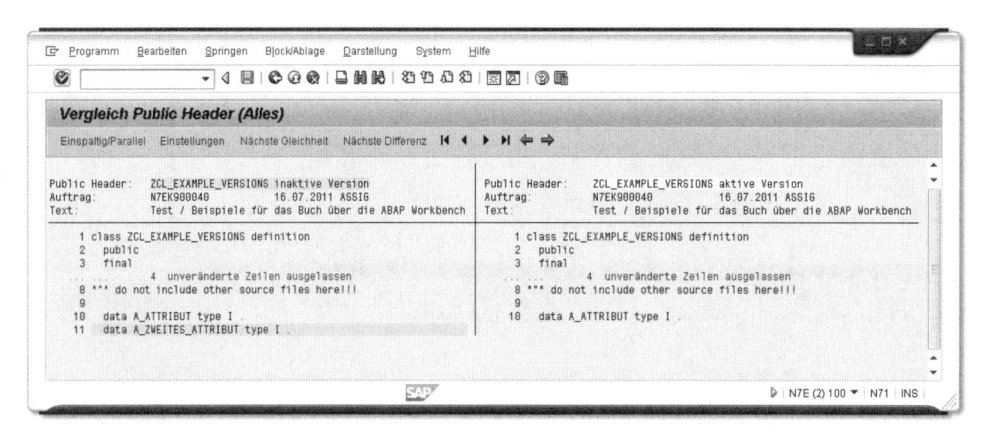

Versionsvergleich für ABAP-Quelltext

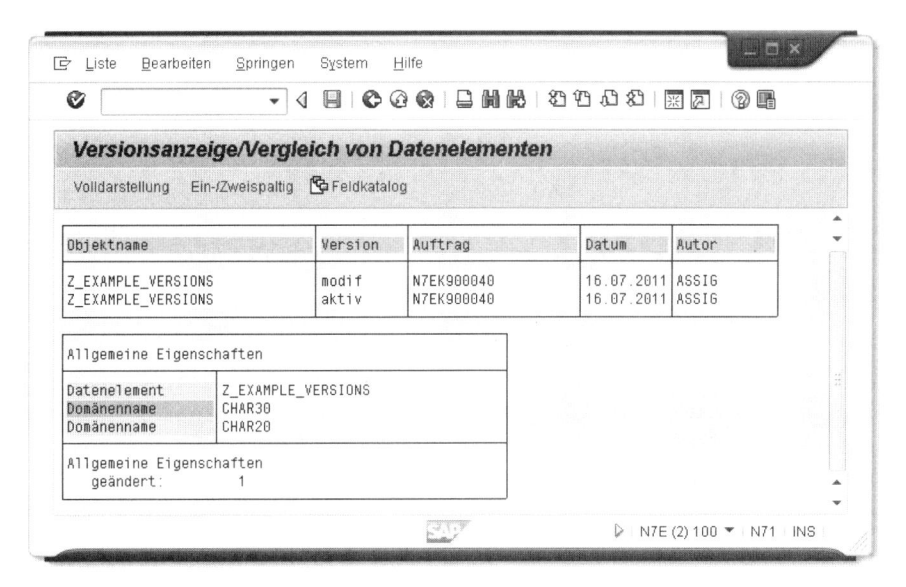

Versionsvergleich im ABAP Dictionary

Die Darstellung der Unterschiede können Sie auf vielfältige Art konfigurieren. Welche Einstellungen Sie hier vornehmen können, hängt auch von der Art des ausgewählten Entwicklungsobjekts ab. Klicken Sie dazu auf die Schaltfläche **Einstellungen** oder auf eine andere Schaltfläche in der Toolbar (zum Beispiel **Ein-/Zweispaltig**).

Tipp 35

Alte Versionen von Entwicklungsobjekten zurückholen

Sie haben ein Entwicklungsobjekt so geändert, dass es nicht mehr die gewünschte Funktionalität anbietet, oder es gar gelöscht? Keine Panik. Über die Versionsverwaltung können Sie in den meisten Fällen sehr einfach zur alten Version zurückkehren.

Eine alte Version über die Versionsverwaltung wiederherzustellen ist in der Regel mit wenigen Mausklicks möglich. Wählen Sie einfach die alte Version aus, zu der Sie zurückkehren möchten, und rufen Sie die entsprechende Funktionalität auf. Das System kümmert sich dann automatisch darum, die alte ausgewählte Version wiederherzustellen.

Sie können auf diese Weise eine alte Version aus der Versionsdatenbank zurückholen oder die Änderungen aus der aktuellen inaktiven Version zurücknehmen und zur aktiven Version zurückkehren. Mit einem Trick ist es in vielen Fällen sogar möglich, bereits gelöschte Entwicklungsobjekte vollständig wiederherzustellen.

› Und so geht's

Öffnen Sie das Entwicklungsobjekt, zu dem Sie eine alte Version zurückholen möchten, in der Versionsverwaltung (siehe Tipp 34). Markieren Sie das Ankreuzfeld in der Zeile mit der Version, die Sie wiederherstellen möchten. Klicken Sie dann auf die Schaltfläche **Zurückholen**.

Das System erzeugt nun automatisch eine temporäre Version mit dem Stand, den das Entwicklungsobjekt vor dem Zurückholen der alten Version hatte. So können Sie auch diese Version verwenden, um verschiedene Versionen zu vergleichen. Auch haben Sie die Möglichkeit, wieder zu dieser Version zurückzukehren, falls sich das Zurückholen der alten Version als nicht zielführend erweisen sollte. Die zurückgeholte Version wird zunächst zur inaktiven Version des Entwicklungsobjekts. Sie müssen sie daher danach noch aktivieren, damit sie von laufenden Programmen auch tatsächlich verwendet wird.

Einen noch einfacheren Weg, um zu einem alten Stand zurückzukehren, können Sie nutzen, wenn Sie die Änderungen aus der inaktiven Version eines Entwicklungsobjekts verwerfen und zur aktiven Version zurückkehren möchten. Dazu öffnen Sie das entsprechende Entwicklungsobjekt in der ABAP Workbench und rufen dann den folgenden Menüeintrag auf:

Hilfsmittel ▸ Versionen ▸ Zurück zur aktiven Version

Das System löscht dann einfach die inaktive Version. Die alte aktive Version bleibt aktiv, und es entsteht in diesem Fall keine temporäre Version mit den Änderungen, die Sie verwerfen.

Ein wenig mehr Arbeit müssen Sie investieren, wenn Sie gelöschte Entwicklungsobjekte wiederherstellen möchten. Dazu gibt es zwei mögliche Vorgehensweisen.

- Bei der ersten Vorgehensweise öffnen Sie zunächst nur das Selektionsbild einer Transaktion, mit der Sie das gelöschte Entwicklungsobjekt bearbeiten können. Öffnen Sie beispielsweise das Selektionsbild des ABAP Editors (Transaktion SE38) oder das Selektionsbild zum ABAP Dictionary (Transaktion SE11). Geben Sie dann den Namen des gelöschten Entwicklungsobjekts an. Rufen Sie anschließend direkt aus dem jeweiligen Selektionsbild den folgenden Menüeintrag auf:

    Hilfsmittel ▸ Versionen ▸ Versionsverwaltung

    Das System zeigt Ihnen dann alle noch vorhandenen alten Versionen des gelöschten Entwicklungsobjekts an. Danach können Sie wie beim Zurückkehren zu einer alten Version bei noch existierenden Entwicklungsobjekten vorgehen, um das Entwicklungsobjekt wiederherzustellen.

- Wenn Sie auf diese Art Ihr Entwicklungsobjekt nicht wiederherstellen können, bleibt noch eine zweite Vorgehensweise. Legen Sie ein neues Entwicklungsobjekt mit demselben Namen und mit demselben Typ an. Aktivieren Sie dieses Entwicklungsobjekt noch nicht. Rufen Sie stattdessen aus der Anzeige des Entwicklungsobjekts den eben genannten Menüeintrag auf. Hier sollte es dann möglich sein, die letzte aktive oder eine ältere Version aus der Versionshistorie wiederherzustellen. Bei Entwicklungsobjekten, zu denen die Versionsverwaltung jeweils einzelne Teile vorhält, müssen Sie möglicherweise mehrfach einzeln die Version zurückholen. Bei Klassen beispielsweise müssen Sie erst die verschiedenen Sichtbarkeitsbereiche der Deklaration der Klasse zurückholen und danach jeweils einzeln die Implementierung zu jeder Methode. Das kann zwar viel Arbeit sein, ist aber in vielen Fällen noch deutlich einfacher, als die gesamte Klasse neu zu schreiben.

Bei beiden beschriebenen Vorgehensweisen zum Wiederherstellen gelöschter Entwicklungsobjekte müssen Sie den exakten Namen des gelöschten Entwicklungsobjekts kennen. Falls Sie den exakten Namen des gelöschten Entwicklungsobjekts nicht mehr kennen, können Sie diesen über den Objektkatalog ermitteln. Dazu können Sie in Tipp 27 nachlesen, wie Sie sich über den Objektkatalog eine Liste der gelöschten Entwicklungsobjekte anzeigen lassen.

Tipp 36
Pakete definieren

Mithilfe von Paketen schaffen Sie Ordnung in Ihren Entwicklungen. Was gehört zusammen? Welches Entwicklungsobjekt darf welches andere verwenden? Pakete liefern die Antwort.

Wann immer Sie ein Entwicklungsobjekt anlegen, das Sie auch in andere Systeme transportieren können, müssen Sie den Namen eines Pakets angeben, dem Sie das Entwicklungsobjekt zuordnen möchten. Dabei können Sie nur Pakete auf einer bestimmten Paketebene auswählen, da nicht jedes Paket beliebige Entwicklungsobjekte enthalten darf.

Die Pakete in einem SAP-System bilden eine hierarchische Struktur. Auf der obersten Ebene der Pakethierarchie sollten sich nach dem ABAP-Paketkonzept Strukturpakete befinden. Ein Strukturpaket kann andere Strukturpakete oder Hauptpakete enthalten. Ein Hauptpaket wiederum kann andere Hauptpakete oder Entwicklungspakete beinhalten. Nur Entwicklungspakete können beliebige Entwicklungsobjekte enthalten. Struktur- und Hauptpakete beinhalten dagegen nur Unterpakete, Paketschnittstellen und Verwendungserklärungen. Berücksichtigen Sie diese Anforderungen beim Aufbau Ihrer Paketstruktur.

〉 Und so geht's

Wenn Sie eine komplett neue Pakethierarchie aufbauen, starten Sie auf der obersten Ebene. Arbeiten Sie sich dann sukzessive auf die tieferen Ebenen vor. Zu einem bereits vorhandenen Paket können Sie auch zu einem späteren Zeitpunkt noch weitere Unterpakete hinzufügen.

1. Um ein neues Paket anzulegen, starten Sie den Object Navigator (Transaktion SE80). Wählen Sie dort in der Objektliste am linken Bildschirmrand den **Repository Browser** aus, und stellen Sie die Dropdown-Box auf den Typ **Paket**.

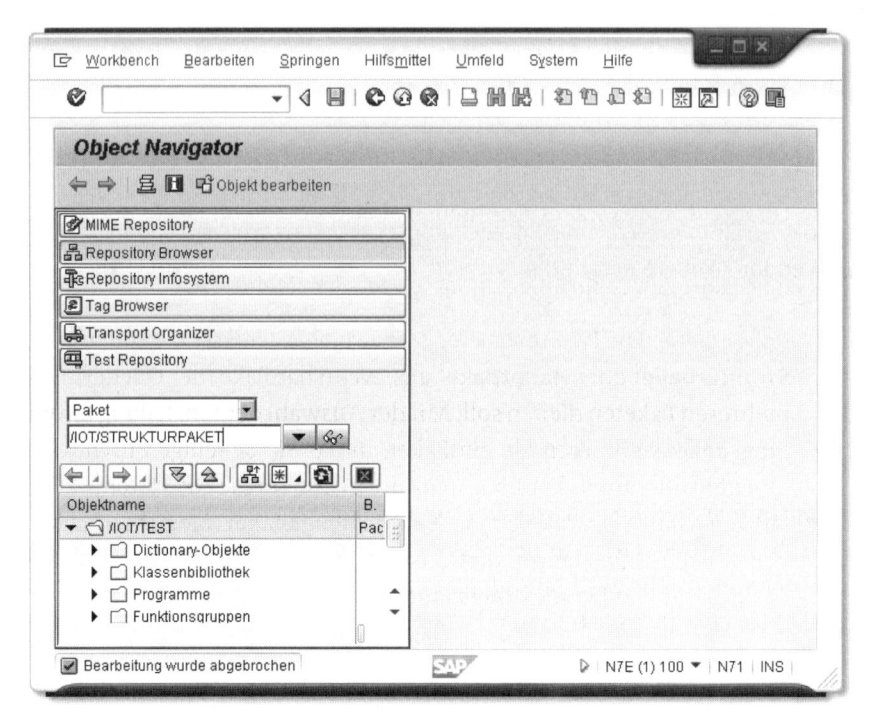

TEIL 3 Mit Zusatzinformationen zu Entwicklungsobjekten arbeiten

Anlegen eines Pakets aus dem Object Navigator

2. Legen Sie im Eingabefeld darunter den Namen des neuen Pakets fest, und bestätigen Sie Ihre Eingabe mit der ⏎-Taste. Falls bereits ein Paket mit dem eingegebenen Namen existiert, wird dieses geöffnet. Anderenfalls fragt Sie das System, ob Sie ein neues Paket anlegen möchten. Bestätigen Sie Ihre Eingabe mit der Schaltfläche **Ja**.

3. Sie sehen nun ein Pop-up, in dem Sie die wichtigsten Eigenschaften des neuen Pakets festlegen müssen.

   – **Beschreibung**: Wie zu jedem anderen Entwicklungsobjekt gehört auch zu einem Paket ein beschreibender Text.

   – **Anwendungskomponente**: Optional können Sie das Paket in die Komponentenhierarchie des SAP-Systems einordnen, indem Sie den Namen einer Anwendungskomponente angeben. Haben Sie noch keine passende Anwendungskomponente angelegt, lassen Sie das Feld frei.

   – **Softwarekomponente**: Eine Softwarekomponente fasst mehrere Pakete zusammen, die nur gemeinsam auslieferbar sind. Falls Sie keine eigenen Softwarekomponenten definiert haben, wählen Sie hier die Softwarekomponente HOME für Kundenentwicklungen aus. Pakete für Testprogramme, die Sie nicht in andere Systeme transportieren möchten, können Sie der Softwarekomponente LOCAL zuordnen.

- **Transportschicht**: Über die Transportschicht legen Sie fest, in welche weiteren Systeme Sie die Entwicklungen transportieren möchten.

- **Übergeordnetes Paket**: Das neue Paket wird als Unterpaket des übergeordneten Pakets angelegt. Möchten Sie ein Paket auf der obersten Ebene der Pakethierarchie anlegen, lassen Sie das Feld frei.

- **Paketebene**: Die Paketebene legt die Art des Pakets fest. Wählen Sie hier **Strukturpaket** oder **Hauptpaket** aus, wenn das Paket der Gliederung von mehreren Paketen dienen soll. Mit der Auswahl der Einstellung **Entwicklungspaket** definieren Sie ein Paket, in das Sie beliebige Entwicklungsobjekte aufnehmen können. Je nach Release Ihres SAP-Systems können Sie hier statt der Paketebene **Entwicklungspaket** möglicherweise die Paketebene **Kein Hauptpaket** auswählen. Diese Paketebene entspricht der Paketebene **Entwicklungspaket** in neueren Releases.

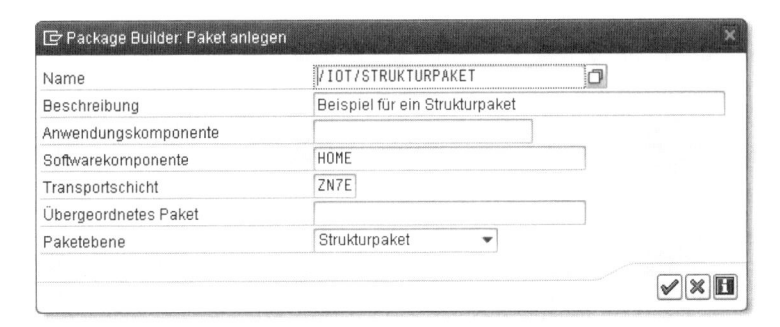

Dialog zum Anlegen eines Pakets

4. Bestätigen Sie Ihre Eingaben mit dem Weiter-Symbol (✓). Das neu angelegte Paket können Sie öffnen, indem Sie es im Navigationsbaum der Objektliste doppelt anklicken.

5. In den drei folgenden Tipps erfahren Sie, wie Sie die Abhängigkeiten zwischen den Entwicklungsobjekten aus verschiedenen Paketen definieren und überprüfen können.

Tipp 37
Paketschnittstellen definieren

Nutzen Sie Paketschnittstellen, um festzulegen, welche Bestandteile eines Pakets auch aus anderen Paketen genutzt werden dürfen.

Grundsätzlich ist es möglich, die Prüfungen der Abhängigkeiten zwischen den Entwicklungsobjekten aus verschiedenen Paketen abzuschalten. Dann können Sie aus jedem Entwicklungsobjekt jedes andere Entwicklungsobjekt verwenden. Gerade bei größeren Entwicklungen kann dies aber schnell dazu führen, dass niemand mehr den Überblick über die Abhängigkeiten zwischen einzelnen Paketen besitzt. Im schlimmsten Fall wird das gesamte System zu einem Monolithen, der nur noch als Ganzes transportiert werden kann.

Lassen Sie es in Ihren Entwicklungen nicht dazu kommen. Legen Sie mithilfe von Paketschnittstellen und Verwendungserklärungen fest, welche Abhängigkeiten zwischen Paketen bestehen. Finden Sie die richtige Mischung aus möglichst viel Wiederverwendung bereits vorhandener Entwicklungsobjekte und aus möglichst unabhängigen Paketen. Wie Sie Abhängigkeiten zwischen den einzelnen Paketen überprüfen können, erfahren Sie in Tipp 39.

› Und so geht's

Über eine Paketschnittstelle können Sie festlegen, welche Entwicklungsobjekte aus Ihrem aktuellen Paket auch in anderen Paketen verwendet werden dürfen. Entwicklungsobjekte, die Sie in keine Paketschnittstelle aufnehmen, können Sie bei aktivierten Paketprüfungen nur innerhalb des aktuellen Pakets verwenden.

Um bestimmte Entwicklungsobjekte aus einem Paket auch in anderen Paketen verfügbar zu machen, müssen Sie zunächst eine Paketschnittstelle anlegen. Gehen Sie dazu folgendermaßen vor:

1. Öffnen Sie dazu ein bereits vorhandenes Paket im Object Navigator (Transaktion SE80).

2. Wechseln Sie auf die Registerkarte **Paketschnittstellen**. Klicken Sie dort auf die Schaltfläche **Hinzufügen**.

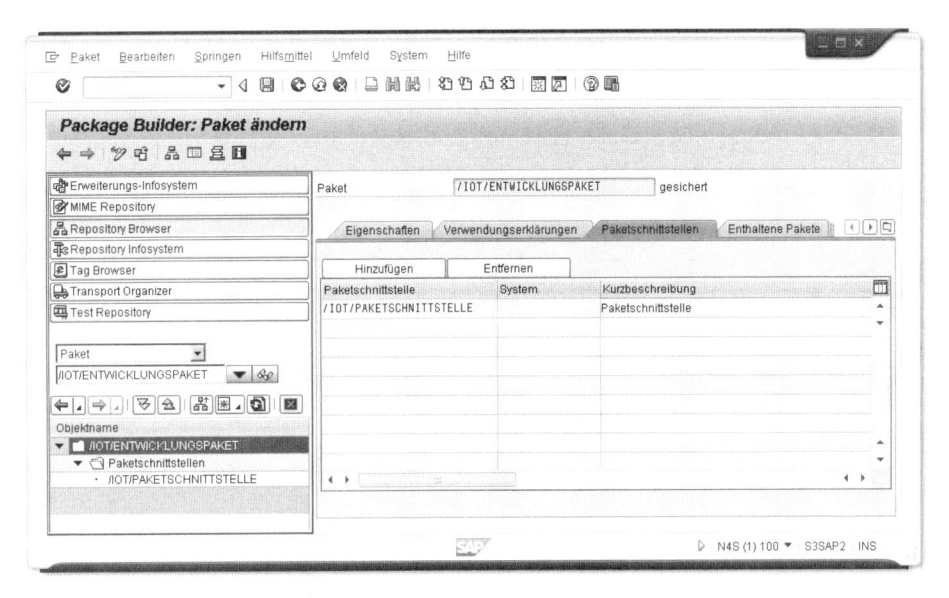

Paketschnittstellen zu einem Paket

3. Geben Sie im nun erscheinenden Pop-up den Namen und die Kurzbeschreibung der Paketschnittstelle an.

   Der Name der Paketschnittstelle muss unter den Namen aller Paketschnittstellen im System eindeutig sein, nicht etwa nur innerhalb des aktuellen Pakets. Die Paketschnittstelle kann auch genauso heißen wie das zugehörige Paket. Eine solche Namensgebung ist besonders dann sinnvoll, wenn Sie nur eine Paketschnittstelle zu Ihrem Paket anlegen möchten.

4. Bestätigen Sie Ihre Eingaben mit dem Weiter-Symbol (✓).

5. Sie können nun die neu angelegte Paketschnittstelle öffnen. Klicken Sie dazu doppelt auf den Namen der Paketschnittstelle auf der Registerkarte **Paketschnittstellen** des Pakets.

Sie können nun Entwicklungsobjekte aus dem aktuellen Paket zur Paketschnittstelle hinzufügen, indem Sie die folgenden Schritte durchführen:

1. Wechseln Sie in der Paketschnittstelle auf die Registerkarte **Sichtbare Elemente**.

2. Falls Sie die Paketschnittstelle im Anzeigemodus geöffnet haben, wechseln Sie in den Änderungsmodus.

TEIL 3 Mit Zusatzinformationen zu Entwicklungsobjekten arbeiten

3. Falls die Objektliste am linken Bildschirmrand noch nicht angezeigt wird, öffnen Sie diese durch einen Klick auf das Baum-Symbol (🗂).

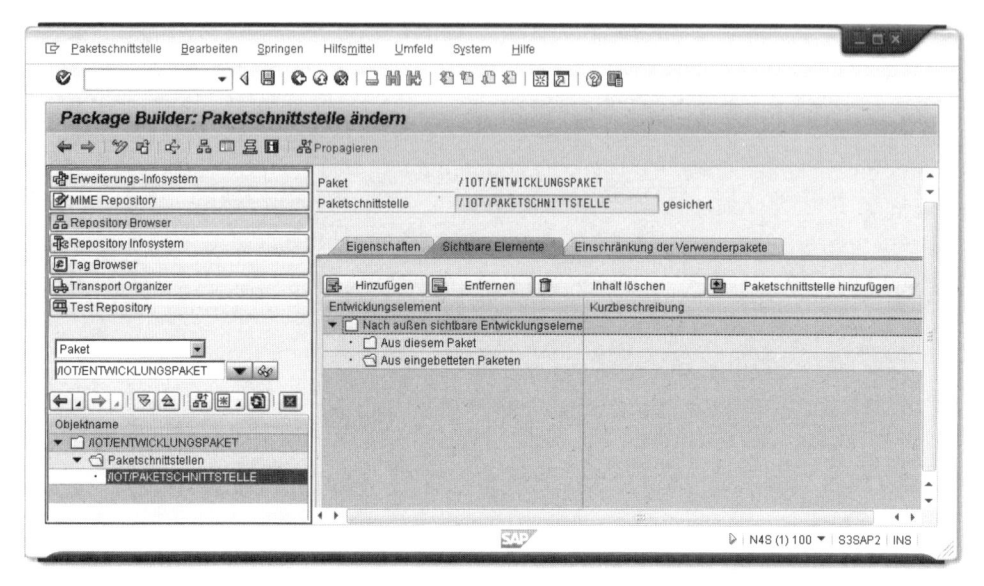

Bearbeitung einer Paketschnittstelle

4. Klappen Sie den Navigationsbaum so weit auf, dass Sie das Entwicklungsobjekt sehen, das Sie zur Paketschnittstelle hinzufügen möchten. Ziehen Sie dieses Entwicklungsobjekt dann per Drag & Drop auf den Wurzelknoten **Nach außen sichtbare Entwicklungselemente** im Baum auf der Registerkarte **Sichtbare Elemente** der Paketschnittstelle.

Statt einzelner Entwicklungsobjekte können Sie auch ganze Paketschnittstellen von untergeordneten Paketen oder aus demselben Paket in eine Paketschnittstelle ziehen. Damit machen Sie alle Entwicklungsobjekte, die in der anderen Paketschnittstelle enthalten sind, auch zum Bestandteil der aktuellen Paketschnittstelle.

5. Speichern Sie die Paketschnittstelle ab, indem Sie auf das Speichern-Symbol klicken (💾). Im Gegensatz zu anderen Entwicklungsobjekten müssen Sie Pakete, Paketschnittstellen und Verwendungserklärungen nur speichern, nicht aktivieren.

Mit der Definition der Paketschnittstelle haben Sie den ersten Schritt erledigt, der notwendig ist, damit Sie die Entwicklungsobjekte des aktuellen Pakets auch in einem anderen Paket nutzen können. Als Nächstes müssen Sie in dem anderen Paket eine entsprechende Verwendungserklärung anlegen. Näheres dazu erfahren Sie im nächsten Tipp.

Tipp 38
Verwendungserklärungen definieren

Um auf Entwicklungsobjekte aus einem anderen Paket zugreifen zu können, benötigen Sie nach dem ABAP-Paketkonzept eine Verwendungserklärung. Die Verwendungserklärungen helfen Ihnen dann dabei, die Abhängigkeiten zwischen Paketen nachzuvollziehen.

Über die Verwendungserklärung eines Pakets legen Sie fest, auf welche Entwicklungsobjekte, die sich in anderen Paketen befinden, Sie innerhalb des aktuellen Pakets zugreifen dürfen. Anhand der Verwendungserklärungen eines Pakets können Sie dann schnell die Abhängigkeiten zwischen verschiedenen Paketen ermitteln. Möchten Sie beispielsweise ein Paket in ein anderes System transportieren, müssen im Zielsystem zwingend die Pakete vorhanden sein, für die das zu transportierende Paket Verwendungserklärungen enthält.

Bevor Sie eine Verwendungserklärung anlegen können, benötigen Sie eine Paketschnittstelle, für die Sie die Verwendungserklärung anlegen möchten. Diese Paketschnittstelle muss die Entwicklungsobjekte enthalten, die Sie über die Paketgrenzen hinweg verwenden möchten. Lesen Sie den vorhergehenden Tipp, falls Sie noch keine passende Paketschnittstelle angelegt haben.

> **Und so geht's**

1. Öffnen Sie im Object Navigator (Transaktion SE80) das Paket, zu dem Sie die Verwendungserklärung hinzufügen möchten.
2. Wechseln Sie auf die Registerkarte **Verwendungserklärungen**. Klicken Sie dort auf die Schaltfläche **Anlegen**.

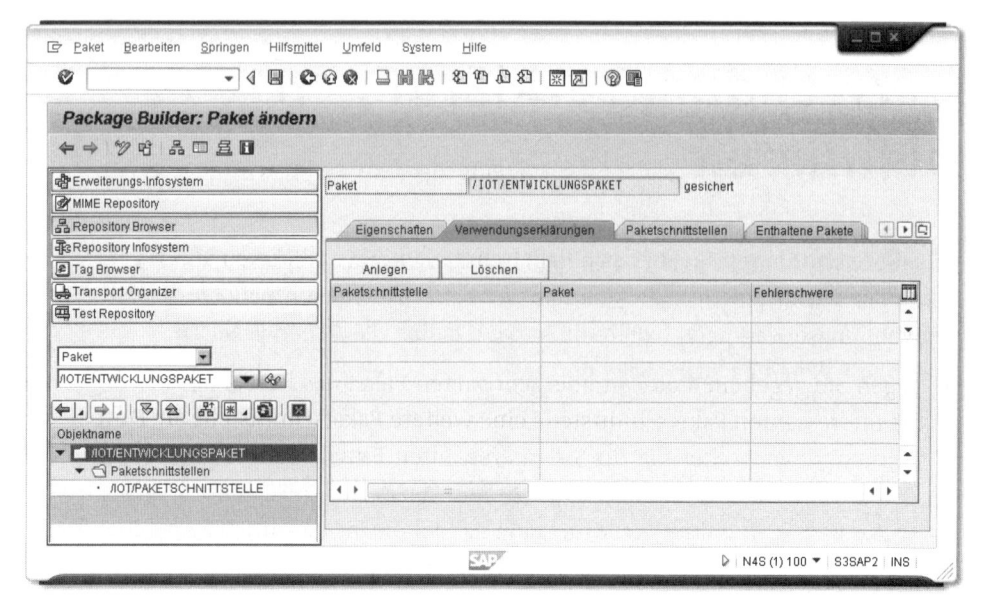

TEIL 3 Mit Zusatzinformationen zu Entwicklungsobjekten arbeiten

Verwendungserklärungen zu einem Paket

3. In einem Pop-up können Sie nun den Namen der Paketschnittstelle angeben, die Sie im aktuellen Paket verwenden möchten.

   Außerdem können Sie in einer Dropdown-Box die **Fehlerschwere** festlegen. Mit dem Standardwert **Keine Reaktion** geben Sie an, dass Sie die Entwicklungsobjekte aus der Paketschnittstelle nutzen möchten. Alle anderen Einstellungen (**Information**, **Warnung**, **Fehler**, **Obsolet**) können Sie auswählen, wenn Sie die Entwicklungsobjekte aus der Paketschnittstelle langfristig nicht mehr verwenden möchten. Bei jeder Verwendung entsprechender Entwicklungsobjekte zeigt das System Ihnen dann eine Meldung mit der ausgewählten Fehlerschwere an.

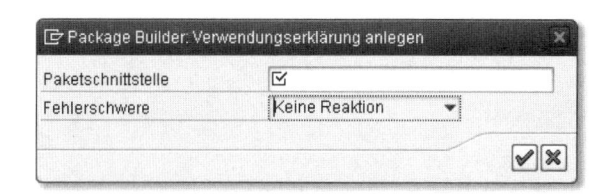

   Anlegen einer Verwendungserklärung

4. Bestätigen Sie Ihre Eingaben mit dem Weiter-Symbol (✔).

5. Speichern Sie das Paket, zu dem Sie die Verwendungserklärung angelegt haben, durch einen Klick auf das Speichern-Symbol (🖫).

Befinden sich die beteiligten Pakete in Pakethierarchien, können Sie nur zu bestimmten Paketschnittstellen Verwendungserklärungen anlegen. Sie können Verwendungserklärungen zu Paketschnittstellen von Paketen anlegen, die dasselbe übergeordnete Paket besitzen wie das aktuelle. Außerdem können Sie Verwendungserklärungen anlegen, die bereits im übergeordneten Paket vorhanden sind.

Um Verwendungserklärungen zu Paketschnittstellen von Paketen anzulegen, die nicht dasselbe übergeordnete Paket haben, können so mehrere Schritte notwendig sein:

- Legen Sie gegebenenfalls im übergeordneten Paket des Pakets mit der für Sie interessanten Paketschnittstelle eine weitere Paketschnittstelle an. Dort können Sie entweder die für Sie interessanten Entwicklungsobjekte oder die gesamte Paketschnittstelle aufnehmen. Wiederholen Sie diesen Schritt, bis Sie eine Paketschnittstelle angelegt haben, die Sie aus Ihrem Paket oder aus einem Ihrer übergeordneten Pakete verwenden dürfen.

- Legen Sie gegebenenfalls Verwendungserklärungen in den übergeordneten Paketen Ihres Pakets an. Wiederholen Sie diesen Schritt, bis Sie in Ihrem Paket die gewünschte Verwendungserklärung anlegen können.

In großen Entwicklungsprojekten, oder wenn Sie auf Entwicklungsobjekte von SAP zugreifen möchten, fehlen Ihnen mit hoher Wahrscheinlichkeit die Berechtigungen dafür, neue Paketschnittstellen in fremden Paketen selbst anzulegen. Sie können dann nur auf die Entwicklungsobjekte zugreifen, die über Paketschnittstellen freigegeben sind. Benötigen Sie Zugriff auf weitere Objekte, müssen Sie mit den Zuständigen für das fremde Paket in Kontakt treten, damit diese entsprechende Paketschnittstellen bereitstellen.

Tipp 39
Paketabhängigkeiten prüfen

Damit das System die Abhängigkeiten zwischen Paketen prüft, müssen Sie die Prüfung aktivieren. Dazu können Sie verschiedene Einstellungen mit unterschiedlicher Tragweite vornehmen.

Die Pakethierarchie in Ihrem System mit den zugehörigen Paketschnittstellen und Verwendungserklärungen legt fest, auf welche Entwicklungsobjekte aus anderen Paketen Sie in einem Entwicklungsobjekt zugreifen dürfen. Greifen Sie auf Entwicklungsobjekte zu, die Sie nicht verwenden dürfen, erzeugt das System entsprechende Fehlermeldungen – allerdings informiert es Sie nur dann über Paketprüfungsfehler, wenn Sie die Paketprüfungen für Ihr System eingeschaltet haben.

Über Einstellungen für Ihr System und für Ihre Pakete können Sie konfigurieren, für welche nicht erlaubten Zugriffe Ihnen das System Fehlermeldungen anzeigt.

> **Und so geht's**

Um Paketprüfungen für Ihr System einzuschalten, öffnen Sie im Data Browser (Transaktion SE16) die Datenbanktabelle PAKPARAM. Diese Datenbanktabelle enthält einen Eintrag mit dem Wert GLOBAL_SWITCH in der Schlüsselspalte NAME. In der Spalte VALUE dieser Zeile muss der Wert RESTRICTED hinterlegt sein, damit die Paketprüfung aktiviert ist. Bei Bedarf können Sie den Wert direkt im Data Browser verändern. Interne Modi, die bereits parallel laufen, während Sie die Einstellung ändern, müssen Sie neu starten, damit eine veränderte Einstellung Auswirkungen zeigt. Eine Neuanmeldung oder gar ein Neustart des Systems ist hier anders als bei den Profilparametern nicht erforderlich. Informationen über die weiteren möglichen Werte zu dieser Einstellung finden Sie in SAP-Hinweis 648898.

Wenn Sie die systemweite Einstellung für die Paketprüfung aktiviert haben, können Sie für jedes Paket individuell Einstellungen zur Paketprüfung vornehmen. Öffnen Sie dazu das jeweilige Paket im Object Navigator (Transaktion SE80). Auf der Registerkarte **Eigenschaften** können Sie hier die beiden Paketeigenschaften **Paketprüfung als Server** und **Paketprüfung als Client** aktivieren.

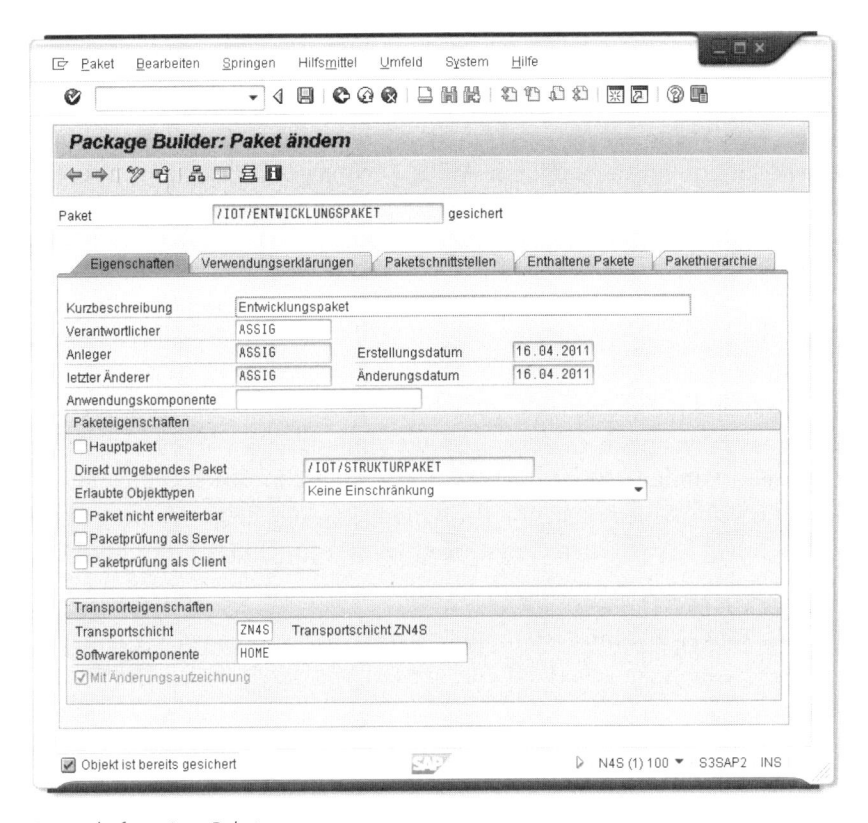

Eigenschaften eines Pakets

Die **Paketprüfung als Server** sollten Sie für ein Paket aktivieren, wenn Sie sicherstellen möchten, dass aus anderen Paketen nur auf die Entwicklungsobjekte Ihres Pakets zugegriffen wird, die Sie über Paketschnittstellen freigegeben haben. Nutzt ein Objekt aus einem anderen Paket ein Entwicklungsobjekt aus Ihrem Paket, das nicht in der Paketschnittstelle vorhanden ist, oder enthält das andere Paket keine entsprechende Verwendungserklärung, führt dies bei aktivierter **Paketprüfung als Server** zu einem Paketprüfungsfehler. Diese Einstellung hat keine Auswirkungen darauf, welche Entwicklungsobjekte aus anderen Paketen Sie in Ihrem Paket nutzen können.

Die **Paketprüfung als Client** verfolgt den umgekehrten Ansatz. Ist sie aktiv, stellt das System für Ihr Paket sicher, dass Sie nur Entwicklungsobjekte aus anderen Paketen verwenden, für die Sie auch eine zugehörige Verwendungserklärung angelegt haben. Dies geht so weit, dass Sie auch Entwicklungsobjekte aus SAP-Paketen nur verwenden dürfen, wenn Sie eine entsprechende Verwendungserklärung angelegt haben. Falls Sie in Ihrem Paket auf Entwicklungsobjekte aus SAP-Paketen zugreifen möchten, die für Sie nicht über Paketschnittstellen verfügbar sind, müssen Sie diese Einstellung deaktiviert lassen.

Wenn Sie versuchen, ein Entwicklungsobjekt im ABAP Dictionary zu aktivieren, zeigt Ihnen das System Paketprüfungsfehler gegebenenfalls automatisch an. Auch bei der Freigabe eines Transports führt das System diese Prüfung für Entwicklungsobjekte aus dem ABAP Dictionary automatisch aus. Die Paketprüfung für Entwicklungsobjekte aus dem ABAP Dictionary können Sie auch über das Menü zu dem Entwicklungsobjekt über den Menüeintrag **Prüfen • Paketprüfung** aufrufen.

Auch im Rahmen der erweiterten Prüfung haben Sie die Möglichkeit, eine Paketprüfung durchzuführen. Damit können Sie Ihre Klassen und Programme auf Paketprüfungsfehler hin testen. Aktivieren Sie dazu im Einstiegsbild zur erweiterten Prüfung die **Paketprüfung**. Falls das System Paketprüfungsfehler finden konnte, können Sie sich diese in den Ergebnissen der erweiterten Prüfung ansehen. Die folgende Abbildung zeigt ein Beispiel für die Darstellung von Paketprüfungsfehlern in den Ergebnissen der erweiterten Prüfung.

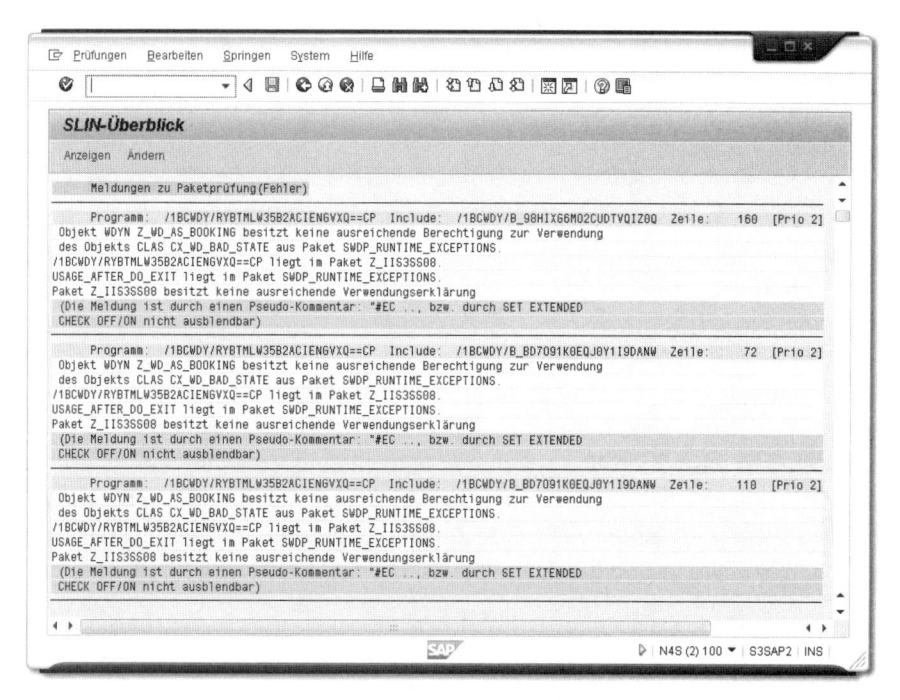

Ergebnisse der Paketprüfung im Rahmen der erweiterten Prüfung

Ab Release 7.0 EHP1 stehen Ihnen weitere Möglichkeiten zur Paketprüfung zur Verfügung. Unter anderem können Sie aus dem Kontextmenü zu einem Paket in der Objektliste des Object Navigators eine Paketprüfung für alle Entwicklungsobjekte in einem Paket ausführen. Findet diese Paketprüfung Fehler, können Sie sich über das Kontextmenü zu dem jeweiligen Fehler einen automatisch generierten Lösungsvorschlag anzeigen lassen.

Auch bei der Freigabe von Transporten findet ab Release 7.0 EHP1 eine gründlichere Prüfung der Paketabhängigkeiten statt. Die Paketprüfung ist nicht mehr auf Entwicklungsobjekte aus dem ABAP Dictionary beschränkt, sondern zeigt beispielsweise auch Paketprüfungsfehler zu Klassen oder Reports an.

TEIL 4
Allgemeines zur ABAP Workbench

Verschiedene nützliche Funktionalitäten finden Sie in der gesamten ABAP Workbench wieder, unabhängig davon, in welcher Transaktion Sie sich gerade befinden. So zum Beispiel die Vorwärtsnavigation, die Sie mit einem Doppelklick aus einem Entwicklungsobjekt in ein anderes bringt. In sämtlichen Formularen stellt Ihnen die Historie die Werte zu Verfügung, die Sie in ein bestimmtes Feld zuletzt eingegeben haben. Und anstatt ein Formularfeld komplett auszufüllen, genügt es meist, nur die Anfangsbuchstaben des gewünschten Werts einzugeben. Das System vervollständigt Ihre Eingabe dann automatisch.

Tipps in diesem Teil

Tipp 40	Die Vorwärtsnavigation nutzen	148
Tipp 41	Mit der Historie im SAP GUI arbeiten	151
Tipp 42	Formulare schneller ausfüllen	154
Tipp 43	Die Spaltenbreite anpassen	157
Tipp 44	Darstellungen von Entwicklungsobjekten aktualisieren	160

# Tipp 40

Die Vorwärtsnavigation nutzen

Sie möchten einmal quer durch den Quelltext des gesamten Systems navigieren? Dazu benötigen Sie nicht mehr als ein paar Doppelklicks.

Stellen Sie sich vor, Sie schauen sich den Quelltext eines Kollegen an und kennen den Datentyp nicht, den er verwendet. Um herauszufinden, was sich hinter dem Datentyp verbirgt, könnten Sie einen neuen Modus öffnen, eine geeignete Transaktion starten und dort den entsprechenden Datentyp öffnen. Dabei ist oft nicht nur die begrenzte Anzahl der Modi, die Sie gleichzeitig öffnen können, ein Hindernis.

Zum Glück haben die Entwickler der ABAP Workbench durchgängig die Möglichkeit der Vorwärtsnavigation in die Entwicklungsumgebung integriert. Wo immer ein anderes Entwicklungsobjekt genannt wird, können Sie sich mit nur einem Doppelklick die Definition dieses Entwicklungsobjekts ansehen, und bei Bedarf und vorhandenen Berechtigungen auch direkt ändern.

〉 Und so geht's

Im Grunde überall, wo in der ABAP Workbench ein Bezeichner dargestellt wird, ist es möglich, mit einem Doppelklick zur Definition des Entwicklungsobjekts zu navigieren, das sich hinter dem angegebenen Bezeichner verbirgt. Das erreichen Sie in der Regel auch mit dem Tastaturkürzel F2 . An manchen Stellen existiert der Eintrag **Auswählen** im Kontextmenü. Ist der Eintrag vorhanden, können Sie auch über ihn die Vorwärtsnavigation aufrufen.

Innerhalb des ABAP Editors können Sie die Vorwärtsnavigation für fast alle Bestandteile des Quelltextes verwenden. Ein Doppelklick auf den Namen einer Klasse, eines Interface, eines Funktionsbausteins, eines Datenelements oder auch einer Nachrichtenklasse oder einer Transformation führt

Sie direkt in die Definition des entsprechenden Entwicklungsobjekts. Ein Doppelklick auf den Namen einer Variablen führt Sie außerhalb einer DATA-Anweisung an die Stelle, an der die Variable definiert ist. In der DATA-Anweisung, die die Variable deklariert, können Sie mit einem Doppelklick auf den Namen der Variablen einen Verwendungsnachweis für diese Variable aufrufen.

Im Rahmen von Kontrollstrukturen können Sie mit der Vorwärtsnavigation zu den verschiedenen Bestandteilen der Kontrollstruktur springen: Mit einem Doppelklick gelangen Sie von der öffnenden Anweisung einer Kontrollstruktur wie IF oder LOOP zur zugehörigen schließenden Anweisung, das heißt zur ENDIF- bzw. zur ENDLOOP-Anweisung.

Die Vorwärtsnavigation im Quelltext funktioniert sogar innerhalb von Kommentaren. Wenn Sie eine gültige ABAP-Anweisung auskommentiert haben, können Sie auch innerhalb dieses Kommentars zur Definition der Entwicklungsobjekte navigieren, die im auskommentierten Quelltext angesprochen werden. So können Sie beispielsweise innerhalb des Quelltextes eines Funktionsbausteins über den automatisch generierten Kommentarkopf zu den Datentypen navigieren, die in der Schnittstelle des Funktionsbausteins verwendet werden.

Die Vorwärtsnavigation funktioniert in der ABAP Workbench auch außerhalb des Quelltextes. Können Sie innerhalb von Formularen die Namen von Entwicklungsobjekten eintragen, führt ein Doppelklick auch hier direkt zur Definition des angegebenen Entwicklungsobjekts.

Damit Sie sich bei der Navigation durch das System nicht verlaufen, hilft Ihnen das System dabei, den Weg nachzuvollziehen, den Sie zurückgelegt haben. In der ABAP Workbench können Sie sich den sogenannten *Navigationsstapel* am unteren Rand des Fensters über das Tastaturkürzel Strg + ⇧ + F4 oder über folgenden Menüeintrag anzeigen lassen:

Hilfsmittel ▸ Navigationsfenster anzeigen

Für jeden Schritt, den Sie mit der Vorwärtsnavigation zurückgelegt haben, enthält der Navigationsstapel eine Zeile. Ganz unten sehen Sie, von welchem Punkt aus Sie gestartet sind. Die oberste Zeile im Navigationsstapel stellt das Entwicklungsobjekt dar, in das Sie zuletzt per Vorwärtsnavigation gelangt sind. Die Zeile mit dem Entwicklungsobjekt, das Sie aktuell geöffnet haben, wird farblich hervorgehoben.

TEIL 4 Allgemeines zur ABAP Workbench

Objekttyp	Objektname	Teilobjektname	Beschreibung
Suchhilfe	H_SAIRPORT		
Paket	SAPBC_DATAMODEL		
Datenbanktabelle	SAIRPORT		
Domäne	S_AIRPID		
Datenelement	S_AIRPORT		
Klasse	ZCL_SAIRPORT		
Methode	ZCL_SAIRPORT	GET_ID	Zeile 2
Klasse	ZCL_SAIRPORT		

Navigationsstapel im Rahmen der Vorwärtsnavigation

Wenn Sie den Navigationsstapel eingeblendet haben, können Sie durch einen Doppelklick auf eine Zeile des Navigationsstapels wieder an die entsprechende Stelle springen.

Unabhängig davon, ob der Navigationsstapel gerade angezeigt wird oder nicht: In die nächsttiefere Zeile des Navigationsstapels gelangen Sie auch mit dem grünen Zurück-Pfeil (⬅) in der Symbolleiste oder mit dem zugehörigen Tastaturkürzel [F3] sowie mit dem blauen Zurück-Pfeil (⬅) oder dem zugehörigen Tastaturkürzel [⇧] + [F6]. In die nächsthöhere Zeile im Navigationsstapel können Sie schließlich mit dem blauen Vorwärts-Pfeil (➡) oder dem zugehörigen Tastaturkürzel [⇧] + [F7] wechseln.

Tipp 41
Mit der Historie im SAP GUI arbeiten

Über die Historie bietet das SAP GUI Ihnen Vorschläge für Eingaben an. Um die Historie Ihren Bedürfnissen anzupassen, können Sie sie konfigurieren und gezielt einzelne unerwünschte Einträge entfernen. Und wenn Ihnen die Funktionalität gar nicht gefällt, können Sie sie selbstverständlich auch ganz abschalten.

Wenn Sie wie die meisten Entwickler die ABAP Workbench mit dem SAP GUI für Windows verwenden, erzeugt die sogenannte *Historie* an vielen Stellen automatisch Eingabevorschläge. Ob in Selektionsbildern, in Formularen oder in Pop-ups, fast überall in der ABAP Workbench zeigt das SAP GUI Ihnen Werte, die Sie in dasselbe Feld bereits zuvor eingegeben haben, als Vorschlag für die aktuelle Eingabe an.

Das SAP GUI speichert die Historie auf dem Client-Rechner. Das heißt, wenn Sie sich von verschiedenen Client-Rechnern aus an demselben SAP-System anmelden, erzeugen Sie auf jedem Client-Rechner eine separate Historie.

〉 Und so geht's

Sobald Sie in einem Eingabefeld das erste Zeichen eingeben, sehen Sie unter dem Eingabefeld automatisch eine Liste der bisherigen Eingaben, die mit demselben Zeichen beginnen. Je mehr Zeichen Sie eingeben, desto kürzer wird die Liste, da sie immer nur die Einträge enthält, die noch zu Ihrer aktuellen Eingabe passen. Anstatt mit der Eingabe des Namens zu beginnen, können Sie auch die ← - oder die Leertaste drücken, um eine Liste aller Vorschläge zu sehen.

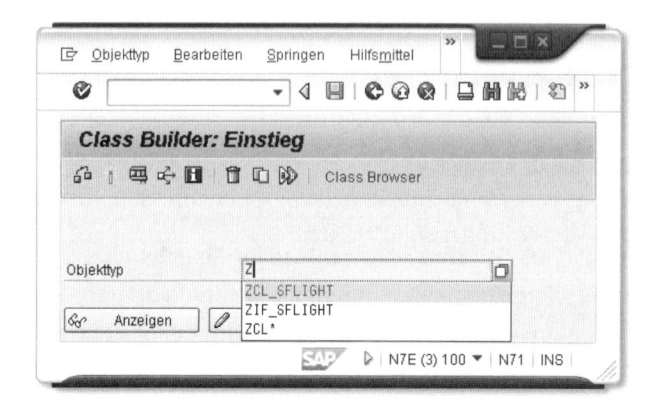

Historie für ein Eingabefeld im SAP GUI für Windows

Um einen der Vorschläge zu übernehmen, markieren Sie den Eintrag mit den Cursor-Tasten (⬇/⬆), und drücken Sie die ⏎-Taste. Alternativ können Sie den gewünschten Eintrag auch mit der linken Maustaste anklicken.

Eine Eigenschaft macht die Historie bei vielen Anwendern unbeliebt: Sie speichert nicht nur Einträge, mit denen Sie einmal etwas Nützliches erreicht haben, sondern auch versehentliche, sinnlose Eingaben. So kann sich die Historie schnell zu einer Auflistung der beliebtesten Tippfehler entwickeln. Zum Glück gibt es die Möglichkeit, einzelne Einträge gezielt aus der Historie zu löschen. Wenn das SAP GUI Ihnen einen solchen Eintrag in einem Eingabefeld als Vorschlag unterbreitet, markieren Sie ihn mit den Cursor-Tasten. Drücken Sie dann einfach die Entf-Taste. Der so gelöschte Eintrag erscheint nun nicht mehr in der Liste der Vorschläge, die Ihnen die Historie für dieses Eingabefeld unterbreitet.

Sie können verschiedene Einstellungen vornehmen, mit denen Sie das grundsätzliche Verhalten der Historie festlegen. Klicken Sie dazu auf das Symbol zur Anpassung des lokalen Layouts (🗔), und wählen Sie aus dem zugehörigen Menü den Eintrag **Optionen** aus. Wechseln Sie dann auf die Registerkarte **Lokale Daten**.

Über den Auswahlknopf **Aus** können Sie die Historie abschalten. Das SAP GUI zeigt Ihnen dann weder die Liste mit Vorschlägen an noch sammelt es Ihre Eingaben als Kandidaten für zukünftige Vorschläge. Bereits zuvor gespeicherte Vorschläge bleiben jedoch erhalten. Möchten Sie die Historie aus Datenschutzgründen dauerhaft abschalten, sollten Sie daher auch die bisher aufgezeichnete **Historie löschen**, indem Sie die entsprechende Schaltfläche anklicken.

Mit den beiden Auswahlknöpfen **Ein** und **Sofort** aktivieren Sie die Historie. Im Fall von **Ein** zeigt das SAP GUI Ihnen erst dann Vorschläge an, wenn Sie in dem Eingabefeld die ersten Eingaben vornehmen. Mit der Einstellung **Sofort** sehen Sie die Vorschläge bereits, sobald Sie das Eingabefeld mit dem Cursor betreten. Besonders wenn Sie viel mit der Maus arbeiten, ist diese Einstellung nützlich, da Sie nicht erst zur Tastatur greifen müssen, damit Ihnen die Vorschläge der Historie angezeigt werden.

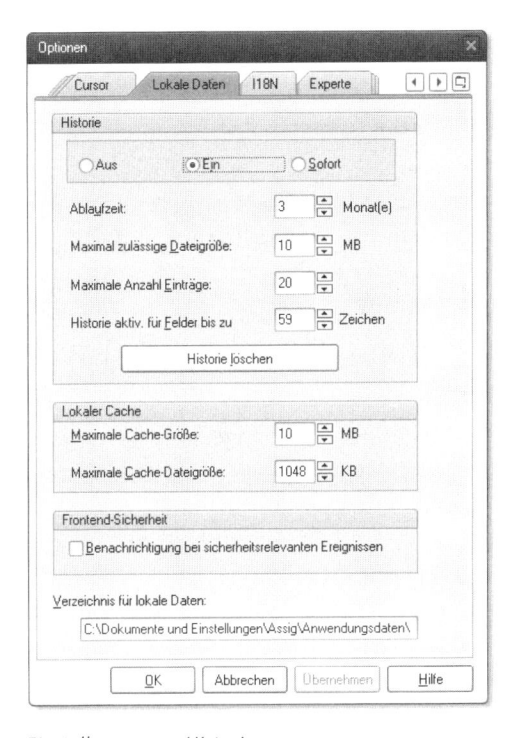

Einstellungen zur Historie

Das SAP GUI löscht die Einträge der Historie nach der **Ablaufzeit** automatisch. In einem Eingabefeld, das Sie häufig verwenden, werden jeweils die ältesten Einträge verdrängt, sobald Sie in dem Eingabefeld mehr verschiedene Werte eingegeben haben, als hier in der Einstellung **Maximale Anzahl Einträge** vorgesehen ist.

Die Einstellung **Historie aktiv. für Felder bis zu** legt fest, wie lang die Eingaben in ein Eingabefeld maximal sein dürfen, damit für dieses Eingabefeld eine Historie erzeugt wird. Die Standardeinstellung von 59 Zeichen sorgt dafür, dass die Historie keine Beschreibungstexte erfasst, da diese typischerweise länger sein dürfen. Um die Historie auch für Beschreibungstexte zu aktivieren, erhöhen Sie diese Einstellung auf 255 Zeichen.

Tipp 42

Formulare schneller ausfüllen

In vielen Formularfeldern genügt es, ein einzelnes Zeichen anzugeben. So ersparen Sie es sich, den in dem Feld dargestellten Text selbst schreiben zu müssen.

Haben Sie sich schon einmal bei der Eingabe der Sichtbarkeit eines Attributs einer Klasse vertippt und statt der Sichtbarkeit eine einzelne Ziffer eingegeben? Wenn Sie dann noch die Eingabe mit ⏎ bestätigt haben, werden Sie bemerkt haben, dass die ABAP Workbench statt der Ziffer wieder eine Sichtbarkeit anzeigte.

Doch was ist passiert? Haben Sie einen Fehler in der ABAP Workbench entdeckt? Nein, es ist kein Fehler, sondern eine Funktionalität, die Sie bei der Eingabe unterstützt. Sie ermöglicht es Ihnen, Formulare mit minimalen Eingaben in kürzester Zeit auszufüllen.

> **Und so geht's**

In den Formularen der ABAP Workbench, beispielsweise zur Definition einer Klasse oder eines Funktionsbausteins, müssen Sie in den einzelnen Feldern nicht immer den gesamten Text eingeben, der in diesen Feldern dargestellt wird. In den Feldern, in denen Sie aus einer vorgegebenen Menge von Werten einen Wert auswählen müssen, haben Sie verschiedene Möglichkeiten, sich die Eingabe zu erleichtern. Eine davon ist natürlich die Wertehilfe, die Sie über die Taste F4 oder über das Wertehilfe-Symbol (🗇) aufrufen können.

Daneben haben Sie die Möglichkeit, die ersten Zeichen der Bezeichnung des gewünschten Werts einzugeben. Wenn Ihre Eingabe nur mit den ersten Zeichen der Bezeichnung eines erlaubten Werts übereinstimmt, macht die ABAP Workbench daraus die vollständige Bezeichnung, sobald Sie Ihre Eingabe mit ⏎ bestätigen.

So genügt es, in das Feld für die Art einer Methode den Buchstaben S einzutragen, wenn Sie eine statische Methode definieren möchten. Da die einzige mögliche alternative Bezeichnung »Instance Method« lautet, ist durch das S schon eindeutig klar, dass Sie eine Methode der Art »Static Method« definieren möchten. Bei der Sichtbarkeit müssen Sie zwei bis drei Zeichen angeben, um eindeutig eine Sichtbarkeit auszuwählen, da die Bezeichnungen der möglichen Werte (**Private**, **Protected** und **Public**) denselben Anfangsbuchstaben haben. Zwei der Werte haben darüber hinaus auch denselben zweiten Buchstaben.

Auch wenn Sie in ein solches Formularfeld gar nichts eingeben, macht die ABAP Workbench daraus einen Wert und zeigt dessen Bezeichnung an. Welcher Wert dabei ausgewählt wird, können Sie einfach ausprobieren oder mit einem Blick auf die zugehörige Wertehilfe ermitteln. Die folgende Abbildung zeigt die Wertehilfe zu den möglichen Sichtbarkeiten einer Methode. Geben Sie in einem Feld eines Formulars nichts ein, wird automatisch der Wert ausgewählt, vor dem in der linken Spalte der Wertehilfe die Zahl 0 steht.

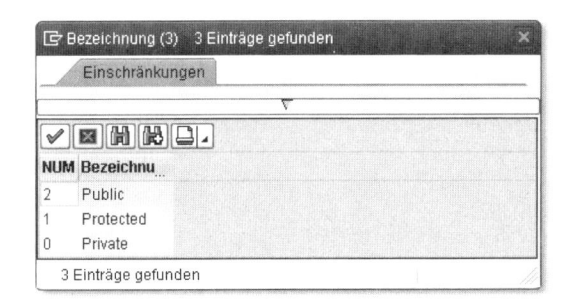

Wertehilfe mit den möglichen Sichtbarkeiten einer Methode

Die Zahlen aus der Wertehilfe bilden eine weitere Möglichkeit zur schnellen Auswahl eines Werts für ein Formularfeld. Sie können eine dieser Zahlen in das Formularfeld eingeben. Auch diese Zahl wandelt die ABAP Workbench automatisch in die zugehörige Bezeichnung um, sobald Sie Ihre Eingabe mit ⏎ bestätigen.

Die folgende Tabelle gibt einen Überblick über einige häufig verwendete Formularfelder und die möglichen Eingaben. Der fett gedruckte Wert ist dabei jeweils der Wert, der automatisch ausgewählt wird, wenn Sie nichts eingeben.

Formularfeld	Zahl	Wert
Art von Attributen	0	**Instance Attribute**
	1	Static Attribute
	2	Constant
Art von Methoden	0	**Instance Method**
	1	Static Method
Art von Parametern	0	**Importing**
	1	Exporting
	2	Changing
	3	Returning
Sichtbarkeit von Attributen oder Methoden	0	**Private**
	1	Protected
	2	Public
Typisierung von Attributen oder Parametern	0	**Like**
	1	Type
	3	Type Ref To

Überblick über häufig verwendete Formularfelder und die möglichen Eingaben

Tipp 43

Die Spaltenbreite anpassen

Ist eine Spalte in einem Formular zu schmal? Mit der Umschalt-Taste und einem Mausklick vergrößern Sie die Spalte so weit, dass auch der längste mögliche Spalteninhalt dargestellt wird.

Die Spalten in den Formularen im Class Builder, im Function Builder oder im ABAP Dictionary haben beim Start der Transaktion jeweils eine bestimmte Breite. Diese Breite ist in der Regel so groß, dass kürzere Namen von Methoden, Parametern oder Datentypen vollständig dargestellt werden, und zugleich so klein, dass alle Spalten des Formulars gleichzeitig auf dem Bildschirm dargestellt werden können.

Ist die Spalte zu schmal, um den gesamten Inhalt einer Zelle anzuzeigen, können Sie den Cursor innerhalb dieser Zelle mit den Tasten ← und → oder mit der Maus bewegen. Mit dem Cursor wandert dann auch die Anzeige nach rechts. Auf diese Art können Sie zumindest den Inhalt einer Zelle nach und nach betrachten.

Eleganter ist es da schon, die Maus an den rechten Rand der Spalte zu bewegen und die Breite der Spalte mit gedrückter linker Maustaste zu vergrößern. Den rechten Rand der Spalte zu treffen, erfordert eine gewisse Fingerfertigkeit, und wenn das Formular mehrere Seiten umfasst, wissen Sie nicht, wie breit Sie die Spalte ziehen müssen, damit wirklich alles dargestellt wird. Lassen Sie doch stattdessen lieber das System die geeignete Spaltenbreite setzen!

› Und so geht's

Um die Spaltenbreite schnell und einfach anzupassen, klicken Sie bei gedrückter ⇧-Taste mit der linken Maustaste auf die Spalte, die Sie vergrößern möchten. Dabei ist es unerheblich, ob Sie auf die Spaltenüberschrift oder auf eine beliebige Zelle innerhalb der Spalte klicken. Durch diese Aktion wird die Spaltenbreite auf die Ausgabelänge des dargestellten Datenelements gesetzt, das heißt, die Spalte ist danach genau so breit, wie sie sein muss, um den längsten noch erlaubten Inhalt darstellen zu können.

TEIL 4 Allgemeines zur ABAP Workbench

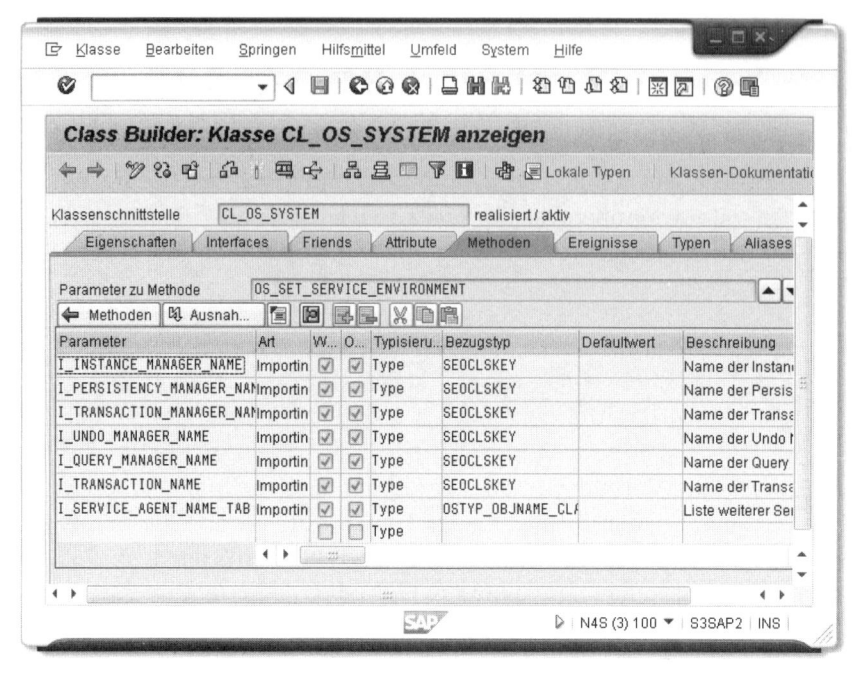

Parameter einer Methode mit ursprünglichen Spaltenbreiten

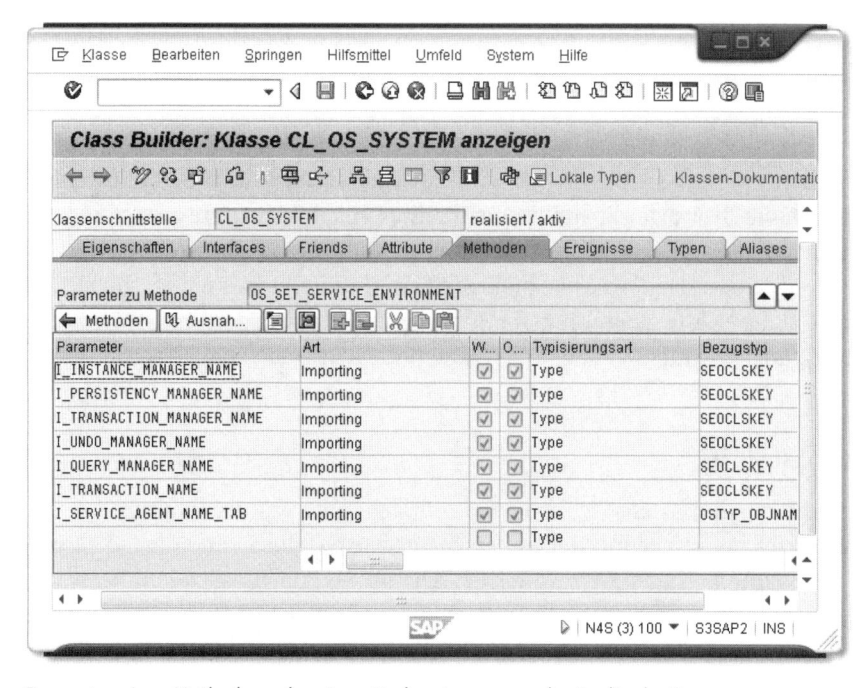

Parameter einer Methode nach automatischer Anpassung der Spaltenbreiten

Das Setzen der Spaltenbreite auf die Ausgabelänge des Datenelements bietet einen weiteren Vorteil: Wenn Sie einen Wert eingeben, beispielsweise den Namen eines Parameters, können Sie schon bei der Eingabe des Namens erkennen, ob der Name zu lang ist oder ob Sie sogar noch Platz für einen längeren Namen hätten.

Wenn Sie nach der Anpassung der Spaltenbreite erneut bei gedrückter ⇧-Taste mit der linken Maustaste auf die Spalte klicken, wird die Spaltenbreite wiederhergestellt, die die Spalte zuvor hatte.

Tipp 44

Darstellungen von Entwicklungsobjekten aktualisieren

Es kommt vor, dass die Objektliste, der Navigationsbaum in der ABAP Workbench, nicht alle Entwicklungsobjekte auflistet, die im System vorhanden sind. Sie können dann verschiedene Aktionen durchführen, um dieses Problem zu beheben.

Die ABAP Workbench verwaltet die Entwicklungsobjekte in einer deutlich komplexeren Systemlandschaft als die meisten anderen Entwicklungsumgebungen. Sie arbeitet nicht auf der Grundlage lokal abgelegter Dateien, sondern verwaltet die Entwicklungsobjekte in einer zentralen Datenbank und auf den zugehörigen Applikationsservern. Dabei kommt es immer wieder vor, dass parallel zu Ihnen ein anderer Entwickler ein anderes Entwicklungsobjekt bearbeitet. Auch Sie selbst können über mehrere geöffnete Modi mehrere Entwicklungsobjekte gleichzeitig bearbeiten, und durch Transporte können unabhängig von Ihren aktuellen Aktivitäten neue Entwicklungsstände ins System gelangen.

Trotz der großen Komplexität dieses Szenarios arbeitet die ABAP Workbench grundsätzlich stabil und zuverlässig. Im Zusammenhang mit Entwicklungsobjekten, die parallel geändert werden, können jedoch kleinere Probleme entstehen. Beispielsweise lässt sich manchmal ein Entwicklungsobjekt unerwartet nicht aktivieren oder die Objektliste in der ABAP Workbench zeigt nur unvollständige Daten an. In solch seltenen Situationen haben Sie in der ABAP Workbench verschiedene Möglichkeiten, durch manuelles Eingreifen wieder für einen sauberen Stand zu sorgen.

› Und so geht's

Bearbeiten mehrere Entwickler parallel Entwicklungsobjekte, können Ungereimtheiten in der Objektliste der ABAP Workbench auftreten. Der Stand, den Sie im Navigationsbaum am linken Rand des Fensters sehen, entspricht dann möglicherweise nicht mehr dem aktuellen Entwicklungsstand. Im Normalfall können Sie in einer solchen Situation mit einem Klick auf das Aktualisieren-Symbol (🔄) oberhalb des Navigationsbaums dafür sorgen, dass Ihnen das System den aktuellen Stand anzeigt.

Wenn Sie im Navigationsbaum einen Knoten aufklappen, ermittelt das System in den meisten Fällen erst nach dem Aufklappen, welche Unterknoten zu dem gerade aufgeklappten Knoten existieren. Beispielsweise ermittelt das System erst wenn Sie den Knoten der Klasse im Navigationsbaum aufklappen, ob zu der Klasse Subklassen existieren. Diesen Mechanismus können Sie sich ebenfalls zunutze machen: Falls das System beim Aufklappen noch einen alten Stand ermittelt hat, klappen Sie den Knoten und gegebenenfalls den übergeordneten Knoten noch einmal zu. Wenn Sie die beiden Knoten danach erneut wieder öffnen, sehen Sie in vielen Fällen einen aktualisierten oder korrigierten Stand.

Haben Sie mit den zuvor beschriebenen Aktionen keinen Erfolg, können Sie das System explizit dazu auffordern, die Objektliste neu aufzubauen. Diese Funktion kann beispielsweise dann nützlich sein, wenn die Objektliste Ihnen nicht alle zu einem Programm angelegten Dynpros anzeigt. Rufen Sie dazu in der Objektliste im Kontextmenü des Programms oder eines anderen Entwicklungsobjekts den folgenden Eintrag auf:

Weitere Funktionen › Objektliste neu aufbauen

Hilft das alles nichts, können Sie zu rabiateren Maßnahmen greifen. Verlassen Sie komplett die Transaktion, in der Ihnen ein alter Stand angezeigt wird. Geben Sie dann im Befehlsfeld im SAP GUI den Befehl /$sync ein, und starten Sie danach Ihre Transaktion erneut. Der Befehl /$sync setzt auf dem aktuellen Applikationsserver sämtliche Puffer zurück. Dazu gehören beispielsweise die Tabellenpuffer, Repository-Puffer, Programmpuffer und SAP-GUI-Puffer. Nach dem Ausführen des Befehls werden Sie bei vielen Aktionen zunächst eine deutlich langsamere Reaktion des Applikationsservers beobachten. Der Applikationsserver muss die zuvor lokal gepufferten Daten erst wieder neu aus der Datenbank lesen. Dies hat aber den Vorteil, dass sich danach wieder garantiert aktuelle Daten in den Puffern befinden, selbst wenn zuvor ein Programm durch einen Fehler einen inkonsistenten Stand hinterlassen hat.

TEIL 5

ABAP-Dictionary-Objekte und Tabellenpflegewerkzeuge bearbeiten

Das ABAP Dictionary ermöglicht es Ihnen, Datentypen einmalig an zentraler Stelle zu definieren, um dann systemweit auf sie zurückgreifen zu können. Erleichtern Sie bei diesen Datentypen den Anwendern die Eingabe von Werten, indem Sie Suchhilfen definieren, entweder explizit oder implizit über Fremdschlüssel. Über Pflegedialoge, Pflege-Views und Viewcluster können Sie außerdem ohne eine Zeile Quelltext schreiben zu müssen Werkzeuge erstellen, mit denen Sie die Inhalte von Datenbanktabellen komfortabel pflegen können. Mit einigen Zeilen Quelltext können Sie diese Werkzeuge außerdem gezielt um beliebige Anwendungslogik erweitern.

Tipps in diesem Teil

Tipp 45	Elementare Suchhilfen definieren	164
Tipp 46	Fremdschlüssel definieren	168
Tipp 47	Schlüsselfelder und Initialwerte in Strukturen	173
Tipp 48	Die Reihenfolge der Felder in Datenbanktabellen korrigieren	176
Tipp 49	Pflegedialoge anlegen und aktualisieren	179
Tipp 50	Pflegedialoge um Anwendungslogik erweitern	183
Tipp 51	Pflege-Views definieren	186
Tipp 52	Viewcluster definieren	190

Tipp 45

Elementare Suchhilfen definieren

Erleichtern Sie den Anwendern den Umgang mit Ihren Anwendungen, indem Sie ihnen Suchhilfen anbieten.

Suchhilfen erleichtern in SAP-Systemen die Eingabe von Werten. Anstatt einen Wert von Hand in ein Eingabefeld einzugeben, drücken Sie in einem Feld mit Suchhilfe die Taste F4 oder klicken auf das Suchhilfe-Symbol (🔲). Daraufhin wird Ihnen eine Liste von möglichen Werten angezeigt, aus der Sie nur noch den gewünschten Wert auswählen müssen.

Einige Suchhilfen erzeugt das System implizit. Wenn Sie beispielsweise eine Domäne mit Festwerten definieren oder in einer Datenbanktabelle Fremdschlüsselbeziehungen festlegen, erscheint auf der Benutzeroberfläche automatisch eine entsprechende Suchhilfe für das zugehörige Feld. Auch ohne Festwerte und Fremdschlüsselbeziehungen können Sie Suchhilfen erstellen, beispielsweise mit elementaren Suchhilfen.

〉 Und so geht's

Elementare Suchhilfen können Sie auf der Grundlage von Daten aus der Datenbank definieren. So ist im SAP-Flugdatenmodell beispielsweise die elementare Suchhilfe S_CARRIER_ID definiert, mit der der Anwender das Kürzel einer Fluggesellschaft auswählen kann. Die Suchhilfe zeigt dem Anwender alle Fluggesellschaften, die in der Datenbank abgelegt sind. Um dem Anwender die Auswahl zu erleichtern, erscheint in der Suchhilfe neben dem Kürzel auch der Name der jeweiligen Fluggesellschaft.

Elementare Suchhilfen definieren **Tipp 45**

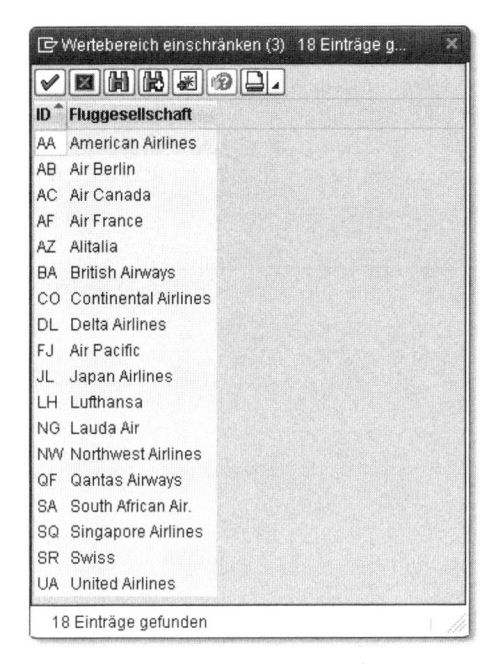

ID	Fluggesellschaft
AA	American Airlines
AB	Air Berlin
AC	Air Canada
AF	Air France
AZ	Alitalia
BA	British Airways
CO	Continental Airlines
DL	Delta Airlines
FJ	Air Pacific
JL	Japan Airlines
LH	Lufthansa
NG	Lauda Air
NW	Northwest Airlines
QF	Qantas Airways
SA	South African Air.
SQ	Singapore Airlines
SR	Swiss
UA	United Airlines

18 Einträge gefunden

Suchhilfe zu den Kürzeln von Fluggesellschaften

Folgende Schritte sind notwendig, um Ihre eigene elementare Suchhilfe anzulegen:

1. Öffnen Sie das ABAP Dictionary (Transaktion SE11).

2. Legen Sie im Feld **Suchhilfe** einen Namen für Ihre Suchhilfe fest, und klicken Sie auf die Schaltfläche **Anlegen** (🗋).

3. Markieren Sie im nun erscheinenden Pop-up den Auswahlknopf **Elementare Suchhilfe**, und bestätigen Sie Ihre Auswahl mit dem Weiter-Symbol (✓).

4. Legen Sie im Feld **Kurzbeschreibung** eine Kurzbeschreibung für die Suchhilfe fest.

5. Geben Sie im Feld **Selektionsmethode** an, aus welcher Datenbanktabelle die Daten für die Suchhilfe stammen. Falls Sie Daten aus mehreren Datenbanktabellen benötigen, legen Sie einen Datenbank-View an, und geben Sie dessen Namen hier als Selektionsmethode an.

6. Wählen Sie nun die **Suchhilfeparameter** aus. Als Suchhilfeparameter können Sie jedes Feld der zuvor ausgewählten Datenbanktabelle bzw. des Datenbank-Views angeben. Wählen Sie ein Feld als Suchhilfeparameter aus, wenn mindestens eine der folgenden Bedingungen für das Feld zutrifft:

- Sie möchten das Feld in der Trefferliste anzeigen.
- Sie möchten dem Anwender die Möglichkeit geben, über das Feld die Trefferliste einzuschränken.
- Sie möchten den Wert des Feldes ändern, wenn der Anwender eine Zeile aus der Trefferliste auswählt.

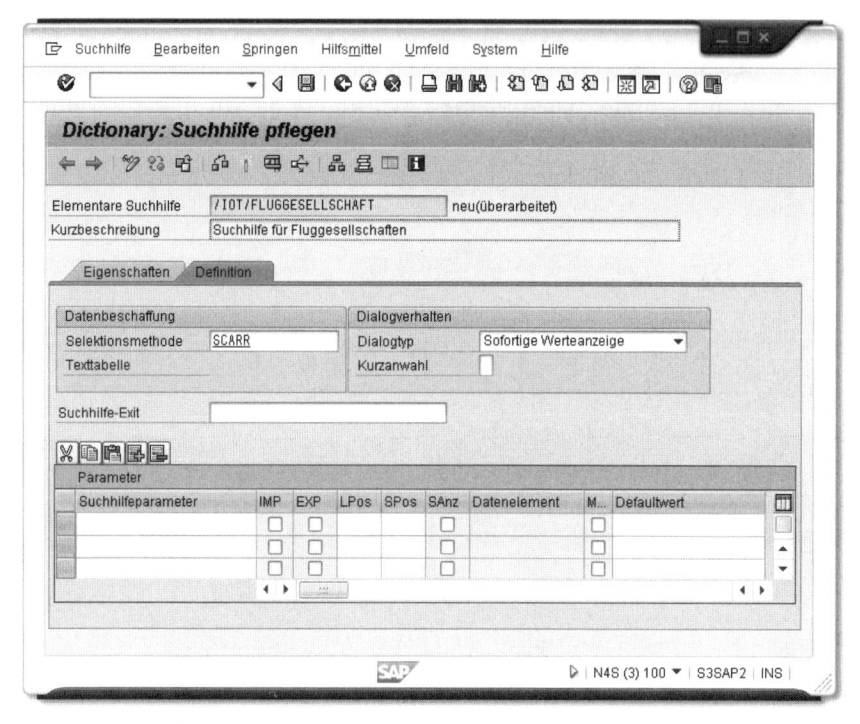

Bild zur Definition einer elementaren Suchhilfe

7. Setzen Sie für alle Suchhilfeparameter, über die der Anwender die Trefferliste einschränken können soll, den Haken im Ankreuzfeld in der Spalte **IMP** (Import-Parameter).

8. Soll der Wert des Feldes geändert werden, wenn der Anwender einen Eintrag aus der Trefferliste auswählt, setzen Sie den Haken in der Spalte **EXP** (Export-Parameter).

9. Über die Spalten **LPos** und **SPos** legen Sie fest, welche Spalten in der Trefferliste erscheinen und in welcher Reihenfolge. Geben Sie für die Spalte ganz links jeweils den Wert 1 ein, und vergeben Sie für die weiteren Spalten aufsteigend Nummern. Wenn Sie die Spalten frei lassen, erscheint der Suchhilfeparameter nicht in der Trefferliste.

10. Sie können die Suchhilfe nun speichern und aktivieren. Über die Schaltfläche mit dem Test-Symbol (🖳) können Sie die angelegte Suchhilfe testen.

Die so angelegte elementare Suchhilfe können Sie beispielsweise in Strukturen, Datenbanktabellen oder Datenelementen hinterlegen, damit sie dem Anwender auf der Benutzeroberfläche zur Verfügung steht.

Falls Ihnen die Möglichkeiten elementarer Suchhilfen nicht genügen, besteht die Möglichkeit, über sogenannte *Suchhilfe-Exits* zu programmieren, welche Werte eine Suchhilfe anzeigt und wie sie sich verhält. Details zur Implementierung von Suchhilfe-Exits erfahren Sie, indem Sie im Bild zur Definition einer elementaren Suchhilfe den Cursor im Feld **Suchhilfe-Exit** platzieren und die Taste F1 drücken.

Tipp 46
Fremdschlüssel definieren

Ein Fremdschlüssel hilft Ihnen bei der Sicherstellung der Konsistenz Ihrer Daten. Eine entsprechende Suchhilfe wird Ihnen dabei automatisch mitgeliefert.

Die Definition eines Fremdschlüssels dient dazu, die Konsistenz der Daten in der Datenbank sicherzustellen. Mit einem Fremdschlüssel können Sie die referenzielle Integrität sicherstellen, das heißt, ein bestimmter Tabelleneintrag darf nur dann existieren, wenn auch ein bestimmter Eintrag in einer anderen Tabelle existiert. Beispielsweise können Sie so festlegen, dass eine Auftragsposition nur dann existieren darf, wenn auch der zugehörige Auftrag in der Datenbank existiert.

Damit Sie bei der Definition von Fremdschlüsselbeziehungen nicht durcheinander kommen, sollten Sie noch die zwei weiteren Begriffe *Prüftabelle* und *Fremdschlüsseltabelle* kennen. Mit einem Fremdschlüssel definieren Sie, dass in der Fremdschlüsseltabelle (im Beispiel in der Tabelle mit den Auftragspositionen) nur Einträge erlaubt sind, zu denen auch ein passender Eintrag in der Prüftabelle existiert (im Beispiel in der Tabelle mit den Aufträgen).

› Und so geht's

1. Öffnen Sie die Datenbanktabelle im ABAP Dictionary (Transaktion SE11), die bei dem zu definierenden Fremdschlüssel die Rolle der Fremdschlüsseltabelle einnimmt. Wechseln Sie auf die Registerkarte **Eingabehilfe/-prüfung**.

2. Markieren Sie die Zeile mit dem Feld, das an der Fremdschlüsselbeziehung beteiligt ist. Falls mehrere Felder an der Fremdschlüsselbeziehung beteiligt sind, markieren Sie entsprechend mehrere Zeilen.

3. Klicken Sie auf das Fremdschlüssel-Symbol (🔑).

Fremdschlüssel definieren **Tipp 46**

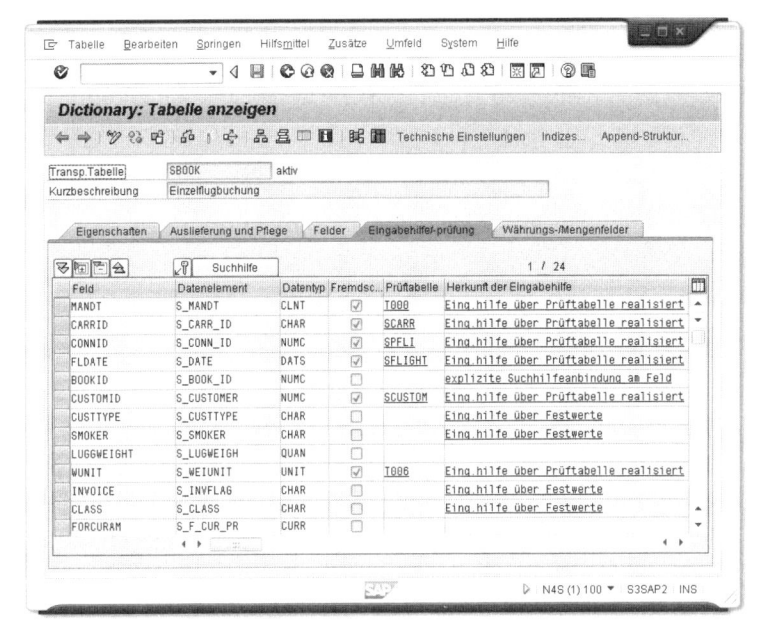

Datenbanktabelle im ABAP Dictionary

4. Geben Sie im Pop-up zur Definition des Fremdschlüssels im Feld **Kurzbeschreibung** eine Kurzbeschreibung des anzulegenden Fremdschlüssels und in der Spalte **Prüftabelle** den Namen der Prüftabelle an.

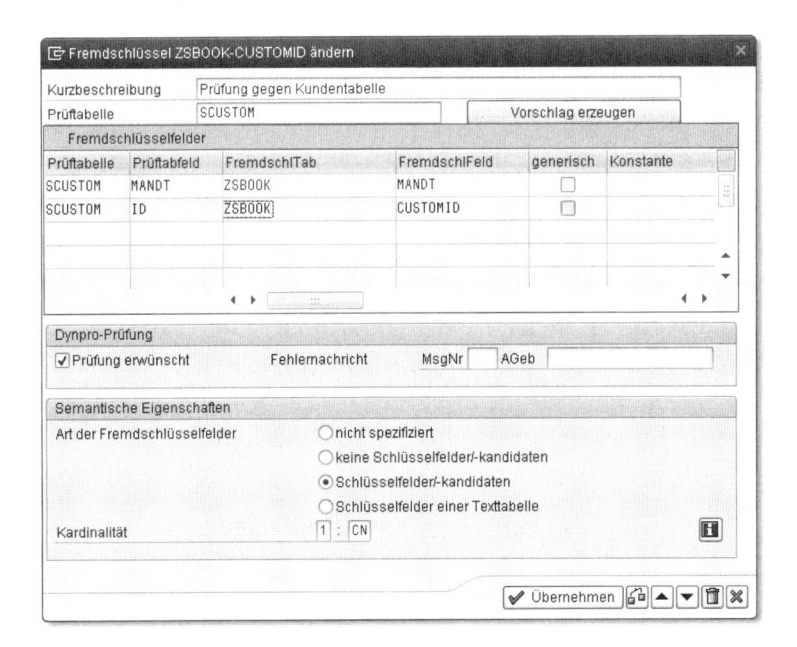

Pop-up zur Definition eines Fremdschlüssels

5. Klicken Sie auf die Schaltfläche **Vorschlag erzeugen**. Das System versucht nun, automatisch eine passende Zuordnung der Fremdschlüsselfelder vorzunehmen. Dazu sucht es zu jedem ausgewählten Feld der Fremdschlüsseltabelle nach einem Feld der Prüftabelle, das auf der Grundlage derselben Domäne definiert ist.

   Wenn das System die Fremdschlüsselfelder nicht automatisch erkennt, geben Sie manuell an, welches Feld der Fremdschlüsseltabelle zu welchem Feld der Prüftabelle gehört.

6. Setzen Sie das Ankreuzfeld **Prüfung erwünscht** auf den für Ihre Bedürfnisse geeigneten Wert. Ist der Haken gesetzt, sorgt das System automatisch dafür, dass der Anwender auf der Benutzeroberfläche keinen Wert eingeben darf, der nicht zu der definierten Fremdschlüsselbeziehung passt.

7. Im Bereich **Semantische Eigenschaften** können Sie noch festlegen, ob die Felder der Fremdschlüsselbeziehung eindeutig einen Eintrag der Fremdschlüsseltabelle identifizieren. Ist dies der Fall, aktivieren Sie den Auswahlknopf **Schlüsselfelder/-kandidaten**. Ist dies nicht der Fall, aktivieren Sie den Auswahlknopf **keine Schlüsselfelder/-kandidaten**.

   Haben Sie eine Texttabelle definiert, aktivieren Sie den Auswahlknopf **Schlüsselfelder einer Texttabelle**. Der Schlüssel der Fremdschlüsseltabelle muss in diesem Fall aus dem Schlüssel der Prüftabelle und einem Feld mit dem Datentyp LANG zusammengesetzt sein.

8. Über die beiden Felder zur Kardinalität legen Sie schließlich noch fest, ob das Feld in einer der beiden beteiligten Tabellen leer bleiben darf, und ob ein Eintrag der Prüftabelle in mehreren Einträgen der Fremdschlüsseltabelle verwendet werden darf.

   Das linke Feld zur Kardinalität beschreibt die Anzahl der passenden Einträge in der Prüftabelle. Der Wert 1 steht dafür, dass zu jeder Zeile der Fremdschlüsseltabelle ein passender Eintrag in der Prüftabelle vorhanden sein muss. Den Wert C können Sie eingeben, wenn es auch möglich sein soll, in der Fremdschlüsseltabelle die entsprechenden Felder frei zu lassen und somit auf keine Zeile der Prüftabelle zu verweisen.

   Das rechte Feld zur Kardinalität gibt an, wie viele Einträge in der Fremdschlüsseltabelle zu einem Eintrag der Prüftabelle zugeordnet werden können. Hier sind vier Werte möglich:

- Der Wert 1 gibt an, dass es zu jeder Zeile der Prüftabelle genau eine passende Zeile der Fremdschlüsseltabelle geben soll.

- Wenn Sie hier den Wert C angeben, dürfen Sie jeder Zeile der Prüftabelle entweder keinen Eintrag oder einen Eintrag der Fremdschlüsseltabelle zuordnen.

- Falls die Fremdschlüsseltabelle zu jeder Zeile der Prüftabelle einen oder mehrere Werte enthalten darf, geben Sie den Wert N an.

- Möchten Sie keine Einschränkung der erlaubten Anzahl der Zeilen in der Fremdschlüsseltabelle vornehmen, geben Sie den Wert CN an.

9. Den definierten Fremdschlüssel können Sie über das Prüfen-Symbol (🔍) vom System überprüfen lassen.

10. Schließen Sie die Definition des Fremdschlüssels über die Schaltfläche **Übernehmen** (✓) ab. Speichern und aktivieren Sie danach die im ABAP Dictionary geöffnete Datenbanktabelle, um auch den Fremdschlüssel zu aktivieren.

Wenn Sie nun eine Anwendung starten, in der Sie Eingaben zu den verschiedenen Feldern der Fremdschlüsseltabelle vornehmen können, prüft das System Ihre Eingaben automatisch gemäß den Vorgaben, die Sie beim Anlegen des Fremdschlüssels festgelegt haben. Ist zu dem Feld keine andere Wertehilfe definiert, steht Ihnen außerdem automatisch eine Wertehilfe zur Verfügung. Diese Wertehilfe listet alle Werte aus der Prüftabelle auf, die Sie in das entsprechende Feld der Fremdschlüsseltabelle eingeben können.

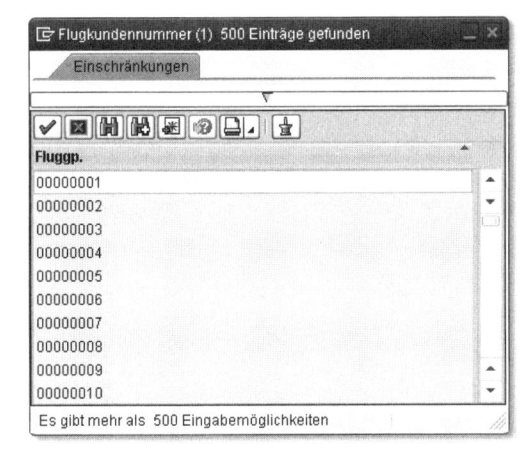

Automatisch angebotene Wertehilfe nach Definition eines Fremdschlüssels

Das System legt zu einem Fremdschlüssel aus dem ABAP Dictionary keinen entsprechenden Fremdschlüssel auf Datenbankebene an. So ist es beispielsweise auch mit einem definierten Fremdschlüssel möglich, in ABAP ein Programm zu schreiben, das Werte direkt in die Datenbank schreibt, die aufgrund des Fremdschlüssels eigentlich nicht erlaubt sind.

Tipp 47
Schlüsselfelder und Initialwerte in Strukturen

Auch in Strukturen können Sie Schlüsselfelder auswählen und die Vergabe von Initialwerten fordern. Blenden Sie einfach die entsprechenden Spalten ein.

Bei der Definition von Datenbanktabellen im ABAP Dictionary haben Sie die Möglichkeit, über sogenannte *Includes* ganze Strukturen einzubinden. So können Sie mit einem Include mehrere Felder gleichzeitig zu einer Datenbanktabelle hinzufügen. Da Sie dieselbe Struktur in beliebig vielen Datenbanktabellen inkludieren können, haben Sie so die Möglichkeit, eine bestimmte Menge von Feldern einmalig an zentraler Stelle zu definieren und dann in mehreren Datenbanktabellen einheitlich zu verwenden.

Bei der Bearbeitung einer Struktur wird jedoch die Spalte zur Auswahl der Felder, die zum Primärschlüssel der Datenbanktabelle gehören, ebenso wenig angezeigt wie die Spalte, über die Sie steuern können, ob leere Felder in der Datenbank mit Initialwerten belegt werden sollen. Bedeutet dies, dass Sie für diese Spalten keine Möglichkeit haben, im Rahmen von Includes die gewünschten Einstellungen vorzunehmen? Nein, Sie können die beiden Spalten auch bei der Bearbeitung von Strukturen einblenden.

› Und so geht's

Über den folgenden Menüeintrag können Sie die Spalte zur Auswahl der Schlüsselfelder einblenden:

Zusätze › DB-Eigenschaften › Schlüssel an/aus

Direkt darunter befindet sich der Menüeintrag, über den Sie auch die Spalte zur Auswahl der Felder, für die Initialwerte vergeben werden sollen, einblenden können:

Zusätze › DB-Eigenschaften › Initialisierungsflag an/aus

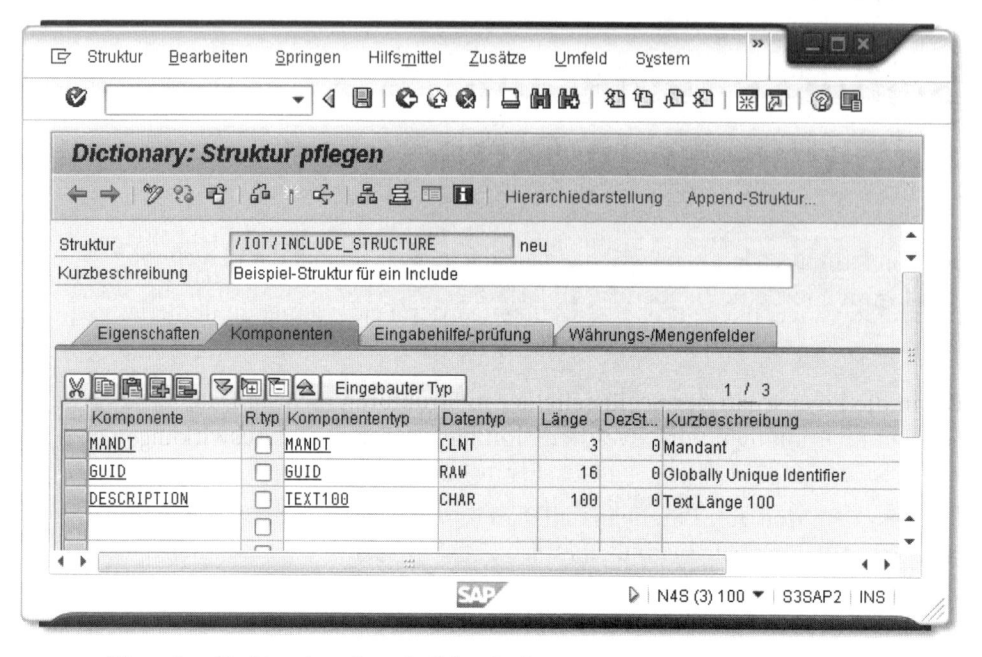

TEIL 5 ABAP-Dictionary-Objekte und Tabellenpflegewerkzeuge bearbeiten

Pflege einer Struktur ohne die zusätzlichen Spalten

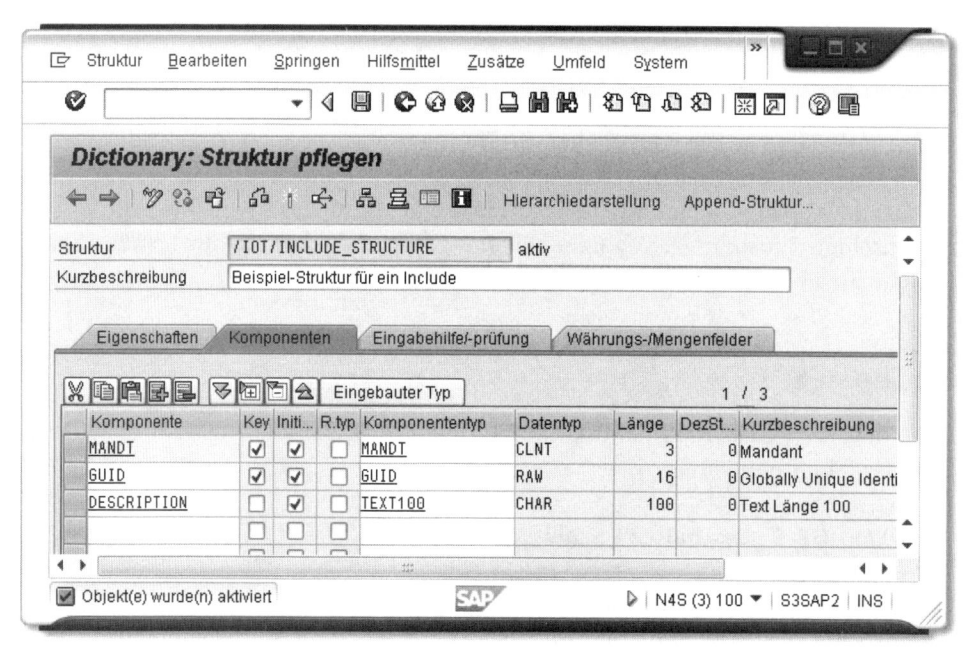

Pflege einer Struktur mit den zusätzlichen Spalten

Aber Vorsicht: Im Rahmen von Includes hat die Definition der Schlüsselfelder in der inkludierten Struktur keine Auswirkungen darauf, welche Felder in der Datenbanktabelle zu Schlüsselfeldern werden. In der Datenbanktabelle können Sie die Eigenschaft **Schlüsselfeld** in der Zeile mit dem Include aktivieren. Dann werden alle Felder der inkludierten Struktur zu Schlüsselfeldern. Wenn Sie die Eigenschaft beim Include nicht aktivieren, wird keins der inkludierten Felder zum Schlüsselfeld der Datenbanktabelle, unabhängig davon, ob Sie ein Feld in der Struktur als Schlüsselfeld definiert haben. Es gibt keine Möglichkeit, nur eine Teilmenge der Felder einer inkludierten Struktur zu Schlüsselfeldern der Datenbanktabelle zu machen.

Wenn die Eigenschaft der Schlüsselfelder in Strukturen nicht in Datenbanktabellen übernommen wird, welchen Sinn hat sie dann? Die Auswirkungen der Eigenschaft sind eher kosmetischer Natur. Beispielsweise werden die entsprechenden Spalten als Schlüsselfelder eingefärbt, wenn Sie die Struktur als Ausgabestruktur in einem ALV-Grid verwenden.

Auch die Eigenschaft zur Vergabe der Initialwerte aus einer Struktur wirkt sich nicht ohne Weiteres auf die Datenbanktabelle aus, in der Sie die Struktur inkludieren. Hier entscheidet der Zustand des Initialisierungsflags in der Zeile mit dem Include in der Datenbanktabelle darüber, ob die Einstellungen aus der Struktur übernommen werden. Ist die Eigenschaft beim Include aktiviert, übernimmt das System die Einstellungen aus der inkludierten Struktur. Ist die Eigenschaft beim Include nicht aktiviert, vergibt das System für keins der inkludierten Felder Initialwerte.

Tipp 48

Die Reihenfolge der Felder in Datenbanktabellen korrigieren

Beim Hinzufügen von neuen Feldern zu bestehenden Datenbanktabellen kann die Reihenfolge der Felder durcheinandergeraten. Sie müssen dann manuell eingreifen, um wieder für Ordnung zu sorgen.

Wenn Sie im ABAP Dictionary eine neue Datenbanktabelle definieren, legt das System in der Datenbank automatisch eine entsprechende Datenbanktabelle an. Die Felder in dieser Tabelle haben in der Datenbank zunächst die gleiche Reihenfolge wie im ABAP Dictionary.

Fügen Sie dagegen neue Felder zu einer bereits existierenden Datenbanktabelle hinzu, kann es sein, dass die Felder in der Datenbank in einer anderen Reihenfolge abgelegt werden als im ABAP Dictionary. Egal, ob Sie die neuen Felder im ABAP Dictionary hinten an die bereits vorhandenen Felder anhängen oder sie an beliebiger Stelle einfügen, auf der Datenbankebene fügt das System die neuen Felder in der Regel hinten an, da dies weniger aufwendig ist.

Abweichungen in der Reihenfolge führen unter anderem dann zu Problemen, wenn ein Programm mit der Anweisung SELECT ohne den Zusatz CORRESPONDING FIELDS auf eine solche Datenbanktabelle zugreift. Dieses Problem können Sie oft einfach dadurch umgehen, dass Sie bei allen Zugriffen auf die Datenbanktabelle den Zusatz CORRESPONDING FIELDS verwenden. Ist dies nicht möglich, beispielsweise weil auch von SAP geschriebene oder generierte Programme auf die Datenbanktabelle zugreifen, müssen Sie dafür sorgen, dass die Reihenfolge der Felder in der Datenbank mit der Reihenfolge der Felder im ABAP Dictionary übereinstimmt.

Die Reihenfolge der Felder in Datenbanktabellen korrigieren **Tipp 48**

› **Und so geht's**

Um festzustellen, ob die Felder in der Datenbank und im ABAP Dictionary in der gleichen Reihenfolge abgelegt sind, schauen Sie sich zunächst die Reihenfolge der Felder im ABAP Dictionary an. Wechseln Sie dann in die Ansicht des Datenbankobjekts, indem Sie folgenden Menüeintrag aufrufen:

Hilfsmittel › Datenbankobjekt › Prüfen

Prüfen Sie nun, ob die Felder im Datenbankobjekt in der gleichen Reihenfolge abgelegt sind wie im ABAP Dictionary.

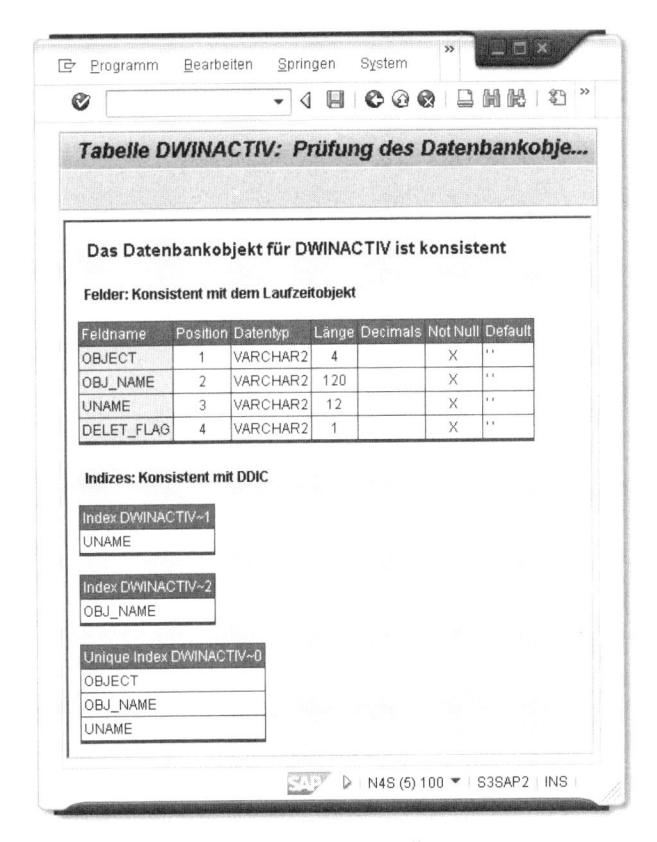

Datenbankobjekt zu einer Datenbanktabelle

Stellen Sie beim Vergleich des Datenbankobjekts mit der Datenbanktabelle im ABAP Dictionary fest, dass die Felder in unterschiedlicher Reihenfolge abgelegt sind, können Sie mit einer Tabellenumsetzung über das Datenbank-Utility dafür sorgen, dass die Felder in der Datenbank in der gleichen Reihenfolge abgelegt werden wie im ABAP Dictionary. Starten Sie dazu das Datenbank-Utility, indem Sie folgenden Menüeintrag aufrufen:

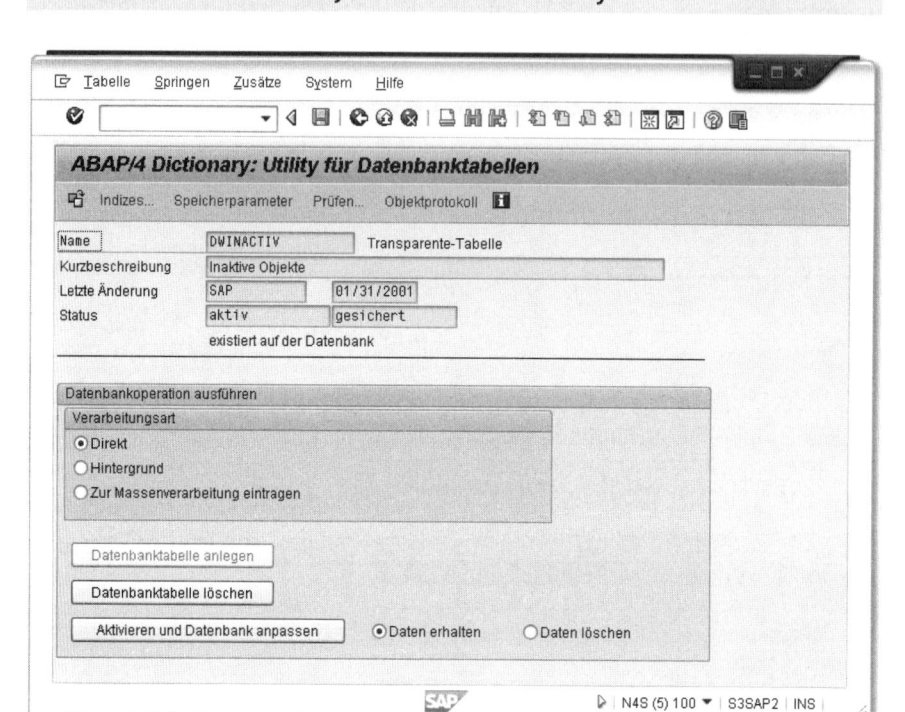

Hilfsmittel ▸ Datenbankobjekt ▸ Datenbank-Utility

Datenbank-Utility aus dem ABAP Dictionary

Aktivieren Sie hier den Auswahlknopf **Daten erhalten**. Falls Ihre Datenbanktabelle größere Datenmengen enthält, ist es sinnvoll, auch den Auswahlknopf **Hintergrund** zu aktivieren. Beachten Sie außerdem, dass in Ihrer Datenbank ausreichend Speicherplatz für die Ablage einer Kopie Ihrer Datenbanktabelle vorhanden sein muss. Klicken Sie schließlich auf die Schaltfläche **Aktivieren und Datenbank anpassen**, um die Tabellenumsetzung durchzuführen.

Unter Umständen stellt das System hierbei fälschlicherweise fest, dass die Datenbanktabelle schon den gewünschten Zustand hat. Dann führt es die gewünschte Anpassung nicht durch. Wenn dies der Fall ist, können Sie die Entscheidung des Systems über den Menüeintrag **Zusätze ▸ Umsetzung erzwingen** überstimmen.

Tipp 49
Pflegedialoge anlegen und aktualisieren

Erleichtern Sie die direkte Pflege und den Transport von Daten in einer Datenbanktabelle durch das Anlegen eines Pflegedialogs.

Über den Data Browser (Transaktion SE16) können Sie sich den Inhalt von Datenbanktabellen anzeigen lassen. Wenn Sie die Datenbanktabelle entsprechend konfiguriert haben, können Sie über den Data Browser auch Daten ändern. Dabei können Sie jedoch jeweils nur eine Zeile auf einmal bearbeiten, und das System zeichnet Ihre Änderungen nicht in einem Transportauftrag auf.

Besonders für Customizing-Tabellen, aber auch für andere Tabellen, deren Inhalte der Anwender direkt ändern können soll, ist es daher sinnvoll, einen Pflegedialog anzulegen. Sobald ein Pflegedialog existiert, ist die Pflege der Tabelleninhalte nur noch über diesen Pflegedialog möglich, nicht mehr direkt über den Data Browser. Außerdem zeichnet der Pflegedialog auf Wunsch alle Änderungen automatisch in einem Transportauftrag auf. So können Sie den Inhalt einer Customizing-Tabelle über mehrere Systeme konsistent halten.

› **Und so geht's**

Um einen Pflegedialog anzulegen, führen Sie die folgenden Schritte durch:

1. Öffnen Sie die Datenbanktabelle, zu der Sie einen Pflegedialog anlegen möchten, im ABAP Dictionary (Transaktion SE11).

    Um einen komfortableren Pflegedialog anzulegen, können Sie den Pflegedialog auch zu einem Pflege-View anlegen anstatt direkt zu einer Datenbanktabelle. Dann stehen Ihnen alle Felder des Pflege-Views im Pflegedialog zur Verfügung, nicht nur die der Datenbanktabelle. Wie Sie einen Pflege-View anlegen, erfahren Sie in Tipp 51.

TEIL 5   ABAP-Dictionary-Objekte und Tabellenpflegewerkzeuge bearbeiten

2. Rufen Sie den Menüeintrag **Hilfsmittel ▸ Tabellenpflegegenerator** auf.

3. Geben Sie im Feld **Berechtigungsgruppe** den Namen einer bereits existierenden Berechtigungsgruppe an, wenn Sie nur ausgewählten Benutzern den Aufruf des Pflegedialogs erlauben möchten. Möchten Sie dem Pflegedialog keine Berechtigungsgruppe zuordnen, geben Sie in das Feld den Wert &NC& ein.

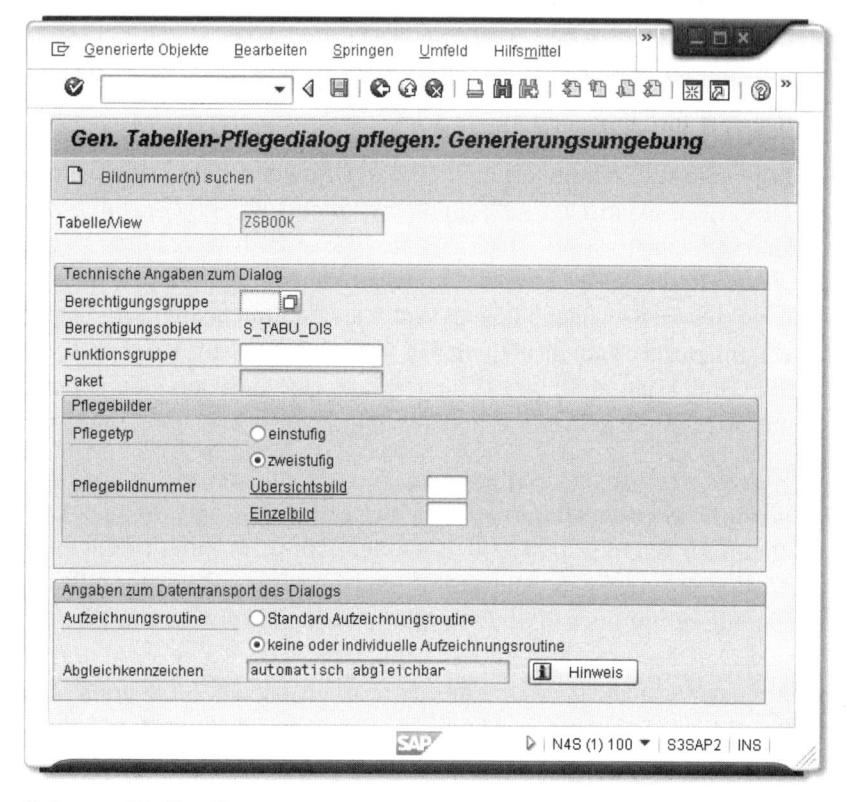

Dialog zum Tabellenpflegegenerator

4. Geben Sie im Feld **Funktionsgruppe** den Namen einer Funktionsgruppe an. Das System legt den Pflegedialog innerhalb dieser Funktionsgruppe an. Wählen Sie eine bereits vorhandene Funktionsgruppe, wenn Sie den Pflegedialog zusammen mit anderen Pflegedialogen oder Funktionsbausteinen ablegen möchten. Sie können hier auch einen Namen einer noch nicht vorhandenen Funktionsgruppe angeben. Der Tabellenpflegegenerator legt dann automatisch eine entsprechende Funktionsgruppe an.

5. Da das System den Pflegedialog als Bestandteil einer Funktionsgruppe anlegt, können Sie das Paket, in das Sie den Pflegedialog ablegen möchten,

hier nicht direkt angeben. Stattdessen legt das System den Pflegedialog in dem Paket ab, zu dem auch die Funktionsgruppe gehört.

6. Geben Sie an, ob Sie einen einstufigen oder einen zweistufigen Pflegedialog anlegen möchten. In einem einstufigen Pflegedialog können Sie die Einträge direkt in der Listenansicht bearbeiten. In einem zweistufigen Pflegedialog müssen Sie aus der Listenansicht zunächst in die Einzelansicht zu einem Eintrag wechseln, bevor Sie Änderungen vornehmen können.

7. Klicken Sie auf die Schaltfläche **Bildnummer(n) suchen**, und wählen Sie im dann angezeigten Pop-up den Eintrag **Bildnummer(n) vorschlagen**. Bestätigen Sie Ihre Eingaben mit dem Weiter-Symbol (✓).

8. Legen Sie fest, ob Änderungen, die der Anwender im Pflegedialog vornimmt, automatisch in einem Transportauftrag aufgezeichnet werden sollen. Wählen Sie dazu den Eintrag **Standard Aufzeichnungsroutine**, wenn Sie die SAP-Standardimplementierung zur Aufzeichnung von Änderungen nutzen möchten. Wenn Sie den Eintrag **keine oder individuelle Aufzeichnungsroutine** wählen, können Sie manuell eine eigene Aufzeichnungsroutine implementieren, oder die Änderungen werden nicht in einen Transportauftrag aufgenommen.

9. Falls Sie mit Business Configuration Sets arbeiten, setzen Sie das Abgleichkennzeichen über die zugehörige Wertehilfe auf einen geeigneten Wert. Die Auswirkungen der möglichen Werte können Sie in der F1-Hilfe zum Abgleichkennzeichen nachlesen. Wenn Sie nicht mit Business Configuration Sets arbeiten, hat diese Angabe für Sie keine Auswirkungen.

10. Lassen Sie den Pflegedialog über die Schaltfläche mit dem Anlegen-Symbol (🗋) generieren.

11. Sie können den neuen Pflegedialog nun aus der Ansicht der Datenbanktabelle bzw. des Pflege-Views im ABAP Dictionary aufrufen; nutzen Sie dazu folgenden Menüeintrag:

    Hilfsmittel ▸ Tabelleninhalt ▸ Einträge erfassen

12. Alternativ können Sie die Tabellensicht-Pflege (Transaktion SM30) aufrufen.

Ändern Sie die zugrunde liegende Datenbanktabelle bzw. den zugrunde liegenden Pflege-View zu einem späteren Zeitpunkt, müssen Sie den Tabellenpflegegenerator erneut aufrufen, damit die durchgeführten Änderungen auch dort sichtbar werden. Gehen Sie dabei so vor:

TEIL 5 ABAP-Dictionary-Objekte und Tabellenpflegewerkzeuge bearbeiten

1. Öffnen Sie die zugehörige Datenbanktabelle bzw. den Pflege-View im Änderungsmodus im ABAP Dictionary. Rufen Sie dann den Tabellenpflegegenerator über den Menüeintrag **Hilfsmittel ▸ Tabellenpflegegenerator** auf.

2. Klicken Sie auf die nun sichtbare Schaltfläche mit dem Ändern-Symbol (🖉).

3. In dem Dialog zur Eingabe des Änderungsgrunds geben Sie an, welche Änderungen Sie vorgenommen haben. Im Zweifelsfall können Sie hier auch alle Haken setzen. Dann generiert das System den Pflegedialog vollständig neu. Bestätigen Sie Ihre Auswahl mit dem Weiter-Symbol (✔).

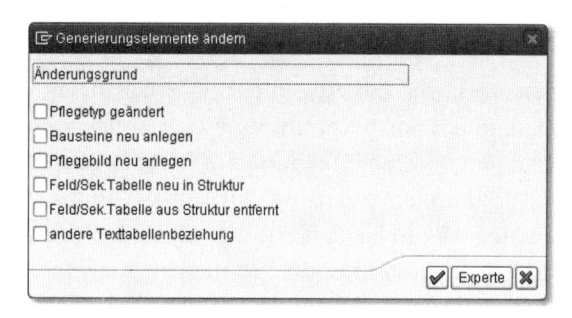

Dialog zur Änderung eines Pflegedialogs

4. Abhängig von Ihren Eingaben im vorhergehenden Dialog, erscheint nun möglicherweise ein weiterer Dialog zur Eingabe von Details zu den vorgenommenen Änderungen. Gegebenenfalls geben Sie an, dass das System die Listenansicht (**Übersichtsbild**) und/oder die Einzelansicht (**Einzelbild**) neu generieren soll. Außerdem müssen Sie eventuell angeben, ob sich Felder im Schlüssel (**Schlüsselfeld**) oder außerhalb des Schlüssels (**Normales Feld**) geändert haben. Auch hier können Sie im Zweifelsfall alle Haken setzen, um eine vollständige Neugenerierung auszulösen. Bestätigen Sie auch hier Ihre Auswahl mit dem Weiter-Symbol (✔).

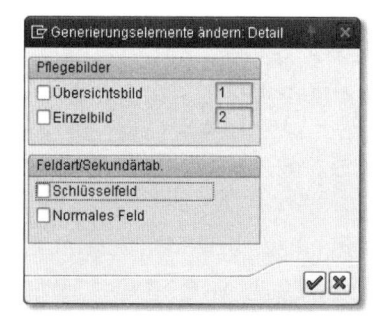

Dialog mit Details zur Änderung eines Pflegedialogs

Tipp 50
Pflegedialoge um Anwendungslogik erweitern

Mithilfe der Zeitpunkte können Sie Pflegedialoge um Anwendungslogik erweitern. So erleichtern Sie dem Anwender die Eingabe oder stellen die Konsistenz der eingegebenen Daten sicher.

Über die Zeitpunkte von Pflegedialogen können Sie anwendungsspezifische Anpassungen an einem Pflegedialog vornehmen. Dazu definieren Sie in einem Pflegedialog, dass das System ein von Ihnen geschriebenes Unterprogramm aufrufen soll, wenn der Anwender im Pflegedialog bestimmte Aktionen durchführt.

In Ihrem Unterprogramm können Sie dann beispielsweise einzelne Felder automatisch füllen, die Eingaben des Anwenders prüfen oder beliebige weitere Aktionen auslösen. Die auf diese Art vorgenommenen Erweiterungen des Pflegedialogs bleiben erhalten, wenn Sie den Pflegedialog aufgrund von Anpassungen am zugrunde liegenden Datenmodell erneut generieren müssen.

› Und so geht's

1. Öffnen Sie den Tabellenpflegegenerator, indem Sie im ABAP Dictionary aus der zugrunde liegenden Datenbanktabelle bzw. aus dem zugrunde liegenden Pflege-View folgenden Menüeintrag aufrufen:

    Hilfsmittel › Tabellenpflegegenerator

2. Die Verwaltung der Unterprogramme, die der Pflegedialog zu den definierten Zeitpunkten aufruft, erreichen Sie aus dem Tabellenpflegegenerator über den folgenden Menüeintrag:

    Umfeld › Modifikation › Zeitpunkte

TEIL 5 ABAP-Dictionary-Objekte und Tabellenpflegewerkzeuge bearbeiten

3. Eine Warnung weist Sie darauf hin, dass Sie im folgenden Dialog keine Änderungen vornehmen sollen, da es sich um Daten handele, die SAP verwalte. Änderungen, die Sie hier vornehmen, könnten daher beim nächsten Upgrade überschrieben werden. Tatsächlich besteht diese Gefahr nur, wenn Sie Änderungen an einem Pflegedialog zu einer SAP-Datenbanktabelle vornehmen. Haben Sie den Pflegedialog zu einer eigenen Datenbanktabelle definiert, besteht diese Gefahr nicht.

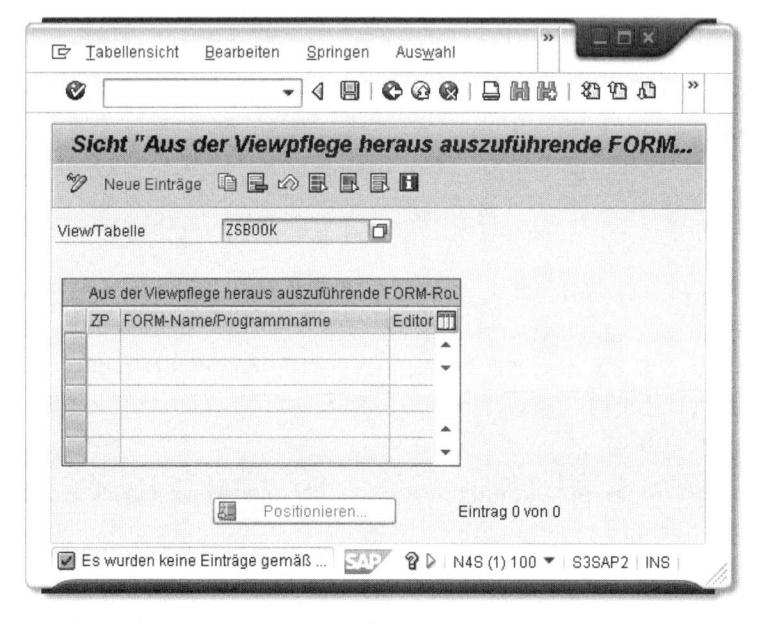

Verwaltung der Zeitpunkte zu einem Pflegedialog

4. Über die Schaltfläche mit dem Informations-Symbol (🛈) können Sie sich eine Liste der Zeitpunkte anzeigen lassen, zu denen Sie Ihre Unterprogramme aufrufen lassen können. In dieser Dokumentation ist auch beschrieben, auf welche Daten Sie zu den verschiedenen Zeitpunkten sinnvollerweise lesend oder schreibend zugreifen können.

5. Klicken Sie auf die Schaltfläche **Neue Einträge**, wenn Sie ein Unterprogramm einem Zeitpunkt zuordnen möchten.

6. Geben Sie dann in der Spalte **ZP** den Schlüssel des Zeitpunkts an, an dem der Pflegedialog Ihr Unterprogramm aufrufen soll. Legen Sie in der Spalte **FORM-Name/Programmname** einen Namen für das Unterprogramm fest, das der Pflegedialog zu diesem Zeitpunkt aufrufen soll.

7. Bestätigen Sie Ihre Eingabe mit der ⏎-Taste. In der Spalte **Editor** erscheint nun das Editor-Symbol (▤). Klicken Sie auf dieses Symbol, um in das angegebene Unterprogramm zu springen. Falls dieses Unterprogramm noch nicht existiert, bietet Ihnen das System an, ein neues Include für das Unterprogramm anzulegen. In diesem Include müssen Sie dann ein Unterprogramm mit dem zuvor angegebenen Namen implementieren.

8. Implementieren Sie Ihr Unterprogramm. Speichern und aktivieren Sie es. Aktivieren Sie auch die gesamte Funktionsgruppe.

Wenn Sie nun den Pflegedialog verwenden, ruft das System zu den angegebenen Zeitpunkten automatisch die von Ihnen implementierten Unterprogramme auf.

Tipp 51
Pflege-Views definieren

Zeigen Sie in Pflegedialogen neben den Inhalten aus einer Datenbanktabelle noch weitere Informationen an, indem Sie einen Pflege-View als Grundlage für einen Pflegedialog definieren.

Sie können einen Pflegedialog zu einer Datenbanktabelle oder zu einem Pflege-View anlegen. Ein Pflegedialog zu einer Datenbanktabelle kann in manchen Situationen unkomfortabel sein, da er nur Daten aus jeweils einer Datenbanktabelle anzeigt. Möglicherweise wichtige Informationen aus anderen Datenbanktabellen sieht der Anwender in einem solchen Pflegedialog nicht.

Legen Sie einen Pflegedialog zu einem Pflege-View an, wenn Sie den Anwendern Ihres Pflegedialogs mehr Komfort anbieten möchten. Sie können dann auch Beschreibungen oder andere interessante Informationen aus benachbarten Datenbanktabellen anzeigen. Beispielsweise könnten Sie in einem Pflegedialog zu den Flugplänen im SAP-Flugdatenmodell auch den Namen der Fluggesellschaft anzeigen, anstatt nur das Kürzel der Fluggesellschaft aus der Datenbanktabelle mit den Flugplänen auszugeben.

〉 Und so geht's

Pflege-Views sind vergleichbar mit Views auf Datenbankebene: Sie fassen Daten aus mehreren Datenbanktabellen zusammen. Das Ergebnis sieht so aus, als ob alle Daten in einer Datenbanktabelle stünden. Das System legt Pflege-Views jedoch nicht in der Datenbank, sondern nur auf der Applikationsschicht an. Pflege-Views eignen sich nicht nur zum Anzeigen von Daten, sondern auch zur Erfassung und Veränderung.

Damit Sie mehrere Datenbanktabellen zu einem Pflege-View zusammenfassen können, müssen Fremdschlüsselbeziehungen zwischen den beteiligten Datenbanktabellen existieren. Legen Sie gegebenenfalls vorab entsprechende Fremdschlüssel an (siehe Tipp 46).

Führen Sie die folgenden Schritte durch, um einen Pflege-View und den zugehörigen Pflegedialog anzulegen:

1. Öffnen Sie das ABAP Dictionary (Transaktion SE11), und geben Sie den Namen für einen View ein. Klicken Sie auf die Schaltfläche **Anlegen** ().

2. Wählen Sie im Pop-up zur Auswahl des View-Typs den Eintrag **Pflege-View** aus, und klicken Sie auf die Schaltfläche **Übernehmen** ().

3. Geben Sie eine Kurzbeschreibung ein.

4. Am linken Rand des Fensters können Sie im Bereich **Tabellen** die Tabellen angeben, aus denen sich Ihr Pflege-View zusammensetzen soll. Sie können dabei zunächst nur einen Tabellennamen angeben. Diese Tabelle wird als *Primärtabelle* des Pflege-Views bezeichnet.

Klicken Sie dann im Pflege-View auf die Schaltfläche **Beziehungen**, um weitere Tabellen zum Pflege-View hinzuzufügen, die über Fremdschlüsselbeziehungen mit der Primärtabelle verbunden sind.

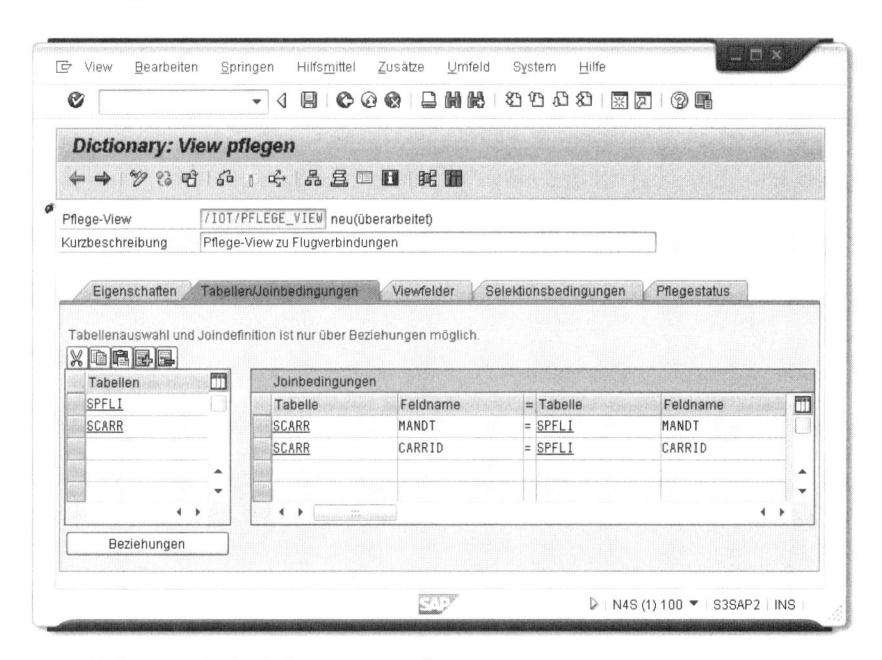

Auswahl der Datenbanktabellen zu einem Pflege-View

5. Wechseln Sie nun auf die Registerkarte **Viewfelder**. Hier können Sie auswählen, welche Felder der Datenbanktabellen auch Bestandteil des Views werden sollen. In der Spalte **Viewfeld** geben Sie an, welchen Namen das Feld in dem Pflege-View erhalten soll. Zu welcher Datenbanktabelle und

zu welchem Feld dieser Datenbanktabelle Sie das View-Feld zuordnen möchten, legen Sie in den Spalten **Tabelle** und **Feld** fest.

Über die Spalte **P** (Pflegemerkmal) können Sie bestimmte Eigenschaften für das Feld festlegen. Geben Sie hier den Wert R ein, wenn Sie das Feld zwar anzeigen, Änderungen an dem Wert des Feldes jedoch verbieten möchten. Mit dem Wert H verstecken Sie ein Feld im zugehörigen Pflegedialog. Um einen Wert in ein verstecktes Feld zu schreiben, können Sie die Zeitpunkte des Pflegedialogs verwenden (siehe Tipp 50). Mit dem Wert S definieren Sie ein Feld, das zur Bildung von Teilmengen genutzt wird. Im Pflegedialog sieht der Anwender dann nur die Zeilen, in denen in diesem Feld ein bestimmter Wert steht.

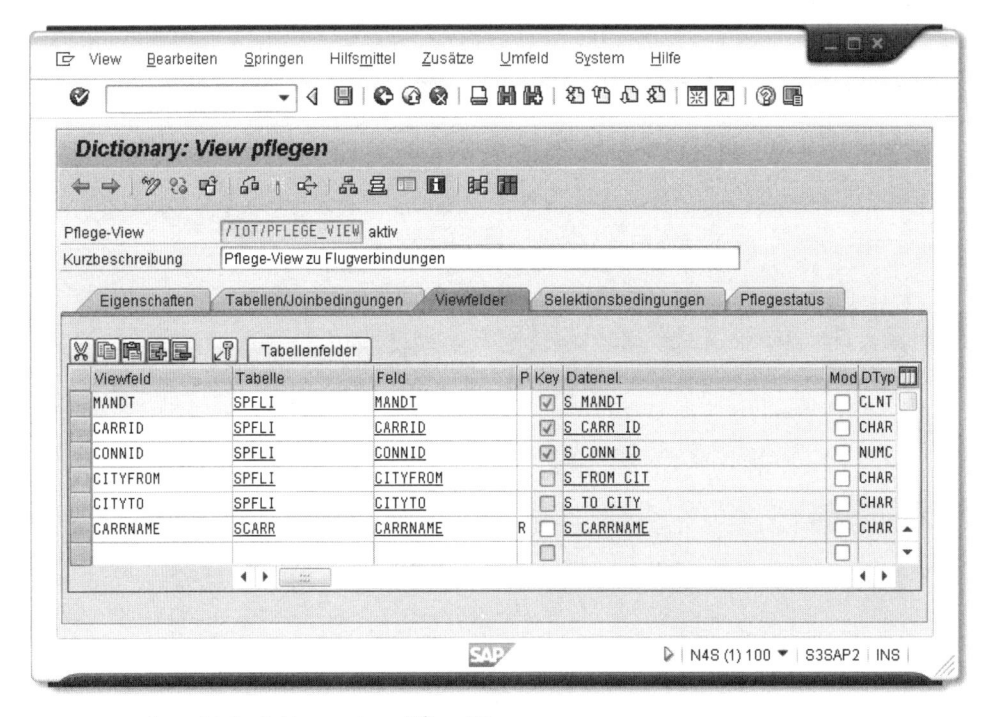

Auswahl der Felder zu einem Pflege-View

6. Speichern und aktivieren Sie den Pflege-View.

7. Sie können nun aus der Definition des Pflege-Views einen Pflegedialog zu Ihrem Pflege-View anlegen; rufen Sie dazu den folgenden Menüeintrag auf:

Hilfsmittel ▸ Tabellenpflegegenerator

Pflege-Views definieren **Tipp 51**

Näheres zum Anlegen von Pflegedialogen erfahren Sie in Tipp 49.

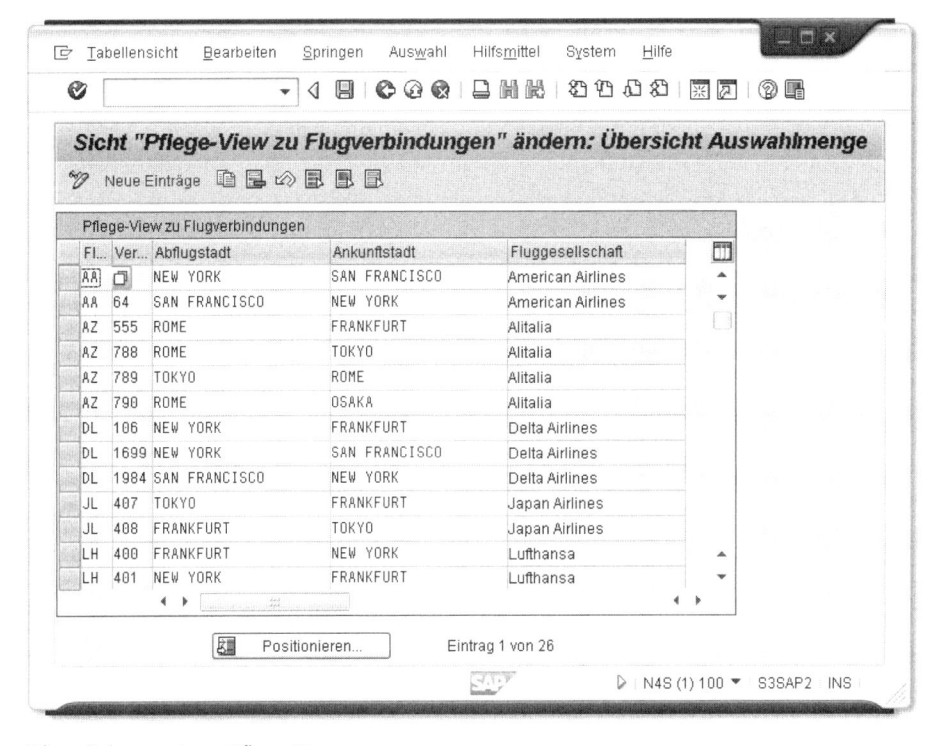

Pflegedialog zu einem Pflege-View

Tipp 52
Viewcluster definieren

Viewcluster fassen mehrere Pflegedialoge in einem Dialog zusammen. So erleichtern sie Ihnen die Pflege mehrerer zusammengehöriger Datenbanktabellen.

Pflegedialoge erleichtern es Ihnen, die Inhalte einzelner Datenbanktabellen zu bearbeiten. Die Arbeit mit Pflegedialogen allein gestaltet sich jedoch aufwendig, wenn Sie Inhalte in mehreren voneinander abhängigen Tabellen pflegen möchten. Sie müssen dann die Namen von allen beteiligten Tabellen kennen, zwischen den Tabellen manuell hin und her navigieren und dabei jeweils manuell die für Sie interessanten Einträge selektieren.

Viewcluster können Ihnen bei der Pflege der Inhalte mehrerer zusammengehöriger Datenbanktabellen viel Arbeit abnehmen. Sie vereinfachen die Navigation zwischen den beteiligten Tabellen: In einem Viewcluster müssen Sie nur noch die andere Tabelle anklicken, deren Inhalt Sie auch noch bearbeiten möchten, und gelangen direkt zu den für Sie wichtigen Einträgen der anderen Tabellen.

> **Und so geht's**

Die folgenden Schritte sind notwendig, um einen Viewcluster zu definieren:

1. Zu jeder Datenbanktabelle, die Sie im Viewcluster verwenden möchten, benötigen Sie einen Pflegedialog. Falls Sie für eine Datenbanktabelle noch keinen Pflegedialog angelegt haben, holen Sie dies nach, wie in Tipp 49 beschrieben.

    Statt einer Datenbanktabelle können Sie in Ihrem Viewcluster jeweils auch einen Pflege-View verwenden, wenn Sie zu diesem einen Pflegedialog angelegt haben.

2. Starten Sie die **Generierung von Tabellenpflege-Dialogen** (Transaktion SE54). Klicken Sie dort im Einstiegsbild auf die Schaltfläche **Bearb. Viewcluster**.

3. Geben Sie den Namen des anzulegenden Viewclusters an, und klicken Sie auf die Schaltfläche **Anlegen/Ändern**.

4. Es erscheint der Hinweis **Bitte keine Änderungen (Daten gehören SAP)**. Wenn Sie für den Viewcluster einen Namen im Kundennamensbereich oder in einem für Sie reservierten Namensraum gewählt haben, können Sie diese Meldung ignorieren.

5. Sie gelangen nun in den Dialog zur Definition eines Viewclusters. Über den Baum am linken Rand des Dialogs mit der Überschrift **Dialogstruktur** können Sie in die verschiedenen Sichten des Dialogs wechseln.

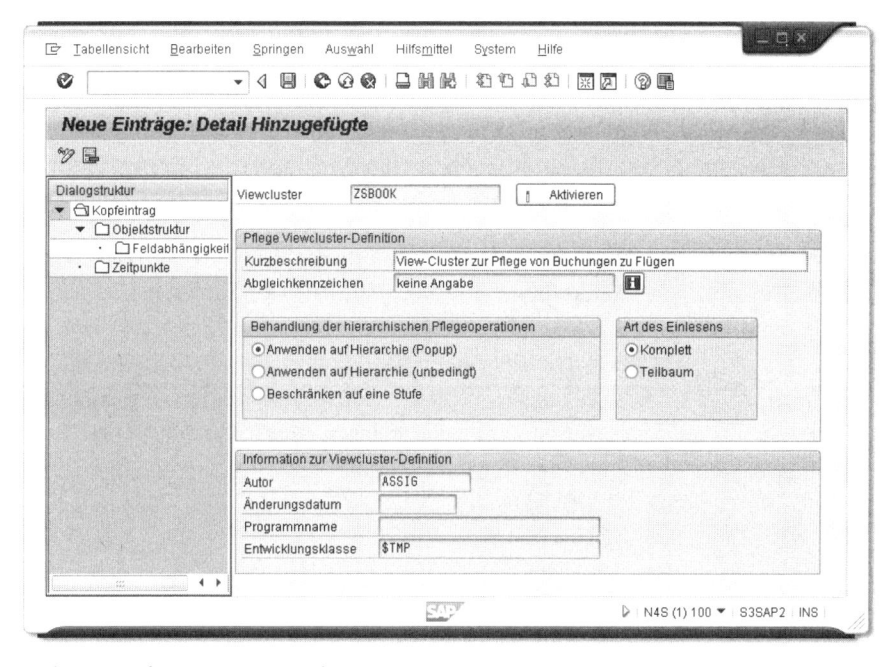

Dialog zur Definition eines Viewclusters

6. Pflegen Sie in der Sicht **Kopfeintrag** zunächst eine Kurzbeschreibung.

7. Wechseln Sie dann in die Sicht **Objektstruktur**. Klicken Sie dort auf die Schaltfläche **Neue Einträge**. Geben Sie dann in der Tabelle die Datenbanktabellen an, die Sie in dem Viewcluster verwenden möchten. Die folgenden Spalten müssen Sie dabei mindestens füllen:

   - **View/Tab.**: Geben Sie in der ersten Spalte den Namen der Datenbanktabelle an.

   - **Kurzbeschreibung**: Geben Sie den Text an, der im Viewcluster im Navigationsbaum angezeigt werden soll.

- **Vorgänger**: Geben Sie den Namen der Datenbanktabelle an, unter der die aktuelle Datenbanktabelle im Navigationsbaum erscheinen soll. Wenn sie auf der obersten Ebene erscheinen soll, geben Sie den Namen der aktuellen Datenbanktabelle in dieser Spalte erneut an.

- **Abh**: Geben Sie an, welche Abhängigkeiten zwischen der aktuellen Datenbanktabelle und ihrer Vorgängerin erlaubt sind. Geben Sie den Wert R an, wenn Datenbanktabelle und Vorgänger identisch sind. Geben Sie den Wert S an, wenn nur ein Eintrag in der Vorgängertabelle ausgewählt sein darf, wenn der Anwender zur aktuellen Tabelle navigieren möchte. Dürfen auch mehrere Einträge ausgewählt sein, tragen Sie hier den Wert M ein.

- **Pos**: Über die Position legen Sie fest, in welcher Reihenfolge die Datenbanktabellen im Navigationsbaum erscheinen. Datenbanktabellen mit einer kleineren Nummer erscheinen weiter oben als Datenbanktabellen mit einer größeren Nummer.

- **Start**: Aktivieren Sie den Auswahlknopf in der Spalte **Start** in der Zeile mit der Datenbanktabelle, die beim Aufruf des Viewclusters zunächst geöffnet sein soll.

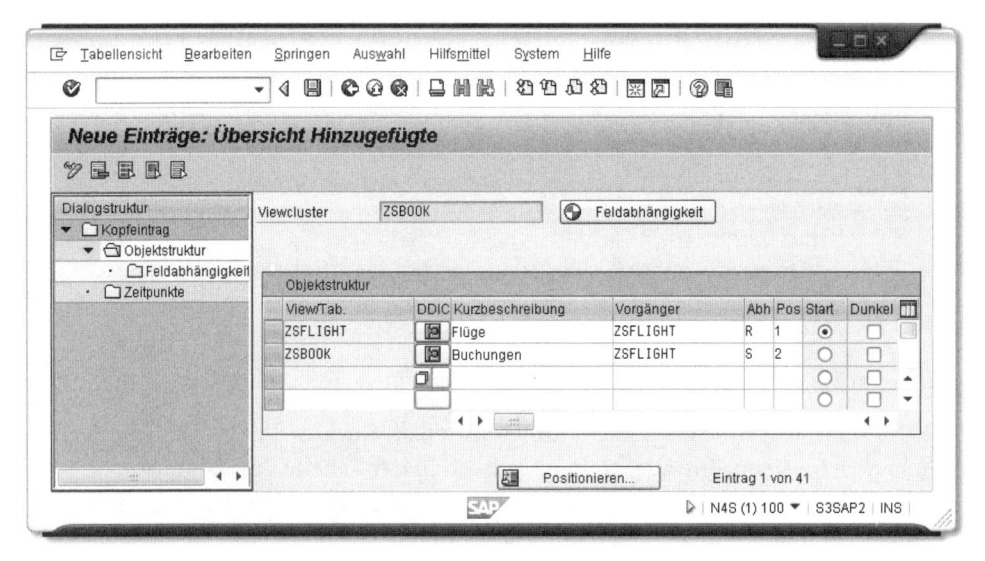

Sicht »Objektstruktur« in der Definition eines Viewclusters

8. Markieren Sie nun alle Zeilen mit Datenbanktabellen, und klicken Sie auf die Schaltfläche **Feldabhängigkeit** (🔵).

Falls Fremdschlüsselbeziehungen zwischen den beteiligten Datenbanktabellen definiert sind, generiert das System aus diesen automatisch die Feldabhängigkeiten zwischen den Datenbanktabellen in Ihrem Viewcluster. Falls es dabei zu Fehlern kommt, können Sie im ABAP Dictionary die Fremdschlüsselbeziehungen korrigieren und danach erneut die Schaltfläche **Feldabhängigkeit** anklicken. Alternativ können Sie in der Definition des Viewclusters in die Sicht **Feldabhängigkeit** wechseln und die Feldabhängigkeiten dort manuell eingeben.

9. Wechseln Sie dann zurück in die Sicht **Kopfeintrag**, und klicken Sie dort auf die Schaltfläche **Aktivieren** ([↑]).

10. Um den Viewcluster zu testen, klicken Sie einmal auf den Zurück-Pfeil ([⬅]) und dann auf die Schaltfläche **Testen** ([🖳]). Den Viewcluster können Sie nun über den Dialog zur Viewcluster-Pflege (Transaktion SM34) verwenden.

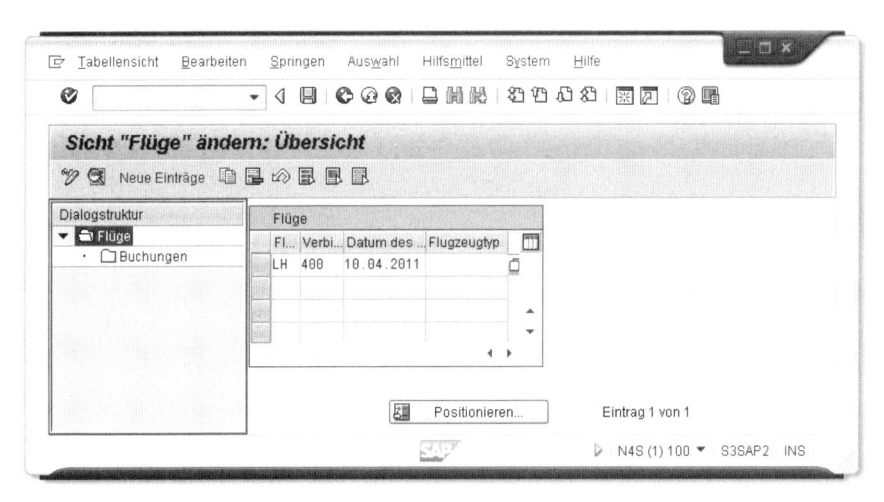

Viewcluster zu zwei Datenbanktabellen

TEIL 6
Web-Dynpro-Components bearbeiten

Für die Bearbeitung von Quelltext in Web-Dynpro-Components stehen Ihnen dieselben Werkzeuge zur Verfügung, mit denen Sie auch außerhalb der Web-Dynpro-Welt arbeiten können. Darüber hinaus bietet die ABAP Workbench einige Werkzeuge an, die Sie speziell bei der Entwicklung von Web-Dynpro-Components unterstützen. So können Sie beispielsweise automatisch Quelltext zum Zugriff auf einen Context erzeugen oder anhand von bereits vorhandenen Datenstrukturen automatisch eine passende Benutzeroberfläche generieren lassen.

Tipps in diesem Teil

Tipp 53	Ansicht im Context-Editor wechseln	196
Tipp 54	Die quelltextbasierte Ansicht in Web Dynpro nutzen	199
Tipp 55	Mit dem Code-Wizard Quelltext generieren	202
Tipp 56	Mit dem Code-Wizard Benutzeroberflächen generieren	205
Tipp 57	Mit relativen Breitenangaben in Web Dynpro arbeiten	208

Tipp 53
Ansicht im Context-Editor wechseln

Den Context zu einem Web-Dynpro-Controller können Sie mit zwei verschiedenen Ansichten bearbeiten: mit einer hierarchischen und mit einer tabellarischen Variante. Wählen Sie je nachdem, was Sie gerade tun möchten, die für Sie besser geeignete Ansicht.

Der Context-Editor im Web Dynpro Explorer zeigte den Context zu einem Controller ursprünglich immer in Form eines Baums an. Durch die hierarchische Darstellung ist es in dieser Ansicht leicht, die Struktur der Knoten und Attribute im Context zu erkennen.

Ab Release 7.0 EHP1 haben Sie die Möglichkeit, im Context-Editor eine zweite Darstellungsform auszuwählen. Sie zeigt die Knoten und Attribute zu einem Context in Form einer Tabelle an.

> **Und so geht's**

Wenn Sie in Ihrem System die Möglichkeit haben, zwischen den verschiedenen Ansichten zu wechseln, enthält die Toolbar im Web Dynpro Explorer eine Schaltfläche mit dem Baum-Symbol (▦) und der Beschriftung **Context-Editor Ansicht wechseln**. Sobald Sie sich auf der Registerkarte **Context** zu einem Web-Dynpro-Controller befinden, ist diese Schaltfläche aktiv. Mit einem Klick wechseln Sie jeweils von der hierarchischen Ansicht in die tabellarische und zurück.

Ansicht im Context-Editor wechseln **Tipp 53**

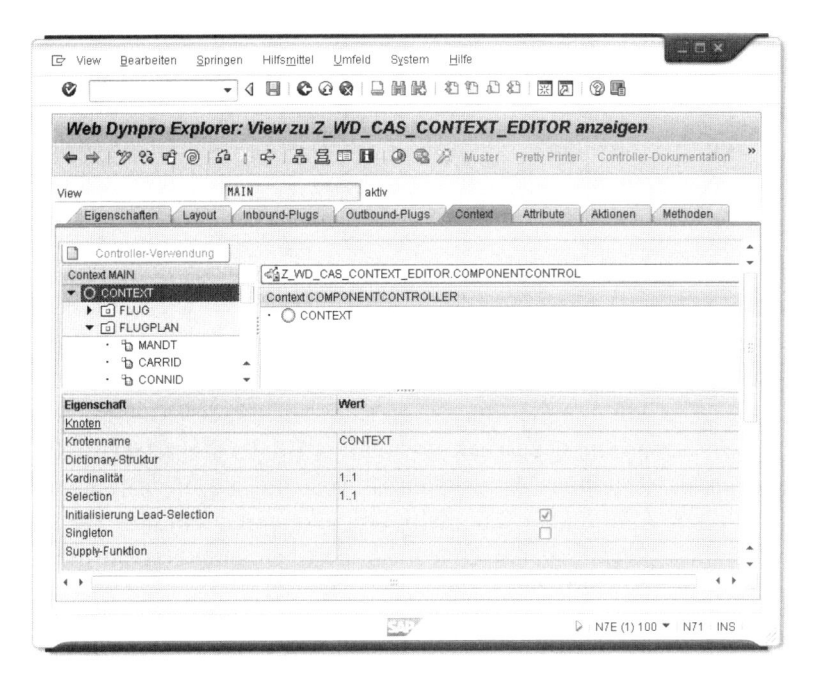

Context in der hierarchischen Darstellung

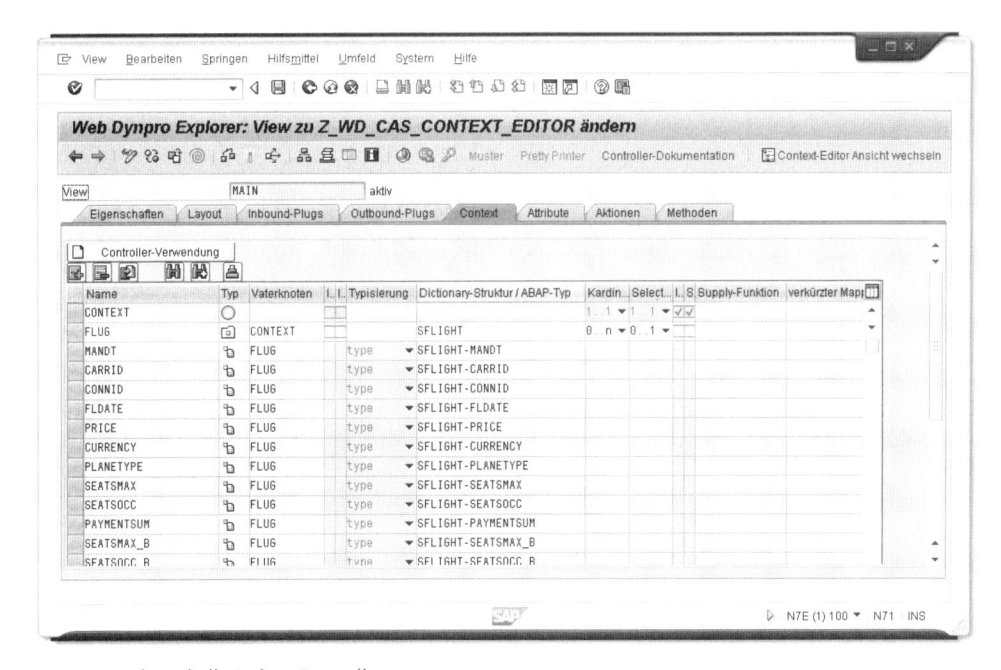

Context in der tabellarischen Darstellung

Beide Ansichten haben ihre Vor- und Nachteile. Um sich schnell einen Überblick über die Struktur zu verschaffen, sollten Sie lieber mit der hierarchischen Ansicht arbeiten. Aus den Zeilen der tabellarischen Darstellung ist die Struktur deutlich schwieriger abzuleiten. Auch beim Hinzufügen neuer Context-Elemente ist die hierarchische Ansicht von Vorteil, weil Sie schneller erkennen können, an welcher Stelle Sie die neuen Elemente hinzufügen sollten.

Die tabellarische Darstellung ist dagegen gut geeignet, wenn Sie einen Überblick über die genauen Eigenschaften mehrerer Context-Elemente benötigen oder mehrere Context-Elemente bearbeiten möchten. Während Sie in der hierarchischen Darstellung immer nur die Details zum gerade ausgewählten Context-Element sehen und bearbeiten können, stellt die tabellarische Ansicht zu jedem dargestellten Context-Element auch die zugehörigen Eigenschaften dar. Auch Änderungen an mehreren Elementen können Sie so schneller vornehmen, da Sie nicht nach jeder Änderung immer erst ein anderes Context-Element auswählen müssen.

Tipp 54
Die quelltextbasierte Ansicht in Web Dynpro nutzen

Durch das Abschalten des methodenbasierten Editors können Sie den gesamten Quelltext eines Web-Dynpro-Controllers auf einmal anzeigen, ausdrucken und durchsuchen.

Der Web Dynpro Explorer stellt den Quelltext zu einem Controller standardmäßig ähnlich dar wie der Class Builder in der formularbasierten Ansicht: In einer Tabelle listet er alle Methoden auf. Durch einen Doppelklick auf eine Methode in dieser Tabelle gelangen Sie in den Quelltext der Methode. Sie sehen dabei jeweils nur den Quelltext einer Methode auf dem Bildschirm.

Wenn Sie sich einen Überblick über den gesamten Quelltext zu einem Controller verschaffen möchten, ist diese Form der Darstellung eher hinderlich. Auch die Volltextsuche im gesamten Quelltext des Controllers oder das Ausdrucken des Quelltextes ist auf diese Art sehr aufwendig. Damit Ihnen der gesamte Quelltext eines Controllers auf einmal angezeigt wird, müssen Sie nur eine Einstellung ändern.

› Und so geht's

Die standardmäßig ausgewählte Darstellungsform im Web Dynpro Explorer, in der Sie stets nur den Quelltext zu einer Methode sehen, wird als *methodenbasierter Editor* bezeichnet. Wenn Sie diese Darstellungsform abschalten, erscheint in allen Web-Dynpro-Controllern eine zusätzliche Registerkarte mit dem Namen **Implementierung**.

Um zwischen den verschiedenen Darstellungsformen hin und her zu schalten, rufen Sie die Einstellungen zur ABAP Workbench auf; der Menüeintrag dazu lautet:

Hilfsmittel ▶ Einstellungen...

Auf der Registerkarte der Einstellungen mit dem Namen **Web Dynpro** können Sie über das Ankreuzfeld **Methoden-basierter Editor** die von Ihnen gewünschte Darstellungsform auswählen.

Für einen bereits geöffneten Controller behält der Web Dynpro Explorer die aktuelle Darstellungsform bei. Erst sobald Sie einen anderen Controller öffnen, erscheint bzw. verschwindet die zusätzliche Registerkarte **Implementierung**.

Die Ansicht des Quelltextes auf der Registerkarte **Implementierung** erfolgt aufgeteilt in zwei Bereiche: Im oberen Bereich sehen Sie die Definition des Interface und der Klasse zum Controller, im unteren Bereich die Methodenimplementierungen. Im Änderungsmodus können Sie die Methodenimplementierungen auch in dieser Ansicht bearbeiten. Die Definitionen des Interface und der Klasse legt das System dagegen auch in dieser Darstellungsform automatisch anhand Ihrer Eingaben auf den übrigen Registerkarten an. Hier können Sie nicht direkt eingreifen.

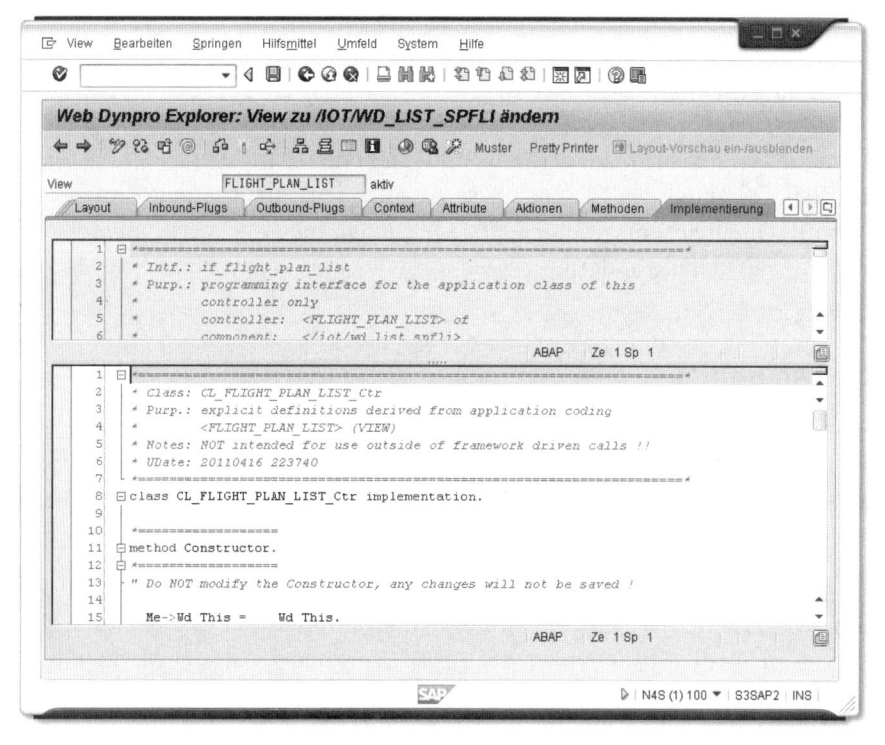

Registerkarte »Implementierung« im Web Dynpro Explorer

Das Abschalten des methodenbasierten Editors bietet zwar den Vorteil einer zusätzlichen Registerkarte im Web Dynpro Explorer, es hat aber auch negative Auswirkungen auf die immer vorhandene Registerkarte **Methoden**. Hier verschwindet das Symbol zur Navigation in den Quelltext einer Methode. Auch über einen Doppelklick auf einen Methodennamen können Sie aus der Registerkarte **Methoden** nicht mehr in den Quelltext der Methode springen. Stattdessen müssen Sie manuell auf die Registerkarte **Implementierung** wechseln und dort nach der Implementierung der Methode suchen.

Tipp 55
Mit dem Code-Wizard Quelltext generieren

Verwenden Sie den Web-Dynpro-Code-Wizard, um für häufig benötigte Funktionalitäten im Web-Dynpro-Umfeld automatisch den passenden Quelltext zu generieren.

Bei der Bearbeitung von Methoden eines Web-Dynpro-Controllers benötigen Sie immer wieder gleichartige Funktionalitäten: Beispielsweise lesen oder schreiben Sie Context-Daten, Sie stoßen die Navigation zu einem anderen View an, oder Sie geben eine Meldung aus. Um die zugehörigen Anweisungen von Hand zu programmieren, benötigen Sie ein nicht unerhebliches Wissen über den Aufbau der Programmierschnittstelle der Web-Dynpro-Welt.

Um Ihnen den Einstieg und die tägliche Arbeit mit häufig benötigten Funktionalitäten zu erleichtern, können Sie im Web Dynpro Explorer den Code-Wizard verwenden. Ähnlich wie bei der Musterfunktion im ABAP Editor, die Ihnen auch im Web Dynpro Explorer weiterhin zur Verfügung steht, geben Sie hierbei über ein Formular mit komfortablen Wertehilfen nur noch die wichtigsten Daten von Hand ein. Die passenden Anweisungen für Ihren Quelltext generiert das System dann für Sie automatisch.

> **Und so geht's**

Führen Sie die folgenden Schritte durch, um mit dem Code-Wizard Quelltext zu erzeugen:

1. Öffnen Sie eine Methode eines Web-Dynpro-Controllers im Änderungsmodus im Web Dynpro Explorer. Platzieren Sie den Cursor an der Stelle, an der Sie den Quelltext einfügen möchten.

Mit dem Code-Wizard Quelltext generieren **Tipp 55**

2. Rufen Sie den Code-Wizard über das Wizard-Symbol (⚡) in der Toolbar auf.

3. Sie sehen nun das Pop-up zum Code-Wizard für Quelltext. Hier können Sie zunächst über einen der Auswahlknöpfe am linken Rand bestimmen, für welche Aktion Sie Quelltext generieren möchten. Abhängig von der gewählten Aktion, können Sie dann über ein oder mehrere Eingabefelder und die zugehörigen Wertehilfen die für die Aktion erforderlichen Daten angeben.

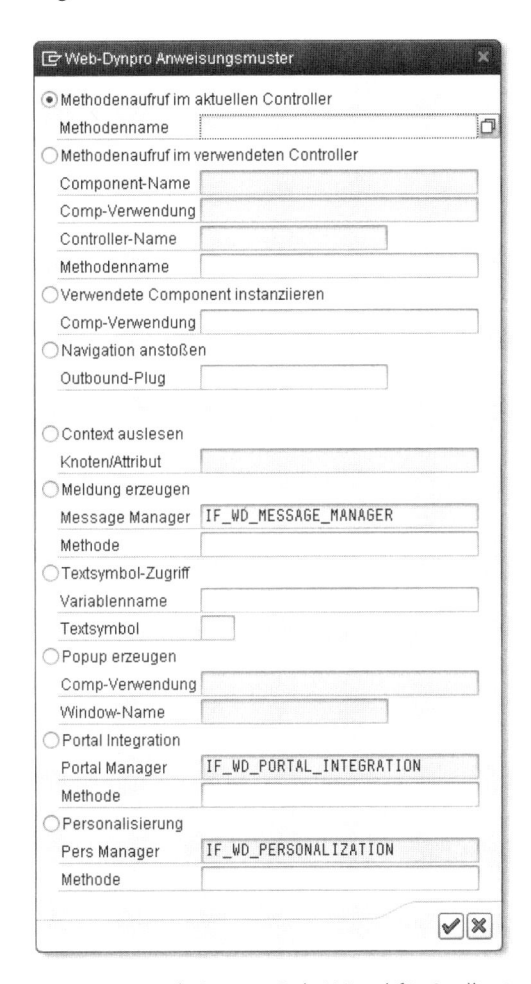

Pop-up zum Web-Dynpro-Code-Wizard für Quelltext

4. Sobald Sie alle Angaben für die ausgewählte Aktion eingegeben haben, bestätigen Sie Ihre Eingaben mit dem Weiter-Symbol (✓). Das System fügt die entsprechenden Anweisungen automatisch in Ihren Quelltext ein.

TEIL 6   Web-Dynpro-Components bearbeiten

```abap
METHOD wddoinit.
  DATA lo_nd_spfli TYPE REF TO if_wd_context_node.
  
  DATA lo_el_spfli TYPE REF TO if_wd_context_element.
  DATA ls_spfli TYPE wd_this->element_spfli.
  DATA lv_cityfrom TYPE wd_this->element_spfli-cityfrom.
  
* navigate from <CONTEXT> to <SPFLI> via lead selection
  lo_nd_spfli = wd_context->get_child_node( name = wd_this->wdctx_spfli ).
  
* @TODO handle non existant child
* IF lo_nd_spfli IS INITIAL.
* ENDIF.
  
* get element via lead selection
  lo_el_spfli = lo_nd_spfli->get_element( ).
* @TODO handle not set lead selection
  IF lo_el_spfli IS INITIAL.
  ENDIF.
  
* get single attribute
  lo_el_spfli->get_attribute(
    EXPORTING
      name = 'CITYFROM'
    IMPORTING
      value = lv_cityfrom ).
      
ENDMETHOD.
```

Vom Web-Dynpro-Code-Wizard mit einem Aufruf erzeugter Quelltext

Im Gegensatz zur Musterfunktion erzeugt der Code-Wizard typischerweise nicht nur einzelne Anweisungen, sondern teilweise größere Abfolgen von Anweisungen inklusive der Deklaration zusätzlicher Variablen. Sie sollten daher nach der Verwendung des Code-Wizards immer das Ergebnis prüfen und gegebenenfalls notwendige Anpassungen vornehmen. Beispielsweise könnte der Quelltext unnötigerweise mehrfache Deklarationen derselben Variablen enthalten, wenn die benötigten Variablen bereits zuvor vorhanden waren. Vom Code-Wizard erzeugte Kommentare mit dem Ausdruck @TODO weisen darauf hin, dass Sie an entsprechender Stelle in jedem Fall noch manuell tätig werden sollten. Auch Namenskonventionen oder weitere für Sie gültige Programmierrichtlinien kann der Code-Wizard selbstverständlich nicht automatisch berücksichtigen.

Tipp 56

Mit dem Code-Wizard Benutzeroberflächen generieren

Der Web-Dynpro-Code-Wizard kann nicht nur Quelltext, sondern auch Benutzeroberflächen generieren. So können Sie zu vorhandenen Strukturen passende Benutzeroberflächen erzeugen oder bereits vorhandene klassische Oberflächen in die Web-Dynpro-Welt überführen.

Mit seinem What-You-See-Is-What-You-Get-Ansatz ermöglicht Ihnen der Web Dynpro Explorer, die Layouts von Views komfortabel zu bearbeiten. Dennoch wäre es ein aufwendiges Unterfangen, zu jeder Komponente einer größeren Struktur von Hand ein passendes Oberflächenelement zu erzeugen.

Nutzen Sie den Web-Dynpro-Code-Wizard, um Layouts schneller und einfacher zu erstellen. Als Grundlage können dabei Strukturen oder Tabellen dienen, zu denen Ihnen der Code-Wizard passende Oberflächenelemente in Form von Formularen oder Tabellen generiert. Auch klassische Dynpros können Sie so bis zu einem gewissen Grad automatisch in Web-Dynpro-Views überführen.

› Und so geht's

Möchten Sie den Code-Wizard verwenden, um automatisch das Layout eines Views zu generieren, öffnen Sie den View im Web Dynpro Explorer. Wechseln Sie auf die Registerkarte **Layout,** und aktivieren Sie den Änderungsmodus.

Über das Wizard-Symbol ( ) in der Toolbar können Sie nun den Code-Wizard aufrufen. Das System zeigt Ihnen nun die **Template Galerie** an. Hier können Sie auswählen, welche Funktionalität des Code-Wizards Sie nutzen möchten.

Mit dem Template **Dynpro** können Sie ein Layout für Ihren Web-Dynpro-View erzeugen, das aussieht wie das Layout eines klassischen Dynpros.

Das Template **Form** generiert zu der Struktur eines Knotens im Context Ihres Views ein Formular. Dabei legt das Template in dem Formular für jede Komponente der Struktur ein Eingabefeld und einen Beschriftungstext an.

Das Template **Table** benötigt als Grundlage ebenfalls einen Knoten im Context. Es legt jedoch kein Formular, sondern eine Tabelle an, in der für jede Komponente der Struktur des Knotens eine Spalte enthalten ist.

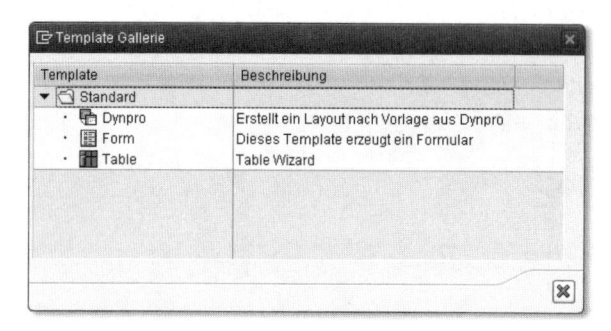

Template Galerie im Web-Dynpro-Code-Wizard

Wählen Sie das Template, das Sie verwenden möchten, durch einen Doppelklick auf seinen Namen aus. Je nach Template müssen Sie nun weitere Angaben machen. Beim Template **Dynpro** müssen Sie den Namen des Programms mit dem klassischen Dynpro und die Nummer des Dynpros angeben, das als Vorlage dienen soll. Bei den Templates **Form** und **Table** müssen Sie in jedem Fall jeweils einen Knoten im Kontext auswählen, auf dessen Grundlage die Oberfläche generiert wird. Daneben können Sie optional weitere Einstellungen vornehmen, beispielsweise um in der Tabelle einen alternativen Cell-Editor für alle oder für einzelne Spalten zu verwenden.

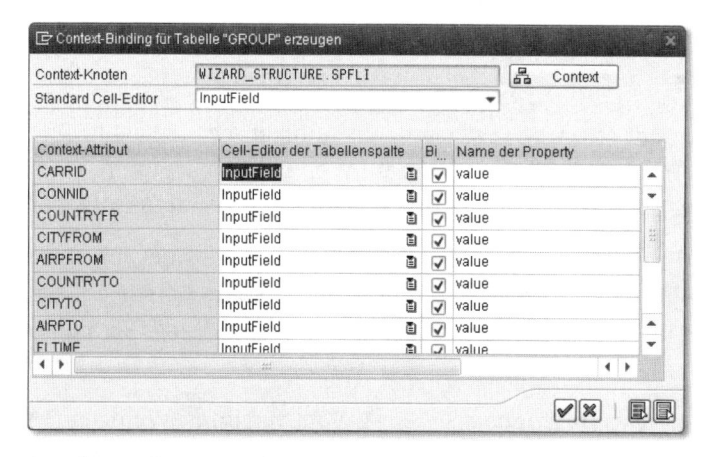

Einstellungen für das Template »Form«

Mit dem Code-Wizard Benutzeroberflächen generieren **Tipp 56**

Nachdem Sie die weiteren Einstellungen vorgenommen haben, bestätigen Sie Ihre Eingaben mit dem Weiter-Symbol (✔). Danach enthält das Layout Ihres Views die automatisch generierten Oberflächenelemente. Die folgenden zwei Abbildungen zeigen jeweils ein Beispiel für ein auf diese Art erzeugtes Layout. Die erste Abbildung enthält ein Formular zur Struktur eines Flugplans aus dem SAP-Flugdatenmodell. Für die zweite Abbildung wurde das Einstiegsbild zum ABAP Dictionary in ein Layout für einen View konvertiert.

Automatisch generiertes Formular zu einer Struktur

Automatisch konvertiertes klassisches Dynpro

Das Template **Form** können Sie auch auf einem anderen Weg nutzen. Im Kontextmenü der hierarchischen Darstellung der Oberflächenelemente befindet sich der Eintrag **Container-Formular erzeugen**. Wenn Sie diesen Eintrag im Kontextmenü zu einem Container-Oberflächenelement auswählen, erzeugt das System das Formular als Bestandteil des ausgewählten Containers.

Auch wenn Sie die Funktionalitäten des Code-Wizards für die Layout-Erstellung nutzen, sollten Sie nicht erwarten, immer ein Ergebnis zu erhalten, das vollständig Ihren Vorstellungen entspricht. Ein wenig Nacharbeit wird in der Regel nötig sein. Dennoch: In vielen Fällen kann Ihnen der Code-Wizard auch bei der Erzeugung von Layouts viel Arbeit ersparen.

Tipp 57

Mit relativen Breitenangaben in Web Dynpro arbeiten

Ein Layout mit relativen Breitenangaben zu erstellen ist ohne Hintergrundwissen über die Auswirkungen der verschiedenen Einstellungen kaum zu meistern. Hier erfahren Sie, welche Einstellungen Sie vornehmen müssen und wie Sie am besten vorgehen.

Bei der Gestaltung von Layouts haben Sie mehrere Möglichkeiten, die Breite der Oberflächenelemente festzulegen. Machen Sie explizit keine Angaben zur Breite, errechnen das System und der Browser, wie viel Platz sie zur vollständigen Darstellung der Oberflächenelemente benötigen. Die Breite wird zur Laufzeit automatisch ermittelt. Dies hat jedoch den Nachteil, dass sich beispielsweise die Breite einer Tabelle verändern kann, wenn der Anwender in der Tabelle ein paar Zeilen nach oben oder nach unten blättert.

Absolute Angaben, beispielsweise in Pixeln, können Sie ebenfalls einfach umsetzen. Der Hauptnachteil bei absoluten Angaben besteht jedoch darin, dass sich die Größen nicht an die Größen des Fensters anpassen. Arbeitet der Anwender nicht mit der von Ihnen vorgesehenen Fenstergröße, führt dies entweder zu unnötigen Scrollbalken oder zu ungenutztem Raum im Fenster.

Relative Angaben der Breite erscheinen darum in vielen Situationen als das Mittel der Wahl, um ein möglichst benutzerfreundliches Layout zu gestalten. Bei meinen ersten Gehversuchen mit relativen Breitenangaben musste ich jedoch feststellen, dass man viel Zeit damit verbringen kann, viele Einstellungen zu verändern, ohne das gewünschte Ergebnis zu erhalten. Erst ein Kollege gab mir die entscheidenden Tipps. Ich hoffe, dass Sie nach diesem Tipp nicht mehr so hilflos wie ich einst mit den relativen Größenangaben experimentieren müssen.

› Und so geht's

Um ein Layout für einen View mit relativen Breitenangaben zu erstellen, gehen Sie in der Hierarchie der Oberflächenelemente von oben nach unten vor: Beginnen Sie mit dem Oberflächenelement auf der obersten Ebene, und arbeiten Sie sich nach und nach zu den tiefer platzierten Oberflächenelementen vor.

Schon beim ersten Schritt lauert auch die erste Falle: Das Oberflächenelement auf der obersten Ebene ist nicht etwa das erste Oberflächenelement, das Sie selbst hinzugefügt haben. Auch das automatisch angelegte Wurzeloberflächenelement des Views mit dem Namen ROOTUIELEMENTCONTAINER bietet die Möglichkeit, eine Breite einzustellen. Wenn sich die Oberflächenelemente insgesamt immer über das gesamte Fenster erstrecken sollen, stellen Sie im Wurzeloberflächenelement die Eigenschaft width im Bereich **Eigenschaften (TransparentContainer)** auf 100%. Wenn Sie hier keine Einstellung vornehmen, wird es Ihnen nicht gelingen, mit relativen Breitenangaben ein Layout zu erstellen, in dem Sie die gesamte Fensterbreite ausnutzen.

Eine weitere Falle erwartet Sie, wenn Sie innerhalb eines Containers einen weiteren Container platzieren. Ist dabei der übergeordnete Container mit einem GridLayout oder mit einem MatrixLayout definiert, können Sie in den Eigenschaften des untergeordneten Containers jeweils zwei Angaben zur Breite einstellen: eine im Bereich **Eigenschaften** und eine im Bereich **Layoutdaten**. Die Angabe width im Bereich **Layoutdaten** gibt dabei an, wie viel Platz der untergeordnete Container im Layout des übergeordneten Containers verbraucht. Die Angabe width im Bereich **Eigenschaften** gibt relativ zu dem verbrauchten Platz an, mit welcher Breite der Container dargestellt wird. Diese Breite entspricht auch dem Platz, der für die im untergeordneten Container enthaltenen Oberflächenelemente insgesamt zur Verfügung steht.

Die folgende Abbildung zeigt ein Beispiel für ein einfaches Layout mit relativen Breitenangaben. Im Wurzeloberflächenelement des Views sind ein GridLayout mit 2 Spalten sowie eine Breite von 100% eingestellt. In den beiden Oberflächenelementen vom Typ Group beträgt die Breite jeweils 50% im Bereich **Layoutdaten** bzw. 100% in den **Eigenschaften** der Group selbst. Durch die erste Angabe nimmt jede Group die Hälfte des insgesamt zur Verfügung stehenden Platzes ein, und durch die zweite werden die Groups auch entsprechend groß dargestellt. Für die Bestandteile der Groups sind in diesem Beispiel keine weiteren Größenangaben notwendig.

TEIL 6 Web-Dynpro-Components bearbeiten

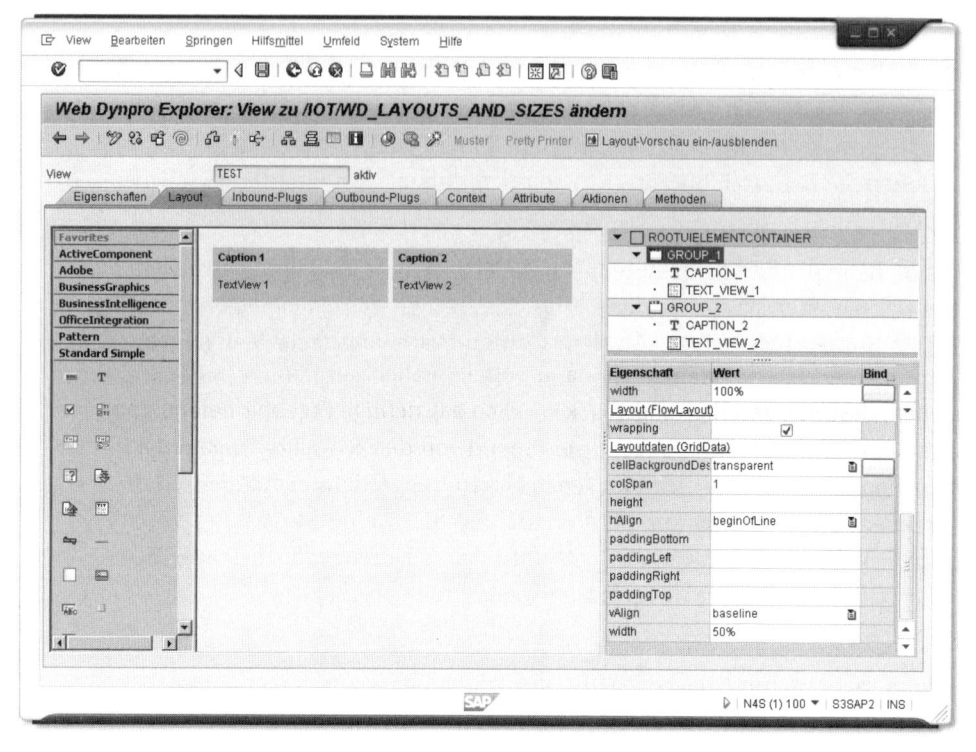

Layout mit relativen Breitenangaben

TEIL 7
Anwendungen testen

Mit verschiedenen Werkzeugen deckt die ABAP Workbench das gesamte Spektrum von Softwaretests ab. Mit der Testumgebung können Sie manuell bestimmte Teile Ihrer Anwendungen aufrufen und das Verhalten beobachten. Über Modultests mit ABAP Unit können Sie definieren, welche Ergebnisse ein Verarbeitungsblock liefern soll, wenn er mit bestimmten Werten aufgerufen wird. Die Modultests können Sie dann immer wieder aufrufen, um sicherzustellen, dass der Verarbeitungsblock wirklich das richtige Ergebnis liefert. Und mit eCATT können Sie schließlich ausgehend von den Ein- und Ausgaben auf der Benutzeroberfläche einen automatisierten Integrationstest eines vollständigen Geschäftsprozesses durchführen.

Tipps in diesem Teil

Tipp 58	Die Testumgebung für Klassen und Funktionsbausteine einsetzen	212
Tipp 59	Sperren testen	218
Tipp 60	Die Performance-Beispiele nutzen	221
Tipp 61	Modultests mit ABAP Unit durchführen	224
Tipp 62	Tests von Benutzeroberflächen mit eCATT automatisieren	228
Tipp 63	Assertions, Breakpoints und Logpoints aktivieren	235

Tipp 58

Die Testumgebung für Klassen und Funktionsbausteine einsetzen

Um Methoden von Klassen oder Funktionsbausteine zu testen, müssen Sie nicht unbedingt ein Testprogramm schreiben. Viele Tests können Sie über die Testumgebung durchführen, ohne dabei eine Zeile zusätzlichen Quelltext schreiben zu müssen.

Nachdem Sie eine Methode oder einen Funktionsbaustein implementiert haben, liegt der Wunsch nahe, die Funktionalität des geschriebenen Quelltextes zu überprüfen. Dazu könnten Sie sich die Arbeit machen, einen kleinen Report als Testprogramm zu schreiben, der die Methode oder den Funktionsbaustein aufruft.

Möchten Sie noch keine ausgefeilte Automatisierung des Tests über ABAP Unit (siehe Tipp 61) oder eCATT (siehe Tipp 62) vornehmen, sondern nur einmal ausprobieren, ob Ihr Quelltext das gewünschte Ergebnis liefert, verwenden Sie doch statt eines selbst geschriebenen Reports lieber die Testumgebung. Über die Testumgebung können Sie, ohne zusätzlichen Quelltext schreiben zu müssen, mit wenigen Mausklicks Methoden oder Funktionsbausteine aufrufen. Über die Oberfläche der Testumgebung können Sie dabei vorgeben, welche Werte Sie den Parametern der einzelnen Methoden oder Funktionsbausteine übergeben möchten. Sogar das Zusammenspiel mehrerer Methoden- oder Funktionsbausteinaufrufe hintereinander können Sie über die Testumgebung simulieren.

Die Ergebnisse können Sie über die Ausgaben und zurückgegebenen Werte Ihrer Methoden und Funktionsbausteine sowie anhand der Attribute der Objekte überprüfen. Wenn Sie das Verhalten genauer untersuchen möchten, können Sie auch aus der Testumgebung heraus Ihren Quelltext im ABAP Debugger ausführen. Zusätzlich gewinnen Sie einen ersten Eindruck vom

Die Testumgebung für Klassen und Funktionsbausteine einsetzen Tipp 58

Laufzeitverhalten Ihres Quelltextes, da die Testumgebung die Zeit ausgibt, die sie zum Ausführen des getesteten Quelltextes benötigt hat.

Die Testumgebung eignet sich nicht nur zum Testen von selbst geschriebenen Entwicklungsobjekten. Mit ihrer Hilfe können Sie auch herausfinden, wie sich bereits vorhandene Entwicklungsobjekte von SAP oder von anderen Entwicklern verhalten. Welche Werte Sie an welcher Stelle übergeben müssen und welche Informationen Sie zurückerhalten, erfahren Sie über die Testumgebung häufig schneller und anschaulicher als über eine möglicherweise vorhandene Dokumentation oder durch ein Studium des Quelltextes.

› Und so geht's

Um die Testumgebung zu einer Klasse zu starten, öffnen Sie die Klasse zunächst im Class Builder. Starten Sie dann die Testumgebung über die Schaltfläche mit dem Test-Symbol (🖳) in der Toolbar.

Falls in den Parametern der Methoden der Klasse generische Typen wie ANY verwendet werden, sehen Sie zunächst ein Pop-up. In diesem Pop-up können Sie zu jedem Parameter, der mit einem generischen Datentyp definiert ist, einen konkreten Datentyp angeben. Geben Sie die gewünschten konkreten Typen an, oder belassen Sie es bei den vom System vorgeschlagenen Typen. Klicken Sie dann auf die Schaltfläche mit dem Okay-Symbol (✓).

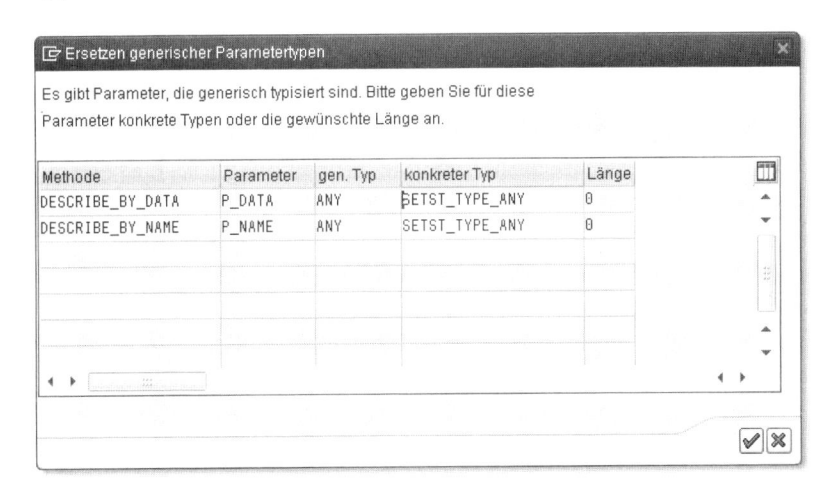

Methode	Parameter	gen. Typ	konkreter Typ	Länge
DESCRIBE_BY_DATA	P_DATA	ANY	SETST_TYPE_ANY	0
DESCRIBE_BY_NAME	P_NAME	ANY	SETST_TYPE_ANY	0

Auswahl von konkreten Typen zu generisch definierten Parametern

Mit welcher Ansicht Sie in die Testumgebung einsteigen, ist unter anderem abhängig von der Sichtbarkeit der Instanzerzeugung der Klasse, der Existenz von Parametern im Konstruktor und von der Existenz statischer Methoden. Entweder gelangen Sie direkt in eine Liste der Attribute und Methoden der Klasse mit der Sichtbarkeit **Public**, oder Sie müssen Werte zu den Parametern des Konstruktors angeben.

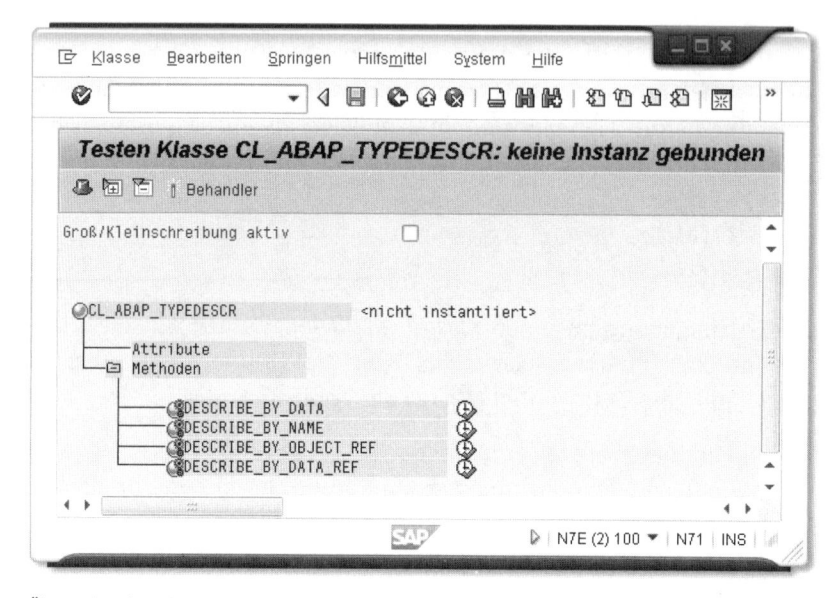

Übersicht über die zugänglichen Attribute und Methoden einer Klasse

Falls die Testumgebung in der Überschrift der Liste der Attribute und Methoden den Text »keine Instanz gebunden« anzeigt, sehen Sie zunächst nur die statischen Attribute und Methoden der Klasse. Um auch die Instanzattribute und -methoden nutzen zu können, benötigen Sie Zugriff auf ein Objekt der Klasse. Das können Sie in der Testumgebung je nach Klasse entweder über eine entsprechende statische Methode, ein statisches Attribut oder über die Schaltfläche mit dem Anlegen-Symbol () und der Beschriftung **Instanz** in der Toolbar der Testumgebung erreichen.

Aus der Liste der Attribute und Methoden können Sie eine Methode aufrufen, indem Sie auf das Ausführen-Symbol () neben dem Methodennamen klicken. Was die Testumgebung Ihnen nach einem Klick auf dieses Symbol anzeigt, ist abhängig von der Schnittstelle der aufgerufenen Methode. Falls Parameter vorhanden sind, die der Methode beim Aufruf übergeben werden, können Sie zu diesen Parametern zunächst die Parameterwerte eingeben. Verwenden Sie bei der Eingabe der Werte für die Parameter das Anzeigeformat, das heißt für ein Datum beispielsweise die les-

Die Testumgebung für Klassen und Funktionsbausteine einsetzen Tipp 58

bare Form 28.12.2011, und nicht das interne Format, in dem Ihnen der ABAP Debugger Werte anzeigt (dasselbe Datum wird dort als 20111228 angezeigt).

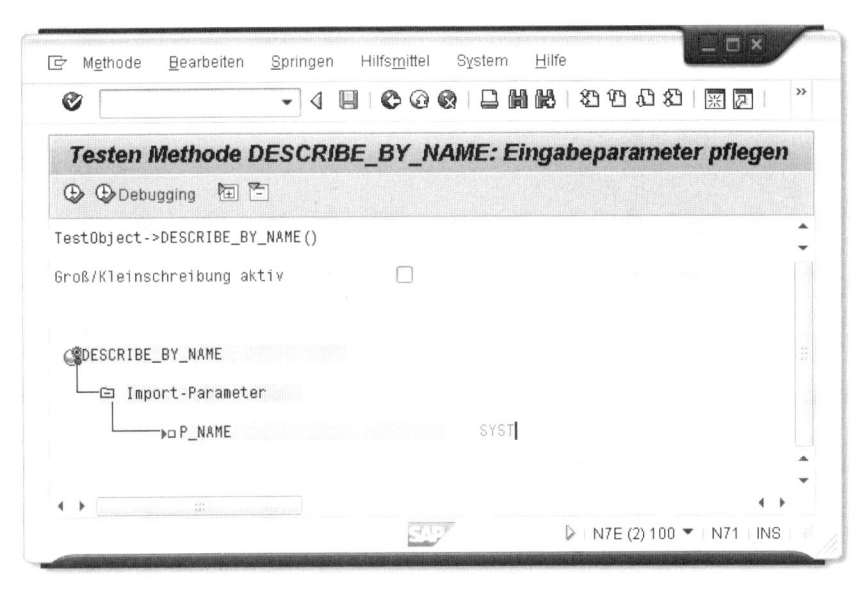

Eingabe der Parameterwerte vor dem Ausführen einer Methode

Falls ein Parameter mit einer Struktur als Datentyp definiert ist, können Sie über das Detail-Symbol ([📋]) in eine weitere Sicht navigieren, in der Sie die Werte für die einzelnen Komponenten der Struktur angeben können. Ähnlich können Sie auch den Inhalt von internen Tabellen vorgeben, indem Sie auf das in diesem Fall angezeigte Listen-Symbol ([📋]) klicken. Kehren Sie in beiden Fällen nach der Eingabe der Werte über die Taste F3 oder über die **Zurück**-Schaltfläche ([⬅]) in der Systemfunktionsleiste zur Eingabe der Parameterwerte zurück. Nachdem Sie zu allen Parametern die gewünschten Werte eingegeben haben, klicken Sie auf die Schaltfläche mit dem Ausführen-Symbol ([▶]).

Dann erscheinen gegebenenfalls die Ausgaben der aufgerufenen Methoden, zum Beispiel Meldungen, Pop-ups oder Dynpros, die in der Methode angezeigt werden. Falls die Methode über Parameter Werte zurückliefert, gelangen Sie schließlich zur Ausgabe dieser Werte. In dieser Sicht wird Ihnen auch angezeigt, wie viel Zeit das System zum Ausführen der Methode benötigt hat.

TEIL 7 Anwendungen testen

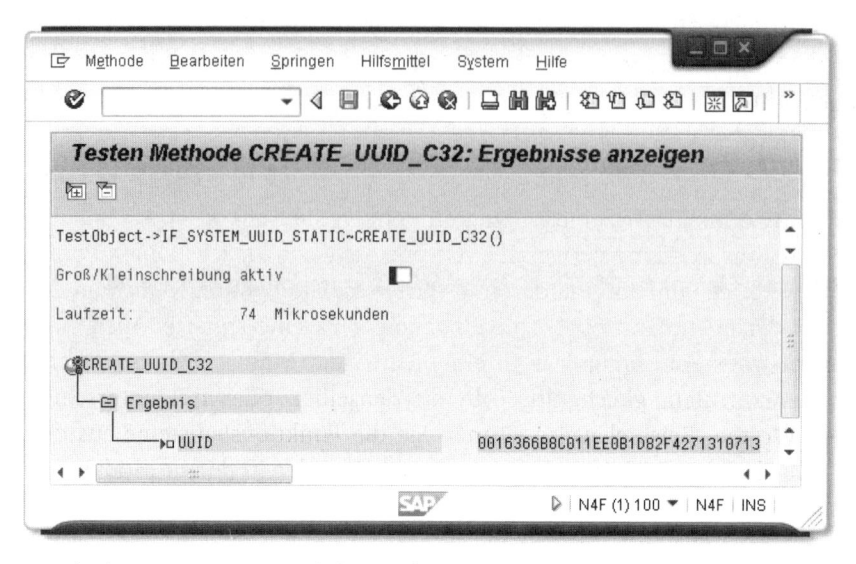

Ausgabe der Parameterwerte nach dem Ausführen einer Methode

Über das Detail-Symbol (▣) bzw. über das Listen-Symbol (▦) können Sie sich auch die über Strukturen oder über interne Tabellen zurückgegebenen Werte anzeigen lassen. Liefert die Methode eine Objektreferenz zurück, zeigt die Testumgebung Ihnen hier das Klassen-Symbol (◉) an. Durch einen Klick auf dieses Symbol gelangen Sie in die Testumgebung dieses Objekts. Genau wie für die ursprünglich ausgewählte Klasse können Sie sich dort die Werte der Attribute dieses Objekts ansehen oder auf diesem Objekt weitere Methoden ausführen.

Kehren Sie schließlich über die **Zurück**-Schaltfläche (◉) in der Systemfunktionsleiste aus der Anzeige der Ergebnisse der Methode zur Liste der Attribute und Methoden zurück. Sie können danach beliebig oft dieselbe Methode oder andere Methoden ausführen. Solange Sie die Testumgebung nicht vollständig verlassen, führt die Testumgebung alle Methoden in demselben internen Modus aus. So bleiben die Werte in Attributen oder globalen Variablen bei mehreren Methodenaufrufen nacheinander genauso erhalten wie beispielsweise im Rahmen der Methoden gesetzte Sperren oder registrierte Verbuchungsbausteine.

Möchten Sie aus der Testumgebung heraus den ABAP Debugger aktivieren, haben Sie zwei Möglichkeiten. Falls Sie zu Ihrer Methode zunächst die Werte der Parameter vorgeben müssen, klicken Sie nach der Eingabe der Werte einfach auf die Schaltfläche mit dem Ausführen-Symbol (◉) und der Beschriftung **Debugging**. Sie gelangen dann direkt in die erste Zeile der

Methode im ABAP Debugger. Für Methoden ohne eingehende Parameter erreichen Sie dies, indem Sie in der Liste der Attribute und Methoden zunächst im Kontextmenü den Eintrag **Debugging einschalten** aufrufen. Klicken Sie erst danach auf das Ausführen-Symbol (🔍) neben dem Methodennamen.

Ähnlich wie für Klassen und Methoden können Sie die Testumgebung auch für Funktionsbausteine verwenden. Öffnen Sie dazu zunächst einen Funktionsbaustein im Function Builder, und starten Sie die Testumgebung von dort aus. Sie gelangen dann direkt zur Eingabe der Parameterwerte. Auch einen Funktionsbaustein können Sie in einem internen Modus mehrfach hintereinander aufrufen, gleichgültig, ob mit denselben oder mit unterschiedlichen Werten. Beispielsweise können Sie die Funktionsbausteine aus dem SAP-Sperrkonzept, die Sperrbausteine, nacheinander in einem Modus oder in mehreren parallelen Modi aufrufen, um das Verhalten der Sperrbausteine im Fall von Sperrkonflikten zu simulieren.

Tipp 59

Sperren testen

Testen Sie die Sperren in Ihren Anwendungen, damit es zu keinen unerwünschten Fehlersituationen kommt, sobald mehrere Benutzer gleichzeitig produktiv mit Ihren Anwendungen arbeiten.

Das Testen von Sperren gestaltet sich schwieriger als viele andere Tests. Solange Sie nur mit einem Modus testen, werden keine Sperrkonflikte auftreten. Sie müssen darum mindestens mit zwei parallelen, aufeinander abgestimmten Modi testen, um aussagekräftige Ergebnisse zu erhalten.

Um die Sperren zu testen, können Sie die zu testende Anwendung direkt aufrufen und dabei das Verhalten der Sperren beobachten. Der ABAP Debugger kann dabei hilfreich sein, um das Verhalten noch genauer zu untersuchen. Über die Testumgebung der Sperrbausteine können Sie außerdem manuell Sperren setzen und so die Reaktion auf erfolgreiche und erfolglose Aufrufe der Sperrbausteine beobachten.

> **Und so geht's**

Um das Verhalten der Sperren in Ihrer Anwendung zu testen, öffnen Sie die Anwendung in zwei parallelen Modi. Bearbeiten Sie dann mit der Anwendung dasselbe Objekt. Wenn Ihre Anwendungen mit einem pessimistischen Sperrverfahren arbeiten, sollte es erst gar nicht möglich sein, dasselbe Objekt in beiden Anwendungen im Änderungsmodus zu öffnen. In einem der beiden Modi sollten Sie daher eine Fehlermeldung erhalten, die darauf hinweist, dass das Objekt aktuell bereits bearbeitet wird.

Mit einem optimistischen Sperrverfahren dürfen Sie in beiden parallelen Modi mit der Bearbeitung desselben Objekts beginnen. Wenn Sie dann jedoch in beiden Modi Ihre Änderungen speichern, sollte nur einer der beiden Modi seine Änderungen erfolgreich in die Datenbank schreiben können. In dem anderen Modus sollte die Anwendung die Änderungen nicht speichern. Stattdessen sollte eine Fehlermeldung darauf hinweisen, dass das bearbeitete Objekt zwischenzeitlich schon an anderer Stelle verändert wurde.

Einen Trick können Sie anwenden, wenn die Anwendung die Sperre nur für einen sehr kurzen Zeitraum setzt. Dies ist beispielsweise bei Hintergrundanwendungen häufig der Fall: Ein Objekt wird gesperrt, geladen und verändert zurück in die Datenbank geschrieben, ohne dass der Benutzer eingreifen muss. In einem solchen Fall ist es fast unmöglich, die Anwendung im Rahmen eines Tests einfach in zwei Modi parallel ablaufen zu lassen, um einen Sperrkonflikt zu provozieren. Setzen Sie sich stattdessen einen Breakpoint an eine Stelle, an der die Sperre bereits gesetzt ist (siehe auch Tipp 67). So sorgen Sie dafür, dass die Sperre so lange gesetzt bleibt, bis Sie die Anwendung über den ABAP Debugger weiterlaufen lassen. So haben Sie ausreichend Zeit, um die Anwendung in einem zweiten Modus zu starten und so das Verhalten der Anwendung bei der Parallelausführung zu beobachten.

Während Sie Ihre Anwendung testen, können Sie sich über die Transaktion SM12 eine Liste der gesetzten Sperren anzeigen lassen (siehe auch Tipp 3). Mit dem ABAP Debugger können Sie dann schrittweise Ihre Anwendung ausführen und beobachten, zu welchen Zeitpunkten die Anwendung welche Sperren setzt und wann sie die Sperren wieder aufhebt.

Alternativ zu den Tests der Sperren mit Ihrer Anwendung können Sie das Sperrverhalten auch über die Testumgebung zu den Sperrbausteinen analysieren. Starten Sie dazu den Function Builder über die Transaktion SE37. Öffnen Sie den Sperrbaustein zu dem Sperrobjekt, zu dem Sie die Sperren setzen möchten. Der Name des Sperrbausteins setzt sich aus dem Präfix ENQUEUE_ und dem Namen des Sperrobjekts zusammen. Wechseln Sie dann in die Testumgebung, indem Sie auf die Schaltfläche mit dem Test-Symbol (🖳) klicken oder die Taste F8 drücken.

Geben Sie dann in der Testumgebung die Parameter ein, mit denen Sie den Sperrbaustein aufrufen möchten. Beispielsweise können Sie den Sperrmodus und das Sperrargument (Welches Objekt möchten Sie sperren?) angeben. Rufen Sie dann den Sperrbaustein auf, indem Sie auf die Schaltfläche mit dem Ausführen-Symbol (🕹) klicken oder erneut die Taste F8 drücken. Zeigt Ihnen die Testumgebung nun keine Fehlermeldung an, konnte der Sperrbaustein die gewünschte Sperre erfolgreich setzen.

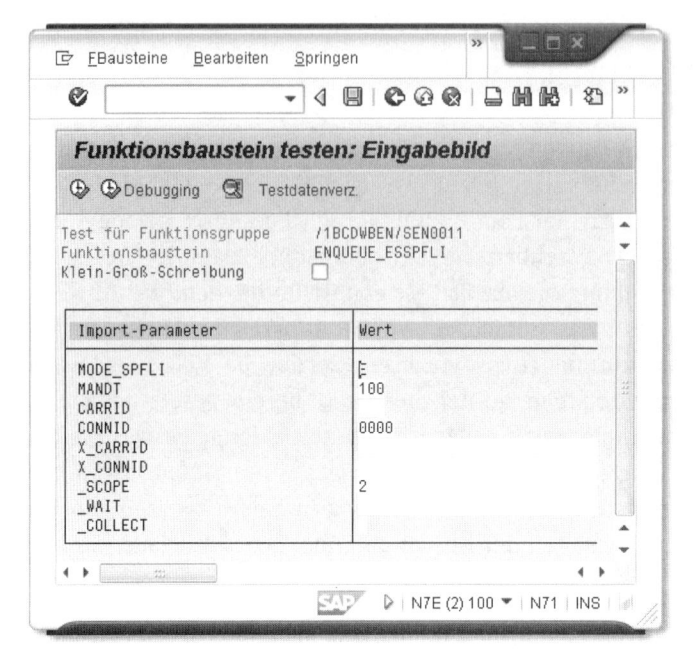

Testumgebung zu einem Funktionsbaustein

Sie können nun über das Zurück-Symbol (![]) in der Systemfunktionsleiste oder über die Taste [F3] zur Eingabe der Parameter zurückkehren. Auf diese Weise können Sie weitere Sperren im selben Modus setzen, während die zuvor gesetzten Sperren erhalten bleiben. So können Sie beispielsweise zunächst eine optimistische Sperre setzen (Sperrmodus O) und diese dann in eine exklusive umwandeln (Sperrmodus R).

Um das Verhalten bei Sperrkonflikten zu testen, rufen Sie die Testumgebung in mehreren Modi parallel auf. Alternativ können Sie auch in einem Modus mit der Testumgebung Sperren setzen, während Sie in einem anderen Modus eine Anwendung ablaufen lassen, die ebenfalls Sperren setzt.

Tipp 60

Die Performance-Beispiele nutzen

Die Performance-Beispiele der ABAP Workbench helfen Ihnen dabei, die Laufzeit Ihrer Anwendungen zu verbessern. Außerdem können Sie die Performance-Beispiele nutzen, um schnell und einfach ein paar beliebige Quelltext-Zeilen auszuführen.

Mit der Hilfe der Performance-Beispiele können Sie das Laufzeitverhalten von zwei alternativen Quelltext-Blöcken vergleichen, mit denen Sie eine bestimmte Funktionalität implementieren könnten. Dazu müssen Sie weder auf zusätzliche Werkzeuge zurückgreifen noch zusätzlichen Quelltext schreiben, um die benötigte Laufzeit zu ermitteln.

Auch wenn Sie gar nicht an den Details des Laufzeitverhaltens Ihres Quelltextes interessiert sind, können die Performance-Beispiele ein hilfreiches Werkzeug sein. Ohne zunächst einen Report oder ein anderes Entwicklungsobjekt anlegen zu müssen, können Sie über die Performance-Beispiele schnell ein kleines Testprogramm schreiben oder in einem Testsystem Werte in der Datenbank anpassen.

› **Und so geht's**

Starten Sie den ABAP Editor über die Transaktion SE38. Von hier aus können Sie die Performance-Beispiele aufrufen, der Menüeintrag lautet:

Umfeld ▸ Beispiele ▸ Performance-Beispiele

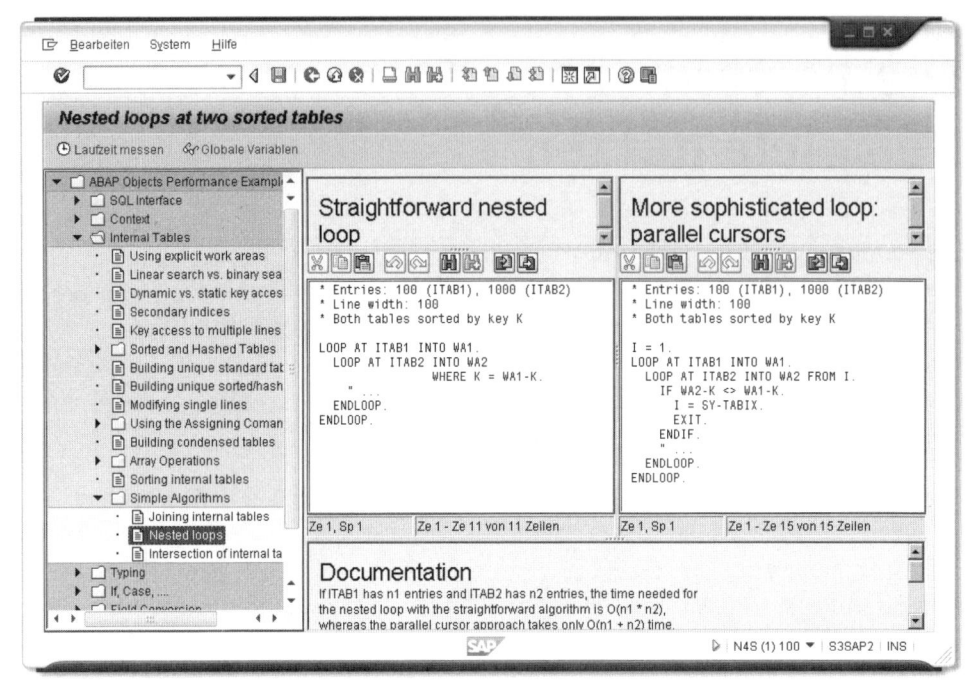

Performance-Beispiele in der ABAP Workbench

Am linken Rand des Dialogs finden Sie bereits fertige Performance-Beispiele. Diese Beispiele liefert SAP aus, um Ihnen Hinweise dazu zu geben, wie Sie Quelltext in ABAP schreiben, den das System mit möglichst geringer Laufzeit ausführen kann. Bei den fertigen Beispielen sehen Sie jeweils zwei Quelltext-Varianten, die inhaltlich dasselbe tun. Über die Schaltfläche **Laufzeit messen** (🕘) können Sie beide Varianten ausführen lassen. Danach sehen Sie jeweils über dem Quelltext, wie viel Laufzeit die jeweilige Variante benötigt hat.

Sie können den Quelltext der Performance-Beispiele in den beiden rudimentären ABAP-Quelltext-Editoren des Dialogs nach Belieben verändern oder durch Ihren eigenen Quelltext ersetzen. Dabei können Sie alle Anweisungen nutzen, die Sie auch in jedem Unterprogramm verwenden können. So können Sie beispielsweise Variablen definieren, Methoden oder Funktionsbausteine aufrufen, auf die Datenbank zugreifen oder über die entsprechende ABAP-Anweisung einen Breakpoint definieren.

Mit den Standardeinstellungen führt das System ein Performance-Beispiel jeweils zehnmal aus, wenn Sie es über die Schaltfläche **Laufzeit messen** (🕘) ausführen. Die danach angezeigte Laufzeit entspricht der Laufzeit des schnellsten Durchlaufs. Möchten Sie Ihren Quelltext nur einmal ausführen, können Sie als letzte Zeile in Ihrem Quelltext die ABAP-Anweisung EXIT verwenden. Das System kann Ihnen dann jedoch nicht die benötigte Laufzeit anzeigen.

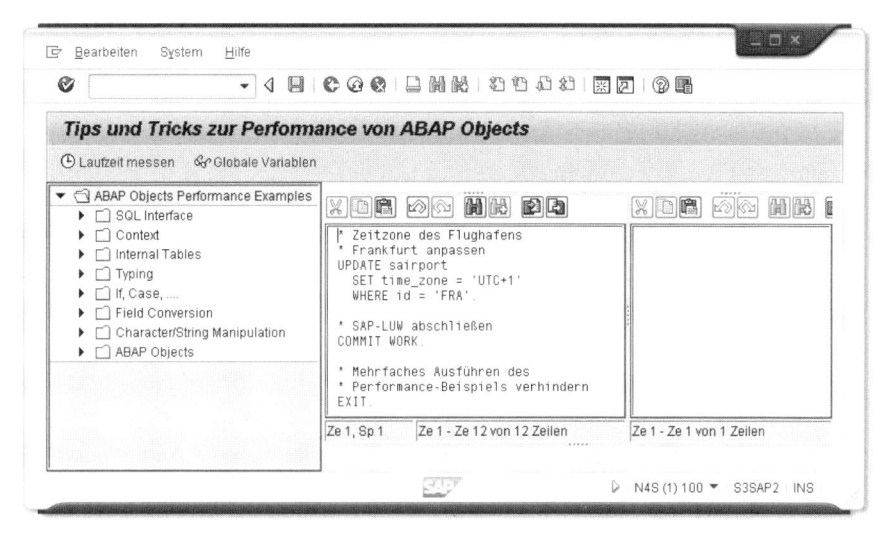

Veränderung von Datenbankinhalt über ein Performance-Beispiel

Tipp 61
Modultests mit ABAP Unit durchführen

Nutzen Sie die Testumgebung oder selbst geschriebene Testprogramme, um die Funktionalität Ihrer Anwendungen zu prüfen? Verwenden Sie für Klassen und Funktionsgruppen ohne Benutzeroberflächen besser Modultests, um den Testaufwand auf längere Sicht zu reduzieren.

Mit einem Modultest in ABAP Unit beschreiben Sie in Form von ABAP-Quelltext, welches Ergebnis Ihre Entwicklungen in bestimmten Konstellationen liefern sollen. Sie müssen den Modultest nur einmal schreiben und können ihn dann mit minimalem Aufwand immer wieder ausführen. So können Sie jederzeit überprüfen, ob Änderungen am Quelltext Auswirkungen auf die ursprüngliche Funktionalität hatten. Modultests mit ABAP Unit können Sie außerdem in Inspektionen mit dem Code Inspector integrieren (siehe Tipp 87). So können Sie die Modultests zu einer Vielzahl von Entwicklungsobjekten auf einmal und zusammen mit anderen Qualitätsprüfungen ausführen.

Einen Modultest implementieren Sie als lokale Klasse, die aus mehreren Testmethoden besteht. Das System ruft beim Ausführen des Modultests alle Testmethoden nacheinander auf. Dabei vergleichen die Testmethoden jeweils, ob das tatsächliche Ergebnis der getesteten Funktionalität dem von Ihnen vorgegebenen gewünschten Ergebnis entspricht.

› **Und so geht's**

In diesem Tipp werden Modultests für Klassen beschrieben. Analog können Sie einen Modultest auch für eine Funktionsgruppe anlegen und verwenden.

Um einen Modultest zu einer Klasse anzulegen, führen Sie die folgenden Schritte durch:

1. Öffnen Sie im Class Builder die Klasse, zu der Sie den Modultest anlegen möchten.

2. Rufen Sie den Menüeintrag **Hilfsmittel ▸ Testklassen ▸ Generieren** auf.

3. Es erscheint ein Dialog, in dem Sie verschiedene Einstellungen zur neuen Testklasse vornehmen können. Je nach Release-Stand Ihres Systems müssen Sie die Eingaben in mehreren Schritten nacheinander oder alle Angaben auf einmal vornehmen.

4. Falls das System keinen Namen für die Testklasse vorgibt, geben Sie Ihrer Testklasse einen Namen. Da es sich bei der Testklasse um eine lokale Klasse handelt, müssen Sie keinen global eindeutigen Namen verwenden.

5. Markieren Sie alle Methoden, zu denen Sie jeweils eine Testmethode implementieren möchten.

6. Falls das System Ihnen ein entsprechendes Ankreuzfeld anbietet, aktivieren Sie die Einstellung **Fixture erzeugen**.

7. Sobald Sie Ihre Eingaben bestätigen, erstellt das System eine lokale Testklasse nach Ihren Vorgaben und zeigt sie Ihnen an.

Die auf die beschriebene Art angelegte Testklasse enthält zu jeder Methode, die Sie ausgewählt haben, eine Testmethode. Diese erkennen Sie an dem Zusatz FOR TESTING in der Definition der Methode.

Außerdem enthält die Testklasse die Methoden SETUP und TEARDOWN. Die Methode SETUP führt das System immer unmittelbar vor jeder einzelnen Testmethode auf, die Methode TEARDOWN nach der Testmethode. Die Methode SETUP eignet sich daher dazu, Vorbereitungen zu treffen, die Sie für jede Testmethode benötigen. Beispielsweise können Sie hier eine neue Instanz Ihrer Klasse anlegen, mit der dann die Testmethode arbeiten kann. Müssen Sie nach jeder Testmethode Aktionen durchführen, um das System in einem sauberen Stand zu hinterlassen, nutzen Sie hierfür die Methode TEARDOWN. Falls Sie im Rahmen Ihrer Testmethoden beispielsweise Änderungen in die Datenbank schreiben, können Sie diese hier zurücknehmen.

Die Implementierung einer Testmethode sieht typischerweise so aus, dass Sie eine oder mehrere Methoden der zu testenden Klasse aufrufen. Dabei erwarten Sie ein bestimmtes Ergebnis. Danach rufen Sie eine der statischen Methoden der Klasse CL_AUNIT_ASSERT auf. Wenn Sie beispielsweise sicherstellen möchten, dass eine Methode einen bestimmten Wert zurückgegeben hat, rufen Sie die Methode ASSERT_EQUALS auf. Übergeben Sie der Methode den tatsächlich gelieferten Wert (Parameter ACT) und den Wert, den Sie erwarten (Parameter EXP). Stimmen die beiden Werte beim Ausführen des Tests überein, wertet das System dies automatisch als erfolgreichen Durchlauf der getesteten Funktionalität. Übergeben Sie der Methode unterschiedliche Werte, erhalten Sie eine entsprechende Meldung im Protokoll zum Modultest.

```
METHOD add.
  DATA: v_result TYPE i.

* Test der Methode ADD:
* Als Ergebnis soll die Methode die Summe der beiden
* übergebenen Zahlen zurückgeben
  v_result =
    me->rf_calculator->add(
      im_operand_1 = 5
      im_operand_2 = 3 ).

  cl_aunit_assert=>assert_equals(
    act = v_result
    exp = 8 ).
ENDMETHOD.
```

Beispiel für eine Testmethode

Haben Sie die gewünschten Tests implementiert, speichern und aktivieren Sie die Testklasse. Sie können den Modultest nun direkt aus der Testklasse über den Menüeintrag **Lokale Testklassen ▸ Modultest** aufrufen. In der zu testenden Klasse können Sie dies auch über den Menüeintrag **Klasse ▸ Modultest** tun.

Erhalten Sie danach nur eine Erfolgsmeldung in der Statuszeile, haben alle Tests das gewünschte Ergebnis geliefert. Falls mindestens ein Test nicht das gewünschte Ergebnis geliefert hat, gelangen Sie in eine Sicht, in der Ihnen das System alle Abweichungen auflistet. Dabei sehen Sie zu jeder Abweichung den erwarteten Wert und den bei der Ausführung des Tests tatsächlich erhaltenen Wert.

Unter dem Knoten **Stapel** sehen Sie eine Beschreibung der Stelle, an der die Abweichung aufgetreten ist. Mit einem Klick auf diese Beschreibung gelangen Sie zu der Anweisung im Modultest, die die Abweichung gemeldet hat.

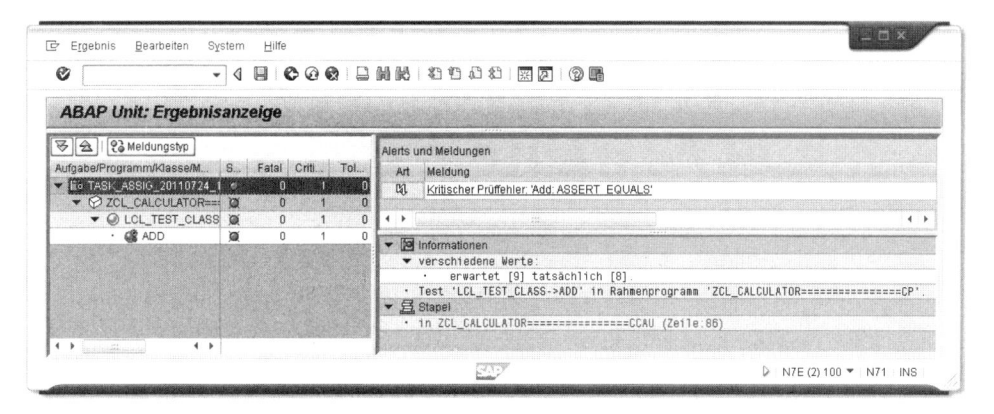

Darstellung von Fehlern beim Modultest

Grundsätzlich können zwei Arten von Fehlern zu Abweichungen führen, die Ihnen das System als Ergebnis des Modultests anzeigt: Die getestete Klasse lieferte nicht den gewünschten Wert, oder der Modultest erwartete einen falschen Wert. Entsprechend müssen Sie die getestete Klasse bzw. die Testklasse anpassen, um den Fehler zu korrigieren.

Wenn Sie die Ursache für Fehler nicht auf den ersten Blick erkennen können, setzen Sie einen Breakpoint in Ihrer Testmethode oder in einer der Methoden, die Sie aus dem Modultest aufrufen. Wenn Sie dann den Modultest erneut ausführen, haben Sie über den Debugger die Möglichkeit, die Ursache für den Fehler genauer zu untersuchen.

Tipp 62
Tests von Benutzeroberflächen mit eCATT automatisieren

Auch die Abläufe und die angezeigten Daten auf der Benutzeroberfläche können Sie automatisiert testen. Nutzen Sie eCATT, um die Funktionalität von selbst geschriebenen oder durch Customizing angepassten Anwendungen von SAP zu testen.

Das Extended Computer-Aided Test Tool (eCATT) ermöglicht es Ihnen, die Funktionsfähigkeit vollständiger Anwendungen inklusive ihrer Benutzeroberflächen zu testen. Bei der Arbeit mit eCATT zeichnen Sie zunächst die zu testenden Aktionen auf. Das System speichert diese Aufzeichnung als sogenanntes *Testskript* ab. Dieses Testskript können Sie später automatisiert abspielen. Wenn das System dabei nicht mehr dieselben Dialogschritte durchführt, meldet das Testskript einen Fehler.

Außerdem können Sie bei der Aufzeichnung festlegen, dass Sie in bestimmten Elementen der Benutzeroberfläche bestimmte Werte erwarten. Falls die Benutzeroberfläche beim Abspielen des Testskripts dann nicht dieselben Werte anzeigt, meldet das Testskript ebenfalls einen Fehler.

eCATT können Sie sowohl für Anwendungen mit einer Benutzeroberfläche für das SAP GUI als auch mit Web-Dynpro-Applikationen verwenden. Für Web Dynpro benötigen Sie allerdings mindestens das Release 7.0 EHP2 auf dem Applikationsserver und den SAP NetWeaver Business Client ab Version 3.0 auf den Client-Rechnern.

Zum Funktionsumfang von eCATT gehören auch Funktionalitäten, die Ihnen deutlich komplexere Tests als das Beispiel aus diesem Tipp ermöglichen. So können Sie etwa mehrere Testskripte modular zu einem größeren zusammensetzen, Parameter zwischen Testskripten übertragen, Kontrollstrukturen wie Schleifen und Verzweigungen verwenden, Methoden und Funktionsbausteine aufrufen und umfangreiche Testdaten in Form von Testkonfigurationen ablegen. Sogar Tests, an denen mehrere verbundene SAP-Systeme betei-

Tests von Benutzeroberflächen mit eCATT automatisieren **Tipp 62**

ligt sind, lassen sich über Testskripte automatisieren. Und auch für Testskripte gibt es einen speziellen Debugger, mit dem Sie Ihre Testskripte schrittweise ablaufen lassen und dabei das Verhalten analysieren können.

› Und so geht's

Damit Sie eCATT in Ihrem System nutzen können, muss der Profilparameter `sapgui/user_scripting` den Wert TRUE haben. Als Systemadministrator können Sie diesen Profilparameter über die Transaktion RZ11 setzen. Außerdem muss für den Mandanten, in dem Sie testen möchten, die Verwendung von eCATT erlaubt sein. Diese Einstellung können Sie als Systemadministrator über die Transaktion SCC4 vornehmen.

Als Beispiel für die Funktionsweise von eCATT beschreibt dieser Tipp das Anlegen und Ausführen eines eCATT-Testskripts, das im ABAP Dictionary eine Datenbanktabelle aus dem SAP-Flugdatenmodell öffnet. Über die Benutzeroberfläche des ABAP Dictionarys prüft das Testskript, ob der Mandant als erstes Feld in der Datenbanktabelle definiert ist.

Führen Sie die folgenden Schritte aus, um das Testskript anzulegen:

1. Öffnen Sie das Einstiegsbild zu eCATT über die Transaktion SECATT.

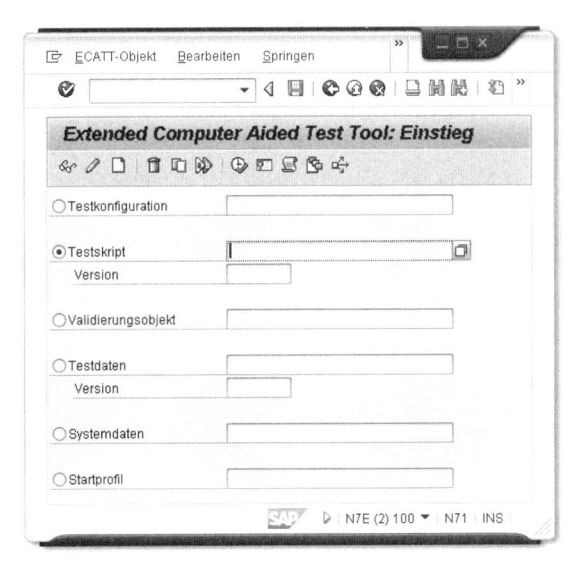

Einstiegsbild zu eCATT

2. Markieren Sie den Auswahlknopf **Testskript**, und geben Sie daneben einen Namen für Ihr Testskript an. Da es sich auch bei Testskripten um Entwick-

lungsobjekte handelt, müssen Sie einen global eindeutigen Namen verwenden, der mit dem von Ihnen verwendeten Namensbereich oder Namensraum beginnt.

3. Klicken Sie auf die Schaltfläche mit dem Anlegen-Symbol (▯), um das Testskript anzulegen.

4. Sie gelangen zunächst auf die Registerkarte **Attribute** und dort auf die Unterregisterkarte **Allgemeine Daten**. Geben Sie hier im Feld **Titel** eine Beschreibung Ihres Testskripts an.

5. Wählen Sie außerdem im Feld **Komponente** die Anwendungskomponente aus, auf die sich Ihr Test bezieht. Bei der Auswahl der Anwendungskomponente können Sie die Wertehilfe zu dem Feld verwenden. Falls Sie hier keine sinnvolle Zuordnung vornehmen können, geben Sie im Zweifel einfach die Initialen des Autors dieses Buches an (CA).

6. Speichern Sie das Testskript über die Schaltfläche mit dem entsprechenden Symbol (▯), und wechseln Sie dann auf die Registerkarte **Editor**. In der unteren Hälfte dieser Registerkarte sehen Sie die Anweisungen des Skripts. Bei einem neuen Skript ist dieser Bereich zunächst leer.

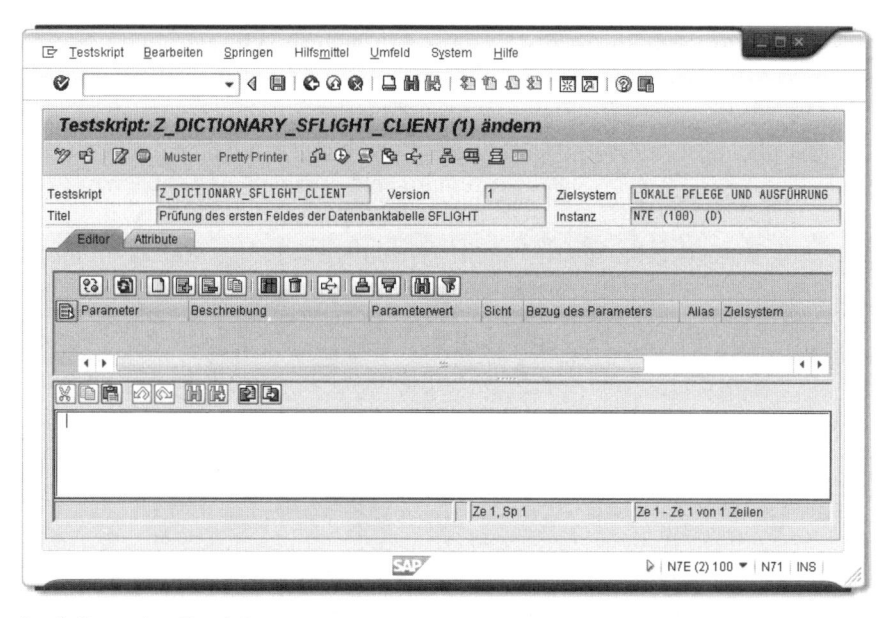

Bearbeitung eines Testskripts

7. Klicken Sie auf die Schaltfläche **Muster**, um mit der Aufzeichnung zu beginnen. Während der Aufzeichnung erzeugt das System automatisch

Anweisungen im Skript. Falls das Skript bereits Anweisungen enthält, platzieren Sie den Cursor im Editor darum zuvor an der Stelle, an der Sie die Anweisungen zu den aufgezeichneten Schritten einfügen möchten.

8. Wählen Sie als **Gruppe** den Eintrag **UI-Ansteuerung** und als **Kommando** den Eintrag **SAPGUI (Record)**. Bestätigen Sie Ihre Eingabe durch einen Klick auf die Schaltfläche mit dem Okay-Symbol (✓).

Dialog zum Einfügen eines Musters in ein Testskript

9. Möglicherweise erscheint nun eine Nachfrage, ob Sie fortfahren möchten, obwohl kein Systemdatencontainer angegeben ist. Da wir in diesem Fall nur im aktuellen System testen möchten, können Sie diese Nachfrage durch einen Klick auf die Schaltfläche **Ja** (✓) beantworten.

10. Im folgenden Dialog müssen Sie noch einstellen, was Sie aufzeichnen möchten. Sie möchten hier alles automatisch aufzeichnen, was Sie auf der Oberfläche tun. Deaktivieren Sie darum das Ankreuzfeld **Manuelle Erzeugung**, und aktivieren Sie alle Ankreuzfelder im Bereich **Automatische Erzeugung**. Geben Sie außerdem im Feld **Aufzeichnung starten mit Transaktion** den Transaktionscode der Anwendung an, die Sie aufzeichnen möchten, in diesem Fall SE11. Starten Sie dann die Aufzeichnung über die Schaltfläche **Aufzeichnung starten** (🖳).

Dialog zur Aufzeichnung von SAP-GUI-Kommandos

TEIL 7 Anwendungen testen

11. Die angegebene Anwendung wird nun in einem neuen Modus gestartet. Außerdem fragt das System Sie in einem Pop-up, ob Sie diese neue Session aufzeichnen möchten. Bestätigen Sie dies durch einen Klick auf die Schaltfläche **Ja**.

12. Während der Aufzeichnung sehen Sie außerdem ein weiteres kleines Fenster zur Steuerung der Aufzeichnung. Über dieses Fenster können Sie die Aufzeichnung beenden und manuell Kommandos erzeugen. Wechseln Sie zunächst in das Fenster mit der Anwendung, deren Transaktionscode Sie zuvor angegeben haben.

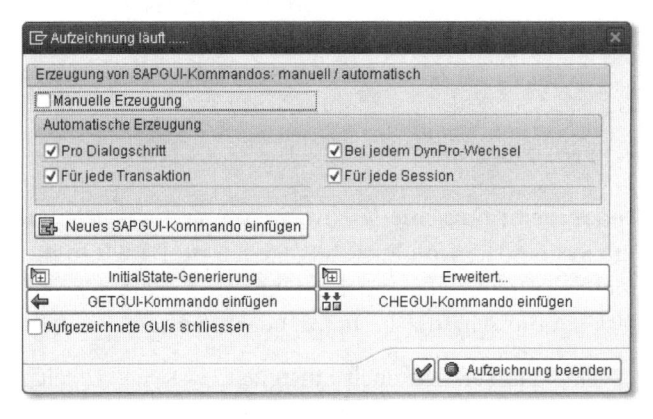

Fenster zur Steuerung der Aufzeichnung

13. Führen Sie in diesem Fenster nun die Aktionen aus, die Sie aufzeichnen möchten. Um das hier behandelte Beispiel nachzuvollziehen, aktivieren Sie den Auswahlknopf **Datenbanktabelle**, und geben Sie im Feld daneben den Wert SFLIGHT ein. Klicken Sie dann auf die Schaltfläche **Anzeigen** ().

14. Wechseln Sie dann in das Fenster zur Steuerung der Aufzeichnung. Klicken Sie hier auf die Schaltfläche **CHEGUI-Kommando einfügen** (). Mit diesem Kommando können Sie prüfen, ob an der Oberfläche an einer bestimmten Stelle ein bestimmter Wert angezeigt wird.

15. Wenn Sie nun die Maus über die Felder des ABAP Dictionarys bewegen, wird jeweils das aktuelle Feld mit einem roten Rahmen hervorgehoben. Bewegen Sie die Maus auf die erste Zeile in der ersten Spalte der Tabelle mit den Feldern der Datenbanktabelle, sodass diese Zelle rot umrahmt ist. Klicken Sie dann einmal mit der linken Maustaste.

16. Über ein weiteres Pop-up können Sie nun angeben, welche Eigenschaft des ausgewählten Oberflächenelements Sie prüfen möchten. Klappen Sie dazu im angezeigten Baum den Knoten **Checks** und darunter den Knoten

GeneralState auf. Aktivieren Sie darunter das Ankreuzfeld **Text**. Bestätigen Sie Ihre Auswahl durch einen Klick auf die Schaltfläche **Einfügen und beenden**. So erstellen Sie in Ihrem Testskript eine Anweisung, die prüft, ob in der entsprechenden Zelle der Tabelle im ABAP Dictionary tatsächlich der Text MANDT angezeigt wird.

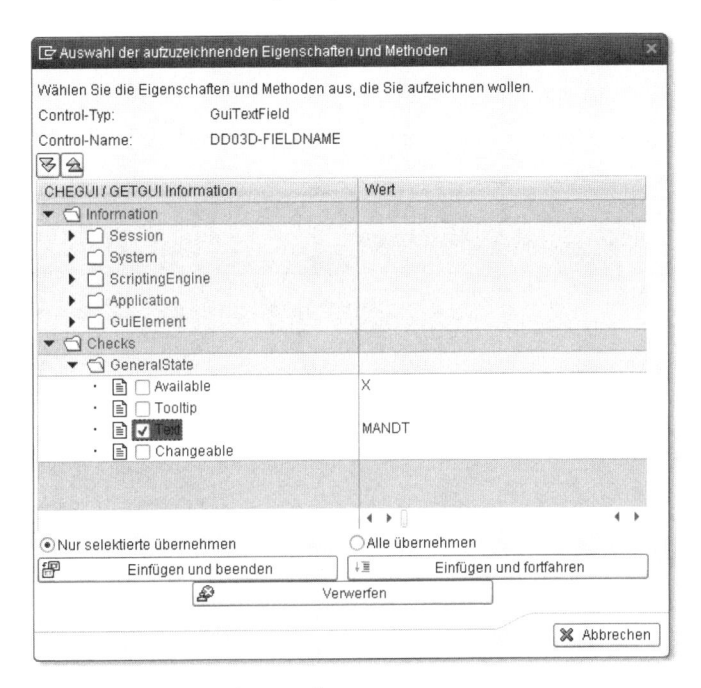

Pop-up zum CHEGUI-Kommando

17. Klicken Sie schließlich im Fenster zur Steuerung der Aufzeichnung auf die Schaltfläche **Aufzeichnung beenden** (), und speichern Sie das Testskript über die Schaltfläche mit dem Speichern-Symbol () ab.

In Ihrem Testskript befinden sich nun Anweisungen zu allen Schritten, die Sie während der Aufzeichnung ausgeführt haben. Das Testskript können Sie nun ausführen, indem Sie auf die Schaltfläche mit dem Ausführen-Symbol () klicken. Sie gelangen dann zunächst in die Sicht zur Pflege der Startoptionen. Belassen Sie es hier zunächst bei den Standardeinstellungen, und klicken Sie erneut auf die Schaltfläche mit dem Ausführen-Symbol ().

Nicht erschrecken! Auf dem Bildschirm läuft nun, je nach Geschwindigkeit Ihres Systems möglicherweise in Windeseile, all das automatisch ab, was Sie zuvor aufgezeichnet haben. Zum Schluss zeigt das System Ihnen noch ein Protokoll an, in dem Sie ablesen können, ob das System alle Schritte wie erwartet ausführen konnte.

TEIL 7 Anwendungen testen

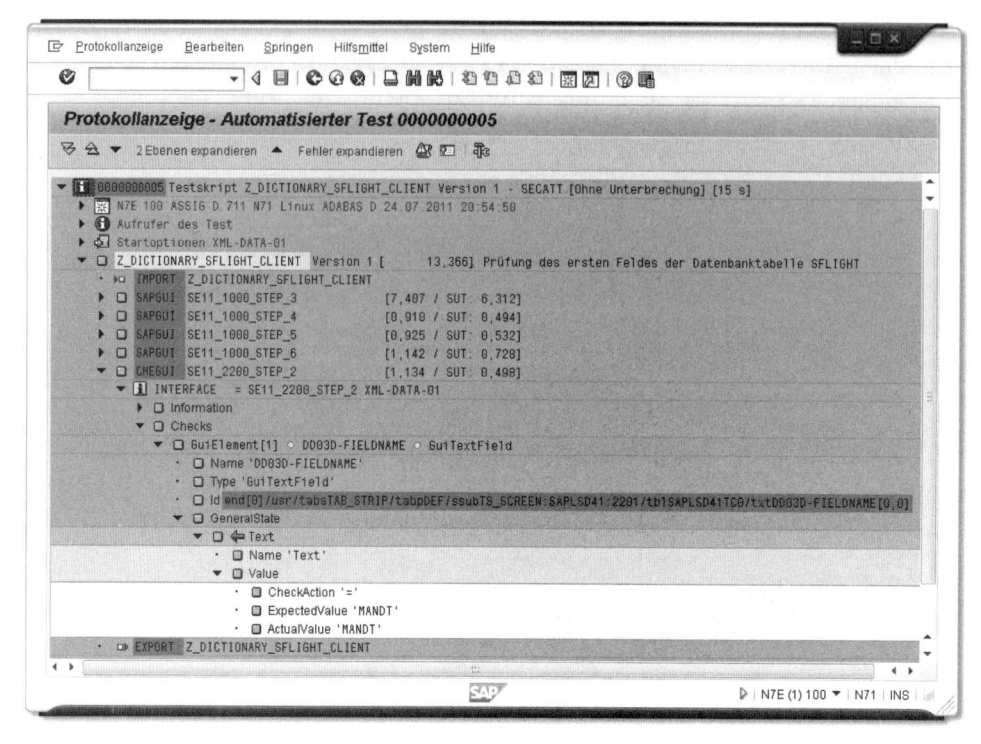

Protokoll zur Ausführung eines Testskripts

Tipp 63

Assertions, Breakpoints und Logpoints aktivieren

Ordnen Sie Assertions, Breakpoints und Logpoints in Ihrem Quelltext Checkpoint-Gruppen zu. So können Sie diese sogenannten aktivierbaren Checkpoints bei Bedarf gezielt aktivieren. Solange Sie die Checkpoint-Gruppe nicht aktiviert haben, ignoriert das System die aktivierbaren Checkpoints.

Im Quelltext Ihrer Anwendungen können Sie als *Checkpoints* bezeichnete Anweisungen verwenden, die es Ihnen erleichtern, den Ablauf Ihrer Anwendungen zu analysieren. Zu diesen Checkpoints zählen Assertions, Breakpoints und Logpoints.

Mit Assertions können Sie Bedingungen formulieren, die zur Laufzeit immer erfüllt sein müssen. Zu einer Assertion können Sie einstellen, ob die Anwendung mit einer Fehlermeldung oder mit dem Abbruch des Programms reagieren soll, wenn die zugehörige Bedingung nicht erfüllt ist. Breakpoints ermöglichen Ihnen, die Ausführung der Anwendung beim Erreichen der Anweisung anzuhalten und den ABAP Debugger zu starten. Logpoints erzeugen eine Statistik darüber, wie oft eine bestimmte Stelle im Quelltext mit welchen Werten in bestimmten Variablen durchlaufen wurde.

Bei den ABAP-Anweisungen für Assertions (ASSERT), Breakpoints (BREAK-POINT) und Logpoints (LOG-POINT) können Sie jeweils mit dem Zusatz ID angeben, zu welcher Checkpoint-Gruppe der Checkpoint gehört. Durch diesen Zusatz machen Sie aus dem Checkpoint einen aktivierbaren Checkpoint. Das heißt, solange Sie die Checkpoint-Gruppe nicht explizit für einen definierten Zeitraum aktivieren, ignoriert das System die Existenz der Checkpoints dieser Gruppe vollständig.

⟩ Und so geht's

Um eine Checkpoint-Gruppe in einer ABAP-Anweisung verwenden zu können, müssen Sie die Checkpoint-Gruppe zunächst anlegen. Starten Sie dazu die Pflege der aktivierbaren Checkpoints über die Transaktion SAAB.

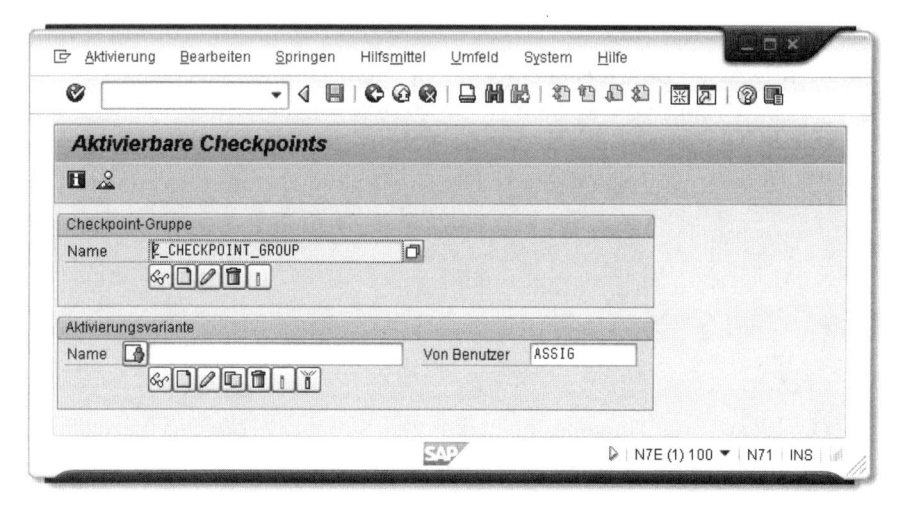

Einstiegsbild zur Pflege der aktivierbaren Checkpoints

Geben Sie im Bereich **Checkpoint-Gruppe** im Eingabefeld **Name** an, wie Ihre neue Checkpoint-Gruppe heißen soll. Da es sich auch bei einer Checkpoint-Gruppe um ein Entwicklungsobjekt handelt, müssen Sie auch hier die Konventionen für Kundennamensbereiche oder reservierte Namensräume beachten.

Legen Sie dann die Checkpoint-Gruppe an, indem Sie ebenfalls im Bereich **Checkpoint-Gruppe** auf die Schaltfläche mit dem Anlegen-Symbol (🗋) klicken. Wie auch bei anderen Entwicklungsobjekten müssen Sie daraufhin einen Beschreibungstext angeben und die Checkpoint-Gruppe gegebenenfalls einem Paket und einem Transportauftrag zuordnen. Danach können Sie den Namen der Checkpoint-Gruppe in den drei Checkpoint-Anweisungen hinter dem Zusatz ID angeben, um einen Checkpoint der Checkpoint-Gruppe zuzuordnen.

Im Dialog zur Pflege der aktivierbaren Checkpoints gelangen Sie nach dem Anlegen der Checkpoint-Gruppe auf die Registerkarte **Aktivierung**. Diese Sicht können Sie auch später jederzeit aufrufen, indem Sie im Einstiegsbild erneut den Namen der Checkpoint-Gruppe angeben und auf die Schaltfläche mit dem Ändern-Symbol (✏️) klicken.

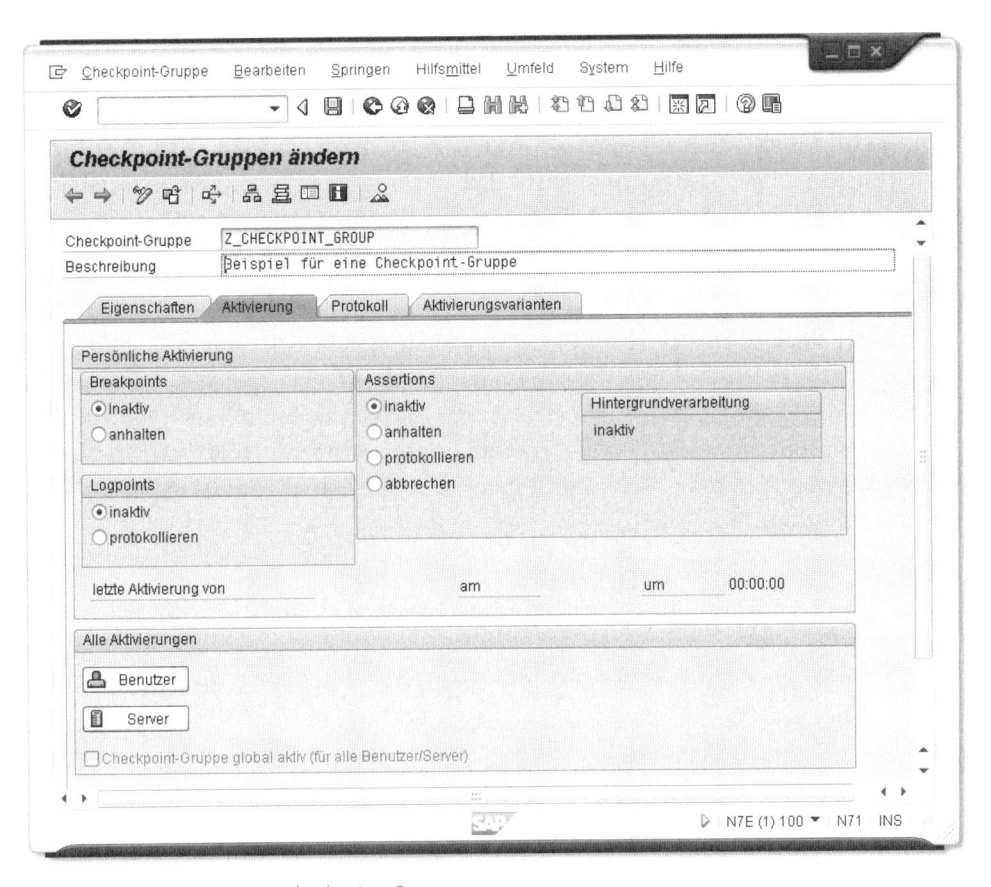

Assertions, Breakpoints und Logpoints aktivieren Tipp 63

Dialog zum Aktivieren einer Checkpoint-Gruppe

In den drei Bereichen **Breakpoints**, **Logpoints** und **Assertions** können Sie jeweils das Verhalten beim Erreichen eines Checkpoints festlegen. Bei Breakpoints und Logpoints können Sie dabei nicht viel mehr tun, als die Anweisungen ein- und auszuschalten.

Bei Assertions können Sie das Verhalten detaillierter bestimmen: Mit der Einstellung **anhalten** wirkt sich die Assertion wie ein Breakpoint aus, wenn die Bedingung nicht erfüllt ist. Mit der Einstellung **protokollieren** gleicht das Verhalten bei nicht erfüllter Bedingung dem Verhalten eines Logpoints. Wenn Sie **abbrechen** auswählen, führt eine nicht erfüllte Bedingung einer Assertion dieser Checkpoint-Gruppe unweigerlich zu einem Kurzdump. Die Einstellung **anhalten** gilt bei Assertions nur für im Vordergrund laufende Anwendungen. Darum müssen Sie bei dieser Einstellung zusätzlich auswählen, ob Sie für die **Hintergrundverarbeitung** die Einstellung **protokollieren** oder **abbrechen** verwenden möchten.

237

TEIL 7 Anwendungen testen

Solange Sie nichts anderes auswählen, wirken sich die Einstellungen auf der Registerkarte **Aktivierung** nur für Ihren Benutzer aus. Über die Schaltflächen **Benutzer** (🙍) und **Server** (🗄) im Bereich **Alle Aktivierungen** können Sie eine andere Auswahl treffen. Klicken Sie auf die Schaltfläche **Benutzer**, wenn Sie die Checkpoint-Gruppe zusätzlich für einzelne weitere Benutzer aktivieren möchten. Soll die Aktivierung für alle Benutzer auf einem einzelnen Applikationsserver Ihres Systems greifen, klicken Sie auf die Schaltfläche **Server**, um entsprechende Angaben vornehmen zu können.

Ihre Einstellungen werden aktiv, sobald Sie sie über die Schaltfläche mit dem Speichern-Symbol (💾) in der Systemfunktionsleiste speichern. Ab Release 7.0 EHP2 erscheint beim Speichern der Aktivierung eine Nachfrage, für welchen Zeitraum Sie die Checkpoint-Gruppe aktivieren möchten. In älteren Releases bleibt die Aktivierung dauerhaft bestehen, bis Sie sie explizit wieder abschalten.

TEIL 8
Anwendungen debuggen

Der ABAP Debugger unterstützt Sie dabei, das Verhalten einer Anwendung zur Laufzeit im Detail zu analysieren und bei Bedarf auch zu beeinflussen. Um mit dem Debugging zu beginnen, müssen Sie es zunächst aktivieren. Abhängig von der Art der Anwendung, geschieht dies auf unterschiedliche Weise, beispielsweise in SAP-GUI-Dialoganwendungen anders als in Web-Dynpro-Anwendungen oder in Hintergrundanwendungen. Sie erfahren in diesem Teil außerdem, wie Sie sich beim Debugging nicht Zeile für Zeile durch Tausende Zeilen Quelltext vorantasten müssen, sondern möglichst schnell an die für Sie interessanten Stellen gelangen, und dort angekommen möglichst schnell die Ursache dafür erkennen, warum sich eine Anwendung nicht so verhält, wie Sie es sich wünschen.

Tipps in diesem Teil

Tipp 64	Zwischen dem klassischen und dem neuen ABAP Debugger umschalten	240
Tipp 65	Debugging von Systemprogrammen	243
Tipp 66	Debugging aus einem Pop-up aktivieren	246
Tipp 67	Debugging von Hintergrundanwendungen aktivieren	249
Tipp 68	Debugging für laufende Web-Dynpro-Anwendungen aktivieren	253
Tipp 69	Besonderheiten beim Debugging von Web-Dynpro-Anwendungen	256
Tipp 70	Breakpoints bei bestimmten Anweisungen anlegen	260
Tipp 71	Breakpoints mit Bedingungen verwenden	264
Tipp 72	Watchpoints verwenden	267
Tipp 73	Layer-Aware Debugging	271
Tipp 74	Layouts im ABAP Debugger konfigurieren	274
Tipp 75	Klassenbasierte Ausnahmen im ABAP Debugger auswerten	278
Tipp 76	Informationen aus einem Kurzdump auswerten	282

Tipp 64
Zwischen dem klassischen und dem neuen ABAP Debugger umschalten

Der neue ABAP Debugger ist deutlich mächtiger und komfortabler als der klassische. Zum klassischen ABAP Debugger können Sie dennoch nach wie vor umschalten, beispielsweise um einen zusätzlichen freien Modus zu gewinnen.

Seit Release 6.40 steht Ihnen in ABAP-Applikationsservern neben dem klassischen auch der neue ABAP Debugger zur Verfügung, seit Release 7.0 wird der neue ABAP Debugger auch standardmäßig verwendet. Seit dem Erscheinen des neuen Debuggers entwickelt SAP fast ausschließlich den neuen ABAP Debugger weiter.

Der größte Unterschied zwischen den beiden ABAP Debuggern besteht in der Verwendung der Prozesse: Während der klassische ABAP Debugger in demselben internen Modus wie die zu analysierende Anwendung läuft, verwendet der neue ABAP Debugger einen eigenen externen Modus. Für Sie wird das dadurch sichtbar, dass der neue ABAP Debugger ein eigenes Fenster öffnet, während der klassische ABAP Debugger in demselben Fenster angezeigt wird wie die zu analysierende Anwendung.

Unter dem Strich bietet der neue ABAP Debugger mittlerweile viele wesentliche Vorteile gegenüber dem klassischen ABAP Debugger. Sie können die Oberfläche des neuen ABAP Debuggers an Ihre Vorlieben anpassen, und Ihnen steht eine Vielzahl von zusätzlichen Werkzeugen und Funktionalitäten zur Verfügung. Darüber hinaus passt sich die Größe der Oberflächenelemente an die Möglichkeiten Ihres Monitors an, sodass Sie sich auch Quelltext-Zeilen mit mehr als 72 Zeichen auf dem Bildschirm anzeigen lassen können. Durch die Aufteilung in zwei Modi können Sie außerdem gleichzeitig die Benutzeroberfläche der zu analysierenden Anwendung und die Benutzeroberfläche des ABAP Debuggers sehen.

Zwischen dem klassischen und dem neuen ABAP Debugger umschalten **Tipp 64**

Der unterschiedliche Umgang mit den Modi ist zugleich der größte verbliebene Vorteil des klassischen ABAP Debuggers. Da die Anzahl der Modi, die Sie im SAP GUI gleichzeitig öffnen können, begrenzt ist, verhilft Ihnen der sparsame Umgang mit den Modi im klassischen ABAP Debugger dazu, dass Sie mehr freie Modi für andere Aktivitäten behalten. Sie können darum bei Bedarf gezielt zum klassischen ABAP Debugger umschalten, um einen zusätzlichen Modus zu erhalten.

› Und so geht's

Um aus dem klassischen zum neuen ABAP Debugger zu wechseln, rufen Sie den Menüeintrag **Debugging** ▸ **Wechsel zu neuem ABAP Debugger** auf. Den umgekehrten Weg können Sie gehen, indem Sie im neuen ABAP Debugger den Menüeintrag **Debugger** ▸ **Wechsel zum klassischen ABAP Debugger** aufrufen.

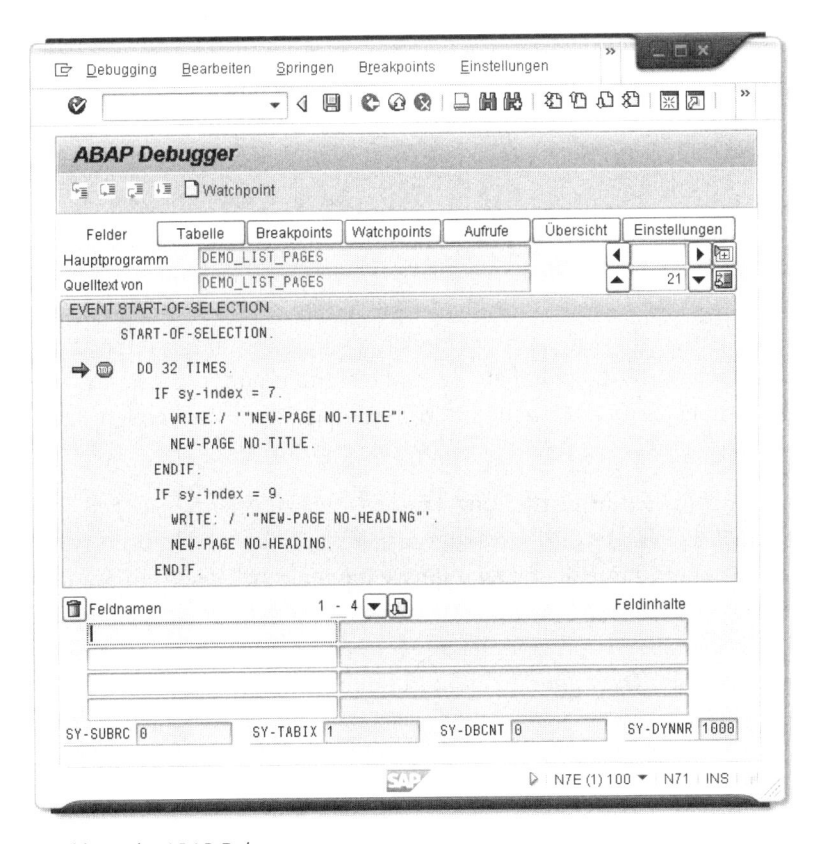

Der klassische ABAP Debugger

TEIL 8 Anwendungen debuggen

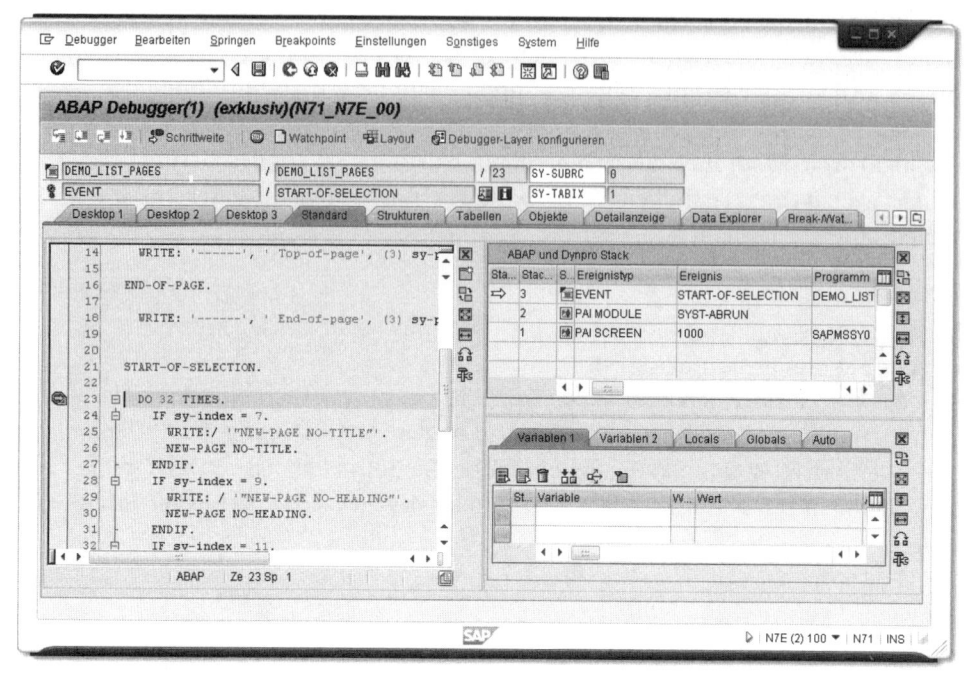

Der neue ABAP Debugger

Wenn Sie bereits die maximale Anzahl Modi geöffnet haben und das Debugging aktivieren, verwendet das System automatisch den klassischen ABAP Debugger. Um in einem solchen Fall in den neuen ABAP Debugger zu wechseln, müssen Sie die Anwendung nicht neu starten, damit das System die Entscheidung über den zu verwendenden Debugger unter veränderten Bedingungen wiederholt. Schließen Sie einfach einen anderen Modus, und wechseln Sie über den zuvor genannten Menüeintrag in den neuen ABAP Debugger.

Über eine entsprechende Einstellung können Sie dauerhaft festlegen, mit welchem ABAP Debugger Sie bevorzugt arbeiten. Rufen Sie dazu im ABAP Editor den Menüeintrag **Hilfsmittel ▸ Einstellungen** auf. Wechseln Sie dort auf der Registerkarte **ABAP Editor** auf die Unterregisterkarte **Debugging**. Hier können Sie im Bereich **ABAP-Debugger** über die Auswahlknöpfe **Classic Debugger** und **Neuer Debugger** den von Ihnen bevorzugten ABAP Debugger auswählen.

Tipp 65
Debugging von Systemprogrammen

Um Ihnen das Debugging von betriebswirtschaftlichen Anwendungen zu erleichtern, überspringt der ABAP Debugger mit den Standardeinstellungen alle Systemprogramme. Möchten Sie auch Systemprogramme debuggen, müssen Sie dies explizit einstellen.

Zu jeder globalen Klasse und zu jedem Programm in ABAP können Sie den sogenannten *Programmstatus* angeben. Ein möglicher Programmstatus kennzeichnet ein ABAP-Entwicklungsobjekt als Systemprogramm. Wie Sie herausfinden, ob ein Programm oder eine Klasse als Systemprogramm deklariert ist, und wie Sie diese Einstellung ändern können, erfahren Sie in Tipp 25.

Der ABAP Debugger überspringt mit den Standardeinstellungen automatisch alle Verarbeitungsblöcke, die als Systemprogramm gekennzeichnet sind. So möchte SAP es Ihnen erleichtern, sich auf die inhaltliche Verarbeitung Ihrer betriebswirtschaftlichen Anwendungen zu konzentrieren. In den meisten Fällen ist dieses Verhalten auch sinnvoll. Wenn Sie mit diesem Verhalten nicht vertraut sind, wundern Sie sich vielleicht allenfalls, warum der ABAP Debugger beim Aufruf oder Verlassen einer Methode an eine ganz andere Stelle springt, als Sie es erwartet haben. Falls Sie aber doch einmal den Bedarf haben, als Systemprogramm gekennzeichneten Quelltext zu debuggen, müssen Sie die entsprechende Einstellung im ABAP Debugger aktivieren.

› Und so geht's

Um das Debugging direkt als System-Debugging zu aktivieren, geben Sie im Befehlsfeld im SAP GUI den Befehl /hs ein. Dieser Befehl wirkt sich genauso aus wie der Befehl /h zum Aktivieren des Debuggings, nur dass dieser Befehl auch das System-Debugging aktiviert, falls es nicht ohnehin schon aktiv ist. Das System-Debugging bleibt dann für den laufenden Modus aktiv. In einem neuen Modus greift wieder die Standardeinstellung, und Sie müssen das System-Debugging gegebenenfalls erneut aktivieren.

Um einen Breakpoint zu erreichen, den Sie in einem Systemprogramm gesetzt haben, müssen Sie auch zuerst das System-Debugging aktivieren. Geben Sie dazu zum Beispiel auch zunächst den Befehl /hs im Befehlsfeld ein, und lassen Sie den Debugger dann über den Menüeintrag **Debugger ▸ Weiter** oder über die Taste [F8] bis zum Breakpoint weiterlaufen. Wenn Sie aus einem Pop-up heraus das Debugging aktivieren möchten, so wie es in Tipp 66 beschrieben wird, können Sie auch den Befehl /hs statt des Befehls /h verwenden, um direkt das System-Debugging zu aktivieren.

Befinden Sie sich bereits im ABAP Debugger, können Sie das System-Debugging auch über den Menüeintrag **Einstellungen ▸ Systemdebugging ein/aus** aktivieren. Denselben Menüeintrag können Sie auch verwenden, um das System-Debugging für den aktuellen Modus abzuschalten, unabhängig davon, auf welche Art Sie es zuvor aktiviert haben.

Eine weitere Möglichkeit zum Ein- und Ausschalten des System-Debuggings erreichen Sie im ABAP Debugger über den Menüeintrag **Einstellungen ▸ Debugger Profil/Einstellungen ändern**. Hierüber kommen Sie zu einem Dialogfenster mit dem Ankreuzfeld **Systemdebugging**. An diesem Ankreuzfeld können Sie ablesen, ob das System-Debugging gerade aktiv ist, und es bei Bedarf aktivieren oder deaktivieren. Verlassen Sie das Dialogfenster über die Schaltfläche mit dem Okay-Symbol (✔), nehmen Sie die Einstellungen wiederum nur für den laufenden Modus vor. Wenn Sie Ihre Einstellung dauerhaft speichern möchten, verlassen Sie das Dialogfenster durch einen Klick auf das Speichern-Symbol (🖫).

Im **ABAP und Dynpro Stack** hebt der ABAP Debugger die Stufen in der Aufrufhierarchie blau hervor, die als Systemprogramm gekennzeichnet sind. Wenn Sie das System-Debugging noch nicht aktiviert haben und auf eine Zeile im Stack doppelklicken, die zu einem Systemprogramm gehört, erscheint automatisch das zuvor beschriebene Dialogfenster. Hier müssen Sie dann zunächst das System-Debugging aktivieren, um danach auf die Stufe in der Aufhierarchie wechseln zu können, die als Systemprogramm gekennzeichnet ist.

Debugging von Systemprogrammen **Tipp 65**

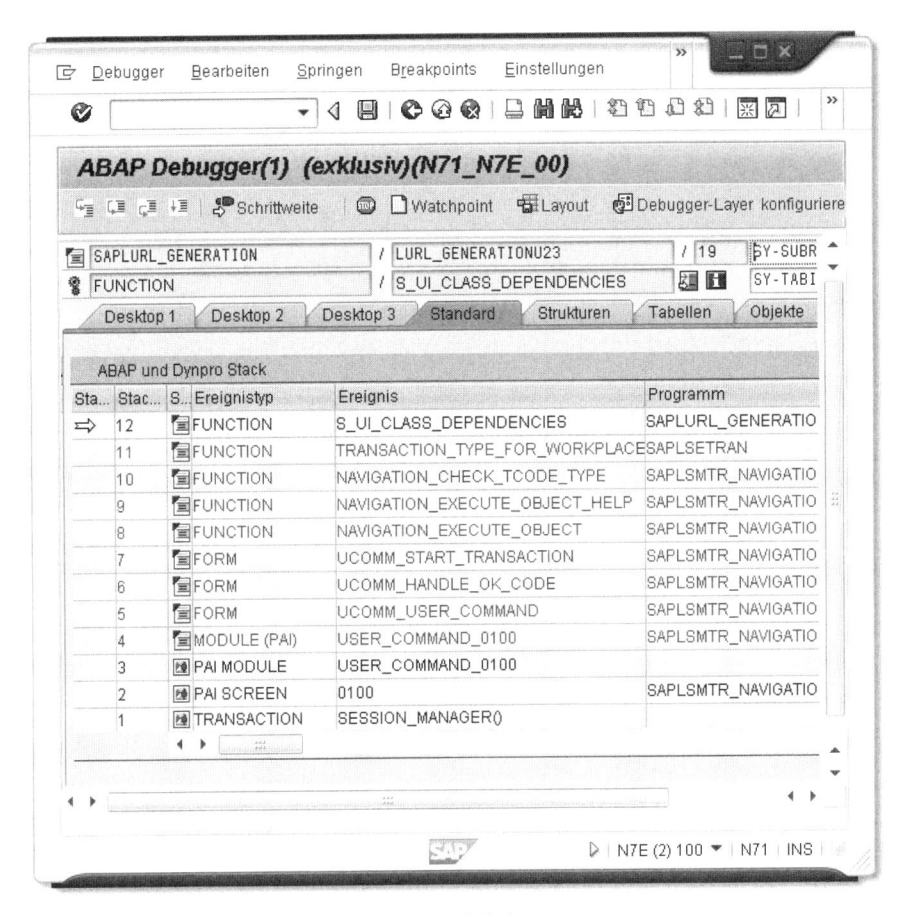

Kennzeichnung von Systemprogrammen im ABAP Debugger

>> **Tipp 66**

Debugging aus einem Pop-up aktivieren

Mit einem Befehl im Befehlsfeld können Sie in SAP-GUI-Anwendungen jederzeit den ABAP Debugger aktivieren. Hier erfahren Sie, wie Sie den ABAP Debugger auch dann aktivieren können, wenn kein Befehlsfeld verfügbar ist, wie zum Beispiel in einem Pop-up-Fenster.

Pop-ups oder modale Fenster enthalten im SAP GUI keine Systemfunktionsleiste, und damit auch kein Befehlsfeld. Für die direkte Eingabe von Befehlen, beispielsweise zum Aktivieren des ABAP Debuggers, fehlt Ihnen daher bei der Anzeige solcher Fenster das notwendige Oberflächenelement.

Auch in einer solchen Situation können Sie einen Befehl ausführen, den Sie normalerweise ins Befehlsfeld im SAP GUI eingeben würden. Legen Sie dazu eine Datei an, die den entsprechenden Befehl enthält, eine sogenannte *SAP-GUI-Verknüpfung*. Diese Datei können Sie dann per Drag & Drop in die laufende Anwendung ziehen, um dort den Befehl sofort auszuführen, ganz so, als hätten Sie den Befehl in das Befehlsfeld eingegeben.

> **Und so geht's**

Um die Datei anzulegen, die Sie zum Aktivieren des ABAP Debuggers benötigen, haben Sie zwei Möglichkeiten: Sie können mit der Hilfe des SAP GUI eine SAP-GUI-Verknüpfung anlegen, oder Sie können die Datei mit einem Texteditor von Hand erstellen.

Um den Weg über das SAP GUI zu verfolgen, öffnen Sie einen Ordner im Microsoft Windows Explorer, in dem Sie die Datei ablegen möchten. Sie können auch auf den Desktop wechseln, wenn Sie die Datei dort ablegen möchten. Öffnen Sie dann das Kontextmenü des Ordners, indem Sie mit der rechten Maustaste auf einen freien Bereich klicken. Wählen Sie aus dem Kontextmenü den Eintrag **Neu** ▸ **SAP GUI Verknüpfung**. Ihr Betriebssystem legt die Datei nun in dem Ordner an, und Sie können der Datei einen Namen geben, zum Beispiel *Debugging aktivieren.sap*.

Öffnen Sie nun das Kontextmenü zur neu angelegten Datei, und rufen Sie dort den Eintrag **Bearbeiten** auf. Sie gelangen nun in einen Dialog, in dem Sie die Eigenschaften der SAP-GUI-Verknüpfung bearbeiten können. Wählen Sie hier zunächst als **Typ** den Eintrag **Systembefehl** aus. Geben Sie dann im Feld **Befehl** ein, welchen Befehl Sie mit der Datei auslösen möchten, beispielsweise /h für das Aktivieren des ABAP Debuggers. Verlassen Sie den Dialog dann über die Schaltfläche **OK**.

Dialog zum Bearbeiten der Eigenschaften einer SAP-GUI-Verknüpfung

Alternativ können Sie die Datei auch über einen beliebigen Texteditor anlegen. Geben Sie dazu den Inhalt der Textdatei aus der folgenden Abbildung in Ihre Textdatei ein. Speichern Sie diese Datei dann entweder als Textdatei (zum Beispiel mit der Dateiendung *.txt*) oder als SAP-GUI-Verknüpfung mit der Endung *.sap*.

Textdatei zum Aktivieren des Debuggings

Egal auf welchem Weg Sie die Datei angelegt haben, Sie können die Datei nun verwenden, um in Pop-up-Fenstern den angegebenen Befehl auszuführen. Ziehen Sie dazu die Datei per Drag & Drop mit der linken Maustaste aus dem Ordner im Windows Explorer oder von Ihrem Desktop direkt in das Pop-up-Fenster im SAP GUI. Die Meldung, dass das Debugging eingeschaltet wurde, erscheint in der Statusleiste des Hauptfensters, zu dem das Pop-up gehört. Sobald Sie die nächste Aktion in dem Pop-up durchführen, beispielsweise eine Schaltfläche anklicken, öffnet sich der ABAP Debugger.

Das beschriebene Vorgehen können Sie auch für andere Befehle nutzen. Zum Beispiel können Sie in der SAP-GUI-Verknüpfung auch den Befehl /n hinterlegen, um die laufende Anwendung aus einem Pop-up heraus zu schließen.

Tipp 67

Debugging von Hintergrundanwendungen aktivieren

Die üblichen Wege zum Aktivieren des Debuggings können Sie bei Hintergrundanwendungen nicht einsetzen. Wie Sie den ABAP Debugger auch für Hintergrundanwendungen ins Spiel bringen können, erfahren Sie in diesem Tipp.

Um ein laufendes Programm gezielt an einer bestimmten Stelle im ABAP Debugger anzuhalten, können Sie aus der ABAP Workbench zwei Arten von Breakpoints setzen: Session-Breakpoints und externe Breakpoints. Session-Breakpoints greifen bei Anwendungen, die Sie im SAP GUI ausführen. Externe Breakpoints ermöglichen Ihnen das Debugging von allen Anwendungen, die über eine Schnittstelle des SAP-Systems von außen aufgerufen werden. Dazu zählen Remote Function Calls, Aufrufe von Webservices oder Business Server Pages sowie Web-Dynpro-Applikationen. Anwendungen, die Sie als Job für die Ausführung im Hintergrund eingeplant haben, beachten jedoch keine Breakpoints, gleich welcher Art.

Um eine Hintergrundanwendung dennoch gezielt zu debuggen, können Sie verschiedene alternative Möglichkeiten nutzen. Beispielsweise ist es möglich, eine Anwendung aus der Jobübersicht zu debuggen. Die Anwendung läuft dann unter ähnlichen, jedoch nicht unter exakt den gleichen Bedingungen wie eine Hintergrundanwendung unter der Kontrolle des ABAP Debuggers. Wenn Sie eine tatsächlich unter echten Bedingungen im Hintergrund ablaufende Anwendung debuggen möchten, können Sie das Debugging für einen bereits im Hintergrund laufenden Prozess aus der Prozessübersicht aktivieren. Um gezielt an einer bestimmten Stelle in das Debugging einzusteigen, ist es hilfreich, temporär eine Endlosschleife in die Anwendung einzubauen.

⟩ Und so geht's

Um die erste der beiden vorgestellten Möglichkeiten zu nutzen, öffnen Sie die Jobübersicht über die Transaktion SM37. Selektieren Sie dann den Job, den Sie debuggen möchten. Falls Ihre Hintergrundanwendung noch nicht als Job eingeplant ist, holen Sie das zunächst noch nach.

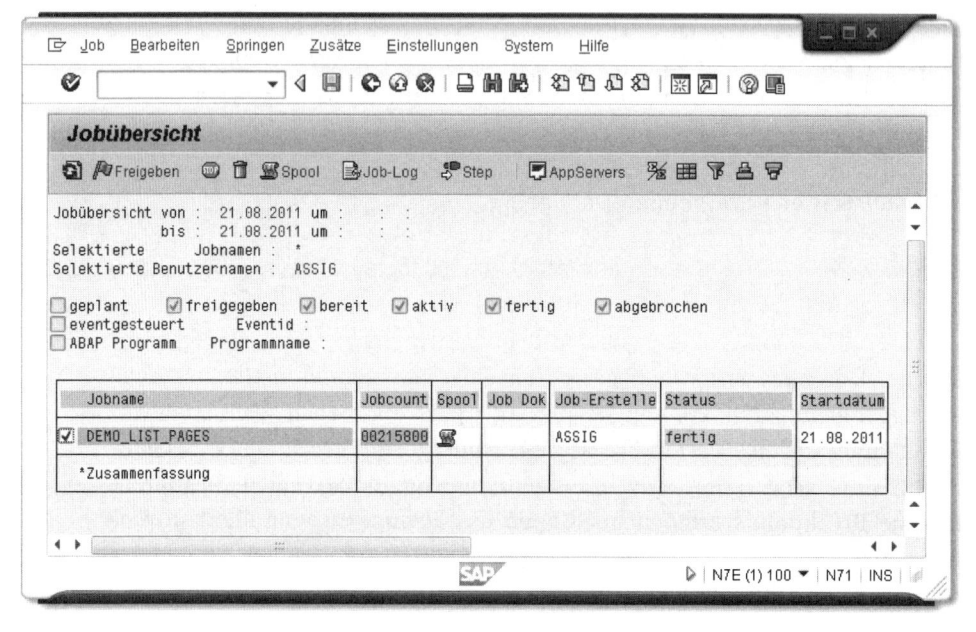

Auswahl eines Jobs in der Jobübersicht

Markieren Sie den Job, indem Sie den Haken im Ankreuzfeld am linken Rand der Zeile mit dem Job setzen, und rufen Sie den Menüeintrag **Zusätze ▸ Job debuggen** auf. Falls dieser Menüeintrag in Ihrem System nicht existiert, können Sie alternativ den Funktionscode JDBG in das Befehlsfeld im SAP GUI eingeben. Unabhängig davon, für welchen Zeitpunkt der Job eingeplant oder ob er bereits gelaufen ist, startet das System nun die ausgewählte, als Job eingeplante Anwendung und öffnet gleichzeitig den ABAP Debugger. Sie können die Hintergrundanwendung nun wie eine gewöhnliche Dialoganwendung debuggen. Auch von Ihnen gesetzte Session-Breakpoints führen jetzt dazu, dass das System die Ausführung der Anwendung unterbricht und Ihnen im ABAP Debugger die Kontrolle über die Anwendung gibt.

Wenn Sie das Debugging auf die zuvor beschriebene Art aktivieren, läuft der Job ohne Benutzeroberfläche und unter ähnlichen Bedingungen wie eine Hintergrundanwendung. Beispielsweise hat auch das ABAP-Systemfeld sy-batch den für Hintergrundanwendungen charakteristischen Wert X. Ein wesentlicher Unterschied zur regulären Ausführung als Job besteht jedoch: Die Anwendung belegt nun einen Dialog-Workprozess – keinen Batch-Workprozess. Um die Anwendung in einem Batch-Workprozess zu debuggen, nutzen Sie das nachfolgend beschriebene Vorgehen mit einer Endlosschleife.

Über die Prozessübersicht (Transaktion SM50) haben Sie die Möglichkeit, zu bereits laufenden Anwendungen den ABAP Debugger hinzuzuschalten. Markieren Sie dazu die Zeile mit dem Hintergrundprogramm, und rufen Sie den folgenden Menüeintrag auf:

Administration ▸ Programm ▸ Debugging

Dieses Vorgehen alleine funktioniert natürlich nur, wenn die Hintergrundanwendung mindestens eine Laufzeit von einigen Sekunden hat und Sie sich nicht gerade für die Ausführung der ersten Anweisungen der Anwendung interessieren. Um dieses Problem zu lösen, können Sie die Laufzeit der Anwendung künstlich verlängern. Am einfachsten erreichen Sie das mit einer Endlosschleife. Wenn Sie die Hintergrundanwendung bearbeiten können, platzieren Sie die Endlosschleife unmittelbar vor der ersten für Sie interessanten Anweisung. Wird die Hintergrundanwendung dann als Job ausgeführt, können Sie sie wie beschrieben über die Prozessübersicht einfangen. Markieren Sie dann im ABAP Debugger die erste Anweisung hinter der Endlosschleife, und rufen Sie den Menüeintrag **Debugger ▸ Zur Anweisung springen** auf, um die Endlosschleife zu verlassen. Vergessen Sie nach Ihren Tests nicht, die Endlosschleife wieder zu entfernen.

Das folgende Listing zeigt einen Quelltext-Ausschnitt, mit dem Sie einen Breakpoint für Dialog- und Hintergrundanwendungen in Ihre Anwendungen einbauen können. Für Dialoganwendungen können Sie dazu die Anweisung BREAK-POINT verwenden, für Hintergrundanwendungen kommt eine Endlosschleife zum Einsatz, um einen Breakpoint auf die beschriebene Art zu simulieren.

```
IF sy-batch = abap_true.
  DO.
  ENDDO.
ELSE.
  BREAK-POINT.
ENDIF.
```

Quelltext für einen Breakpoint in Dialog- und Hintergrundanwendungen

TEIL 8 Anwendungen debuggen

Wenn Sie die Hintergrundanwendung nicht direkt bearbeiten können, beispielsweise weil es sich um SAP-Quelltext handelt, können Sie das Enhancement Framework verwenden, um die Endlosschleife zu integrieren. Alternativ können Sie auch ein Programm schreiben, das mit der Endlosschleife beginnt und danach mit der ABAP-Anweisung SUBMIT das andere Programm aufruft. Planen Sie dann das selbst geschriebene Programm als Job ein, und aktivieren Sie über die Prozessübersicht das Debugging. Auf diese Art erreichen Sie es ebenfalls, die Hintergrundanwendung als Batch-Workprozess laufen zu lassen und sie dennoch kontrolliert ab der ersten Zeile zu debuggen.

Tipp 68

Debugging für laufende Web-Dynpro-Anwendungen aktivieren

In Web-Dynpro-Anwendungen haben Sie kein Befehlsfeld wie im SAP GUI, über das Sie das Debugging mit einem Befehl aktivieren könnten. Stattdessen können Sie die Transaktion zur Pflege der Services verwenden, um das Debugging zu aktivieren.

Um das Debugging für eine Anwendung zu aktivieren, die im SAP GUI abläuft, genügt es, den Befehl /h in das Befehlsfeld einzugeben. Da Sie in einer Web-Dynpro-Anwendung kein entsprechendes Befehlsfeld zur Verfügung haben, müssen Sie das Debugging für eine laufende Web-Dynpro-Anwendung auf einem anderen Weg aktivieren.

Dazu nutzen Sie die Pflege der Services aus dem Internet Communication Framework. Das in diesem Tipp beschriebene Vorgehen zum Aktivieren des Debuggings können Sie daher nicht nur für Web-Dynpro-Anwendungen verwenden, sondern beispielsweise auch für von anderen Systemen aufrufbare Webservices.

› Und so geht's

Starten Sie die Pflege der Services aus dem Internet Communication Framework über die Transaktion SICF. Selektieren Sie den Service zu Ihrer Web-Dynpro-Anwendung, indem Sie den Namen der Web-Dynpro-Applikation im Selektionsbild im Feld **Servicename** angeben. Klicken Sie dann auf das Ausführen-Symbol (), um den zugehörigen Service zu selektieren.

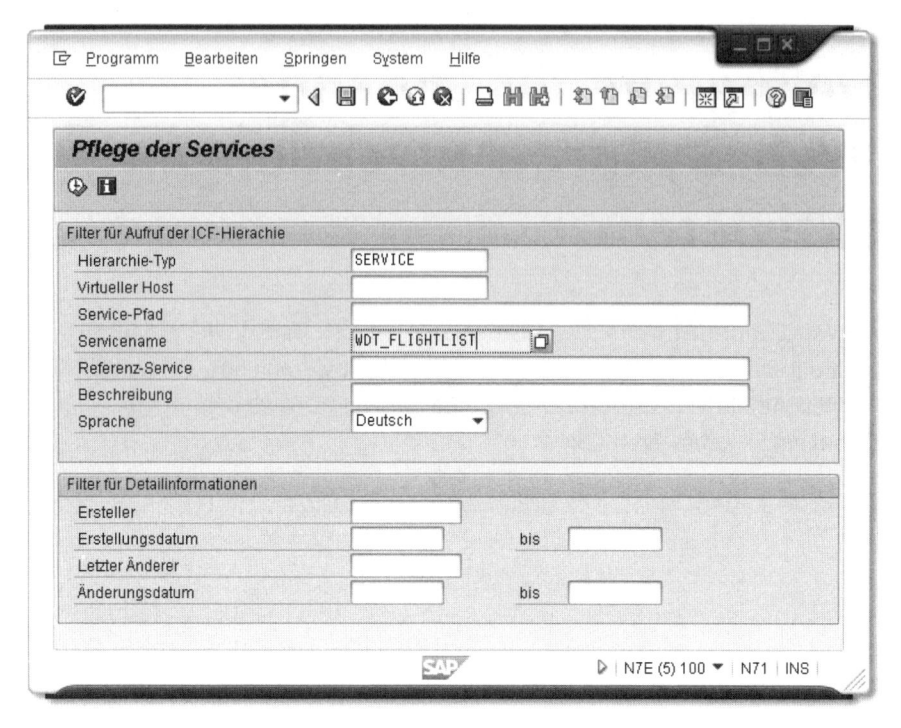

Selektionsbild zur Pflege der Services

Markieren Sie in der Baumanzeige der Services den Knoten, der mit dem Namen Ihrer Web-Dynpro-Applikation beschriftet ist, indem Sie ihn einmal mit der linken Maustaste anklicken. Rufen Sie dann folgenden Menüeintrag auf:

Bearbeiten ▸ Debugging ▸ Debugging aktivieren

Nun erscheint ein Pop-up, in dem Sie einstellen können, für welche Konstellationen Sie das Debugging aktivieren möchten. Aktivieren Sie hier beispielsweise das Ankreuzfeld **System-Debugging**, wenn Sie auch als Systemprogramm markierten Quelltext debuggen möchten (siehe Tipp 65). Das Debugging bleibt mit den Standardeinstellungen für zwei Stunden aktiv, wenn Sie es zuvor nicht wieder abschalten. Geben Sie im Feld **Gültigkeitsdauer** eine andere Zeitangabe an, wenn Sie das Debugging für einen kürzeren oder längeren Zeitraum aktivieren möchten.

Debugging für laufende Web-Dynpro-Anwendungen aktivieren **Tipp 68**

Pop-up zum Aktivieren des Debuggings eines Service

Bei jeder Aktion, die nun während der Gültigkeitsdauer mit Ihrem Benutzerkonto in der angegebenen Web-Dynpro-Anwendung ausgeführt wird, öffnet sich ein neues Fenster mit dem ABAP Debugger. Über den ABAP Debugger können Sie dann die Verarbeitung des aktuellen Interaktionsschritts der Web-Dynpro-Anwendung im Detail analysieren. Möchten Sie das Debugging vor dem Ablauf der Gültigkeitsdauer wieder abschalten, markieren Sie in der Pflege der Services wieder den Service zu Ihrer Web-Dynpro-Anwendung, und rufen Sie den Menüeintrag **Bearbeiten ▸ Debugging ▸ Debugging deaktivieren** auf.

Tipp 69
Besonderheiten beim Debugging von Web-Dynpro-Anwendungen

Mit dem ABAP Debugger können Sie auch den Ablauf von Web-Dynpro-Anwendungen komfortabel analysieren. Verglichen mit dem Debugging einer Anwendung für das SAP GUI, gibt es dabei einige Unterschiede, die Sie kennen sollten.

Die ABAP-Laufzeitumgebung unterscheidet zwischen Anwendungen, die Sie über das SAP GUI direkt im SAP-System gestartet haben, und Anwendungen, die Sie über eine Schnittstelle des Systems nach außen aufgerufen haben. Web-Dynpro-Anwendungen laufen nicht im SAP GUI. Das Internet Communication Framework sorgt dafür, dass das GUI im Webbrowser mit der Anwendung im SAP-System kommunizieren kann. Wie Sie über das Internet Communication Framework das Debugging für eine laufende Web-Dynpro-Anwendung aktivieren, erfahren Sie in Tipp 68.

Um für eine Web-Dynpro-Anwendung einen Breakpoint zu setzen, müssen Sie mit externen Breakpoints arbeiten, ähnlich wie bei Aufrufen von remotefähigen Funktionsbausteinen oder bei Aufrufen von Webservices. Außerdem werden Sie beim Debugging von Web-Dynpro-Anwendungen auf Methoden stoßen, die Sie nicht selbst implementiert haben. Und mithilfe eines speziellen Werkzeugs im ABAP Debugger haben Sie schnellen Zugriff auf alle gerade verwendeten Web-Dynpro-Components, bis hin zu detaillierten Informationen über die Daten zu einem Context oder zu einem Oberflächenelement.

Besonderheiten beim Debugging von Web-Dynpro-Anwendungen **Tipp 69**

〉 Und so geht's

Auch für Web-Dynpro-Anwendungen können Sie Breakpoints setzen. Damit der Breakpoint bei der Ausführung der Web-Dynpro-Anwendung wirksam ist, müssen Sie einen externen Breakpoint setzen. Die für SAP-GUI-Anwendungen verwendeten Session-Breakpoints haben auf Web-Dynpro-Anwendungen keine Auswirkungen.

Wenn Sie in der ABAP Workbench innerhalb einer Web-Dynpro-Component einen Breakpoint setzen, setzt das System automatisch einen externen Breakpoint. In gewöhnlichen ABAP-Klassen, dazu zählen auch die Assistance-Klassen zu Web-Dynpro-Components, oder in Funktionsbausteinen legen Sie dagegen standardmäßig einen Session-Breakpoint an, wenn Sie einen Breakpoint setzen. Um im ABAP Editor außerhalb einer Web-Dynpro-Component einen externen Breakpoint zu setzen, klicken Sie in der Toolbar auf die Schaltfläche mit dem Symbol für externe Breakpoints (🔲).

Während Sie eine Methode eines Web-Dynpro-Controllers debuggen, zeigt der ABAP Debugger in der oberen linken Ecke eine genaue Beschreibung der Position an, an der Sie sich gerade befinden: den Namen der Component (🔲), den Namen des Controllers (🔲) und den Namen der Methode (🔲). Mit einem Klick auf eins der drei Symbole öffnen Sie die aktuelle Methode in einem neuen Modus im Web Dynpro Explorer.

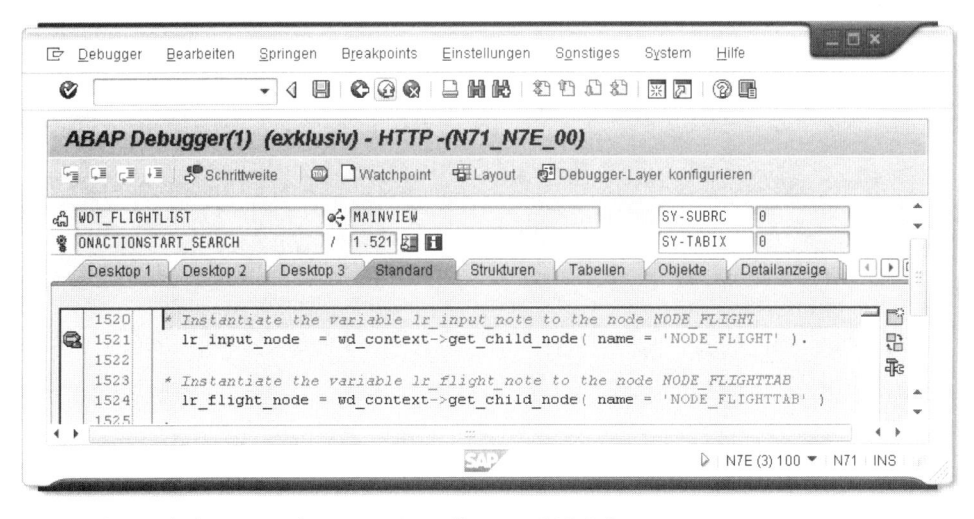

Anzeige der Methode eines Web-Dynpro-Controllers im ABAP Debugger

TEIL 8 Anwendungen debuggen

Weitere Details zur laufenden Web-Dynpro-Anwendung können Sie sich im ABAP Debugger über das Werkzeug **Web Dynpro** anzeigen lassen. Wie Sie das Layout im ABAP Debugger anpassen und ein neues Werkzeug hinzufügen, können Sie in Tipp 74 nachschlagen. Das Werkzeug **Web Dynpro** zeigt Ihnen in der linken Hälfte den Aufbau der laufenden Anwendung hierarchisch an: Die Web-Dynpro-Anwendung ist dabei der Wurzelknoten. Darunter finden Sie die Components zur Anwendung mit allen aktuell aktiven Controllern und weiteren verwendeten Components. Klicken Sie doppelt auf einen Controller, damit Ihnen in der rechten Hälfte des Werkzeugs Details zu diesem Controller angezeigt werden. Zu den hier angezeigten Details gehören unter anderem die aktuellen Daten aus dem Context des Controllers. Bei View-Controllern haben Sie zusätzlich auch Zugriff auf alle Eigenschaften der Oberflächenelemente aus dem View.

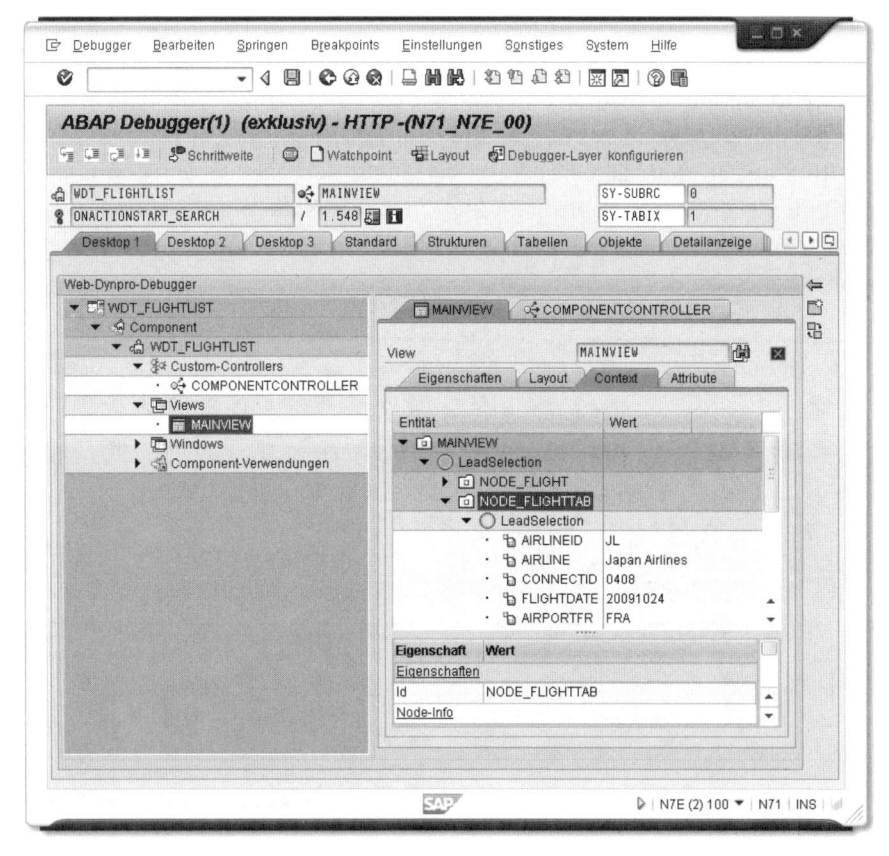

Das Werkzeug »Web Dynpro« im ABAP Debugger

Besonderheiten beim Debugging von Web-Dynpro-Anwendungen Tipp 69

Eine weitere Besonderheit beim Debugging von Web-Dynpro-Anwendungen liegt darin, dass Sie häufig auf Methoden stoßen werden, die sich zwar direkt auf die von Ihnen angelegten Web-Dynpro-Components beziehen, deren Quelltext Sie aber nicht selbst geschrieben haben. Bei der Entwicklung von Web-Dynpro-Components generiert das System eine Vielzahl von Methoden automatisch, beispielsweise für die Aufrufe von Ereignisbehandlern oder für die Navigation zwischen verschiedenen Views. Selbst beim Aufruf einer anderen Methode innerhalb desselben Controllers werden Sie im Debugger feststellen, dass das System eine zusätzliche Methode generiert hat, die zwischen der aufrufenden und der aufgerufenen Methode durchlaufen wird.

Tipp 70

Breakpoints bei bestimmten Anweisungen anlegen

Anstatt einen Breakpoint in einer ganz bestimmten Zeile im Quelltext zu setzen, können Sie auch Breakpoints setzen, die immer dann greifen, wenn eine bestimmte Anweisung ausgeführt wird. So können Sie Breakpoints setzen, ohne die genaue Stelle kennen zu müssen, an der die Anweisung implementiert ist.

Um einen Breakpoint zu setzen, wählen Sie typischerweise eine einzelne Zeile Quelltext in einem Programm oder in einem Bearbeitungsblock aus. Wenn Sie dann eine Anwendung ablaufen lassen, die diese Quelltext-Zeile ausführen will, hält das System die Anwendung an und aktiviert den ABAP Debugger. Um einen Breakpoint auf diese Art setzen zu können, müssen Sie jedoch die Bestandteile und den Aufbau der Anwendung bereits kennen.

Auch wenn Sie eine Anwendung debuggen möchten, die Sie noch nicht im Detail kennen, müssen Sie nicht auf Breakpoints verzichten und Anweisung für Anweisung durch den gesamten Quelltext laufen, bis Sie die Anwendung bis ins letzte Detail kennengelernt haben. Setzen Sie stattdessen Breakpoints, die sich nicht auf eine konkrete Zeile beziehen, sondern die die Ausführung der Anwendung immer dann unterbrechen, wenn die Anwendung eine bestimmte Anweisung ausführt. So können Sie beispielsweise einen Breakpoint definieren, der immer dann greift, wenn die Anwendung in irgendeiner Quelltext-Zeile auf die Datenbank zugreift, eine Meldung ausgibt oder eine Ausnahme auslöst. So finden Sie im Quelltext der Anwendung schnell die Stellen, die für Sie interessant sind.

Breakpoints bei bestimmten Anweisungen anlegen **Tipp 70**

› **Und so geht's**

Aktivieren Sie den ABAP Debugger, beispielsweise indem Sie den Befehl /h in das Befehlsfeld im SAP GUI eingeben, und starten Sie Ihre Anwendung. Falls Ihre Anwendung nicht mit einer Benutzeroberfläche im SAP GUI läuft, erfahren Sie in den Tipps 65, 67 und 68, wie Sie den ABAP Debugger für Systemprogramme, Hintergrundanwendungen und Web-Dynpro-Anwendungen aktivieren.

Rufen Sie dann im Menü des ABAP Debuggers einen Eintrag unter dem Pfad **Breakpoints › Breakpoint bei** auf, oder klicken Sie in der Toolbar des ABAP Debuggers auf die Schaltfläche mit dem Breakpoint-Symbol (🛑). Sie gelangen nun in ein Pop-up, in dem Sie auf verschiedene Arten definieren können, für welche Situationen im Ablauf der aktuellen Anwendung Sie einen Breakpoint definieren möchten.

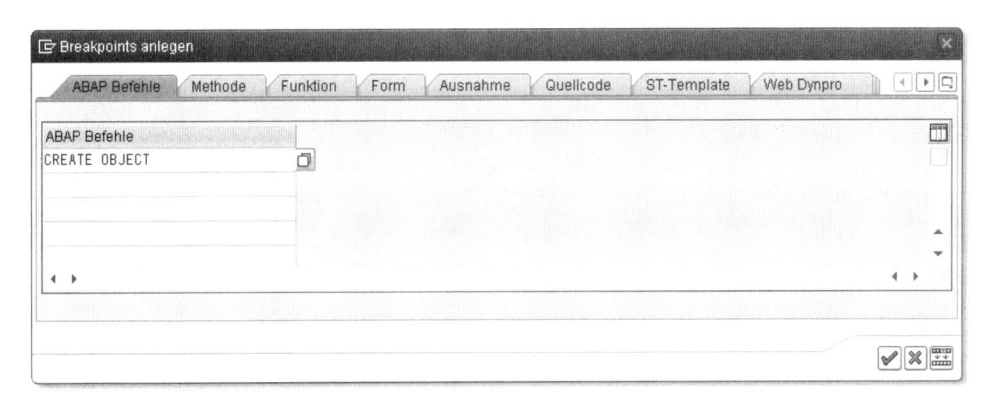

Pop-up zum Anlegen von Breakpoints

Das Pop-up enthält mehrere Registerkarten. Auf jeder dieser Registerkarten können Sie auf eine bestimmte Art einen Breakpoint definieren. Ab Release 7.0 EHP2 stehen Ihnen die folgenden Registerkarten zur Verfügung. Mit älteren Release-Ständen können Sie diesen Tipp auch anwenden, Ihnen stehen jedoch nicht alle Registerkarten zu Verfügung, und manche Registerkarten enthalten nicht alle beschriebenen Möglichkeiten.

- **ABAP Befehle:** Auf dieser Registerkarte können Sie einzelne ABAP-Anweisungen angeben, zu denen Sie einen Breakpoint definieren möchten. Geben Sie beispielsweise die ABAP-Anweisung SELECT an, wenn Sie bei jeder Datenbankabfrage Ihre Anwendung anhalten möchten.

- **Methode:** Um einen Breakpoint zu setzen, der immer beim Aufruf einer bestimmten Methode greift, geben Sie auf dieser Registerkarte den Namen der Klasse und der Methode an. Dabei unterstützt der ABAP Debugger sowohl Methoden in globalen Klassen als auch Methoden in lokalen Klassen.

- **Funktion:** Wechseln Sie auf diese Registerkarte, wenn Sie Breakpoints für den Aufruf bestimmter Funktionsbausteine setzen möchten.

- **Form:** Auf dieser Registerkarte definieren Sie Breakpoints, die beim Aufruf eines bestimmten Unterprogramms (eines Forms) die laufende Anwendung anhalten.

- **Ausnahme:** Für das Auftreten von klassenbasierten Ausnahmen und System-Exceptions können Sie auf dieser Registerkarte Breakpoints definieren. Bei klassenbasierten Ausnahmen müssen Sie dazu den Namen der Ausnahmeklasse angeben. Dabei können Sie auch abstrakte Superklassen der Ausnahmeklassen angeben, beispielsweise CX_ROOT, um einen Breakpoint für beliebige klassenbasierte Ausnahmen zu definieren. Breakpoints für klassische Ausnahmen können Sie dagegen auf dieser Registerkarte nicht definieren. Wechseln Sie dazu auf die Registerkarte **ABAP Befehle**, und definieren Sie dort Breakpoints für die Anweisungen RAISE und MESSAGE RAISING.

- **Quellcode:** Für eine bestimmte Zeile im Quelltext eines Programms, eines Includes oder eines Dynpros definieren Sie über diese Registerkarte Breakpoints.

- **ST-Template:** Nicht nur im ABAP-Quelltext, sondern auch in Simple Transformations können Sie seit Release 7.0 EHP2 Breakpoints definieren. Geben Sie dazu auf dieser Registerkarte den Namen einer Transformation oder den Namen eines Templates an, das in einer Transformation verwendet wird.

- **Web Dynpro:** Über diese Registerkarte definieren Sie einen Breakpoint für eine Methode in einem Controller einer Web-Dynpro-Component.

- **Sonstiges:** Über die Einstellung **Bei Änderung im ABAP+Dynpro Stack** auf dieser Registerkarte sorgen Sie dafür, dass der ABAP Debugger immer dann die Ausführung der laufenden Anwendung anhält, wenn sich der Aufruf-Stack der laufenden Anwendung verändert hat. Dies ist beispielsweise sowohl dann der Fall, wenn eine neue Methode aufgerufen wird, als auch dann, wenn die Verarbeitung einer Methode abgeschlossen wird. Über die Einstellung **Unpräzise DECFLOAT Berechnung** werden Sie darüber informiert, wenn bei Berechnungen mit dem mit Release 7.0 EHP2 neu eingeführten Datentyp DECFLOAT Rundungsdifferenzen auftreten.

- **Message:** Bei der Fehlersuche oft besonders hilfreich sind Breakpoints bei der Ausgabe von bestimmten Nachrichten. Auf dieser Registerkarte können Sie seit Release 7.0 EHP2 beispielsweise angeben, dass Sie die laufende Anwendung immer dann anhalten möchten, wenn eine Nachricht eines bestimmten Typs (zum Beispiel E für Fehlermeldungen) oder eine Nachricht aus einer bestimmten Nachrichtenklasse ausgegeben wird. Auch für eine einzelne Nachrichtennummer können Sie gezielt Breakpoints anlegen.

Nachdem Sie auf einer Registerkarte angegeben haben, an welchen Stellen Sie einen Breakpoint anlegen möchten, bestätigen Sie Ihre Eingabe durch einen Klick auf die Schaltfläche mit dem Okay-Symbol (✔). Der Breakpoint ist dann aktiv und wird auf der Registerkarte **Break-/Watchpoints** im ABAP Debugger angezeigt. Hier können Sie ihn bei Bedarf auch wieder löschen.

Tipp 71
Breakpoints mit Bedingungen verwenden

Sie möchten in einer Schleife mit vielen Durchläufen nur ganz bestimmte Durchläufe debuggen? Dann legen Sie in der Schleife einen Breakpoint mit einer Bedingung an, damit die Anwendung nur in den für Sie interessanten Durchläufen anhält.

Nicht selten kommt es vor, dass Sie in einer Anwendung mehrere Tausend Datensätze nacheinander verarbeiten. Wenn Sie dann feststellen, dass bei einem dieser Datensätze ein Fehler auftritt, stellt sich die Frage, wie Sie sich gezielt die Verarbeitung dieses einen Datensatzes im ABAP Debugger ansehen. Mit einem einfachen Breakpoint müssen Sie mitunter die Verarbeitung von Tausenden Datensätzen manuell überspringen, bis Sie bei der Verarbeitung des für Sie interessanten Datensatzes angekommen sind. Zum Glück gibt es eine einfachere Alternative.

Verwenden Sie in solchen Situationen Breakpoints mit Bedingungen. Seit Release 7.0 EHP2 können Sie zu einem Breakpoint zusätzliche Bedingungen hinterlegen. In diesem Fall hält das System die Ausführung der Anwendung nur dann an dem Breakpoint an, wenn zusätzlich auch die von Ihnen formulierte Bedingung erfüllt ist. Beispielsweise können Sie über die Bedingung fordern, dass eine Variable oder eine Komponente einer Struktur einen bestimmten Wert oder eine Tabelle mindestens eine bestimmte Anzahl von Einträgen hat. Auf diese Art gelangen Sie im ABAP Debugger schnell zur Bearbeitung des Datensatzes, für den Sie sich interessieren.

› Und so geht's

Setzen Sie zunächst auf die gewohnte Art und Weise einen Breakpoint an die Stelle, an der Sie die Ausführung der Anwendung anhalten möchten. Führen Sie dann Ihre Anwendung aus. Wenn die Anwendung dann den Breakpoint zum ersten Mal erreicht, fügen Sie die Bedingung zu dem Breakpoint hinzu.

Rufen Sie dazu in der Quelltext-Anzeige im ABAP Debugger in der Zeile mit dem bereits gesetzten Breakpoint das Kontextmenü auf, und wählen Sie den Eintrag **Breakpoint Bedingung anlegen** aus. Es erscheint ein Pop-up, in dem Sie die Bedingung formulieren können.

Pop-up zum Anlegen und Bearbeiten einer Breakpoint-Bedingung

Die Syntax, die Sie bei der Formulierung der Bedingung einhalten müssen, ähnelt der Syntax, mit der Sie in ABAP die Bedingungen in IF-Anweisungen formulieren können. Sie können sich in den Bedingungen auf die Werte der Variablen und Konstanten beziehen, auf die Sie an der Stelle des Breakpoints auch in ABAP-Anweisungen zugreifen können. Beispielsweise können Sie die Bedingung sy-tabix = 25 verwenden, damit der Breakpoint in einer LOOP-Schleife nur für die 25. Zeile wirksam ist. Auch eingebaute Funktionen können Sie verwenden; zum Beispiel können Sie mit der Bedingung lines(tabelle) >= 100 fordern, dass eine interne Tabelle mindestens 100 Zeilen haben muss, damit der Breakpoint greift. Um sich eine detailliertere Beschreibung der Syntax anzeigen zu lassen, klicken Sie im Pop-up auf die Schaltfläche mit dem Hilfe-Symbol ().

Investieren Sie nicht zu viel Arbeit in die Formulierung von ausgefeilten Bedingungen, da das System die bedingten Breakpoints nicht dauerhaft speichert, sondern nur für die gerade laufende Session verwaltet.

Sobald Sie Ihre Bedingung formuliert haben, klicken Sie auf das Okay-Symbol (). Das System führt zu diesem Zeitpunkt nur eine grobe Syntaxprüfung durch. Eine genaue Auswertung, beispielsweise darauf hin, ob die von Ihnen verwendeten Variablen überhaupt existieren, führt das System zu diesem Zeitpunkt noch nicht aus. Die genaue Auswertung der Bedingung erfolgt erst, wenn eine laufende Anwendung die Zeile mit dem bedingten Breakpoint erreicht. Wenn sich die Bedingung dann als fehlerhaft formuliert herausstellt, beispielsweise weil Sie versuchen, auf eine Variable zuzugreifen, die gar nicht existiert, ignoriert der ABAP Debugger die Bedingung und hält an dem Breakpoint immer an. Eine entsprechende Warnmeldung weist Sie dann beim Erreichen des Breakpoints auf die fehlerhafte Bedingung hin.

TEIL 8 Anwendungen debuggen

Eine Zeile mit einem bedingten Breakpoint markiert der ABAP Debugger mit dem Breakpoint-Symbol (🛑), ergänzt um ein C (der Anfangsbuchstabe des englischen Worts »condition«), um anzudeuten, dass es sich um einen bedingten Breakpoint handelt. Über das Kontextmenü zu dieser Quelltext-Zeile können Sie die Bedingung über den Eintrag **Breakpoint Bedingung ändern** später verändern. Über den Eintrag **Breakpoint Bedingung löschen** können Sie die Bedingung wieder entfernen. Zurück bleibt dann ein gewöhnlicher Breakpoint ohne Bedingung.

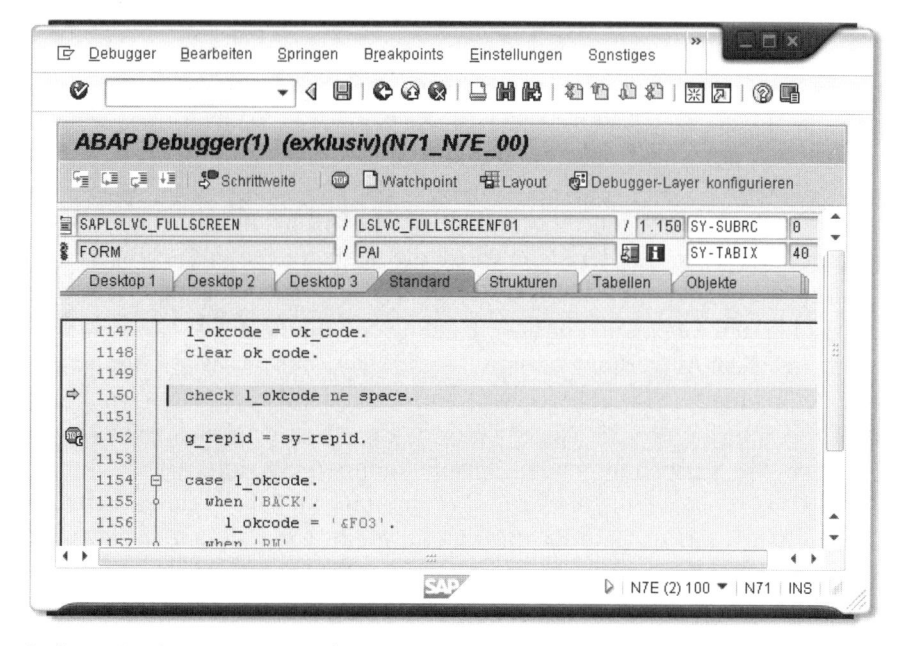

Bedingter Breakpoint im ABAP Debugger

Tipp 72
Watchpoints verwenden

Watchpoints ermöglichen Ihnen, eine laufende Anwendung im ABAP Debugger anzuhalten, sobald sich der Wert einer bestimmten Variablen oder ein Attribut eines bestimmten Objekts ändert.

Breakpoints eignen sich gut, um gezielt in das Debugging einzusteigen, wenn Sie bereits eine für Sie interessante Quelltext-Zeile oder eine selten verwendete Anweisung identifiziert haben, zu der Sie den Breakpoint anlegen können. Sind Sie jedoch auf der Suche nach der Stelle, an der eine Variable oder ein Attribut den Wert ändert, helfen Ihnen Breakpoints kaum weiter. Denkbar wäre, dem Vorgehen aus Tipp 70 folgend, einen Breakpoint für die Anweisung MOVE anzulegen. Immerhin würde der ABAP Debugger dann bei jeder Zuweisung irgendeiner Variablen anhalten. Zuweisungen von Werten an irgendwelche Variablen kommen jedoch in fast allen Anwendungen viel zu häufig vor, als dass ein Breakpoint auf alle Zuweisungen Ihnen die Suche nach der für Sie interessanten Stelle wirklich erleichtern würde.

Hier kommen Watchpoints ins Spiel: Mit Watchpoints müssen Sie weder die genaue Zeile im Quelltext noch die verwendete Anweisung kennen. Stattdessen definieren Sie, dass Sie informiert werden möchten, sobald eine Variable ihren Wert ändert, oder sobald sich mindestens ein Attribut eines Objekts ändert. Mithilfe einer frei definierbaren Bedingung können Sie zusätzlich noch festlegen, dass der Watchpoint nicht bei jeder Wertänderung greifen soll, sondern nur dann, wenn der neue Wert die von Ihnen bestimmten Kriterien erfüllt.

> **Und so geht's**

Um einen Watchpoint anzulegen, wechseln Sie zunächst in den ABAP Debugger. Klicken Sie dann in der Toolbar des ABAP Debuggers auf die Schaltfläche mit dem Anlegen-Symbol ( ) und der Beschriftung **Watchpoint**, oder rufen Sie den Menüeintrag **Breakpoints ▸ Watchpoint anlegen**

TEIL 8 Anwendungen debuggen

auf. Daraufhin öffnet sich ein Pop-up, in dem Sie die Details für den anzulegenden Watchpoint festlegen können. Falls Sie den Cursor zuvor auf dem Namen einer Variablen platziert hatten, übernimmt das System den Namen dieser Variablen automatisch als Vorschlag für die Variable, zu der Sie den Watchpoint anlegen.

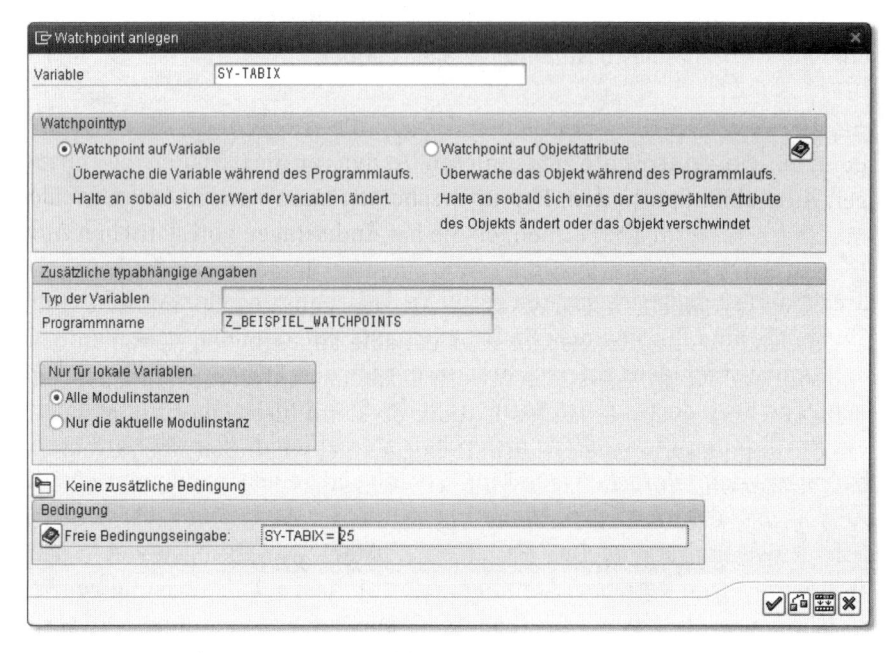

Anlegen eines Watchpoints zu einer Variablen

Falls das Eingabefeld **Variable** noch nicht entsprechend vorbelegt wurde, geben Sie dort zunächst den Namen der Variablen ein, über deren Änderungen Sie informiert werden möchten. Falls es sich bei der ausgewählten Variablen um eine lokale Variable handelt, können Sie zusätzlich angeben, für welche Aufrufe des aktuellen Verarbeitungsblocks der Watchpoint gelten soll: Damit der Watchpoint auch bei wiederholter Ausführung derselben Methode, desselben Funktionsbausteins oder desselben Unterprogramms noch greift, setzen Sie den Auswahlknopf im Bereich **Nur für lokale Variablen** auf den Wert **Alle Modulinstanzen**. Mit der alternativen Einstellung **Nur die aktuelle Modulinstanz** legen Sie dagegen fest, dass der Watchpoint sich nur auf den aktuellen Durchlauf des jeweiligen Verarbeitungsblocks bezieht und in weiteren Durchläufen nicht mehr wirksam sein soll.

Im Eingabefeld **Freie Bedingungseingabe** haben Sie die Möglichkeit, eine zusätzliche Bedingung zu formulieren. Wenn Sie eine solche Bedingung angeben, hält das System die Ausführung der Anwendung nur an, wenn sich sowohl die beobachtete Variable gerade geändert hat als auch die angegebene Bedingung erfüllt ist. In der Bedingung können Sie den Wert einer Variablen mit einem festen Wert oder mit dem Wert einer anderen Variablen vergleichen. Außerdem stehen Ihnen die eingebauten Funktionen lines (liefert die Anzahl der Zeilen in einer Tabelle) und strlen (liefert die Länge eines Strings) zur Verfügung. Die Syntax entspricht der Syntax für die Bedingungen zu Breakpoints (siehe Tipp 71).

Ab Release 7.0 EHP2 haben Sie außerdem die Möglichkeit, einen **Watchpoint auf Objektattribute** zu definieren. Aktivieren Sie dazu den gleichnamigen Auswahlknopf. In dem Pop-up erscheinen dann weitere Ankreuzfelder, mit denen Sie festlegen können, ob Sie bei Änderungen von statischen Attributen oder von Instanzattributen mit einer bestimmten Sichtbarkeit informiert werden möchten. Der auf diese Art angelegte Watchpoint bezieht sich auf das Objekt, das mit der im Feld **Variable** angegebenen Variablen beim Anlegen des Watchpoints referenziert. Unabhängig davon, ob die ursprüngliche Referenz noch vorhanden ist oder ob sie mittlerweile auf ein anderes Objekt zeigt, informiert der ABAP Debugger Sie, wenn sich ein Attribut dieses Objekts ändert.

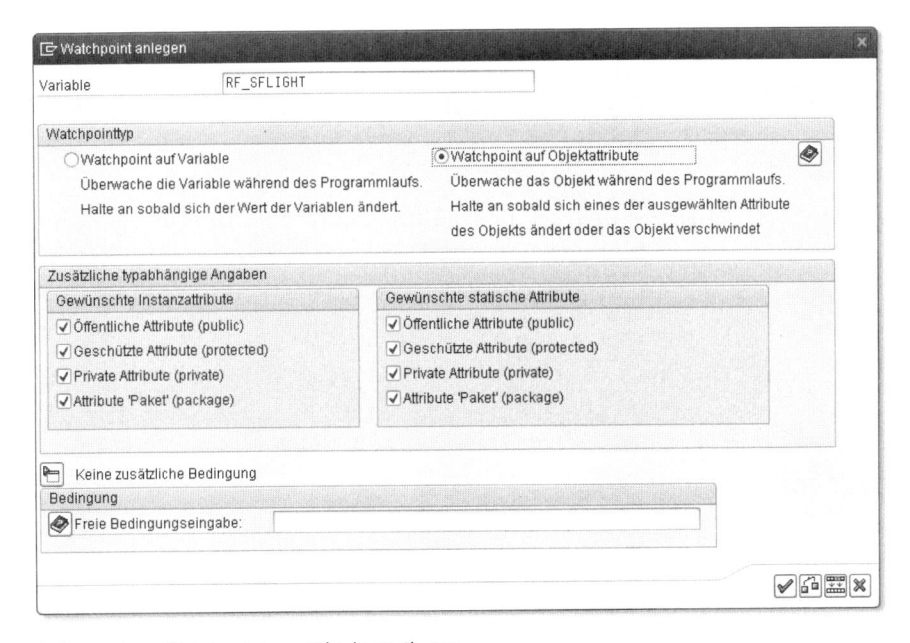

Anlegen eines Watchpoints zu Objektattributen

Nachdem Sie alle gewünschten Einstellungen zum Watchpoint vorgenommen haben, schließen Sie das Pop-up über die Schaltfläche mit dem Okay-Symbol (✔). Lassen Sie die Anwendung weiterlaufen. Der ABAP Debugger hält nun automatisch an, sobald sich der Wert der Variablen geändert hat. Wenn der ABAP Debugger aufgrund eines Watchpoints anhält, wurde die Anweisung, die den Wert der Variablen geändert hat, bereits ausgeführt. Die vom ABAP Debugger als nächste Anweisung markierte Zeile hat darum in der Regel nichts mit der Variablen zu tun, für die Sie den Watchpoint definiert haben.

Die gesetzten Watchpoints können Sie im ABAP Debugger auf der Registerkarte **Break-/Watchpoints** und dort auf der Unterregisterkarte **Watchpoints** verwalten. Außerdem sehen Sie hier zu jedem Watchpoint in den Spalten **Alter Wert** und **Aktueller Wert** jeweils den Wert, den die beobachtete Variable vor bzw. nach dem Erreichen des Watchpoints hatte.

Tipp 73
Layer-Aware Debugging

Behalten Sie beim Debugging auch in unübersichtlichen Anwendungen den Überblick: Blenden Sie mit dem Layer-Aware Debugging einfach alle Schichten aus, die Sie nicht interessieren.

Der Aufbau von vielen größeren in ABAP geschriebenen Anwendungen ist sehr komplex: Aufwendige Programme steuern die Interaktion an der Benutzeroberfläche, die betriebswirtschaftliche Logik ist auf zahlreiche Entwicklungsobjekte verteilt, Datenbankzugriffe finden in eigens dafür geschriebenen Verarbeitungsblöcken statt. In einer solchen Anwendung beim Debugging die eigentlich interessante Stelle zu finden, kann oft sehr aufwendig sein und sehr viel Zeit in Anspruch nehmen.

Ab Release 7.0 EHP2 steht Ihnen das Layer-Aware Debugging (auch bezeichnet als *Software Layer-Aware Debugging* oder kurz *SLAD*) zur Verfügung, das Ihnen das Debugging von komplexen Anwendungen erleichtern kann. Wenn Sie bereits wissen, in welchen Klassen, Programmen oder Paketen der für Sie interessante Quelltext untergebracht ist, können Sie dies dem Debugger mitteilen, indem Sie eine Schicht definieren. Der ABAP Debugger hält dann automatisch erst wieder bei der nächsten Anweisung an, die zu einer für Sie interessanten Schicht gehört. Sie können auch umgekehrt vorgehen: Wenn Sie merken, dass der Quelltext in der aktuellen Schicht für Sie nicht interessant ist, können Sie den Debugger mit dem Layer-Aware Debugging anweisen, erst wieder anzuhalten, wenn die Anwendung wieder Anweisungen aus einer anderen Schicht ausführt.

› Und so geht's

Starten Sie zu einer laufenden Anwendung den ABAP Debugger. Wenn in Ihrem System das Layer-Aware Debugging verfügbar ist, enthält die Toolbar des ABAP Debuggers eine Schaltfläche mit dem Symbol für persönliche Einstellungen (🔲) und der Beschriftung **Debugger-Layer konfigurieren**. Klicken

Sie auf diese Schaltfläche, um das Pop-up aufzurufen, in dem Sie das Layer-Aware Debugging aktivieren können.

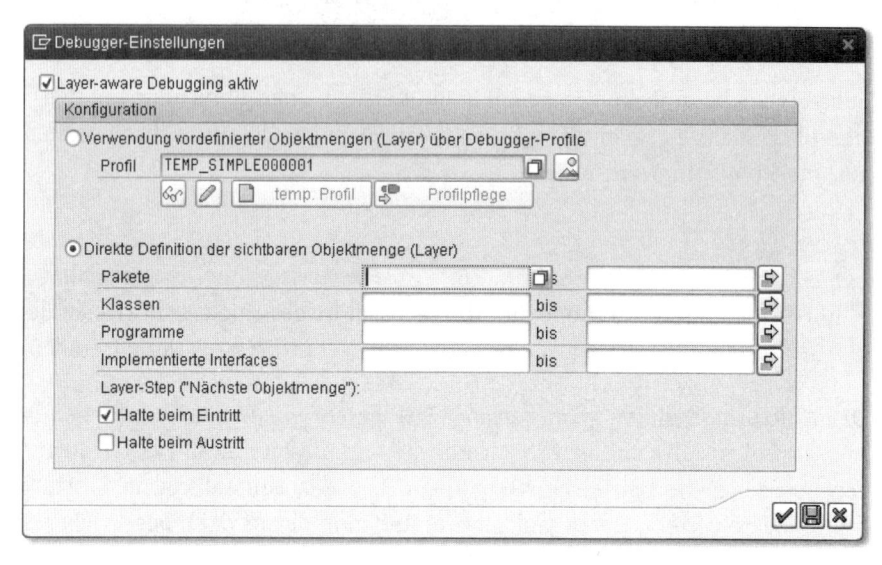

Pop-up mit den Einstellungen zum Layer-Aware Debugging

Markieren Sie in dem Pop-up zunächst das Ankreuzfeld **Layer-aware Debugging aktiv**. Um eine Schicht direkt über dieses Pop-up zu definieren, lassen Sie den Auswahlknopf **Direkte Definition der sichtbaren Objektmenge (Layer)** im Bereich **Konfiguration markiert**. Mit der alternativen Einstellung **Verwendung vordefinierter Objektmengen (Layer) über Debugger-Profile** können Sie auf bereits zuvor definierte Profile für das Layer-Aware Debugging zugreifen. Diese Profile können Sie über das SLAD-Cockpit (Transaktion SLAD) verwalten.

Die nachfolgende Beschreibung bezieht sich auf die Definition einer Schicht für das Debugging über das Pop-up, ohne dabei ein Profil im SLAD-Cockpit anzulegen. Bei der Definition über das Pop-up können Sie die Namen von Paketen, Klassen oder Programmen angeben, die zu der von Ihnen definierten Schicht gehören sollen. Klassen können Sie alternativ zur Angabe ihres Namens auch darüber auswählen, dass Sie den Namen eines Interface angeben, das die für Sie interessanten Klassen implementiert.

Unter der Überschrift **Layer-Step ("Nächste Objektmenge")** können Sie festlegen, wie sich der ABAP Debugger in Bezug auf die von Ihnen definierte Schicht verhalten soll. Bei aktiviertem Layer-Aware Debugging enthält die Toolbar des ABAP Debuggers eine zusätzliche Schaltfläche zur Steuerung des Programmablaufs. Sie zeigt das Symbol für die Einzelschrittverarbeitung

(🔲) und die Beschriftung **Nächste Objektmenge**. Je nachdem, welche Einstellungen Sie hier im Pop-up bzw. im vordefinierten Profil hinterlegt haben, hat diese Schaltfläche unterschiedliche Auswirkungen:

- Wenn Sie zu einer Schicht die Einstellung **Halte beim Eintritt** aktivieren, lassen Sie die Anwendung mit einem Klick auf diese Schaltfläche so lange weiterlaufen, bis die Anwendung eine Anweisung ausführt, die zu der von Ihnen definierten Schicht gehört. Beispielsweise hält der ABAP Debugger in der ersten Zeile einer Methode an, die zu einer von Ihnen angegebenen Klasse gehört, wenn zuvor Verarbeitungsblöcke ausgeführt wurden, die nicht zu Ihrer Schicht gehörten. Ruft eine Methode, die zu Ihrer Schicht gehört, eine andere Methode auf, die nicht zu Ihrer Schicht gehört, hält der ABAP Debugger ebenfalls an, sobald die Verarbeitung der »fremden« Methode abgeschlossen ist und die Anwendung nun die Verarbeitung der Methode auf Ihrer Schicht fortsetzt.

- Die Einstellung **Halte beim Austritt** sorgt für das umgekehrte Verhalten: Der ABAP Debugger hält mit dieser Einstellung an, bevor die Anwendung die erste Anweisung ausführt, die nicht mehr zu Ihrer Schicht gehört.

- Sie können auch beide Ankreuzfelder gleichzeitig aktivieren. Dann hält der ABAP Debugger sowohl beim Betreten als auch beim Verlassen Ihrer Schicht die Anwendung an.

Tipp 74

Layouts im ABAP Debugger konfigurieren

Im neuen ABAP Debugger müssen Sie nicht dauerhaft mit den von SAP vorgegebenen Layouts arbeiten. Legen Sie sich doch lieber ein Layout an, das Ihren eigenen Vorstellungen entspricht.

Im klassischen ABAP Debugger konnten Sie nur zwischen mehreren vorgefertigten Sichten auswählen. Es gab dort keine Möglichkeit, aus verschiedenen Werkzeugen eine Sicht zusammenzustellen, mit der Sie all das auf einen Blick sehen können, was Sie beim Debugging in der Regel am meisten interessiert.

Mit dem neuen ABAP Debugger hat sich das geändert: Sie können auswählen, welche Werkzeuge Sie sehen möchten, wie diese Werkzeuge angeordnet sind und wie groß jedes einzelne Werkzeug dargestellt wird. Ein solches Layout können Sie abspeichern und in Zukunft bei jedem Start des ABAP Debuggers als Standardsicht verwenden.

> **Und so geht's**

Grundsätzlich haben Sie auf allen Registerkarten im ABAP Debugger die Möglichkeit, das Layout anzupassen. Auf den ersten drei Registerkarten, standardmäßig als **Desktop 1** bis **Desktop 3** bezeichnet, können Sie die Änderungen an den Layouts auch dauerhaft speichern. Auf den übrigen Registerkarten ist dies nicht möglich. Änderungen am Layout gehen dort verloren, sobald Sie das Debugger-Fenster schließen. So ist sichergestellt, dass diese Registerkarten immer gleich aussehen, egal, mit welchem Benutzerkonto Sie an welchem SAP-System angemeldet sind.

Um das Layout anzupassen, befinden sich rechts oben neben jedem Werkzeug mehrere Schaltflächen. Damit können Sie die folgenden Aktionen durchführen:

- **Neues Werkzeug** (): Über diese Schaltfläche fügen Sie ein weiteres Werkzeug zur aktuellen Registerkarte hinzu. Über ein Pop-up können Sie dabei auswählen, welches zusätzliche Werkzeug der ABAP Debugger auf der Registerkarte darstellen soll. Insgesamt können Sie auf einer Registerkarte bis zu vier Werkzeuge gleichzeitig anzeigen.

Pop-up zur Auswahl eines neuen Werkzeugs

- **Ersetze Werkzeug** (): Klicken Sie auf diese Schaltfläche, wenn Sie an der Position des aktuellen Werkzeugs ein anderes Werkzeug sehen möchten.

- **Vollbild** (): Ein Klick auf diese Schaltfläche sorgt dafür, dass der ABAP Debugger das ausgewählte Werkzeug auf der gesamten Registerkarte darstellt. Alle anderen Werkzeuge, die sich zuvor noch auf der Registerkarte befunden haben, blendet der ABAP Debugger aus.

TEIL 8 Anwendungen debuggen

- **Horizontal maximieren** (□) oder **Vertikal maximieren** (□): Über diese Schaltflächen können Sie dafür sorgen, dass das ausgewählte Werkzeug auf die gesamte auf der Registerkarte zur Verfügung stehende Breite bzw. auf die gesamte Höhe vergrößert wird.

- **Vertauschen** (□): Die Funktionalität hinter dieser Schaltfläche vertauscht die Positionen, an denen der ABAP Debugger das aktuelle und ein anderes Werkzeug darstellt. Gegebenenfalls erscheint noch ein Pop-up, in dem Sie auswählen können, mit welchem anderen Werkzeug das ausgewählte Werkzeug die Position tauschen soll.

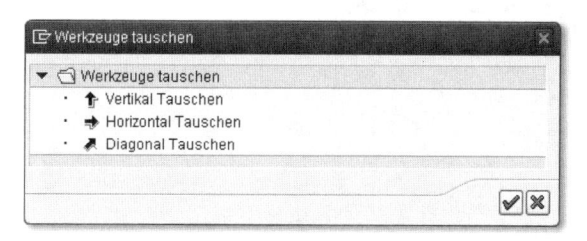

Pop-up zur Auswahl der zu vertauschenden Werkzeuge

Wenn Sie mit dem Ergebnis Ihrer letzten Änderung am Layout nicht zufrieden sind, können Sie mit der Taste [F3] oder mit der **Zurück**-Schaltfläche (□) in der Systemfunktionsleiste die letzte Änderung am Layout rückgängig machen. Die Größe der einzelnen Werkzeuge können Sie ändern, indem Sie die Trennleiste zwischen zwei Werkzeugen, das sogenannte *Splitter Control*, durch Drag & Drop verschieben.

Wenn Sie ein Layout dauerhaft beibehalten oder später erneut aufrufen möchten, können Sie es über eine sogenannte *Debugger-Sitzung* speichern. Mit Debugger-Sitzungen können Sie neben den Layouts auch die gesetzten Breakpoints, die Einstellungen und die Optionen des ABAP Debuggers dauerhaft speichern. Im Zusammenhang mit den Debugger-Sitzungen ist mit den Einstellungen alles gemeint, was Sie über den Menüeintrag **Einstellungen • Debugger Profil/Einstellungen ändern** festlegen können. Die Optionen bezeichnen dagegen alle Angaben, die Sie über den Menüeintrag **Einstellungen • Customizing** gemacht haben.

Beim Speichern und Laden von Sitzungen können Sie auswählen, ob Sie die Sitzung in der Datenbank des aktuellen Systems oder in einer Datei auf dem Client speichern möchten. Der Umweg über eine Datei hat den Vorteil, dass Sie die Sitzung später auch in einem anderen SAP-System laden können. So haben Sie in allen SAP-Systemen schnell Ihr Lieblings-Layout zur Verfügung.

Eine besondere Bedeutung unter den Sitzungen hat die Sitzung, die Sie in der Datenbank unter dem Namen START_UP speichern: Hierbei handelt es sich um die Sitzung, die der ABAP Debugger beim Start automatisch verwendet. Da das System die Sitzungen benutzerspezifisch ablegt, kann jeder Benutzer seine eigene Start-Sitzung definieren. Um das System nicht mit dauerhaft vorhandenen Breakpoints zu überfrachten, können Sie in der Sitzung START_UP im Gegensatz zu anderen Sitzungen keine Breakpoints abspeichern.

Die verschiedenen Funktionalitäten zur Verwaltung der Sitzungen können Sie im Menü des ABAP Debuggers aufrufen. Unter dem Menüpfad **Debugger • Debugger Sitzung** befinden sich dazu die folgenden Einträge:

- **Layout sichern**: Beim Aufruf dieses Menüeintrags speichert der ABAP Debugger Ihre aktuellen Layout-Einstellungen zu den ersten drei Registerkarten dauerhaft in Ihrer Sitzung mit dem Namen START_UP. Dadurch bleibt das aktuelle Layout erhalten, auch wenn Sie den ABAP Debugger schließen und später erneut öffnen.

- **Sichern** und **Laden**: Über diese beiden Einträge gelangen Sie jeweils in einen Dialog, in dem Sie eine Sitzung laden oder speichern können. Neben der Angabe eines für Ihr Benutzerkonto eindeutigen Namens können Sie dabei festlegen, ob Sie die Änderungen in der Datenbank oder in einer Datei ablegen möchten bzw. zuvor abgelegt haben. Außerdem können Sie über entsprechende Ankreuzfelder jeweils auswählen, ob Sie das Layout, die Breakpoints, die Einstellungen und die Optionen speichern bzw. laden möchten.

- **Übersicht/Löschen**: Rufen Sie diesen Menüeintrag auf, um in eine Anwendung zu springen, über die Sie sich alle bereits gespeicherten Sitzungen anzeigen lassen können. Die Liste zeigt auch an, welche Bestandteile (Layout, Breakpoints, Einstellungen und Optionen) in der jeweiligen Sitzung abgespeichert sind. Über die Schaltfläche mit dem Löschen-Symbol (🗑) in der Toolbar dieser Liste können Sie die markierte Sitzung mit allen Bestandteilen wieder löschen.

- **Benamung der Benutzer-Desktops**: Wenn Ihnen die Standardnamen **Desktop 1** bis **Desktop 3** nicht aussagekräftig genug sind, können Sie diesen Menüeintrag aufrufen, um sprechende Namen für die ersten drei Registerkarten festzulegen. Die hier festgelegten Namen speichert das System als Bestandteil eines Layouts in einer Sitzung.

Tipp 75

Klassenbasierte Ausnahmen im ABAP Debugger auswerten

Klassenbasierte Ausnahmen enthalten viele Informationen über die aufgetretene Fehlersituation. Diese Informationen können Sie auch im ABAP Debugger nutzen, um die Ursache für das Auftreten der Ausnahme schnell zu ermitteln.

Verglichen mit den klassischen Ausnahmen, enthalten die klassenbasierten Ausnahmen eine Vielzahl von weiteren Informationen, die die Ausnahmesituation genauer beschreiben und Ihnen so die Fehlersuche erleichtern. Zu diesen Informationen gehört die Stelle im Quelltext, an der die Ausnahme aufgetreten ist, oder ein Text, der die Ausnahmesituation beschreibt. Über Attribute, die in jeder Ausnahmeklasse individuell definiert werden können, kann die Ausnahmesituation noch detaillierter beschrieben werden. Tritt als Folge einer Ausnahme eine weitere Ausnahme auf, verknüpft das System diese Ausnahmen, sodass Sie nachvollziehen können, welche Ausnahme ursprünglich aufgetreten ist und das Auftreten von weiteren Ausnahmen verursacht hat.

Auf all diese Informationen haben Sie im ABAP Debugger Zugriff. So können Sie schnell die Stelle im Quelltext finden, an der die aktuelle oder die ursprüngliche Ausnahme aufgetreten ist. Auch die Texte und Attribute der klassenbasierten Ausnahme können Ihnen im ABAP Debugger bei der Fehlersuche von Nutzen sein.

> **Und so geht's**

Falls Sie dies noch nicht getan haben, nehmen Sie zunächst die folgende Einstellung vor: Rufen Sie im ABAP Debugger den Menüeintrag **Einstellungen ▸ Debugger Profil/Einstellungen ändern** auf, und aktivieren Sie dort das Ankreuzfeld **Ausnahmeobjekt immer erzeugen**. Diese Einstellung ist zu

Debugging-Zwecken eigentlich immer hilfreich. Darum sollten Sie die Einstellung dauerhaft speichern, indem Sie den Dialog über die Schaltfläche mit dem Speichern-Symbol (🖫) verlassen.

Durch diese Einstellung haben Sie immer Zugriff auf die Daten aus einer aufgetretenen klassenbasierten Ausnahme. Ohne diese Einstellung stehen Ihnen diese Informationen nur zur Verfügung, wenn die analysierte Anwendung die Ausnahme über die Anweisung CATCH abfängt und mit dem Zusatz INTO die Referenz auf diese Anweisung in einer Variablen ablegt.

Sobald nun bei bereits geöffnetem ABAP Debugger eine klassenbasierte Ausnahme auftritt, erscheint in der Toolbar des ABAP Debuggers eine Schaltfläche mit dem Fehler-Symbol (🗐) und der Beschriftung **Letztes Ausnahmeobjekt**. Ab Release 7.0 EHP2 zeigt Ihnen der ABAP Debugger in einem speziellen Werkzeug zur Anzeige von klassenbasierten Ausnahmen zunächst die Kette der aufgetretenen Ausnahmen an, wenn Sie auf diese Schaltfläche klicken. In älteren Releases gelangen Sie direkt in die Anzeige des Ausnahmeobjekts.

Aus der Anzeige der Kette der aufgetretenen Ausnahmen gelangen Sie mit einem Klick auf die Zelle in der Spalte **Exceptionkette** zur Anzeige des Ausnahmeobjekts. Über die Schaltfläche in der Spalte **Quellcode** können Sie zu der Quelltext-Zeile navigieren, an der die laufende Anwendung die jeweilige Ausnahme ausgelöst hat. Klicken Sie auf die Schaltfläche in der Spalte **Langtext**, damit der ABAP Debugger Ihnen den Langtext aus der Ausnahmeklasse anzeigt, der die aufgetretene Ausnahme beschreibt.

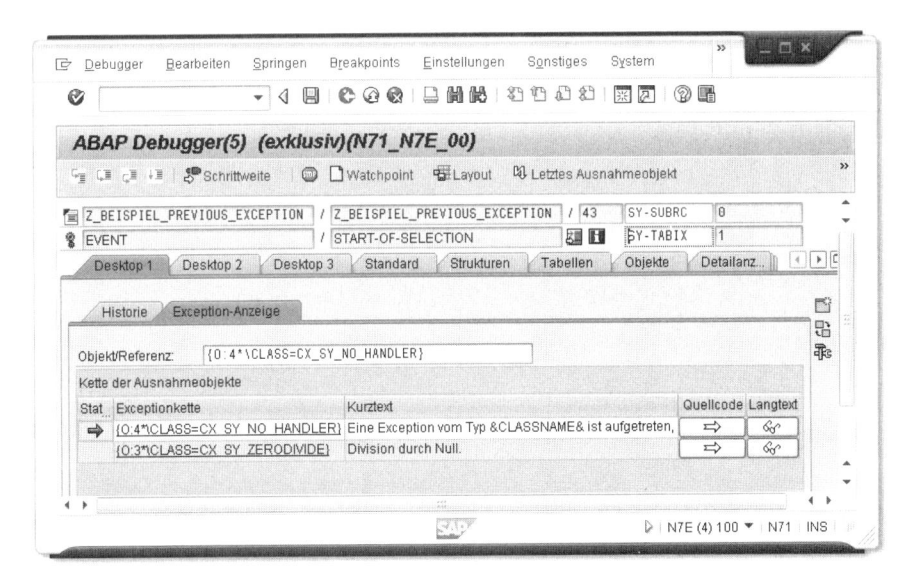

Anzeige der Kette der aufgetretenen Ausnahmen im ABAP Debugger

TEIL 8 Anwendungen debuggen

In der Anzeige des Ausnahmeobjekts sehen Sie die einzelnen Attribute der aufgetretenen Ausnahme. Anhand des Werts des Attributs TEXT_ID können Sie herausfinden, welcher der Ausnahmetexte zu dieser Ausnahme angezeigt würde. Falls die Ausnahme mit einer vorhergehenden Ausnahme verkettet ist, gelangen Sie durch einen Doppelklick auf das Attribut PREVIOUS zur Anzeige der vorhergehenden Ausnahme. Durch einen Klick auf das Fehler-Symbol (🗟) mit der Beschriftung **Exception** innerhalb der Anzeige des Objekts gelangen Sie zu der Stelle im Quelltext, an der die gerade angezeigte Ausnahme aufgetreten ist. Beachten Sie, dass die Schaltfläche **Zeige Auslösestelle** mit dem gleichen Symbol in der Toolbar immer zur Auslösestelle der zuletzt aufgetretenen Ausnahme springt. Gerade bei verketteten Ausnahmen handelt es sich dabei nicht unbedingt um die für Sie interessante Stelle, an der zum Beispiel die erste Ausnahme in einer Kette von mehreren Ausnahmen aufgetreten ist.

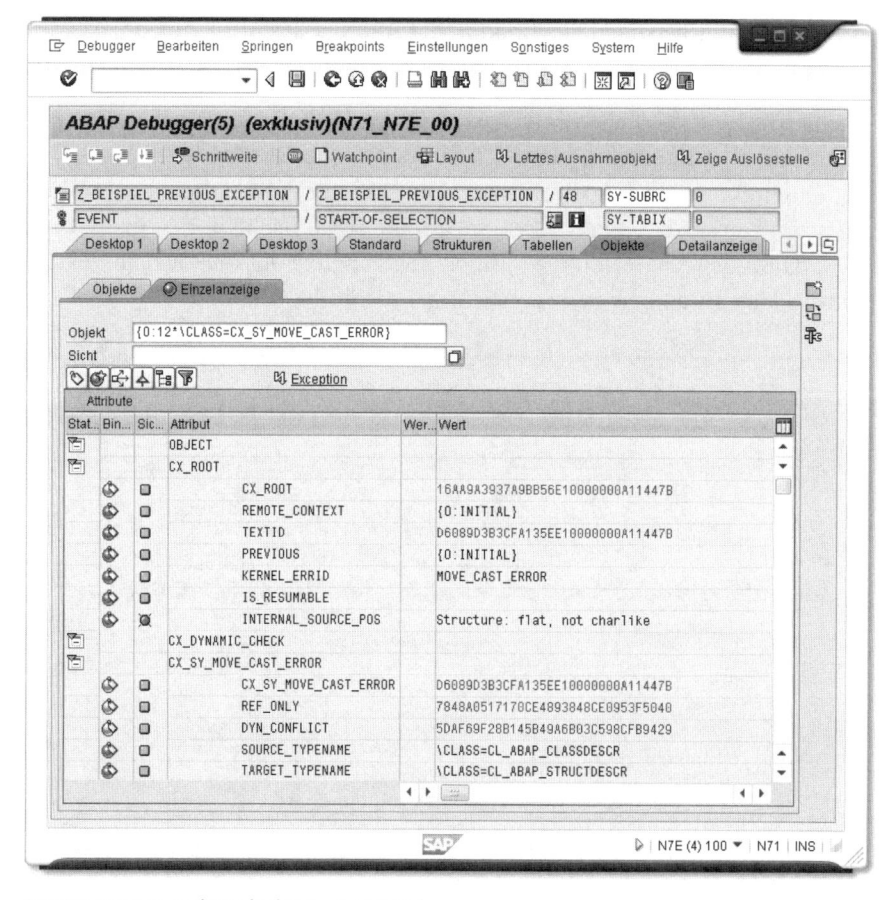

Anzeige eines Ausnahmeobjekts im ABAP Debugger

Wenn Sie aus den Informationen aus dem Ausnahmeobjekt noch nicht ableiten konnten, warum die Ausnahme aufgetreten ist, kann es häufig hilfreich sein, an der über die Ausnahme ermittelten Auslösestelle einen Breakpoint zu setzen. Wiederholen Sie dann die Aktion, die zur Ausnahme geführt hat. So können Sie noch genauer analysieren, welche Konstellation an der Auslösestelle zu der Ausnahmesituation geführt hat.

# Tipp 76

Informationen aus einem Kurzdump auswerten

Tritt ein Kurzdump auf, müssen Sie nicht unbedingt den Debugger bemühen, um dem Problem auf die Spur zu kommen. Der Kurzdump selbst enthält wertvolle Informationen, mit denen Sie die Ursache des Fehlers häufig schneller und einfacher erkennen und beheben können als über den ABAP Debugger.

Die Bezeichnung *Kurzdump* ist ein wenig irreführend: Kaum eine Laufzeitumgebung bietet im Fall eines Laufzeitfehlers so ausführliche Informationen über den Fehler und das Umfeld, in dem der Fehler aufgetreten ist, wie die ABAP-Laufzeitumgebung in einem Kurzdump. »Kurz« ist ein Kurzdump nur insofern, als das System keinen vollständigen Abzug des Speichers erstellt. Stattdessen legt es ausgewählte Informationen ab, die Ihnen bei der Fehlersuche am ehesten nützlich sein können.

Mit den Informationen aus dem Kurzdump ist es in den meisten Fällen möglich, die Ursache des Laufzeitfehlers zu ergründen. In vielen Fällen geht dies über den Kurzdump auch deutlich schneller, als beispielsweise die Fehlersituation zu reproduzieren und den Ablauf im ABAP Debugger im Detail zu analysieren.

> **Und so geht's**

In die Ansicht eines Kurzdumps gelangen Sie in der Regel über einen der beiden folgenden Wege: Entweder Sie rufen über die Transaktion ST22 die Liste der Laufzeitfehler auf, die in der Vergangenheit im System aufgetreten sind, oder Sie sind »live« dabei, wenn eine von Ihnen im SAP GUI gestartete Anwendung einen Laufzeitfehler verursacht.

Auf die ersten Informationen aus dem Kurzdump treffen Sie bereits in der Liste der Kurzdumps und in der Überschrift zu einem Kurzdump. Dazu zählen das Datum und die Uhrzeit, der Benutzername und die Art des aufgetretenen Fehlers.

Im Kurzdump selbst sehen Sie, abhängig von der Art des Fehlers, entweder zunächst auf ein bis zwei Bildschirmseiten eine **Beschreibung der Ausnahme** oder den vollständigen **Langtext des Laufzeitfehlers**. Den Langtext erkennen Sie auch an dem Baum zur Navigation innerhalb des Kurzdumps am linken Bildschirmrand.

Falls eine klassenbasierte Ausnahme aufgetreten ist, können Sie aus der Beschreibung der Ausnahme mit einem Klick auf das Objekt-Symbol (🔵) in der Toolbar in die Anzeige der aufgetretenen Ausnahme wechseln. Im Fall von verketteten Ausnahmen – eine Ausnahme hatte eine weitere Ausnahme zur Folge – sehen Sie in dieser Ansicht die gesamte Kette der aufgetretenen Ausnahmen. Die Ansicht enthält neben dem Namen der Ausnahmeklasse auch den Kurztext und den Inhalt der Attribute zu jeder einzelnen Ausnahme. Den Langtext können Sie sich anzeigen lassen, indem Sie auf das Anzeigen-Symbol (🔍) neben der Beschriftung **Langtext** klicken. Wenn Sie auf die Beschreibung der Auslösestelle mit der Beschriftung **Programm** klicken, gelangen Sie im ABAP Editor direkt an die Stelle, an der die Ausnahme ausgelöst wurde. Diese Stelle eignet sich auch gut, um einen Breakpoint zu setzen und die Fehlerursache beim nächsten Durchlauf im ABAP Debugger näher untersuchen zu können.

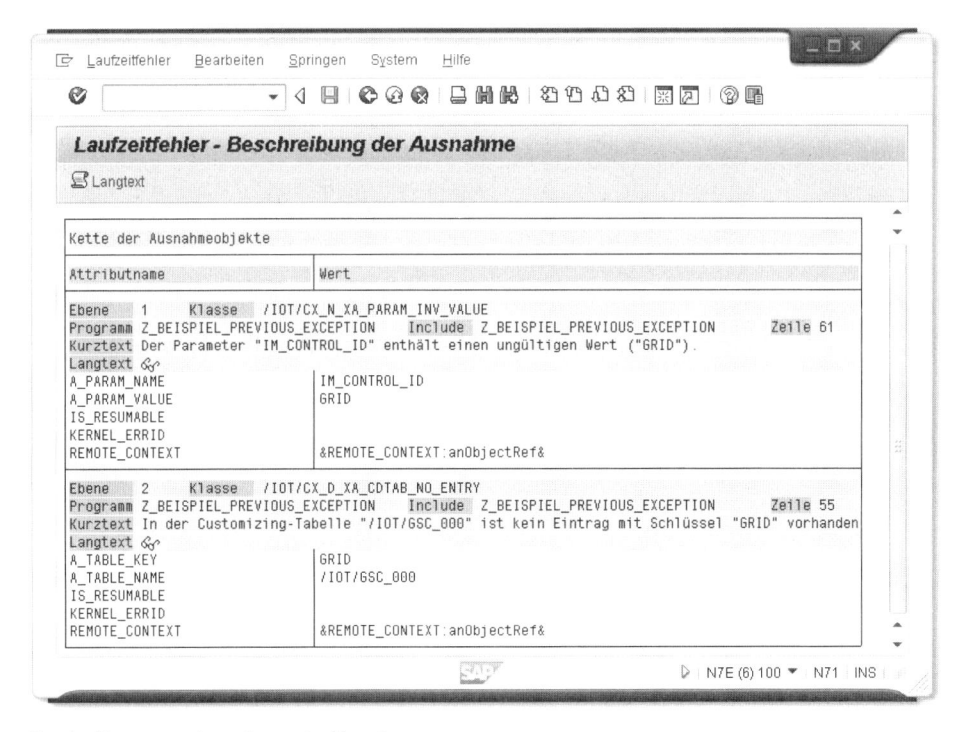

Beschreibung von Ausnahmen im Kurzdump

Aus der Beschreibung der Ausnahme gelangen Sie mit einem Klick auf die Schaltfläche **Langtext** mit dem Protokoll-Symbol (▣) in der Toolbar zur Anzeige der vollständigen Informationen aus dem Kurzdump.

Der Langtext zum Kurzdump ist in verschiedene Bereiche gegliedert. Zunächst sollten Sie sich die Bereiche **Kurztext, Was ist passiert?** und **Fehleranalyse** ansehen. Diese Bereiche enthalten eine kurze Beschreibung des aufgetretenen Laufzeitfehlers und eine mehr oder weniger ausführliche Analyse der möglichen Ursachen für das Auftreten des Laufzeitfehlers.

Der Bereich **Ausschnitt Quelltext** enthält den Quelltext der Stelle, an der der Laufzeitfehler aufgetreten ist. Die Markierung >>>>> zeigt Ihnen an, in welcher Zeile der Laufzeitfehler aufgetreten ist. Mit einem Klick auf den Quelltext-Ausschnitt können Sie sich die entsprechende Stelle im ABAP Editor anzeigen lassen. Enthält die Überschrift des Bereichs den Zusatz **Quelltext hat sich geändert**, entspricht der angezeigte Quelltext möglicherweise nicht mehr dem Stand, den der Quelltext beim Auftreten des Laufzeitfehlers hatte. Der Kurzdump zeigt an dieser Stelle immer den aktuellen Stand des Verarbeitungsblocks an, in dem der Laufzeitfehler aufgetreten ist.

Im Bereich **Inhalt der Systemfelder** sehen Sie den Inhalt, den einige ausgewählte Felder der Struktur `SYST` im Moment des Laufzeitfehlers hatten. Anhand des Werts im Feld `sy-subrc` können Sie möglicherweise ableiten, welcher Fehler bei einer vorangegangenen Anweisung aufgetreten ist.

Der Bereich **Aktive Aufrufe/Ereignisse** zeigt Ihnen die Aufrufhierarchie zum Zeitpunkt des Laufzeitfehlers an. Die oberste Zeile beschreibt die Stelle, an der der Laufzeitfehler aufgetreten ist. Die unterste Zeile enthält den ursprünglichen Auslöser des aktuellen Ablaufs. Auch auf jede Zeile in der Aufrufhierarchie können Sie klicken, um die Stelle mit dem jeweiligen Aufruf im ABAP Editor anzuschauen. Diese Stellen eignen sich in einigen Fällen noch besser zum Setzen eines Breakpoints, weil Sie so die Vorgeschichte des Laufzeitfehlers besser nachvollziehen können, wenn Sie den Laufzeitfehler reproduzieren.

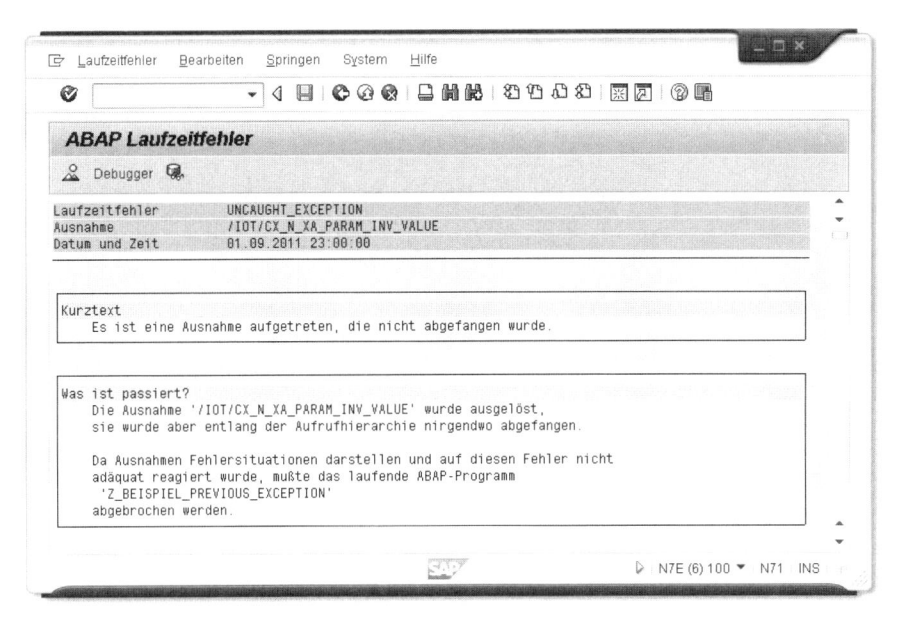

Informationen aus einem Kurzdump auswerten **Tipp 76**

```
ABAP Laufzeitfehler
  Debugger

Laufzeitfehler    UNCAUGHT_EXCEPTION
Ausnahme          /IOT/CX_N_XA_PARAM_INV_VALUE
Datum und Zeit    01.09.2011 23:00:00

Kurztext
    Es ist eine Ausnahme aufgetreten, die nicht abgefangen wurde.

Was ist passiert?
    Die Ausnahme '/IOT/CX_N_XA_PARAM_INV_VALUE' wurde ausgelöst,
    sie wurde aber entlang der Aufrufhierarchie nirgendwo abgefangen.

    Da Ausnahmen Fehlersituationen darstellen und auf diesen Fehler nicht
    adäquat reagiert wurde, mußte das laufende ABAP-Programm
    'Z_BEISPIEL_PREVIOUS_EXCEPTION'
    abgebrochen werden.
```

Die Bereiche »Kurztext« und »Was ist passiert?« in einem Kurzdump

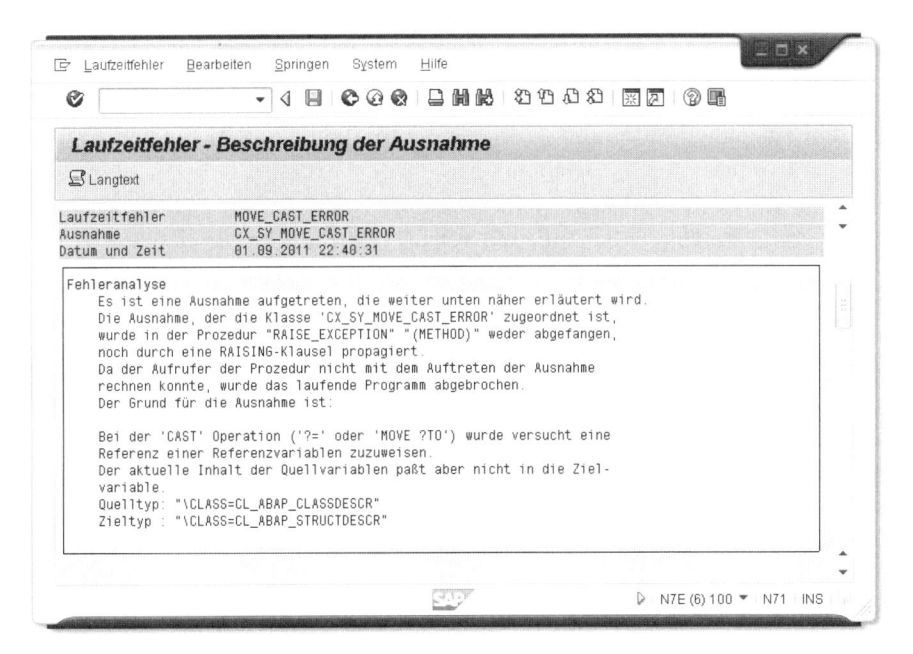

```
Laufzeitfehler - Beschreibung der Ausnahme
  Langtext

Laufzeitfehler    MOVE_CAST_ERROR
Ausnahme          CX_SY_MOVE_CAST_ERROR
Datum und Zeit    01.09.2011 22:40:31

Fehleranalyse
    Es ist eine Ausnahme aufgetreten, die weiter unten näher erläutert wird.
    Die Ausnahme, der die Klasse 'CX_SY_MOVE_CAST_ERROR' zugeordnet ist,
    wurde in der Prozedur "RAISE_EXCEPTION" "(METHOD)" weder abgefangen,
    noch durch eine RAISING-Klausel propagiert.
    Da der Aufrufer der Prozedur nicht mit dem Auftreten der Ausnahme
    rechnen konnte, wurde das laufende Programm abgebrochen.
    Der Grund für die Ausnahme ist:

    Bei der 'CAST' Operation ('?=' oder 'MOVE ?TO') wurde versucht eine
    Referenz einer Referenzvariablen zuzuweisen.
    Der aktuelle Inhalt der Quellvariablen paßt aber nicht in die Ziel-
    variable.
    Quelltyp: "\CLASS=CL_ABAP_CLASSDESCR"
    Zieltyp : "\CLASS=CL_ABAP_STRUCTDESCR"
```

Der Bereich »Fehleranalyse« in einem Kurzdump

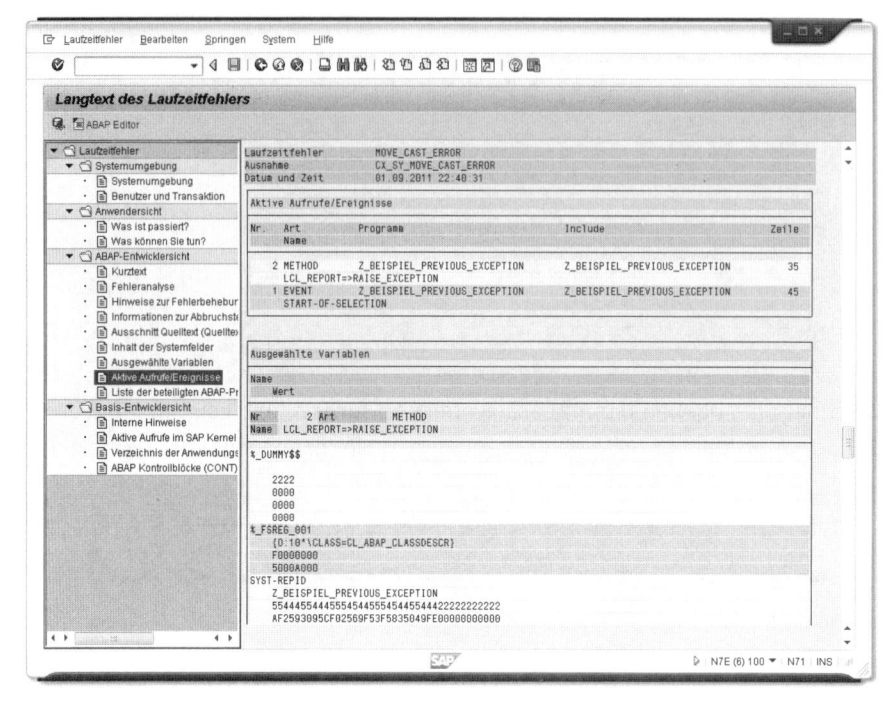

TEIL 8 Anwendungen debuggen

Die Bereiche »Aktive Aufrufe/Ereignisse« und »Ausgewählte Variablen« in einem Kurzdump

Zu den einzelnen Stufen der Aufrufhierarchie sehen Sie im Bereich **Ausgewählte Variablen** noch, welche Werte einige Variablen auf der jeweiligen Stufe im Moment des Laufzeitfehlers hatten. Bei Variablen mit elementaren Typen, zum Beispiel Zeichenketten oder Zahlen, sehen Sie den Inhalt der Variablen in lesbarer Form. Bei Objektreferenzen sehen Sie zumindest, ob die Objektreferenz auf ein Objekt zeigte oder noch initial war.

Trat der Laufzeitfehler in einer Anwendung auf, die Sie gerade im SAP GUI ausgeführt haben, enthält der Kurzdump in der Toolbar auch eine Schaltfläche mit der Beschriftung **Debugger**. Klicken Sie auf diese Schaltfläche, um den ABAP Debugger zur sogenannten *Post-Mortem-Analyse* zu öffnen. In diesem Modus können Sie über den ABAP Debugger zwar keine Anweisungen mehr ausführen. Viele Analyse-Tools, zum Beispiel die Anzeige der Werte von Variablen oder Objektattributen und die Anzeige der Aufrufhierarchie, stehen Ihnen jedoch noch in vollem Umfang zur Verfügung.

Achtung: Sobald Sie die Ansicht des Kurzdumps einmal verlassen haben, können Sie die Post-Mortem-Analyse im ABAP Debugger für diesen Laufzeitfehler nicht mehr aufrufen. Gerade wenn der Kurzdump schwer reproduzierbar ist, sollten Sie darum den Kurzdump möglichst geöffnet lassen, bis Sie die Ursache des Laufzeitfehlers analysiert haben.

TEIL 9

In Entwicklungsobjekten suchen

Die ABAP Workbench ermöglicht es Ihnen, sowohl innerhalb eines Entwicklungsobjekts eine bestimmte Stelle als auch im gesamten System nach Entwicklungsobjekten mit bestimmten Eigenschaften zu suchen. Verwenden Sie die inkrementelle Suche, beginnt das System bereits während Sie noch den Suchbegriff eingeben damit, nach Treffern zu suchen, und zeigt Ihnen diese sofort an. Mit weiteren Werkzeugen können Sie systemweit eine Volltextsuche im Quelltext Ihrer Anwendungen durchführen oder Entwicklungsobjekte mit bestimmten Eigenschaften aufspüren. Und für den Fall, dass die ABAP Workbench noch kein passendes Werkzeug für Ihre Suchanforderung enthält, erfahren Sie, in welchen Datenbanktabellen Sie noch weitere Informationen zu den Entwicklungsobjekten finden.

Tipps in diesem Teil

Tipp 77	Im Quelltext inkrementell suchen	288
Tipp 78	Systemweit Quelltext durchsuchen	291
Tipp 79	Klassen schneller finden	297
Tipp 80	Grenzen des Indexes für den Verwendungsnachweis kennen	300
Tipp 81	Den Verwendungsnachweis für Methoden ausführen	303
Tipp 82	Die Umfeldermittlung verwenden	306

Tipp 77

Im Quelltext inkrementell suchen

Nutzen Sie die inkrementelle Suche, um Ihren Quelltext im ABAP Editor schneller und mit weniger Tipparbeit zu durchsuchen.

Sicher kennen Sie die klassische Suchfunktionalität im ABAP Editor. Um eine bestimmte Stelle im Quelltext zu finden, drücken Sie dabei die Tastenkombination [Strg] + [F]. Dann erscheint ein Pop-up, in dem Sie die Zeichenfolge eingeben, nach der Sie suchen möchten. Sobald Sie die [↵]-Taste drücken oder auf die Schaltfläche **Weiter suchen** klicken, beginnt die Suche nach der zuvor eingegebenen Zeichenfolge.

Klassische Suche im ABAP Editor

Mit der inkrementellen Suche steht Ihnen im ABAP Editor eine Alternative zur Verfügung, die Ihnen die Suche im gerade geöffneten Quelltext erleichtert. Ähnlich wie bei der Suchfunktionalität in vielen modernen Webbrowsern müssen Sie mit der inkrementellen Suche im ABAP Editor nicht mehr die Entscheidung darüber treffen, wie viele Zeichen Sie eingeben, bevor die Suche nach der eingegebenen Zeichenfolge beginnen soll. Stattdessen durchsucht das System den Quelltext automatisch nach jedem weiteren Zeichen, das Sie eingeben und markiert den ersten Treffer. Schon während Sie noch eingeben, wonach Sie suchen möchten, erhalten Sie auf diese Art eine Rückmeldung zum Ergebnis der Suche.

In den meisten Fällen müssen Sie dank der inkrementellen Suche gar nicht die vollständige Zeichenfolge eingeben, nach der Sie in derselben Situation mit der klassischen Suche gesucht hätten. In der Regel finden Sie die gewünschte Stelle im Quelltext bereits, nachdem Sie nur einen kleinen Teil des gesamten Suchbegriffs eingegeben haben. Sie können sich dann die Eingabe des vollständigen Suchbegriffs sparen. Denselben Vorteil haben Sie, wenn die Zeichenfolge, nach der Sie suchen, im Quelltext gar nicht vorkommt. In der Regel wird das System Sie schon nach wenigen Zeichen darüber informieren können, dass die gesuchte Zeichenfolge im Quelltext gar nicht vorkommt. Auch in dieser Situation sparen Sie sich durch die inkrementelle Suche die Eingabe der vollständigen Zeichenfolge.

Die Verwendung der inkrementellen Suche kann auch dazu führen, dass Sie Stellen finden, die Sie sonst übersehen hätten. Ein Tippfehler bei der Eingabe des Suchbegriffs führt bei der inkrementellen Suche in der Regel sofort dazu, dass Sie keinen Treffer mehr finden. Da Sie bei der inkrementellen Suche im Gegensatz zur klassischen Suche erfahren, welches Zeichen dazu geführt hat, dass die Ergebnismenge leer wurde, ist es für Sie deutlich einfacher, Ihre Suchanfrage zu korrigieren. Außerdem besteht die Möglichkeit, dass Sie während der Eingabe noch weitere für Sie interessante Stellen finden, an denen jeweils nur ein Teil Ihres eigentlichen Suchbegriffs steht.

› Und so geht's

Um die inkrementelle Suche zu verwenden, drücken Sie die Tastenkombination [Strg] + [I], oder rufen Sie den Eintrag **Inkrementell suchen** im Kontextmenü des ABAP Editors auf. In der Statusleiste des ABAP Editors erscheint daraufhin der Text **Stufenweise Suche**, und der Mauscursor verwandelt sich in ein Suchfernglas mit einem Pfeil. Beginnen Sie nun damit, über die Tastatur die Zeichenfolge einzugeben, nach der Sie im gerade geöffneten Quelltext suchen möchten. Die bereits eingegebenen Zeichen erscheinen dabei ebenfalls in der Statusleiste.

Während Sie die Zeichenfolge eingeben, nach der Sie suchen möchten, markiert das System jeweils die erste Stelle, an der die bereits eingegebene Zeichenfolge vorkommt. Mit der [←]-Taste können Sie Ihre Eingabe korrigieren. Nach weiteren Stellen, an denen die eingegebene Zeichenfolge vorkommt, suchen Sie, indem Sie erneut die Tastenkombination [Strg] + [I] drücken oder den entsprechenden Kontextmenüeintrag **Inkrementell suchen** noch einmal aufrufen.

Haben Sie die gesuchte Stelle gefunden, können Sie die inkrementelle Suche beenden, indem Sie die [Esc]-Taste oder eine der Cursor-Tasten drücken.

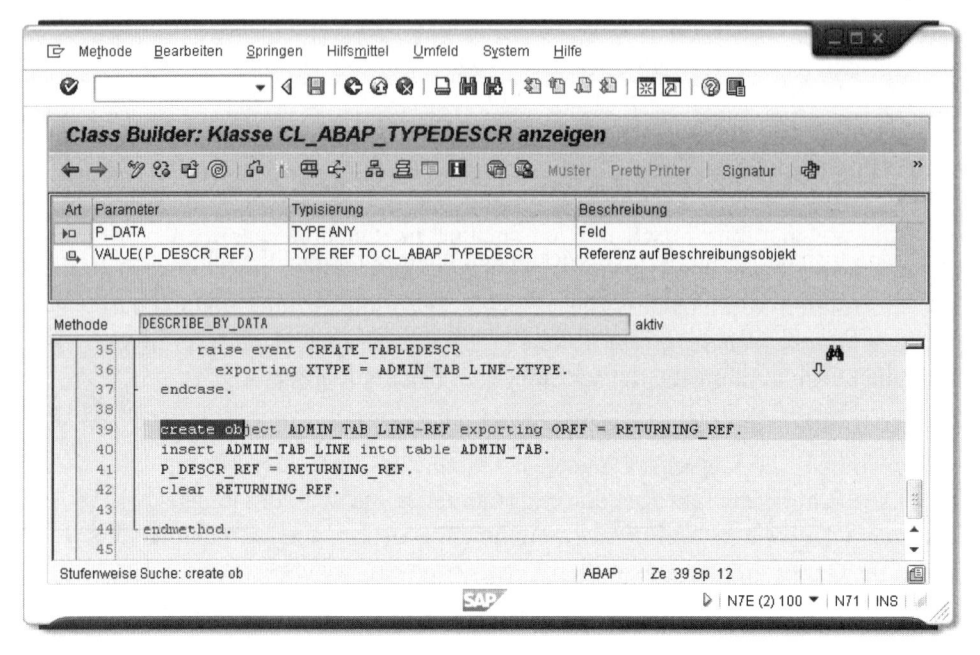

Inkrementelle Suche im ABAP Editor

Tipp 78
Systemweit Quelltext durchsuchen

Der Code Inspector kann Ihre Entwicklungen nicht nur auf Fehler hin überprüfen. Er ermöglicht es Ihnen auch, im Quelltext Ihrer Entwicklungen zu suchen, sogar in einer Vielzahl von Entwicklungsobjekten auf einmal.

Eine einfache Suchfunktionalität ist in der ABAP Workbench an den meisten Stellen integriert: Egal ob innerhalb einer Methode, innerhalb einer Klasse oder innerhalb eines Reports, fast überall können Sie über das Tastaturkürzel Strg + F einen Dialog aufrufen, mit dem Sie innerhalb des aktuell geöffneten Entwicklungsobjekts suchen können.

Nicht leicht zu finden ist dagegen die Suche, die gleichzeitig mehrere Klassen oder Programme oder gar das gesamte System durchsucht. Eine solche Suche können Sie über den Code Inspector ausführen, das heißt über das Tool, das die meisten Entwickler hauptsächlich mit dem Thema Qualitätssicherung verbinden. Diese Assoziation ist auch nicht falsch. Natürlich ist die Volltextsuche bei der Qualitätssicherung ein hilfreiches Werkzeug, aber auch in anderen Phasen des Softwareentwicklungsprozesses kann sie eine wertvolle Hilfe sein.

› Und so geht's

1. Starten Sie den Code Inspector über die Transaktion SCI.
2. Geben Sie im Bereich **Objektmenge** einen **Namen** ein. Dieser Name sollte beschreiben, welche Objekte Sie durchsuchen möchten. Legen Sie dann über das Anlegen-Symbol (🗋) im Bereich **Objektmenge** die Objektmenge an.

TEIL 9 In Entwicklungsobjekten suchen

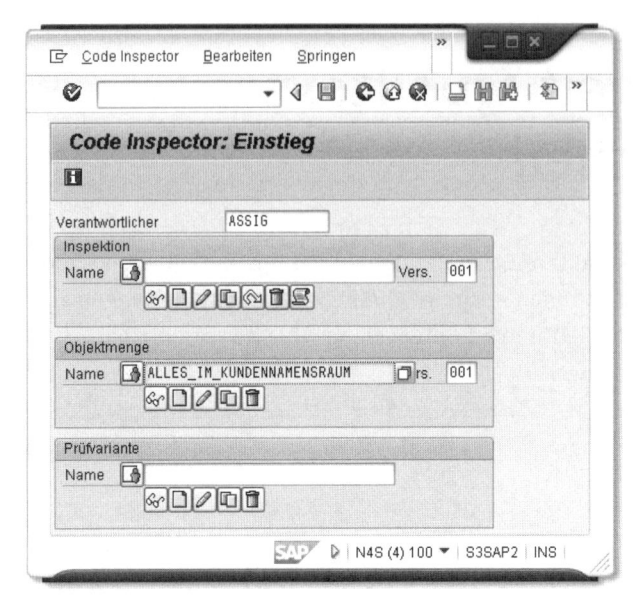

Einstiegsbild zum Code Inspector

3. Im Bild zur Definition der Objektmenge können Sie Selektionskriterien angeben, die die Entwicklungsobjekte erfüllen müssen, die Sie durchsuchen möchten. In der oberen Hälfte des Bildes können Sie Einschränkungen vornehmen, die alle Entwicklungsobjekte erfüllen müssen. Beispielsweise können Sie hier das Paket vorgeben, in dem sich die Entwicklungsobjekte befinden müssen. In der unteren Hälfte können Sie gezielt für einzelne Typen von Entwicklungsobjekten, zum Beispiel für Klassen oder für Programme, vorgeben, welchen Namen die zu durchsuchenden Entwicklungsobjekte haben dürfen.

In die Objektmenge des Code Inspectors fließen standardmäßig nur Entwicklungsobjekte ein, die nicht von SAP ausgeliefert wurden. Wenn Sie keine Selektionskriterien angeben, durchsucht der Code Inspector darum alle Entwicklungsobjekte, die Sie im System selbst angelegt oder aus anderen Quellen importiert haben. Was Sie tun müssen, um auch SAP-Quelltext durchsuchen zu können, erfahren Sie in Tipp 86.

4. Speichern Sie die Objektmenge (🖬) und kehren Sie in das Einstiegsbild des Code Inspectors zurück (⬅).

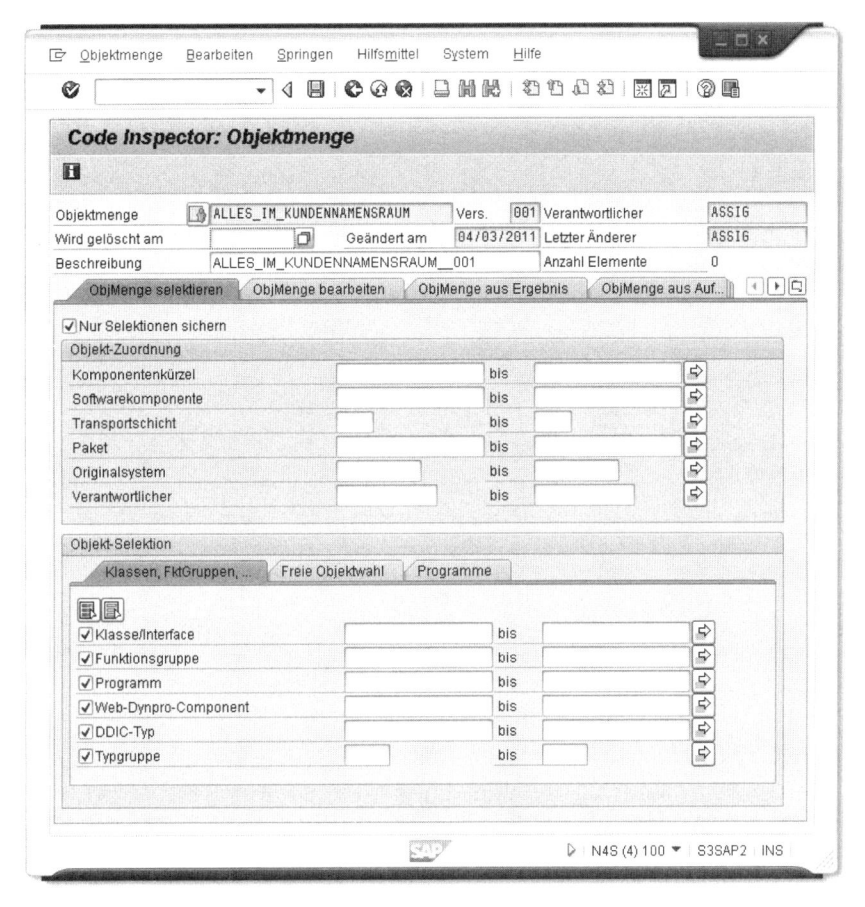

Bild zur Definition der Objektmenge im Code Inspector

5. Sie können nun im Bereich **Inspektion** ebenfalls einen Namen vergeben. Wenn Sie hier einen Namen angeben, können Sie diese Suche zu einem späteren Zeitpunkt erneut durchführen, und der Code Inspector speichert die Ergebnisse der Suche auch ab, anstatt sie nur anzuzeigen. Eine einmalige Suche können Sie auch ohne die Angabe eines Namens durchführen.

6. Legen Sie die Inspektion über das Anlegen-Symbol (🗋) an.

7. Wählen Sie im Bild zur Definition der Inspektion die zuvor angelegte **Objektmenge** aus.

8. Bestimmen Sie über den entsprechenden Auswahlknopf, dass es sich um eine **Temporäre Definition** der Prüfvariante handelt. Deaktivieren Sie durch einen Klick auf das Ankreuzfeld im Wurzelknoten des Baums zunächst alle Prüfungen.

TEIL 9 In Entwicklungsobjekten suchen

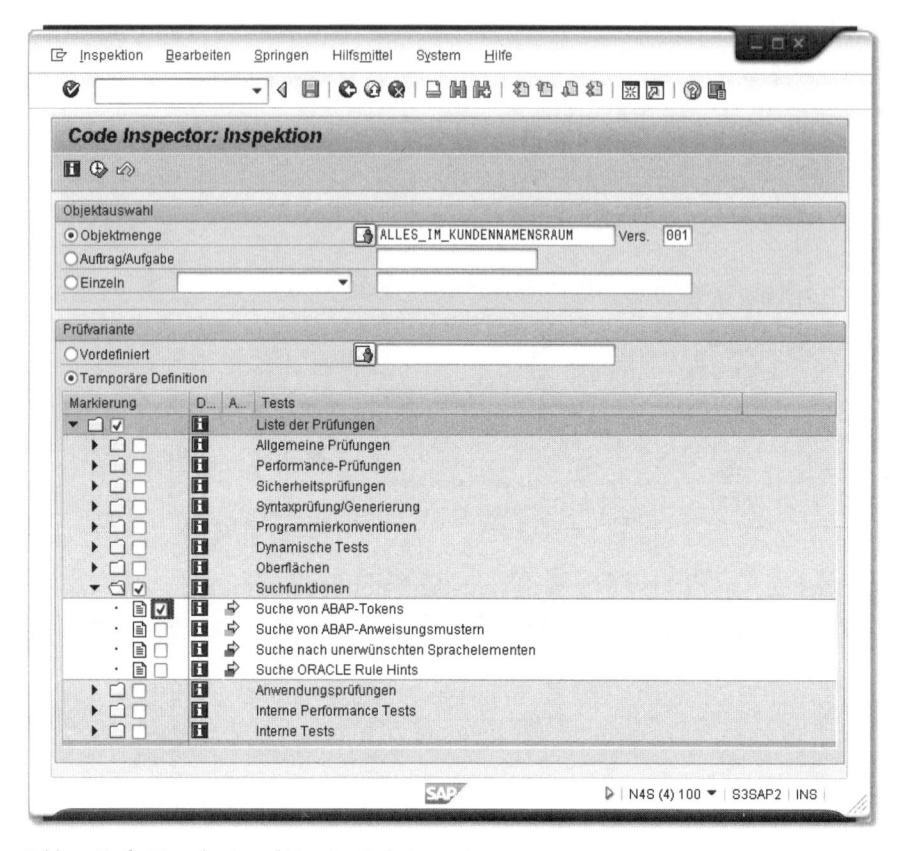

Bild zur Definition der Inspektion im Code Inspector

9. Klappen Sie dann den Knoten **Suchfunktionen** auf, und setzen Sie den Haken im Ankreuzfeld zu der gewünschten Art der Suche. Für die Volltextsuche eignen sich die **Suche von ABAP-Tokens** sowie die **Suche von ABAP-Anweisungsmustern**. Über das Mehrfachselektions-Symbol (⇨) in derselben Zeile können Sie dann einen Dialog aufrufen, in dem Sie eingeben können, wonach Sie suchen möchten. Bei den beiden beschriebenen Arten der Suche müssen Sie die Groß-/Kleinschreibung nicht beachten.

Suche von ABAP-Tokens: Bei einem Token handelt es sich um Zeichen im ABAP-Quelltext, die durch ein Leerzeichen oder einen Zeilenumbruch von anderen Zeichen getrennt sind. Mit dieser Art der Suche können Sie innerhalb eines Tokens suchen, beispielsweise nach dem Namen einer Variablen, eines verwendeten Datentyps, einer Klasse oder eines ABAP-Schlüsselworts. Dabei steht das Zeichen + für ein beliebiges Zeichen innerhalb des Tokens. Das Zeichen * steht für beliebig viele beliebige Zeichen innerhalb des Tokens.

Beispiele:

- Mit dem Such-String `abap_true` finden Sie `abap_true`.
- Mit dem Such-String `abap_tru+` finden Sie ebenfalls `abap_true`.
- Mit dem Such-String `abap_*` finden Sie unter anderem `abap_bool`, `abap_true` und `abap_false`.

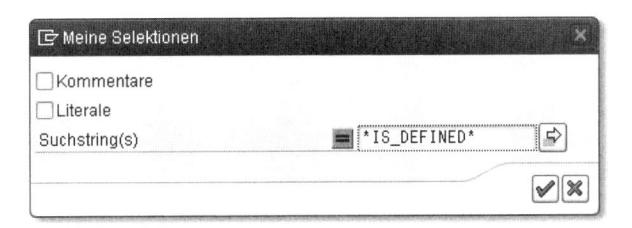

Pop-up zur Suche von ABAP-Token

Suche von ABAP-Anweisungsmustern: Bei der Suche nach Anweisungsmustern können Sie Suchbedingungen eingeben, die sich auf eine Anweisung im Quelltext beziehen. Auf diese Art können Sie mehrere Token auf einmal durchsuchen. Das Zeichen + steht hier für ein beliebiges Token, das Zeichen * für beliebig viele beliebige Token.

Beispiele:

- Mit dem Anweisungsmuster `COMMIT WORK` finden Sie nur die Anweisung `COMMIT WORK` ohne weitere Zusätze.
- Mit dem Anweisungsmuster `COMMIT +` finden Sie auch die Anweisung `COMMIT WORK`, aber beispielsweise nicht die Anweisung `COMMIT WORK AND WAIT`.
- Mit dem Anweisungsmuster `COMMIT WORK *` finden Sie sowohl die Anweisung `COMMIT WORK` als auch die Anweisung `COMMIT WORK AND WAIT`.

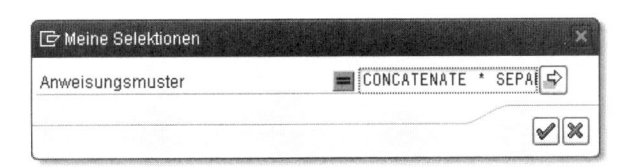

Pop-up zur Suche von Anweisungsmustern

10. Bestätigen Sie Ihre Eingabe über das OK-Symbol (✔), und starten Sie die Suche über das Ausführen-Symbol (⊕).

TEIL 9   In Entwicklungsobjekten suchen

11. Der Code Inspector stellt die Ergebnisse der Suche als Baum dar. Mit einem Doppelklick auf einen einzelnen Treffer können Sie direkt an die Stelle im Quelltext springen, an der die Suche Quelltext gefunden hat, der zu den zuvor eingegebenen Kriterien passt.

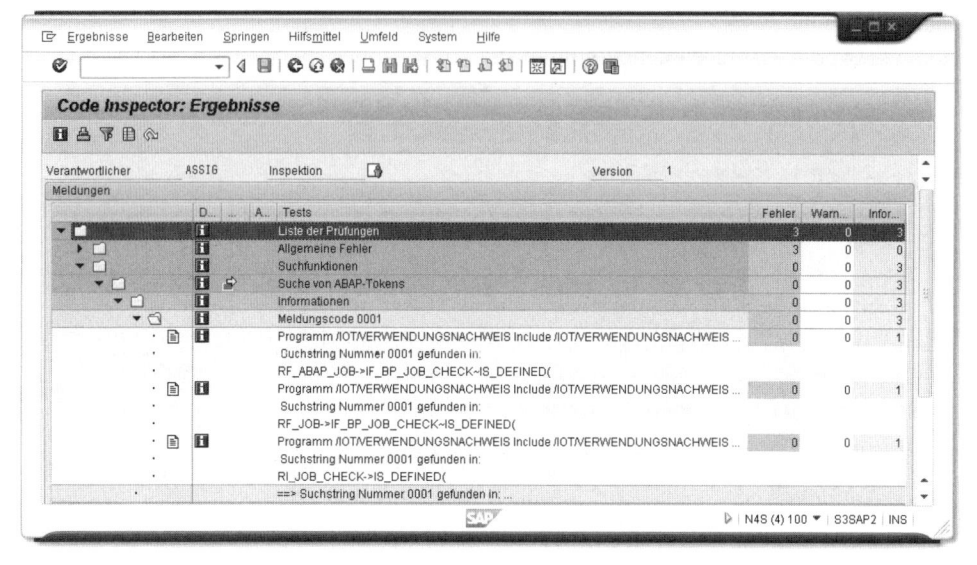

Auflistung der Ergebnisse des Code Inspectors

Tipp 79
Klassen schneller finden

Auch wenn Sie den Namen einer Klasse nicht kennen, existieren viele Wege, die Klasse schnell zu finden.

Wenn Sie den Namen einer globalen ABAP-Klasse nicht kennen oder sich einen Überblick über alle Klassen mit bestimmten Eigenschaften verschaffen möchten, haben Sie eine Vielzahl von Möglichkeiten, Klassen nach verschiedensten Kriterien zu suchen.

Für einige dieser Kriterien stellt Ihnen die ABAP Workbench entsprechende Dialoge bereit. Aber auch wenn Sie nach Kriterien suchen möchten, die in der ABAP Workbench nicht in einem Dialog als Selektionskriterium angeboten werden, heißt das nicht, dass Sie alle Klassen im System manuell durchsuchen müssen. Da in ABAP die Definitionen aller Entwicklungsobjekte in der Datenbank abgelegt sind, können Sie auch direkt über die jeweiligen Datenbanktabellen nach Entwicklungsobjekten suchen.

› Und so geht's

Wenn Sie wissen, in welchem Paket sich die gesuchte Klasse befindet, können Sie das Paket in der Objektliste am linken Bildschirmrand der ABAP Workbench öffnen. Klappen Sie die Knoten des Navigationsbaums in der Objektliste auf, um zu den Bestandteilen des Pakets zu gelangen. Hier finden Sie alle Klassen, die zum ausgewählten Paket gehören.

Über die Wertehilfe zum Klassennamen können Sie nach verschiedenen Kriterien suchen. Zu den möglichen Suchkriterien gehören Teile des Namens, der Beschreibungstext oder der letzte Änderer der Klasse. Über das Symbol zur Anzeige aller Selektionsfelder () können Sie weitere Selektionsfelder einblenden. Den Dialog, der als Wertehilfe für den Klassennamen genutzt wird, erreichen Sie auch über das Repository-Infosystem (Transaktion SE84).

TEIL 9 In Entwicklungsobjekten suchen

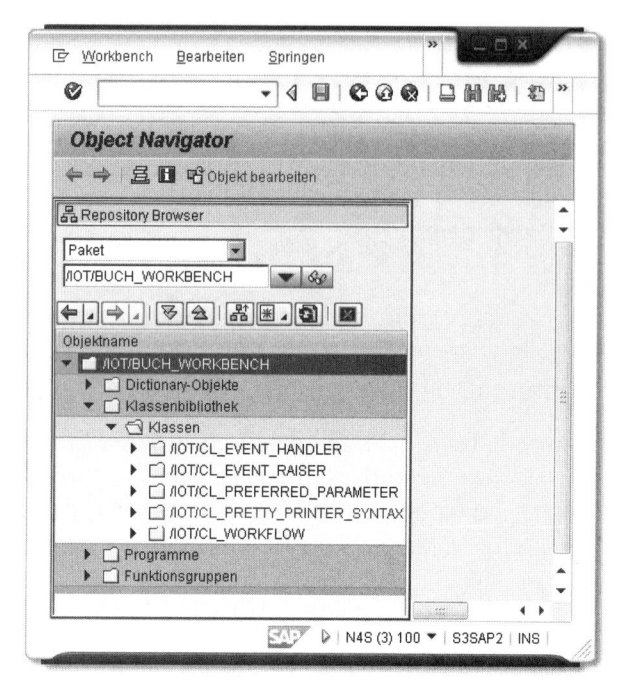

Anzeige aller Klassen aus einem Paket in der Objektliste

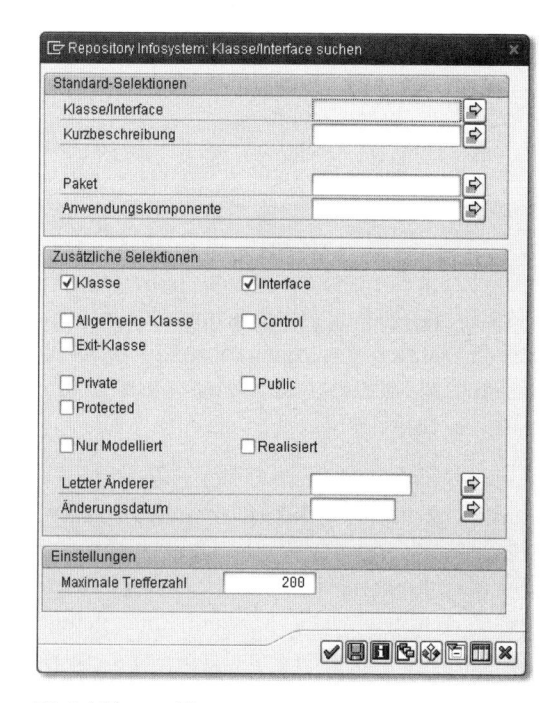

Wertehilfe zum Klassennamen

Sollten die Selektionskriterien aus der Wertehilfe Ihnen nicht genügen, um die gesuchte Klasse schnell zu finden, lohnt vielleicht ein Blick in die Datenbanktabellen, in denen die Definitionen der Klassen abgelegt sind. Starten Sie dazu den Data Browser (Transaktion SE16). Über den Datenbank-View VSEOCLASS können Sie im Data Browser nach Klassen mit bestimmten Eigenschaften suchen. Beispielsweise können Sie über das Feld AUTHOR nach dem Namen des Benutzers suchen, der die Klasse angelegt hat. Über das Feld CATEGORY können Sie nach Klassen einer bestimmten Kategorie suchen, beispielsweise nach persistenten Klassen, nach ABAP-Unit-Testklassen oder nach Ausnahmeklassen. Nutzen Sie die Wertehilfe, um sich einen Überblick über die möglichen Werte in einem Feld zu verschaffen.

In manchen Fällen kann es auch hilfreich sein, mit dem Data Browser in der Tabelle TRDIR zu suchen. Sie enthält die internen Programmnamen, unter denen unter anderem der Quelltext von Klassen im System abgelegt ist. Über die Tabelle TRDIR ist es beispielsweise möglich, alle Klassen zu ermitteln, zu denen eine lokale ABAP-Unit-Testklasse existiert. Die internen Programmnamen von lokalen Testklassen enden immer mit den Zeichen CCAU. Wenn Sie im Feld NAME nach dem Muster *CCAU suchen, zeigt der Data Browser Ihnen daher alle globalen Klassen mit zugehörigen lokalen Testklassen an.

Tipp 80
Grenzen des Indexes für den Verwendungsnachweis kennen

Der Verwendungsnachweis gehört ohne Zweifel zu den nützlichsten und bekanntesten Refactoring-Werkzeugen der ABAP Workbench. Doch Sie sollten auch die Grenzen der Möglichkeiten des Verwendungsnachweises kennen, um seine Ergebnisse richtig bewerten zu können.

Der Verwendungsnachweis ist in nahezu alle Dialoge und alle Entwicklungsobjekte der ABAP Workbench integriert. Mit ihm erfahren Sie, welche Beziehungen zwischen den einzelnen Entwicklungsobjekten in Ihrem System bestehen. Von wo wird eine Methode aufgerufen, in welchen Strukturen wird ein Datenelement verwendet, welche Programme greifen direkt auf eine Datenbanktabelle zu? All diese Fragen beantwortet Ihnen der Verwendungsnachweis.

Aber Vorsicht: Nur weil der Verwendungsnachweis keine Verwender eines Entwicklungsobjekts findet, heißt das nicht, dass dieses Entwicklungsobjekt nicht mehr verwendet wird und in jedem Fall gefahrlos gelöscht werden könnte. In diesem Tipp erfahren Sie, was Sie tun müssen, um mit dem Verwendungsnachweis möglichst vollständige Suchergebnisse zu erhalten, und welche Verwender der Verwendungsnachweis nicht finden kann.

› Und so geht's

Wenn Sie in der ABAP Workbench den Verwendungsnachweis aufrufen, durchsucht dieser nicht den gesamten Quelltext Ihres Systems, bevor er Ihnen das Ergebnis anzeigt. Eine solche Suche würde in einem SAP-System mit mehreren Gigabyte Quelltext viel zu viel Zeit in Anspruch nehmen. Um Ihnen schnell ein Ergebnis anzeigen zu können, existieren in der Datenbank eigens für den Verwendungsnachweis definierte Tabellen, die die Beziehungen zwischen den verschiedenen Entwicklungsobjekten im System enthalten. Diese Tabellen dienen als Index für eine schnelle Ausführung des Verwendungsnachweises.

Der Index für den Verwendungsnachweis wird in der Regel automatisch aufgebaut, ohne dass Sie sich explizit darum kümmern müssten. Nach der Installation eines neuen Systems läuft dazu einmalig ein Job namens EU_INIT. Änderungen, die Sie danach an Entwicklungsobjekten vornehmen, übernimmt das System zum größten Teil sofort in den Index. Dabei wird jedoch nicht sofort der Index selbst aktualisiert, sondern zunächst nur eine Liste der durchgeführten Änderungen fortgeschrieben. Anhand dieser Liste aktualisiert der automatisch eingeplante Job EU_REORG einmal am Tag den eigentlichen Index. Auch wenn Sie Entwicklungsobjekte in das System transportieren, gelangen diese nicht sofort in den Index des Verwendungsnachweises. Zu diesem Zweck läuft der Job EU_PUT, der die Änderungen aus den importierten Transporten des vergangenen Tages in den Index übernimmt. Auch dieser Job läuft automatisch einmal am Tag. Aufgrund der zyklisch laufenden Jobs, die den Index des Verwendungsnachweises aktualisieren, ist es möglich, dass der Verwendungsnachweis überraschende Ergebnisse liefert. Beispielsweise kann er für dasselbe Entwicklungsobjekt morgens ein anderes Ergebnis liefern als am Nachmittag des Vortags, auch wenn in der Zwischenzeit niemand etwas im System entwickelt oder transportiert hat.

Ihr SAP-System aktualisiert den Index für den Verwendungsnachweis nur für Entwicklungsobjekte im Kundennamensraum automatisch. Für SAP-Entwicklungen ist dagegen in aller Regel nur ein unvollständiger Index vorhanden. Der SAP-Hinweis 28022 beschreibt, wie Sie auch für Programme im SAP-Namensraum die vollständigen Indizes für den Verwendungsnachweis erzeugen. Je nach System müssen Sie jedoch damit rechnen, dass das System für den Aufbau eines solchen Indexes mehrere Tage benötigt und dass das Ergebnis mehrere Gigabyte Speicherplatz in der Datenbank belegt. Außerdem muss dieser Job immer wieder erneut manuell ausgeführt werden, wenn Sie ein neues Upgrade von SAP in Ihr System einspielen. Dies ist notwendig, damit der Verwendungsnachweis auch die Änderungen aus dem Upgrade berücksichtigt.

Eine Grenze, die der Verwendungsnachweis trotz aller ausgeklügelten Strategien zur Fortschreibung des Indexes nicht überwinden kann, ist das Aufspüren von dynamischen Aufrufen oder Zugriffen. Wenn Sie in Ihrem Programm dynamisch eine Methode aufrufen oder ein Datenobjekt mit einem dynamisch angegebenen Datentyp anlegen, zeigt der Verwendungsnachweis Ihnen nicht an, an welchen Stellen die dynamischen Zugriffe auf die verwendeten Entwicklungsobjekte erfolgen.

```
DATA v_methodenname TYPE string.

v_methodenname = 'CREATE'.
CALL METHOD cl_abap_random=>(v_methodenname).

CALL METHOD cl_abap_random=>('CREATE').
```

Dynamische Aufrufe, die der Verwendungsnachweis nicht aufspürt

In zwei anderen Tipps in diesem Buch erfahren Sie, wie Sie Beziehungen zwischen Entwicklungsobjekten finden können, die der Verwendungsnachweis Ihnen nicht anzeigt: Mit dem Code Inspector haben Sie die Möglichkeit, mit einer Volltextsuche Verwender zu ermitteln (Tipp 78). Der Coverage Analyzer kann für alle im System laufenden Programme ermitteln, ob eines dieser Programme einen bestimmten Bestandteil des Quelltextes ausführt (Tipp 95).

Tipp 81
Den Verwendungsnachweis für Methoden ausführen

Haben Sie sich schon einmal über das Ergebnis des Verwendungsnachweises im Zusammenhang mit Vererbungshierarchien gewundert? Lesen Sie weiter, um zu erfahren, wie sich der Verwendungsnachweis in diesem Umfeld verhält.

Die Anwendung des Verwendungsnachweises ist in den meisten Fällen denkbar einfach: Sie positionieren den Cursor auf einem Entwicklungsobjekt, klicken auf das Verwendungsnachweis-Symbol ( ) und erhalten eine Liste mit allen Verwendern des zuvor ausgewählten Entwicklungsobjekts.

Im Zusammenhang mit Vererbungshierarchien und Interfaces ist das Verhalten des Verwendungsnachweises dagegen häufig nicht auf Anhieb nachvollziehbar. Ihnen bekannte Aufrufer einer Methode zeigt der Verwendungsnachweis möglicherweise nicht an. Woran mag das liegen?

› Und so geht's

Damit der Verwendungsnachweis für eine Methode einen Methodenaufruf als Verwender identifiziert, muss die Referenzvariable, auf der die Methode aufgerufen wird, mit dem richtigen statischen Typ definiert sein. Nur wenn die Referenzvariable mit dem Interface, aus dem Sie den Verwendungsnachweis ausführen, als statischer Typ definiert ist (der Name des Interface steht beispielsweise hinter TYPE REF TO in der DATA-Anweisung), erscheint ein Methodenaufruf als Ergebnis des Verwendungsnachweises. Gleiches gilt für Klassen: Die Klasse, aus der Sie den Verwendungsnachweis aufrufen, muss als statischer Typ der Variablen angegeben sein, die Sie beim Aufruf der Methode als Objektreferenz verwenden. Ist dagegen eine Sub- oder eine Superklasse als statischer Typ definiert, erscheint der Methodenaufruf nicht in der Ergebnisliste.

Das folgende Beispiel soll dieses Verhalten verdeutlichen. Die nächste Abbildung zeigt ein vereinfachtes Klassendiagramm zur Klasse CL_BP_ABAP_JOB. Über diese Klasse können ABAP-Programme als Hintergrundjobs eingeplant werden. Die Klasse ist eine Subklasse der Klasse CL_BP_JOB, die das Interface IF_BP_JOB_CHECK implementiert. In diesem Interface ist eine Methode namens IS_DEFINED definiert, über die Sie prüfen können, ob ein Job alle Daten enthält, die für eine erfolgreiche Einplanung benötigt werden.

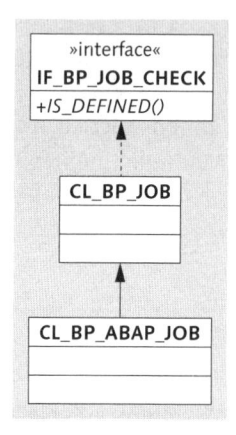

```
»interface«
IF_BP_JOB_CHECK
+IS_DEFINED()

CL_BP_JOB

CL_BP_ABAP_JOB
```

UML-Klassendiagramm zu den Jobklassen

Das ABAP-Programm aus der folgenden Abbildung definiert drei Variablen: Als statischer Typ der Variablen sind dabei jeweils einmal die konkrete Klasse, die abstrakte Klasse und das Interface aus dem vorhergehenden Klassendiagramm definiert. Nach der Variablendefinition wird ein Objekt angelegt und die Referenz auf dieses Objekt in allen drei Variablen abgelegt. Schließlich ruft das Programm dreimal die Methode IS_DEFINED auf. Auch wenn das Programm dabei jeweils eine andere Variable verwendet, ruft es doch dreimal dieselbe Methode auf demselben Objekt auf, da alle drei Variablen dasselbe Objekt referenzieren.

```
11   DATA: rf_abap_job  TYPE REF TO cl_bp_abap_job,
12         rf_job       TYPE REF TO cl_bp_job,
13         ri_job_check TYPE REF TO if_bp_job_check.
14
15   * Job anlegen und drei Variablen die Referenz zuweisen
16   CREATE OBJECT rf_abap_job.
17   rf_job = rf_abap_job.
18   ri_job_check = rf_job.
19
20   * Dreimal dieselbe Methode desselben Objekts aufrufen
21   rf_abap_job->if_bp_job_check~is_defined( ).
22   rf_job->if_bp_job_check~is_defined( ).
23   ri_job_check->is_defined( ).
```

Dreimaliger Aufruf derselben Methode desselben Objekts

Das Programm tut nicht mehr, als dreimal hintereinander festzustellen, dass noch kein vollständiger Job definiert ist. Interessant an dem Programm ist eigentlich nur das Ergebnis des Verwendungsnachweises: Wenn Sie den Verwendungsnachweis für die Methode IS_DEFINED direkt im Interface IF_BP_JOB_CHECK ausführen, findet dieser nur die Zeile 23. Rufen Sie den Verwendungsnachweis für dieselbe Methode in der Klasse CL_BP_JOB auf, enthält das Ergebnis nur die Zeile 22 des Programms. Und aus der Klasse CL_BP_ABAP_JOB ausgeführt, scheint lediglich die Zeile 21 ein Verwender der Methode zu sein.

Möchten Sie in einer Konstellation wie der beschriebenen herausfinden, von welchen Stellen Ihre Methode aufgerufen wird, bleibt Ihnen folglich nur eins: Führen Sie den Verwendungsnachweis für die Methode mehrfach durch, einmal auf jeder Stufe der Vererbungshierarchie, auf der die Methode vorhanden ist.

Tipp 82
Die Umfeldermittlung verwenden

Die Umfeldermittlung stellt das Gegenstück zum Verwendungsnachweis dar. Sie ist fast ebenso nützlich, aber in den Tiefen der ABAP Workbench deutlich besser versteckt.

Über den Verwendungsnachweis können Sie ermitteln, welche anderen Entwicklungsobjekte auf ein bestimmtes Entwicklungsobjekt zugreifen. So finden Sie heraus, welche anderen Entwicklungsobjekte Sie möglicherweise anpassen müssen, wenn Sie Änderungen an einem Entwicklungsobjekt vornehmen.

Mit der Umfeldermittlung können Sie genau den umgekehrten Weg gehen: Sie wählen ein bestimmtes Entwicklungsobjekt aus, und lassen sich vom System anzeigen, auf welche anderen Entwicklungsobjekte dieses zugreift. So können Sie beispielsweise vor dem Transport des Entwicklungsobjekts in ein anderes System die Entwicklungsobjekte ermitteln, die auch in dem anderen System vorhanden sein müssen.

› Und so geht's

Die Umfeldermittlung ist Bestandteil des Repository-Infosystems. Um in das Repository-Infosystem zu gelangen, starten Sie den Object Navigator über die Transaktion SE80. Rufen Sie dann den folgenden Menüeintrag auf:

Umfeld › Repository Infosystem

Am linken Rand des Bildschirms sehen Sie nun den Navigationsbaum des Repository-Infosystems. Um die Umfeldermittlung durchzuführen, müssen Sie im Repository-Infosystem zunächst das Entwicklungsobjekt auswählen, zu dem Sie das Umfeld ermitteln möchten. Um beispielsweise eine Klasse auszuwählen, klappen Sie im Navigationsbaum den Knoten **Klassenbibliothek** auf und klicken doppelt auf den Eintrag **Klassen/Interfaces**.

Einstieg in das Repository-Infosystem

Im Hauptteil des Fensters erscheint nun ein Selektionsbild. Geben Sie dort im Feld **Klasse/Interface** den Namen der Klasse ein, deren Umfeld Sie analysieren möchten. Führen Sie die Selektion über die Schaltfläche mit dem Ausführen-Symbol (🕒) oder über die Taste F8 aus.

Markieren Sie in der Liste der Ergebnisse das Entwicklungsobjekt. Klicken Sie dann auf die Schaltfläche mit dem Umfeld-Symbol (📇), oder rufen Sie den Menüeintrag **Hilfsmittel ▸ Umfeld** auf.

Ähnlich wie beim Verwendungsnachweis erscheint nun ein Pop-up, in dem Sie die Objekttypen der Entwicklungsobjekte auswählen können, die das System im Rahmen der Umfeldermittlung berücksichtigen soll. Typischerweise sollten Sie hier alle Objekttypen auswählen, bevor Sie Ihre Auswahl mit einem Klick auf das Okay-Symbol (✔) bestätigen.

TEIL 9 In Entwicklungsobjekten suchen

Als Ergebnis der Umfeldermittlung zeigt das System Ihnen eine Liste aller Entwicklungsobjekte an, auf die das zuvor ausgewählte Entwicklungsobjekt zugreift. Genau wie die Darstellung der Ergebnisse des Verwendungsnachweises ist diese Liste nach den Objekttypen der gefundenen Entwicklungsobjekte gegliedert.

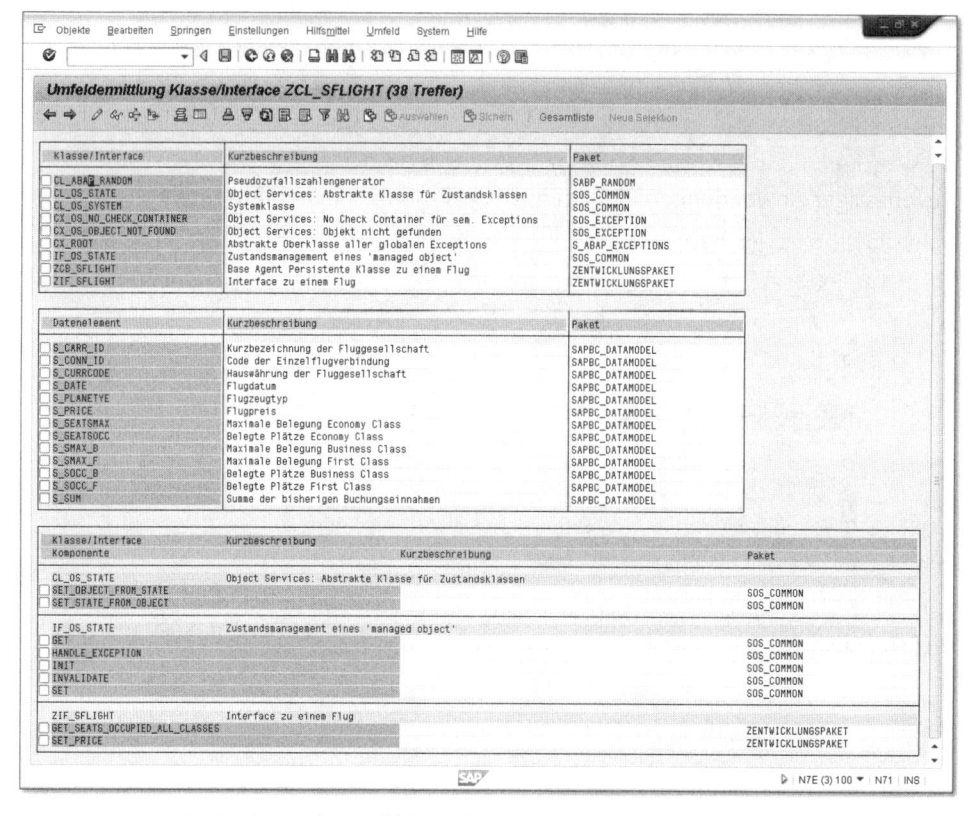

Anzeige der Ergebnisse der Umfeldermittlung

TEIL 10

Werkzeuge zur Analyse von Anwendungen

Die Werkzeuge, die Sie in diesem Teil kennenlernen, helfen Ihnen dabei, die Qualität Ihrer Anwendungen zu prüfen und zu verbessern. Die erweiterte Prüfung beispielsweise prüft, ob Ihre Anwendungen Entwicklungskonventionen und Richtlinien zur Entwicklung leistungsfähiger und zuverlässiger Anwendungen einhalten. Diese Prüfungen, aber auch andere Prüfungen, wie beispielsweise Modultests, können Sie für eine Vielzahl von Entwicklungsobjekten mit dem Code Inspector automatisieren. Mit weiteren Werkzeugen können Sie analysieren, wie schnell und ressourcenhungrig Ihre Anwendungen zur Laufzeit wirklich sind.

Tipps in diesem Teil

Tipp 83	Quelltexte mit dem Splitscreen-Editor vergleichen	310
Tipp 84	Die erweiterte Prüfung verwenden	314
Tipp 85	Die Funktionalitäten des Code Inspectors kennen	318
Tipp 86	Inspektionen, Objektmengen und Prüfvarianten im Code Inspector	322
Tipp 87	Syntaxprüfung, erweiterte Prüfung und Modultests automatisieren	328
Tipp 88	Eigene Code-Inspector-Tests implementieren	333
Tipp 89	Die unterschiedlichen Möglichkeiten des Performance-Trace	339
Tipp 90	Datenbanktabellen zu einer laufenden Anwendung bestimmen	342
Tipp 91	Die Laufzeitanalyse verwenden	345
Tipp 92	Die Laufzeitanalyse mit Web-Dynpro-Applikationen verwenden	352
Tipp 93	Den Performancemonitor in Web-Dynpro-Anwendungen einsetzen	356
Tipp 94	Den Speicherbedarf von Anwendungen analysieren	360
Tipp 95	Den Coverage Analyzer einsetzen	364

Tipp 83
Quelltexte mit dem Splitscreen-Editor vergleichen

Zwei Methoden sehen auf den ersten Blick identisch aus? Nutzen Sie den Splitscreen-Editor, um herauszufinden, ob die Methoden wirklich identisch sind oder worin die Unterschiede bestehen.

In ABAP-Entwicklungen kommt es immer wieder vor, dass zwei Methoden, Programme oder Funktionsbausteine sehr ähnlich aufgebaut sind. Bietet beispielsweise ein Funktionsbaustein aus dem SAP-Standard ungefähr die benötigte Funktionalität, ist es eine in der Praxis gängige Vorgehensweise, diesen Funktionsbaustein zu kopieren und an der Kopie die benötigten Änderungen vorzunehmen.

Schwierig wird es nach diesem Vorgehen jedoch, im Nachhinein den Überblick darüber zu behalten, in welchen Punkten das Original und die veränderte Kopie sich unterscheiden. Möchten Sie beispielsweise eine Aktualisierung aus dem Original manuell in die Kopie übertragen, müssen Sie die Stellen finden, an denen Unterschiede zwischen den beiden Verarbeitungsblöcken bestehen. Der Splitscreen-Editor zeigt Ihnen die Unterschiede übersichtlich in einem Fenster an und ermöglicht es Ihnen auch, gleich an Ort und Stelle die gewünschten Anpassungen vorzunehmen.

> **Und so geht's**

Starten Sie den Splitscreen-Editor über die Transaktion SE39. Zunächst erscheint ein Selektionsbild, über das Sie zwei Quelltexte auswählen können, die Sie miteinander vergleichen möchten. Dabei können Sie die Programme, Funktionsbausteine und die Bestandteile von globalen Klassen auswählen.

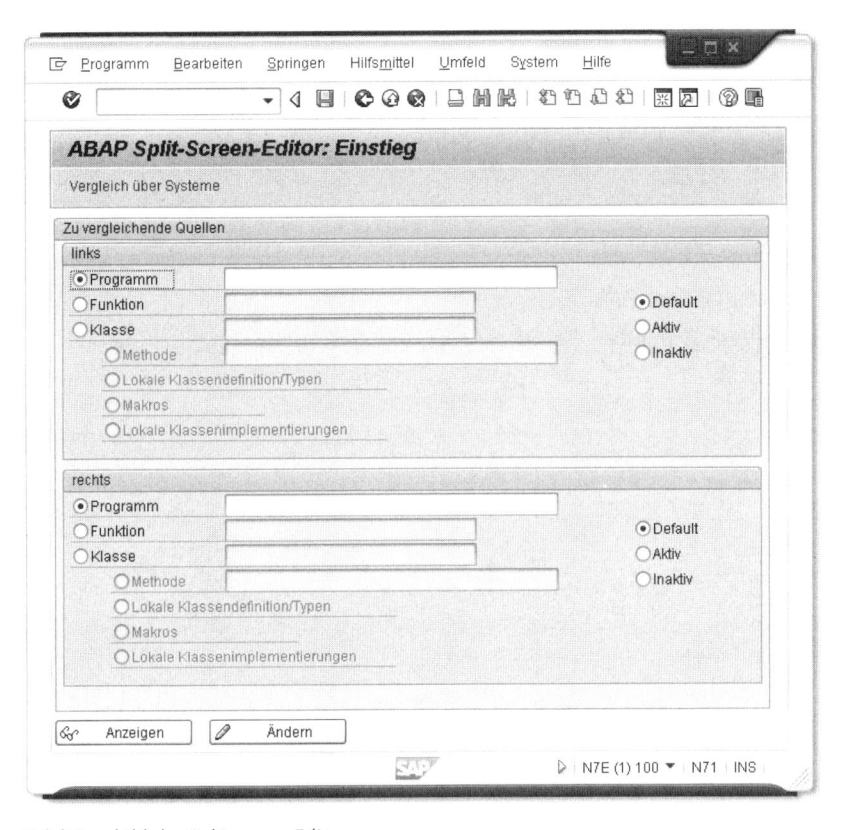

Selektionsbild des Splitscreen-Editors

Im Selektionsbild des Splitscreen-Editors können Sie auch zwei Quelltexte unterschiedlicher Art für den Vergleich auswählen. Wenn Sie beispielsweise mit einem alten Funktionsbaustein als Vorlage eine neue Methode angelegt haben, können Sie diesen Funktionsbaustein mit der Methode vergleichen.

Auch ein Vergleich über Systemgrenzen hinweg ist möglich. So können Sie beispielsweise herausfinden, ob ein Programm in Ihrem Entwicklungssystem und in Ihrem Produktivsystem in derselben Version vorliegt oder worin die Unterschiede bestehen. Klicken Sie dazu im Selektionsbild auf die Schaltfläche **Vergleich über Systeme**. Für die rechte Seite des Vergleichs müssen Sie dann im Selektionsbild zusätzlich den Namen einer **RFC-Destination** angeben, unter der das andere System erreichbar ist.

Wenn Sie die zu vergleichenden Quelltexte ausgewählt haben, klicken Sie auf die Schaltfläche **Anzeigen** (🔍). Sie können auch über die Schaltfläche **Ändern** (✏️) die beiden Quelltexte direkt im Änderungsmodus öffnen. Dies ist jedoch in der Regel nicht sinnvoll. Typischerweise werden Sie nur einen der beiden Quelltexte ändern wollen. Dazu können Sie später gezielt für einen der beiden Quelltexte in den Änderungsmodus wechseln.

Die Hauptansicht des Splitscreen-Editors ist in zwei Hälften aufgeteilt. In jeder Hälfte sehen Sie jeweils einen der beiden zuvor ausgewählten Quelltexte.

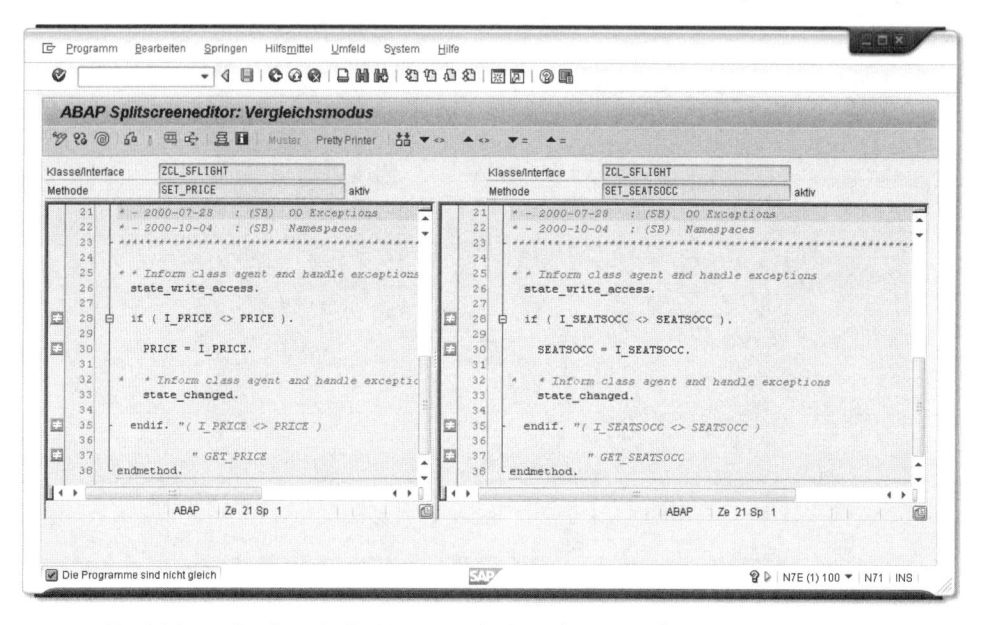

Vergleich von Quelltext in der Hauptansicht des Splitscreen-Editors

Klicken Sie auf das Vergleichen-Symbol ( ) in der Toolbar des Splitscreen-Editors, um die Unterschiede zwischen den beiden geöffneten Quelltexten hervorheben zu lassen. Über die vier Schaltflächen rechts daneben können Sie jeweils zur nächsten bzw. zur vorhergehenden Zeile Quelltext navigieren, in denen die beiden geöffneten Quelltexte gleich bzw. unterschiedlich sind.

Die aus dem ABAP Editor bekannten Schaltflächen zum Wechseln des Bearbeitungsmodus, für die Syntaxprüfung, zum Aktivieren oder zum Testen beziehen sich im Splitscreen-Editor jeweils auf den Quelltext, in dem Sie gerade den Cursor platziert haben.

Den Splitscreen-Editor können Sie ebenfalls Ihren Vorlieben entsprechend konfigurieren. Rufen Sie dazu aus dem Splitscreen-Editor den Menüpfad **Hilfsmittel ▸ Einstellungen** auf. Hier können Sie im Bereich **Fensteranordnung** einstellen, ob der Splitscreen-Editor die beiden Quelltexte nebeneinander (**Horizontal**) oder übereinander darstellen soll (**Vertikal**). Außerdem können Sie konfigurieren, ob der automatische Vergleich im Splitscreen-Editor Unterschiede in der Einrückung, den Kommentaren und der Groß-/Kleinschreibung hervorheben oder ignorieren soll.

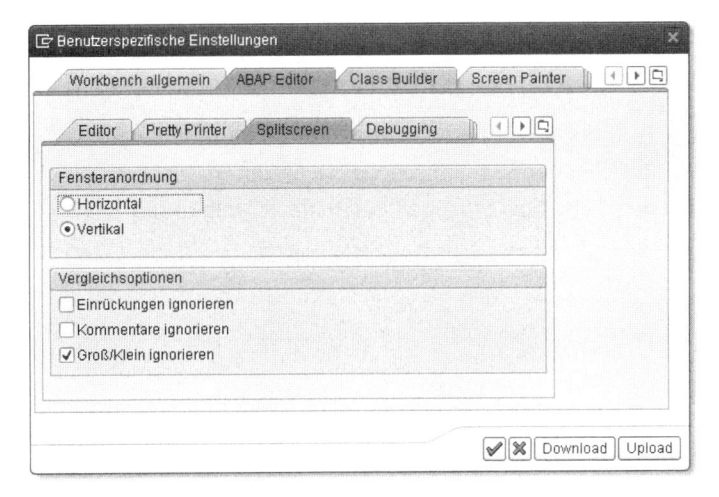

Einstellungen zum Splitscreen-Editor

… Tipp 84

Die erweiterte Prüfung verwenden

Die erweiterte Prüfung findet im Quelltext Fehler und Stellen, die gegen Programmierkonventionen verstoßen. Führen Sie die erweiterte Prüfung regelmäßig aus, wenn Sie qualitativ hochwertige Quelltexte schreiben möchten.

Die erweiterte Prüfung ist das klassische Werkzeug der ABAP Workbench, das Sie zur Überprüfung der Qualität von Quelltext nutzen können. Nur weil die Syntaxprüfung eine Anweisung nicht als fehlerhaft erkennt, heißt dies nicht, dass Sie die Anweisung richtig und sinnvoll verwendet haben.

Auch die erweiterte Prüfung kann die Frage, ob Quelltext qualitativ hochwertig ist, nicht abschließend beurteilen. Für eine solche Beurteilung ist neben einer automatisierten Prüfung gegen formale Regeln immer auch eine inhaltliche Betrachtung des Quelltextes notwendig. Dennoch liefert das Ergebnis der erweiterten Prüfungen Ihnen wertvolle Informationen darüber, was Sie in Ihrem Quelltext vielleicht noch ändern sollten.

› Und so geht's

Über die Transaktion SLIN können Sie die erweiterte Prüfung direkt aufrufen. Die einfachere und gängigere Variante besteht jedoch darin, die erweiterte Prüfung für ein bestimmtes, in der ABAP Workbench bereits geöffnetes Entwicklungsobjekt aufzurufen. In der Objektliste können Sie beispielsweise das Kontextmenü für eine Klasse oder für ein Programm öffnen und dort den Eintrag **Prüfen › Erweiterte Prüfung** aufrufen.

Sie gelangen auf allen beschriebenen Wegen zunächst in das Einstiegsbild der erweiterten Prüfung. Hier können Sie auswählen, welche Prüfungen Sie mit dem ausgewählten Entwicklungsobjekt durchführen möchten.

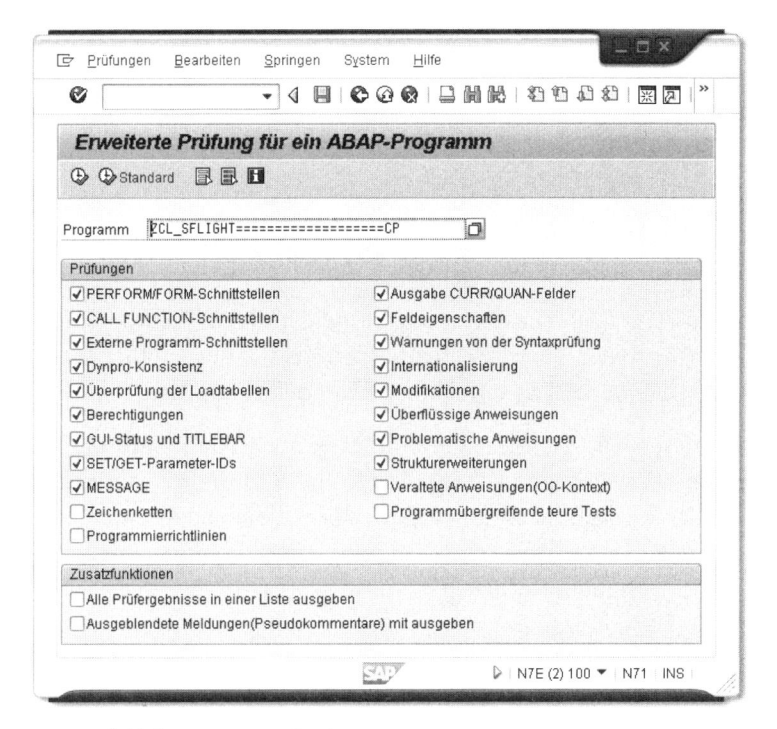

Einstiegsbild der erweiterten Prüfung

Folgende Prüfungen können Sie mit der erweiterten Prüfung ausführen:

- **PERFORM/FORM-Schnittstellen**: Zu Unterprogrammen (Verarbeitungsblöcke, die mit der FORM-Anweisung beginnen) können Sie prüfen, ob die Schnittstellen sinnvoll definiert sind. Für die Aufrufer von Unterprogrammen stellen die Prüfungen sicher, dass der Aufruf syntaktisch korrekt erfolgt, beispielsweise dass der Aufrufer die richtigen Datentypen verwendet.

- **CALL FUNCTION-Schnittstellen**: Diese Prüfungen stellen fest, ob die Aufrufe von Funktionsbausteinen zur Definition der aufgerufenen Funktionsbausteine passen.

- **Externe Programm-Schnittstellen**: Unter die externen Programmschnittstellen fallen ABAP-Anweisungen, mit denen Sie andere Transaktionen oder Programme aufrufen können. Die Prüfungen analysieren, ob die Aufrufe der Transaktionen bzw. Programme aus dem ABAP-Quelltext syntaktisch korrekt sind.

- **Dynpro-Konsistenz**: Aktivieren Sie dieses Ankreuzfeld, damit die erweiterte Prüfung Ihnen Informationen dazu liefert, ob die klassischen Dynpros im geprüften Entwicklungsobjekt richtig konfiguriert sind.

- **Überprüfung der Loadtabellen**: Die erweiterte Prüfung kann Sie mit diesen Prüfungen darüber informieren, wenn Ihre Entwicklungsobjekte so komplex sind, dass Sie von der ABAP-Laufzeitumgebung nicht mehr korrekt verwaltet werden können.

- **Berechtigungen**: Enthält das geprüfte Entwicklungsobjekt Anweisungen mit Berechtigungsprüfungen, können Sie prüfen lassen, ob die angegebenen Berechtigungsobjekte und Berechtigungsfelder existieren.

- **GUI-Status und TITLEBAR**: Diese Prüfungen melden Ihnen Fehler bei der Definition des GUI-Status (welche Schaltflächen sind in der Toolbar aktiv, welche Einträge hat das Menü) und beim Setzen der Titelleiste.

- **SET/GET-Parameter-IDs**: Markieren Sie dieses Ankreuzfeld, damit die erweiterte Prüfung Anweisungen genauer kontrolliert, die auf die benutzerspezifischen SET/GET-Parameter zugreifen. Über die SET/GET-Parameter werden in vielen Selektionsbildern die Felder mit den typischen oder letzten Eingaben des Benutzers vorbelegt.

- **MESSAGE**: Zu MESSAGE-Anweisungen können Sie prüfen, ob die angegebene Nachricht in der angegebenen Nachrichtenklasse mit der angegebenen Anzahl von Parametern existiert und ob die verwendete Nachricht korrekt definiert ist.

- **Zeichenketten**: Mit diesem Ankreuzfeld aktivieren Sie diverse Prüfungen zur Verwendung von Zeichenkettenliteralen und Textelementen im ausgewählten Entwicklungsobjekt.

- **Programmierrichtlinien**: Verschiedene Prüfungen auf die Einhaltung von SAP-Programmierrichtlinien, beispielsweise zur Verwendung bestimmter Makros, verbergen sich hinter diesem Ankreuzfeld.

- **Ausgabe CURR/QUAN-Felder**: Diese Prüfungen stellen fest, ob Sie beim Umgang mit Datentypen für Geldbeträge und für Mengenangaben auch die zugehörigen Währungs- und Einheitenfelder verwenden.

- **Feldeigenschaften**: Über diese Prüfungen erhalten Sie Informationen zur Definition von Variablen. Beispielsweise stellen diese Prüfungen fest, ob die definierten Variablen überhaupt verwendet werden.

- **Warnungen von der Syntaxprüfung**: Mit dieser Einstellung können Sie dafür sorgen, dass alle Warnungen der Syntaxprüfung auch in den Ergebnissen der erweiterten Prüfung erscheinen. So müssen Sie für Ihre Entwicklungsobjekte nicht die Syntaxprüfung und die erweiterte Prüfung einzeln aufrufen.

- **Internationalisierung**: Die Prüfungen zur Internationalisierung liefern Angaben dazu, ob Sie mit übersetzbaren Texten und den verschiedenen definierten Datumsformaten korrekt umgehen.

- **Modifikationen**: Diese Prüfungen liefern Informationen zu Modifikationen, die am Quelltext vorgenommen wurden.

- **Überflüssige Anweisungen**: Zu den überflüssigen Anweisungen, die die erweiterte Prüfung finden kann, zählen Anweisungen, die nicht erreichbar sind, und Anweisungen, die offensichtlich nur temporär zu Testzwecken implementiert sind.

- **Problematische Anweisungen**: Ist dieses Ankreuzfeld aktiv, erhalten Sie Meldungen zu diversen Kombinationen von Anweisungen, die häufig zu unerwünschten Seiteneffekten führen.

- **Strukturerweiterungen**: Ist eine Struktur im ABAP Dictionary als erweiterbar gekennzeichnet, sollten alle Anwendungen, die mit der Struktur arbeiten, so implementiert sein, dass sie auch nach der Erweiterung der Struktur noch funktionieren.

- **Veraltete Anweisungen (OO-Kontext)**: Diese Prüfungen geben Auskunft über die Verwendung von Anweisungen, die in ABAP Objects als veraltet gekennzeichnet sind. Dazu zählen beispielsweise interne Tabellen mit Kopfzeilen.

- **Programmübergreifende teure Tests**: Unter dieser Einstellung sind Prüfungen zusammengefasst, die möglicherweise deutlich mehr Laufzeit benötigen als die übrigen Prüfungen. Sie prüfen nicht nur einzelne Verarbeitungsblöcke, sondern auch die möglichen Aufrufhierarchien zwischen verschiedenen Verarbeitungsblöcken. Dazu gehört beispielsweise eine Prüfung, die auch über mehrere Aufrufebenen erkennt, ob Sie innerhalb einer `SELECT`-Schleife die Anweisung `COMMIT WORK` verwenden.

Aktivieren Sie die Ankreuzfelder der gewünschten Prüfungen, und starten Sie die Prüfungen mit einem Klick auf das Ausführen-Symbol (). Nach dem Abschluss der Prüfungen sehen Sie zunächst einen Überblick über die Anzahl der Meldungen, die die Prüfungen generiert haben. Durch einen Doppelklick auf eine Zeile gelangen Sie jeweils zu einer detaillierten Auflistung aller Meldungen einer bestimmten Prüfung. Von einer solchen Meldung können Sie direkt zur entsprechenden Stelle im Quelltext navigieren, indem Sie die Meldung doppelt anklicken.

Tipp 85
Die Funktionalitäten des Code Inspectors kennen

Der SAP Code Inspector bietet Ihnen alle Funktionalitäten der erweiterten Prüfung – und noch vieles mehr. Mehr Prüfungen, mehr Konfigurationsmöglichkeiten, mehr Automatisierung. Und wenn Ihnen das alles nicht reicht, können Sie den Code Inspector noch um eigene Prüfungen erweitern.

Der Code Inspector ist so etwas wie der Nachfolger der erweiterten Prüfung. Alle Prüfungen, die die erweiterte Prüfung durchführt, können Sie auch über den Code Inspector ausführen. Darüber hinaus enthält der Code Inspector eine Vielzahl von weiteren Prüfungen. Zu vielen Prüfungen können Sie Einstellungen vornehmen, die über das bloße Ein- und Ausschalten weit hinausgehen, und so die Prüfung besser an Ihre Bedürfnisse anpassen. Weitere Prüfungen können Sie bei Bedarf selbst implementieren und in den Code Inspector integrieren.

Während die erweiterte Prüfung im Wesentlichen Prüfungen von Quelltext vornahm, können Sie mit dem Code Inspector beliebige Entwicklungsobjekte prüfen. Außerdem können Sie den Code Inspector gleichzeitig für eine Vielzahl von Entwicklungsobjekten ausführen. Welche Prüfungen mit welchen Einstellungen Sie ausführen möchten, welche Entwicklungsobjekte Sie prüfen möchten, all das können Sie im Code Inspector abspeichern, um die Einstellungen nicht immer wieder neu vornehmen zu müssen. Sie können sogar die regelmäßige Ausführung bestimmter Prüfungen für bestimmte Entwicklungsobjekte automatisieren.

› **Und so geht's**

Auch den Code Inspector können Sie auf verschiedenen Wegen starten. Dazu zählen die beiden Transaktionen SCI und SCII. Außerdem befindet sich der Code Inspector auch im Kontextmenü der Objektliste der ABAP Work-

Die Funktionalitäten des Code Inspectors kennen **Tipp 85**

bench: Klicken Sie dort mit der rechten Maustaste auf ein Entwicklungsobjekt, und wählen Sie den Eintrag **Prüfen ▸ Code Inspector** aus.

Wenn Sie den Code Inspector aus der Objektliste aufrufen, führt das System die von SAP definierten Standardprüfungen mit den Standardeinstellungen durch. Über die Transaktion SCII gelangen Sie in ein Einstiegsbild, in dem Sie zunächst die zu prüfenden Entwicklungsobjekte und die auszuführenden Prüfungen auswählen können, bevor Sie die Prüfungen starten. Dieser Einstieg eignet sich besonders, wenn Sie eine bestimmte Prüfung nur einmalig ausführen möchten.

Der Code Inspector nach dem Einstieg über die Transaktion SCII

Über die Transaktion SCI haben Sie schließlich den Zugriff auf alle Möglichkeiten des Code Inspectors. Hier können Sie die sogenannten *Prüfvarianten*, *Objektmengen* und *Inspektionen* anlegen und dauerhaft speichern. Über eine Prüfvariante legen Sie fest, welche Prüfungen Sie mit welchen Einstellungen ausführen möchten. Welche Objekte Sie prüfen möchten, können Sie in einer Objektmenge angeben. Dabei können Sie beispielsweise einzelne Entwicklungsobjekte angeben, alle Entwicklungsobjekte aus einem Paket auswählen oder Entwicklungsobjekte über den Namen selektieren, zum Beispiel alle Entwicklungsobjekte im Z-Namensbereich. Die Inspektion kombiniert schließlich eine Prüfvariante mit einer Objektmenge. Hier legen Sie also fest, welche Prüfungen Sie auf welchen Objekten ausführen möchten.

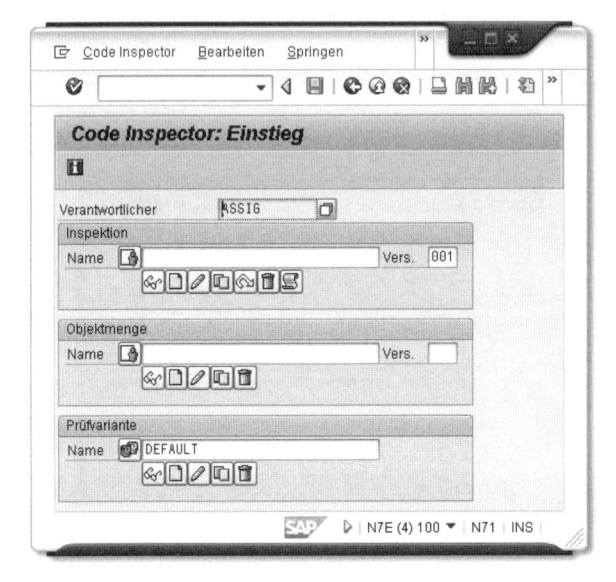

Code Inspector nach dem Einstieg über die Transaktion SCI

SAP liefert mit dem Code Inspector Prüfungen aus den folgenden Bereichen aus:

- **Performance-Prüfungen**: Im Rahmen der Performanceprüfungen kontrolliert das System, ob Sie im Zusammenhang mit Schleifen, Datenbankzugriffen und mit der Übergabe von Parametern Anweisungen verwenden, die zu einer unnötig langen Laufzeit Ihrer Anwendungen führen könnten.

- **Sicherheits-Prüfungen**: Die Sicherheitsprüfungen suchen nach verschiedenen Anweisungen, deren Gebrauch möglicherweise ein Sicherheitsrisiko darstellen kann. Als Sicherheitsrisiko gelten hier Anweisungen, die einem Anwender möglicherweise Zugriff auf Daten oder Aktionen geben, zu denen dieser keinen Zugang haben sollte.

- **Syntaxprüfung/Generierung**: Dieser Bereich enthält sowohl die gewöhnliche Syntaxprüfung als auch die klassische erweiterte Prüfung. Außerdem können Sie die Generierung aller Entwicklungsobjekte in der Objektmenge anfordern. So erreichen Sie, dass die entsprechenden Entwicklungsobjekte nicht erst beim Ausführen Ihrer Anwendungen kompiliert werden müssen.

- **Robuste Programmierung**: Diese Prüfungen befassen sich mit der Fehlerbehandlung im Quelltext. Auch Prüfungen von Paketabhängigkeiten fallen in diesen Bereich.

- **Programmierkonventionen**: In diesem Bereich können Sie Prüfungen zur Einhaltung von Namenskonventionen aktivieren.

- **Metriken und Statistik**: Über diesen Bereich können Sie verschiedene statistische Kennzahlen zu den ausgewählten Entwicklungsobjekten ermitteln.

- **Dynamische Tests**: Wenn Ihre Entwicklungsobjekte Modultests (ABAP Unit) enthalten, können Sie diese auch im Rahmen des Code Inspectors durchlaufen.

- **Oberflächen**: Dieser Bereich enthält diverse Prüfungen zur Ergonomie und zu Konventionen für die verschiedenen Oberflächentechnologien wie Dynpro, Web Dynpro und BSP.

- **Suchfunktionen**: Dank dieses Bereichs können Sie den Code Inspector zur Volltextsuche in allen Entwicklungsobjekten verwenden, die sich in der ausgewählten Objektmenge befinden (siehe Tipp 78).

- **Proxy-Prüfungen**: Die Proxy-Prüfungen analysieren die Proxys, die das System zum Aufruf von Webservices generiert hat.

- **Interne Performance Tests** und **Interne Tests**: Diese Bereiche sind nur für SAP-interne Analysen vorgesehen.

Tipp 86

Inspektionen, Objektmengen und Prüfvarianten im Code Inspector

Geben Sie im Code Inspector nicht immer wieder manuell an, welche Entwicklungsobjekte Sie mit welchen Prüfungen inspizieren möchten. Nutzen Sie lieber Inspektionen, Objektmengen und Prüfvarianten.

Inspektionen, Objektmengen und Prüfvarianten im Code Inspector unterstützen Sie dabei, gleiche oder ähnliche Prüfungen immer wieder durchzuführen. Die Qualitätsansprüche, die Sie an Ihre Entwicklungsobjekte haben, ändern sich ja nicht an jedem Tag. Legen Sie daher eine Prüfvariante an, die alle von Ihnen gewünschten Prüfungen mit den zugehörigen Einstellungen enthält.

Fassen Sie mehrere Entwicklungsobjekte, die Sie immer gemeinsam prüfen möchten, zu einer Objektmenge zusammen. Kombinieren Sie schließlich eine Objektmenge mit einer Prüfvariante zu einer Inspektion. So müssen Sie jeweils nur noch die richtige Inspektion auswählen, um nach Änderungen an Ihren Entwicklungsobjekten die gewünschten Prüfungen durchzuführen.

〉 Und so geht's

Zur Verwaltung der verschiedenen Objekte (Inspektionen, Objektmengen und Prüfvarianten) starten Sie den Code Inspector über die Transaktion SCI.

Das Einstiegsbild, das Sie über diese Transaktion erreichen, enthält jeweils einen Bereich zur Verwaltung von Inspektionen, Objektmengen und Prüfvarianten. Zu jeder Art von Objekt können Sie jeweils den Namen eines existierenden oder eines neu anzulegenden Objekts angeben.

Inspektionen, Objektmengen und Prüfvarianten im Code Inspector Tipp 86

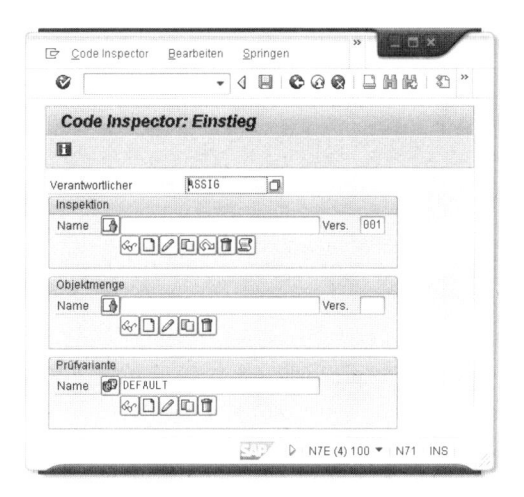

Einstiegsbild zur Verwaltung der Objekte im Code Inspector

Neben dem Namen des Objekts befindet sich jeweils ein Symbol, das angibt, ob Sie ein globales oder ein lokales Objekt ausgewählt haben. Globale Objekte stehen allen Benutzern zur Verfügung, lokale Objekte jeweils nur einem Benutzer. Mit einem Klick auf diese Schaltfläche können Sie jeweils zwischen lokal und global hin und her schalten. Wichtig dabei ist, dass sowohl das Symbol als auch der Tooltip dieser Schaltfläche Ihnen sagen, was aktuell ausgewählt ist, und nicht, was Sie mit einem Klick auf die Schaltfläche erreichen können. Sehen Sie das Symbol für einen einzelnen Benutzer (), bezieht sich der angegebene Name auf ein lokales Objekt, bei dem Symbol für eine Benutzergruppe () auf ein globales Objekt.

Jeder Bereich enthält Schaltflächen, über die Sie jeweils ein entsprechendes Objekt anzeigen (), anlegen (), ändern (), kopieren () und löschen () können. Der Bereich **Inspektion** enthält zwei weitere Schaltflächen. Über die Schaltfläche mit dem Wiederholen-Symbol () können Sie eine neue Version der Inspektion anlegen. Wurde die angegebene Inspektion bereits durchgeführt, können Sie sich über die Schaltfläche mit dem Protokoll-Symbol () die Ergebnisse der Inspektion anzeigen lassen.

Wenn Sie eine Prüfvariante anzeigen, anlegen oder ändern, gelangen Sie in die Sicht zur Bearbeitung einer Prüfvariante. In dieser Sicht stellt ein Baum die verschiedenen Prüfungen, die sogenannten **Tests**, hierarchisch dar. Ein übergeordneter Knoten mit einem geschlossenen () oder geöffneten () Ordner als Symbol steht jeweils für eine Gruppe von Tests, ein Knoten auf der untersten Ebene des Baums mit dem Symbol für ein Blatt des Baums () für einen einzelnen Test. Einen Überblick über die Tests im Code Inspector finden Sie in Tipp 85.

TEIL 10   Werkzeuge zur Analyse von Anwendungen

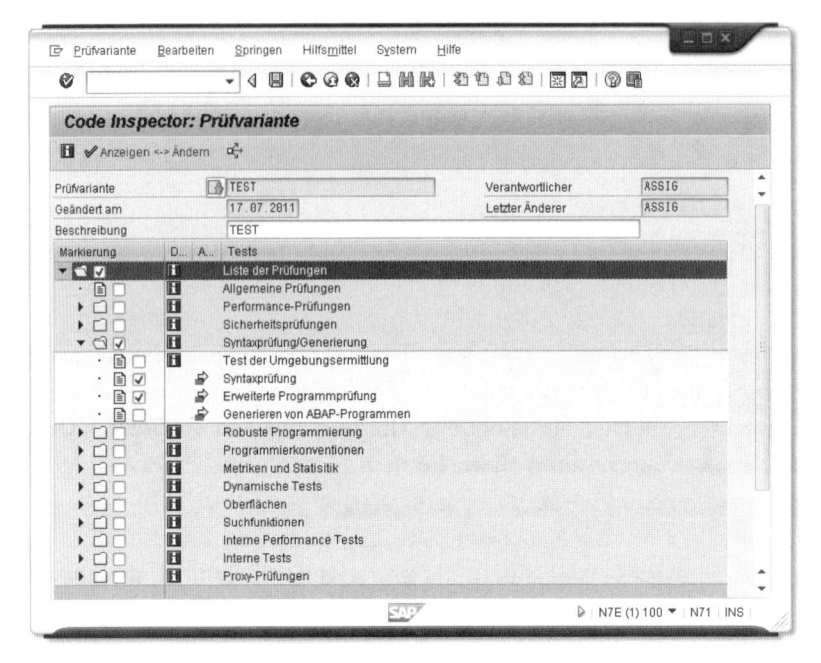

Definition einer Prüfvariante im Code Inspector

Aktivieren Sie im Baum die Ankreuzfelder der Tests, die Sie im Rahmen der Prüfvariante ausführen möchten. Bei der Auswahl der einzelnen Prüfungen können Sie zu vielen Prüfungen noch individuelle Einstellungen vornehmen, in manchen Fällen müssen Sie dies sogar. Erscheint im Baum der Prüfungen neben dem Knoten einer Prüfung das grüne Symbol zur Mehrfachselektion (), können Sie Einstellungen vornehmen, indem Sie auf das Symbol klicken. Erscheint das entsprechende Symbol in Grau (), müssen Sie zunächst Einstellungen vornehmen, bevor Sie die jeweilige Prüfung ausführen können.

Eine besondere Bedeutung unter den Prüfvarianten hat die globale Prüfvariante DEFAULT. Über sie sind die Prüfungen definiert, die das System beim Aufruf aus der Objektliste und bei der Freigabe eines Transports ausführt. Diese Prüfvariante können Sie nicht ohne einen Zugangsschlüssel von SAP ändern. Zumindest für Ihren Benutzer können Sie jedoch individuell festlegen, welche Prüfungen Sie beim Aufruf aus der Objektliste ausführen möchten. Legen Sie dazu eine lokale Prüfvariante mit dem Namen DEFAULT an, in der Sie die durchzuführenden Prüfungen festlegen.

Die Sicht zur Bearbeitung der Objektmengen ist in mehrere Registerkarten gegliedert. Auf jeder Registerkarte können Sie auf eine bestimmte Art definieren, welche Entwicklungsobjekte zu der Objektmenge gehören sollen. In einer Objektmenge können Sie dabei jeweils nur auf einer Registerkarte Ein-

Inspektionen, Objektmengen und Prüfvarianten im Code Inspector **Tipp 86**

stellungen vornehmen. Wenn Sie zu einer anderen Registerkarte wechseln, gehen die zuvor eingegebenen Einstellungen verloren.

Eine Objektmenge können Sie über eine der folgenden Registerkarten definieren:

- **ObjMenge selektieren**: Hier können Sie Selektionskriterien vorgeben, die die Entwicklungsobjekte erfüllen müssen, um Teil der Objektmenge zu sein. Im Bereich **Objekt-Zuordnung** in der oberen Hälfte können Sie Eigenschaften angeben, die alle Entwicklungsobjekte erfüllen müssen, um zur Objektmenge zu gehören. Beispielsweise können Sie hier das **Paket**, dem das Entwicklungsobjekt zugeordnet ist, oder den Benutzer, der als **Verantwortlicher** angegeben ist, als Selektionskriterium angeben. Im Bereich **Objekt-Selektion** in der unteren Hälfte können Sie für verschiedene Objekttypen jeweils eine Selektion nach dem Namen des Entwicklungsobjekts vornehmen. Hier könnten Sie beispielsweise angeben, dass nur solche Programme zur Objektmenge gehören, deren Namen mit einem Z beginnen.

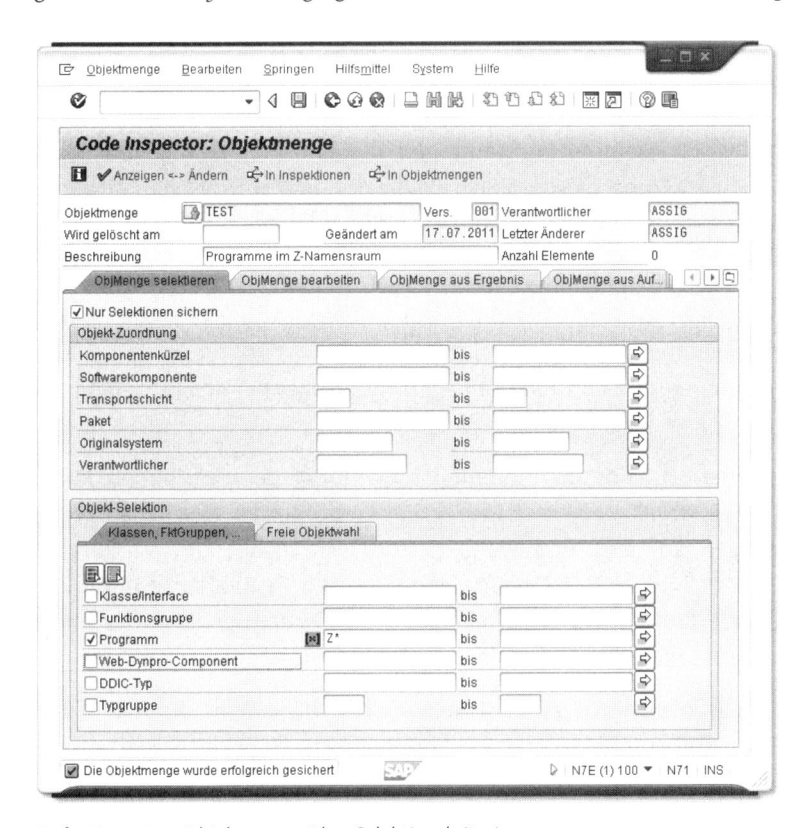

Definition einer Objektmenge über Selektionskriterien

- **ObjMenge bearbeiten**: Auf dieser Registerkarte können Sie eine Objektmenge als Schnittmenge oder Vereinigungsmenge von zwei anderen Objektmengen bilden.

- **ObjMenge aus Ergebnis**: Auch die Ergebnisse einer bereits ausgeführten Inspektion können Sie zur Definition einer Objektmenge verwenden. Geben Sie dazu auf dieser Registerkarte beispielsweise an, dass alle Entwicklungsobjekte zur Objektmenge gehören sollen, zu denen in einer bestimmten Inspektion eine bestimmte Prüfung eine bestimmte Meldung ausgegeben hat.

- **ObjMenge aus Auftrag**: Verwenden Sie diese Registerkarte, wenn die Objektmenge alle Entwicklungsobjekte enthalten soll, die in einem Transportauftrag oder in einer Aufgabe innerhalb eines Transportauftrags enthalten sind.

- **ObjKollektoren**: Als *Objektkollektor* wird eine Funktionalität bezeichnet, die den Code Inspector mit weiteren Analysewerkzeugen der ABAP Workbench verknüpft. Zum Beispiel können Sie über einen entsprechenden Objektkollektor alle Entwicklungsobjekte prüfen, die der Coverage Analyzer als Entwicklungsobjekte identifiziert hat, die in einem bestimmten Testszenario verwendet wurden. Mit einem anderen Objektkollektor nehmen Sie die Entwicklungsobjekte in die Objektmenge auf, bei denen mindestens Teile des Quelltextes Bestandteil einer Messung mit der Laufzeitanalyse waren.

Objektmengen erfassen standardmäßig nur Entwicklungsobjekte, die nicht von SAP ausgeliefert werden. Möchten Sie auch SAP-Entwicklungsobjekte in Ihre Objektmengen aufnehmen, muss in Ihrem System der Profilparameter abap/slin_intcheck auf den Wert on gesetzt sein.

Wenn Sie eine Prüfvariante und eine Objektmenge definiert haben, können Sie die beiden Objekte zu einer Inspektion kombinieren, um die ausgewählten Prüfungen auf den ausgewählten Entwicklungsobjekten auszuführen. Geben Sie den Namen der **Objektmenge** und der **Prüfvariante** in der Sicht zur Definition der Inspektion an. Stellen Sie außerdem jeweils noch ein, ob es sich um ein lokales oder um ein globales Objekt handelt.

Sie können nun die Inspektion über die Schaltfläche mit dem Ausführen-Symbol (🔍) sofort im Vordergrund laufen lassen. Über die Schaltfläche mit dem Ausführen-Symbol und den drei Punkten (🔍…) haben Sie die Möglichkeit, die Ausführung der Inspektion als Job einzuplanen. Diesen Job können Sie einmalig sofort ausführen oder für einen späteren Zeitpunkt einplanen.

Außerdem können Sie bei der Ausführung als Job festlegen, ob die Inspektion nur einmal oder regelmäßig in einem festen Zeitintervall durchgeführt werden soll.

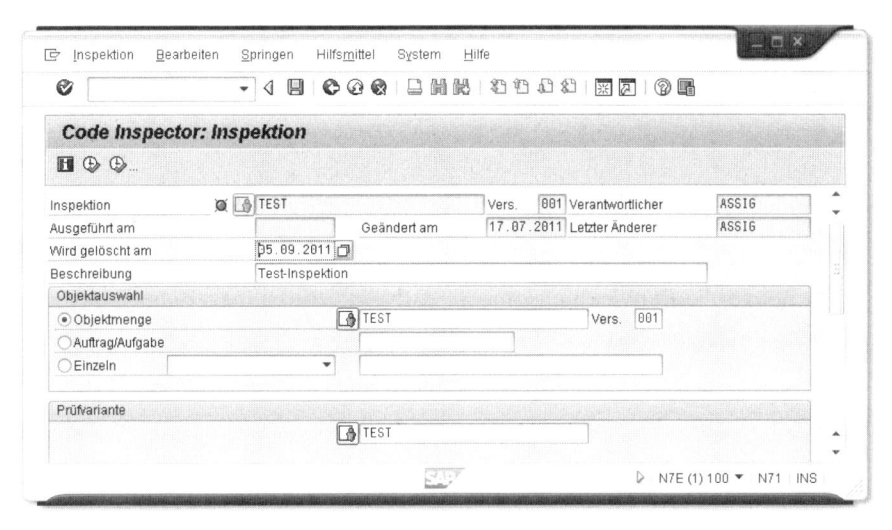

Definition einer Inspektion im Code Inspector

Über die Versionen einer Inspektion können Sie nachvollziehen, wie oft Sie eine Inspektion schon ausgeführt haben und welche Ergebnisse die Inspektion bei jedem einzelnen Lauf geliefert hat. Zu jeder Version können Sie die Inspektion nur einmal ausführen. Möchten Sie dieselbe Inspektion erneut ausführen, legen Sie zunächst über die Schaltfläche mit dem Wiederholen-Symbol (🔁) eine neue Version an. Wenn Sie eine Inspektion zyklisch einplanen, erzeugt das System bei jedem Lauf des Jobs automatisch eine neue Version. So können Sie auch im Nachhinein noch verfolgen, in welchem Lauf des Jobs die Prüfungen welche Meldungen erzeugt haben.

Tipp 87

Syntaxprüfung, erweiterte Prüfung und Modultests automatisieren

Erfahren Sie in diesem Tipp an einem durchgängigen Beispiel, was Sie im Einzelnen tun müssen, um die Prüfung bestimmter Entwicklungsobjekte mit dem Code Inspector zu automatisieren.

Die vielfältigen Möglichkeiten des Code Inspectors konnten Sie schon in den vorhergehenden Tipps kennenlernen. Zu den Funktionalitäten des Code Inspectors gehören mehrere Tests, die Sie auch ohne den Code Inspector ausführen können, wie die Syntaxprüfung, die erweiterte Prüfung oder Modultests mit ABAP Unit.

Damit Sie die Tests nicht immer wieder manuell für einzelne Entwicklungsobjekte anstoßen müssen, definieren Sie eine Inspektion mit dem Code Inspector. Über diese Inspektion können Sie die Tests dann für eine größere Menge von Entwicklungsobjekten auf einmal durchführen und dieselbe Inspektion später bei Bedarf jederzeit mit wenigen Klicks wiederholen.

› Und so geht's

Führen Sie die folgenden Schritte durch, um im Code Inspector bestimmte Entwicklungsobjekte mit von Ihnen ausgewählten Tests zu prüfen:

1. Öffnen Sie den Code Inspector über die Transaktion SCI.

2. Geben Sie im Bereich **Prüfvariante** einen Namen an, der beschreibt, welche Prüfungen Sie ausführen möchten.

Syntaxprüfung, erweiterte Prüfung und Modultests automatisieren **Tipp 87**

3. Klicken Sie dann im Bereich **Prüfvariante** auf die Schaltfläche mit dem Anlegen-Symbol ([])).

4. Klappen Sie im Baum mit den **Tests** die Knoten mit den Kategorien auf, aus denen Sie Tests ausführen möchten. Markieren Sie dann die Ankreuzfelder der einzelnen Tests, die Sie ausführen möchten.

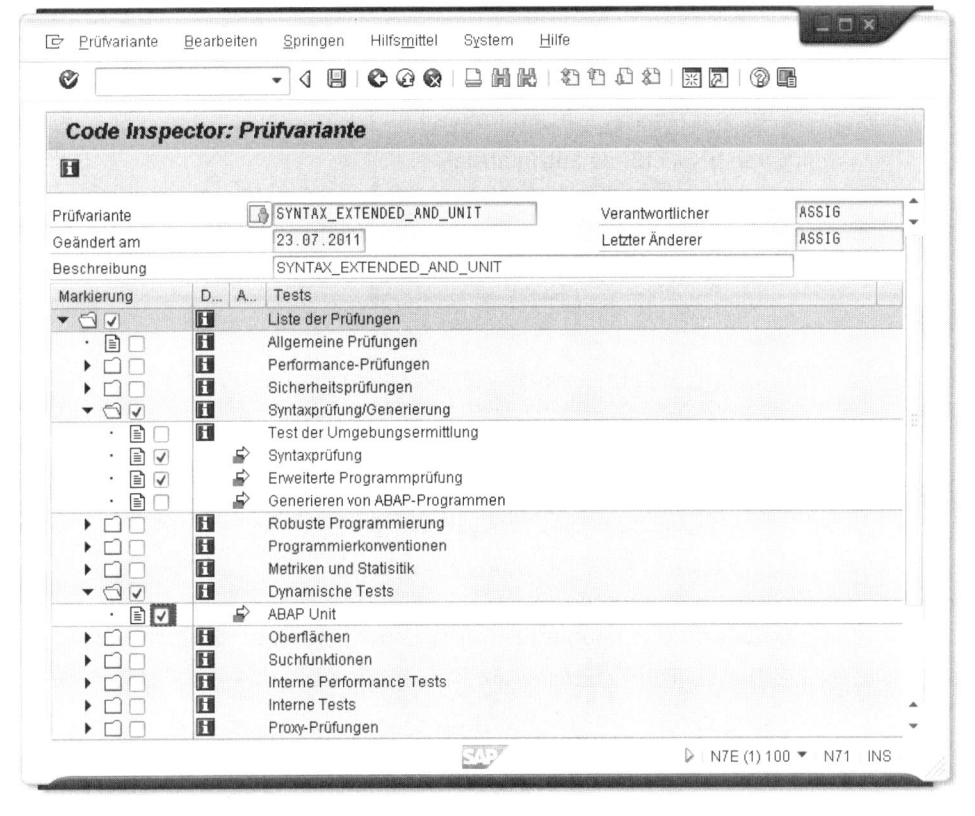

Definition einer Prüfvariante

5. Klicken Sie bei den aktivierten Tests jeweils auf das Mehrfachselektions-Symbol ([]), um Einstellungen zur Prüfung vorzunehmen.

6. Nehmen Sie in dem Pop-up mit den Einstellungen zu einem Test jeweils die gewünschten Einstellungen vor, und bestätigen Sie Ihre Eingabe durch einen Klick auf das Okay-Symbol ([✓]).

TEIL 10 Werkzeuge zur Analyse von Anwendungen

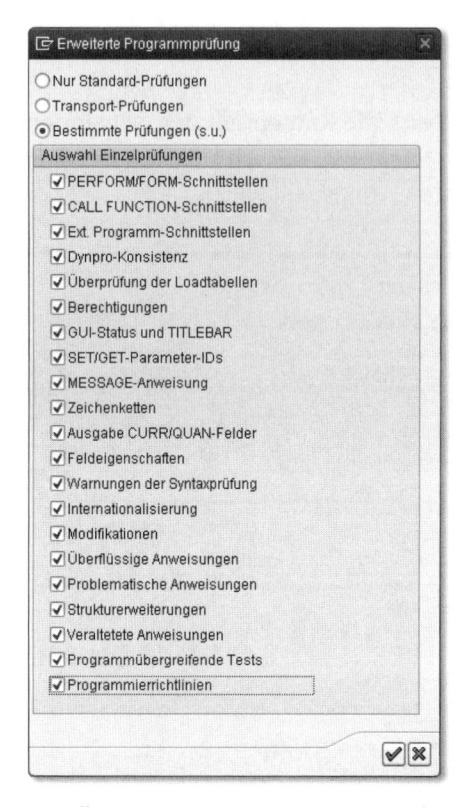

Einstellungen zur erweiterten Programmprüfung

7. Speichern Sie dann die Prüfvariante (📄), und kehren Sie über das Zurück-Symbol (⬅) zum Einstiegsbild des Code Inspectors zurück.

8. Geben Sie nun im Bereich **Objektmenge** einen Namen an, der beschreibt, welche Entwicklungsobjekte Sie prüfen möchten.

9. Klicken Sie im Bereich **Objektmenge** auf das Anlegen-Symbol (🗋).

10. Geben Sie Selektionskriterien ein, die nur die Entwicklungsobjekte erfüllen, die Sie prüfen möchten.

11. Speichern Sie auch die Objektmenge über die entsprechende Schaltfläche (📄), und navigieren Sie über die **Zurück**-Schaltfläche (⬅) wieder zum Einstiegsbild des Code Inspectors.

12. Geben Sie im Bereich **Inspektion** einen Namen an, der beschreibt, welche Entwicklungsobjekte Sie mit welchen Tests prüfen möchten.

13. Klicken Sie dann im Bereich **Inspektion** auf das Anlegen-Symbol (🗋).

Syntaxprüfung, erweiterte Prüfung und Modultests automatisieren **Tipp 87**

14. Geben Sie in den Feldern **Prüfvariante** und **Objektmenge** den Namen der zuvor angelegten Prüfvariante bzw. den Namen der zuvor angelegten Objektmenge an.

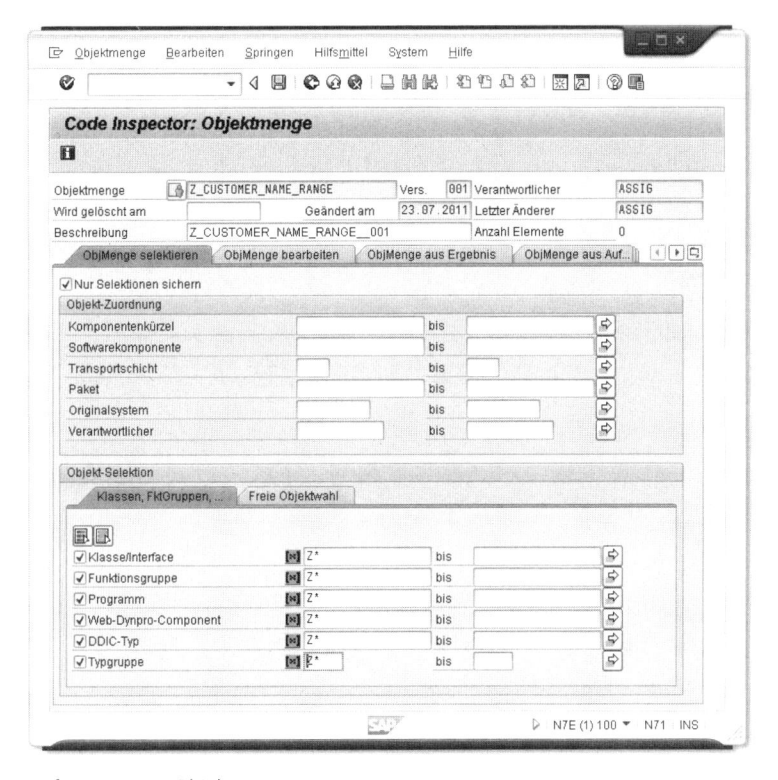

Definition einer Objektmenge

Definition einer Inspektion

TEIL 10 Werkzeuge zur Analyse von Anwendungen

15. Speichern Sie auch die Inspektion über das Speichern-Symbol (▣). Klicken Sie dann auf das Ausführen-Symbol (▣), um die Inspektion mit den zuvor vorgenommenen Einstellungen durchzuführen.

16. Nachdem das System die gewünschten Prüfungen ausgeführt hat, gelangen Sie in die Anzeige der Ergebnisse der Inspektion. Klappen Sie die Knoten des Baums auf, um die einzelnen Meldungen zu sehen. Mit einem Doppelklick auf eine einzelne Meldung können Sie in den meisten Fällen an die Stelle navigieren, auf die sich die Meldung bezieht.

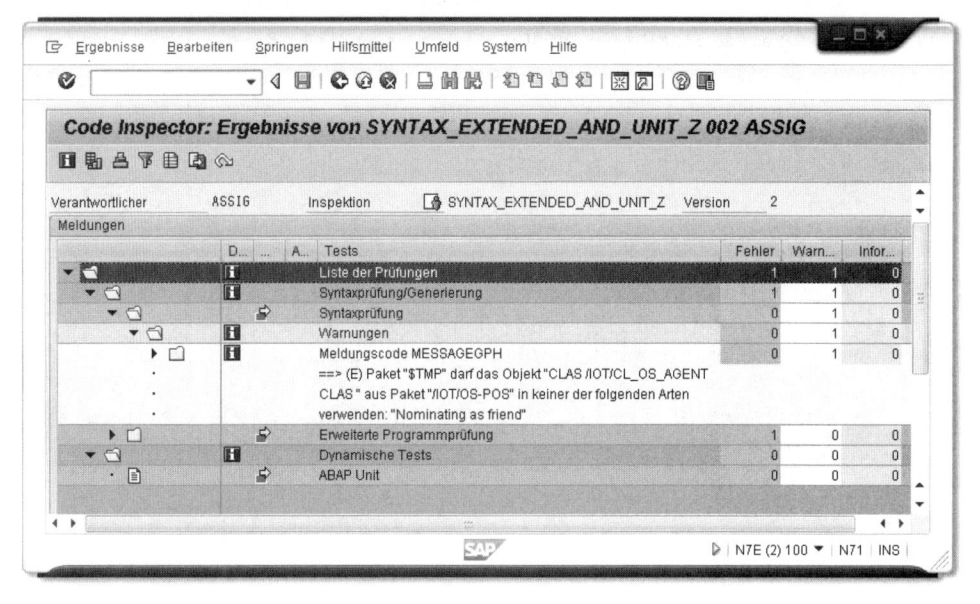

Anzeige der Ergebnisse einer Inspektion

Tipp 88

Eigene Code-Inspector-Tests implementieren

Die Standardtests, die SAP mit dem Code Inspector ausliefert, prüfen nicht das, was Ihnen wichtig ist? Dann schreiben Sie einen eigenen Test, in dem Sie frei darüber entscheiden können, was eine Meldung im Ergebnisprotokoll des Code Inspectors wert ist und was nicht.

SAP liefert den Code Inspector mit einer Vielzahl von konfigurierbaren Tests aus, mit denen Sie Ihre Entwicklungsobjekte prüfen können. Einen Überblick über deren Funktionalitäten erhalten Sie in Tipp 85. Möglicherweise möchten Sie darüber hinaus Dinge prüfen, für die SAP noch keine Tests implementiert hat. Oder Ihnen fehlen in den mitgelieferten Tests die Möglichkeiten, den Test so einzustellen, dass er genau die Meldungen ausgibt, die Sie wirklich interessieren. In solchen Fällen können Sie einen eigenen Code-Inspector-Test implementieren.

Bei der Implementierung eines eigenen Tests stehen Ihnen alle Freiheiten offen: Sie können eine völlig neue Prüfung implementieren oder die Funktionalität bereits existierender Tests anpassen. Sie haben dabei Zugriff auf alle Informationen, die im System abgelegt sind, von den Eigenschaften der einzelnen Entwicklungsobjekte bis hin zu jedem einzelnen Zeichen im Quelltext.

› **Und so geht's**

Führen Sie die folgenden Schritte aus, um einen eigenen Code-Inspector-Test in der Minimalausprägung zu implementieren. Die Abbildungen in diesem Tipp beziehen sich jeweils auf ein einfaches Beispiel für einen Test, der die Anzahl der Attribute einer Klasse ermittelt und diese als Meldung im Ergebnis einer Inspektion ausgibt.

Legen Sie zuerst über den Class Builder eine gewöhnliche globale Klasse an. Geben Sie dabei eine Superklasse an. Dabei kommen alle abstrakten und konkreten Klassen infrage, die von der abstrakten Klasse CL_CI_TEST_ROOT erben. Geben Sie die Klasse CL_CI_TEST_ROOT selbst als Superklasse an, wenn Sie die gesamte Funktionalität der Prüfung neu implementieren möchten. Wenn Sie Quelltext prüfen möchten, bietet sich die Klasse CL_CI_TEST_SCAN als Superklasse an. Wenn Sie von dieser Klasse erben, erhalten Sie den Quelltext aus Ihren Entwicklungsobjekten bereits in einer aufbereiteten Form, die Ihnen die Prüfung des Quelltextes erleichtert. Möchten Sie die Funktionalitäten eines bereits existierenden Tests anpassen, legen Sie eine Subklasse oder eine Kopie der bereits existierenden Klasse an.

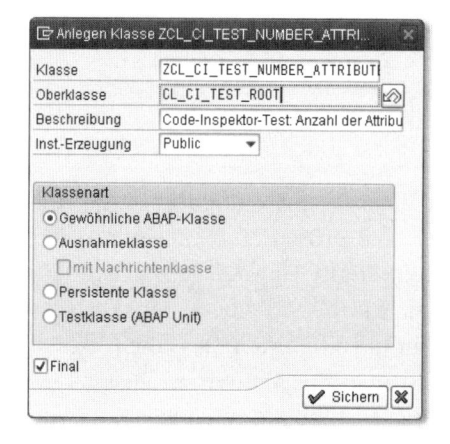

Anlegen einer Klasse für einen eigenen Code-Inspector-Test

Legen Sie in Ihrer neuen Klasse zunächst einen Konstruktor an. In den Klassen für Code-Inspector-Tests dürfen Sie für den Konstruktor keine obligatorischen Parameter definieren. Implementieren Sie mindestens die folgenden Aktionen innerhalb des Konstruktors Ihrer Klasse:

- Rufen Sie den Konstruktor der Superklasse auf.

- Schreiben Sie einen kurzen Beschreibungstext zu Ihrem Test in das Attribut IF_CI_TEST~DESCRIPTION. Verwenden Sie dazu ein Textsymbol, um die Internationalisierung des Tests zu vereinfachen. Dieser Text erscheint später auf der Oberfläche des Code Inspectors, um den von Ihnen implementierten Test zu beschreiben.

- Geben Sie im Attribut IF_CI_TEST~CATEGORY den Namen einer Subklasse der Klasse CL_CI_CATEGORY_ROOT an. Damit legen Sie den Knoten fest, unter dem Ihr Test im Code Inspector bei der Definition einer Prüfvariante im Baum zur Auswahl der Tests erscheint.

- Die Stelle, an der der Code Inspector Ihren Test in der ausgewählten Kategorie anzeigt, legen Sie über das Attribut IF_CI_TEST~POSITION fest. Der Code Inspector zeigt die Prüfung mit der kleinsten Positionsnummer innerhalb der Kategorie ganz oben an, die mit der größten ganz unten.
- Legen Sie über die Methode ADD_OBJ_TYPE fest, welche Objekttypen der Test prüfen kann.

Die letzten beiden Aktionen können gegebenenfalls entfallen, wenn Ihr Test von einer Klasse erbt, in der diese Aktionen bereits auf die von Ihnen gewünschte Art im Konstruktor ausgeführt werden.

```
METHOD constructor.
* Den Konstruktor der Superklasse aufrufen
  super->constructor( ).

* Einen Beschreibungstext zum Test angeben
  me->if_ci_test~description =
    'Anzahl der Attribute von Klassen'(001).

* Den Test einer Kategorie zuordnen
  me->if_ci_test~category = 'CL_CI_CATEGORY_STATISTICS'.

* Den Test innerhalb der Kategorie ganz unten anzeigen
  me->if_ci_test~position = 999.

* Dieser Test prüft nur Klassen
  me->add_obj_type( 'CLAS' ).
ENDMETHOD.
```

Der Konstruktor zu einem eigenen Code-Inspector-Test

Nachdem Sie den Konstruktor implementiert haben, legen Sie eine Redefinition der Methode RUN an. Der Code Inspector ruft bei der Ausführung einer Inspektion zu jedem Entwicklungsobjekt, das Sie gerade prüfen, einmal die Methode RUN jedes einzelnen ausgewählten Tests auf. Hier sollten Sie daher die einzelnen Prüfungen unterbringen, die Ihr Test durchführen soll.

In der Methode RUN haben Sie über die Attribute OBJECT_TYPE und OBJECT_NAME Zugriff auf den Objekttyp und den Namen des aktuell zu prüfenden Entwicklungsobjekts. Um an die Daten zum aktuellen Entwicklungsobjekt zu gelangen, die Sie benötigen, um Ihre Prüfungen durchzuführen, haben Sie verschiedene Möglichkeiten; dies sind die wichtigsten:

- Ermitteln Sie über die Run Time Type Services (RTTS) die wichtigsten Eigenschaften des Entwicklungsobjekts.

- Fordern Sie die Eigenschaften von Entwicklungsobjekten über bereits vorhandene Funktionsbausteine an, oder lesen Sie die benötigten Daten direkt aus den entsprechenden Datenbanktabellen.

- Haben Sie Ihre Klasse als Subklasse der Klasse CL_CI_TEST_SCAN definiert, enthält das Attribut REF_SCAN nach dem Aufruf der Methode GET das Ergebnis des Scanners. Dazu zählt der gesamte Quelltext des aktuellen Entwicklungsobjekts in strukturierter Form. So müssen Sie zur Analyse des Quelltextes nicht mit einzelnen Zeichen arbeiten, sondern können auf die Anweisungen und Token zugreifen, die der Scanner erkannt hat.

Das Ergebnis Ihres Tests können Sie in Form von Meldungen ausgeben. Dazu rufen Sie die Methode INFORM auf und übergeben ihr mindestens die folgenden Parameter:

- **P_TEST:** Der Parameter P_TEST gibt an, welcher Test die Meldung erzeugt hat. Geben Sie hier den Namen der Klasse an, in der Sie Ihren Test implementieren.

- **P_KIND:** Über den Parameter P_KIND müssen Sie die Art der Meldung festlegen. Dabei haben Sie die Wahl zwischen den Werten C_NOTE (Anmerkung), C_WARNING (Warnung) und C_ERROR (Fehler).

- **P_CODE:** Beim Aufruf der Methode INFORM geben Sie noch nicht den Meldungstext an. Stattdessen übergeben Sie über den Parameter P_CODE eine von Ihnen frei wählbare Nummer, mit der Sie die verschiedenen Meldungen, die Ihre Prüfung erzeugt, unterscheiden können.

- **P_PARAM_1** bis **P_PARAM_4:** Über diese Parameter können Sie analog zur Anweisung MESSAGE die variablen Bestandteile der Meldung angeben. Diese Bestandteile können Sie dann später beim Aufbau des Meldungstextes verwenden.

```
METHOD run.
  DATA:
    rf_class            TYPE REF TO cl_abap_classdescr,
    v_number_attributes TYPE char05.

* Die Beschreibung der aktuell zu prüfenden Klasse anfordern
  rf_class ?=
    cl_abap_classdescr=>describe_by_name( me->object_name ).

* Die Anzahl der Methoden in der Klasse ermitteln
  v_number_attributes = lines( rf_class->attributes ).
```

Eigene Code-Inspector-Tests implementieren   Tipp 88

```
* Eine Meldung mit dem Namen der Klasse und der Anzahl der
* Attribute in das Ergebnisprotokoll schreiben
  me->inform(
    p_test    = 'ZCL_CI_TEST_NUMBER_ATTRIBUTES'
    p_kind    = me->c_note
    p_code    = '0001'
    p_param_1 = me->object_name
    p_param_2 = v_number_attributes ).
ENDMETHOD.
```

Die Methode RUN zu einem eigenen Code-Inspector-Test

Damit die Meldungen, die Sie in der Methode RUN generiert haben, auch in lesbarer Form in den Ergebnissen des Code Inspectors erscheinen, müssen Sie auch die Methode GET_MESSAGE_TEXT redefinieren. In dieser Methode erzeugen Sie zu den Meldungen, die Sie im Rahmen Ihrer Prüfungen erzeugt haben, die zugehörigen Meldungstexte.

Dazu können Sie über den Importing-Parameter P_TEST prüfen, ob Ihr Test die Meldung erzeugt hat. Ist das der Fall, ermitteln Sie über den zweiten Importing-Parameter P_CODE, um welche Meldung es sich handelt. Geben Sie den Meldungstext über den Exporting-Parameter P_TEXT zurück. Der Meldungstext darf die Platzhalter &1 bis &4 enthalten. Der Code Inspector ersetzt diese Platzhalter dann bei der Ausgabe durch die Werte, die Sie beim Aufruf der Methode INFORM an die Parameter P_PARAM_1 bis P_PARAM_4 übergeben haben. Verwenden Sie Textsymbole oder Nachrichtenklassen zur Erzeugung der Meldungstexte, um die Internationalisierung Ihres Tests zu vereinfachen.

```
METHOD get_message_text.
* Diese Methode kann nur für Meldungen einen Meldungstext
* zurückgeben, die dieser Test erzeugt hat
  IF p_test <> 'ZCL_CI_TEST_NUMBER_ATTRIBUTES'.
    RETURN.
  ENDIF.

* Den richtigen Meldungstext anhand des Meldungscodes
* ermitteln
  CASE p_code.
    WHEN '0001'.
      p_text =
        'In der Klasse &1 sind &2 Attribute definiert.'(002).
  ENDCASE.
ENDMETHOD.
```

Die Methode GET_MESSAGE_TEXT zu einem eigenen Test

Damit haben Sie die Implementierung des Tests abgeschlossen. Bevor Sie den Test nutzen können, müssen Sie ihn für den Code Inspector aktivieren. Starten Sie dazu den Code Inspector über die Transaktion SCI. Rufen Sie dann den folgenden Menüeintrag auf:

Springen • Verwaltung von • Tests

Sie sehen nun eine Liste aller im System vorhandenen Klassen, die Sie im Code Inspector als Test verwenden können. Das Ankreuzfeld am Anfang der Zeile ist bei den Tests markiert, die Sie im Code Inspector in Prüfvarianten auswählen können. Markieren Sie auch das Ankreuzfeld für Ihren neuen Test, und speichern Sie diese Einstellung über die Schaltfläche mit dem Speichern-Symbol (🖫).

Ihr Test erscheint nun wie ein Test von SAP im Baum der verfügbaren Tests, wenn Sie eine Prüfvariante definieren. Auch die Meldungen aus Ihrem Test sehen Sie nach der Ausführung einer Inspektion im Baum der Ergebnisse der Inspektion an entsprechender Stelle.

Tipp 89

Die unterschiedlichen Möglichkeiten des Performance-Trace

Den Performance-Trace kennen Sie vielleicht schon als Werkzeug, mit dem Sie langsame Datenbankzugriffe identifizieren können. Aber der Performance-Trace bietet Ihnen noch viele weitere Möglichkeiten zur Untersuchung des Ablaufs von Anwendungen.

Mit dem Performance-Trace (an manchen Stellen auch als *Performance-Analyse* bezeichnet) steht Ihnen in jedem System, das auf einem ABAP-Applikationsserver basiert, ein Werkzeug zur Verfügung, mit dem Sie verschiedene Aspekte des Laufzeitverhaltens von Anwendungen analysieren können. Der Performance-Trace ermöglicht es Ihnen, verschiedene Aktionen aufzuzeichnen, die eine laufende Anwendung durchführt. Zu den protokollierbaren Aktionen zählen Zugriffe auf die Datenbank und auf die zugehörigen Tabellenpuffer, Sperranforderungen mit dem SAP-Sperrkonzept sowie Aufrufe von remotefähigen Funktionsbausteinen (RFCs).

Mit der Hilfe des Ergebnisprotokolls des Performance-Trace können Sie sich einen Überblick darüber verschaffen, worauf die Anwendung zugegriffen hat und wie viel Zeit das System für diese Zugriffe jeweils benötigt hat. Diese Informationen können in verschiedener Hinsicht hilfreich sein: Sie können Ihnen aufzeigen, für welche Aktionen die Anwendung unnötig viel Laufzeit benötigt. Bei Anwendungen, die Sie nicht selbst geschrieben haben, erfahren Sie etwas darüber, was die Anwendung im Einzelnen tut. Und bei Anwendungen, die Sie selbst geschrieben haben, können Sie prüfen, ob die Anwendung tatsächlich die Dinge tut, die Sie erwarten.

› Und so geht's

Starten Sie den Performance-Trace über die Transaktion ST05 oder über den folgenden Menüeintrag:

> **System ▶ Hilfsmittel ▶ Performance Trace**

Diesen Menüeintrag können Sie im SAP GUI sowohl aus dem Benutzermenü (SAP Easy Access) als auch aus jeder Anwendung heraus aufrufen.

Im nun angezeigten Einstiegsbild zum Performance-Trace können Sie auswählen, welche Funktionalitäten Sie verwenden möchten. Wählen Sie dazu über die entsprechenden Ankreuzfelder eine oder mehrere Funktionalitäten aus.

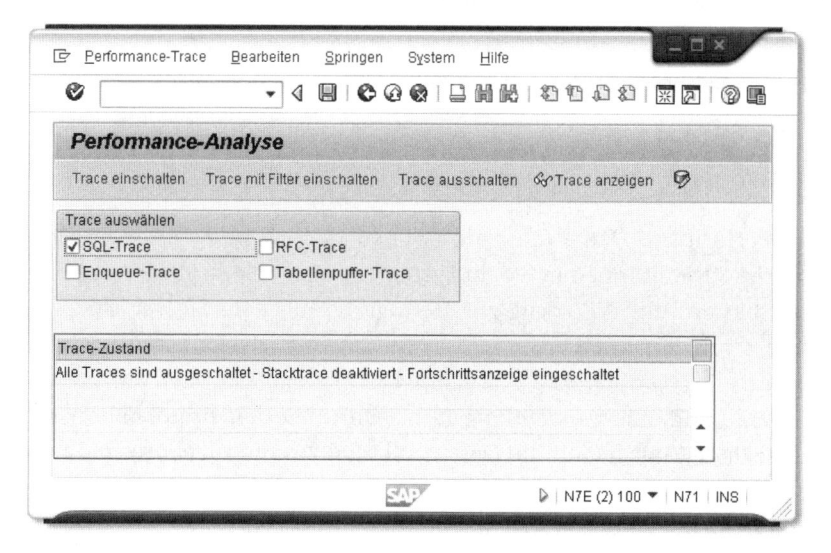

Einstiegsbild zum Performance-Trace

Folgende Funktionalitäten stehen Ihnen im Performance-Trace zur Verfügung:

- **SQL-Trace**: Der SQL-Trace zeichnet Zugriffe auf die Datenbank auf. So können Sie erkennen, welche Daten die laufende Anwendung aus der Datenbank liest, welche Informationen sie in die Datenbank schreibt und wie viel Zeit jede einzelne Aktion benötigt. Zu jedem Datenbankzugriff sehen Sie außerdem die SQL-Anweisung, die der Applikationsserver an die Datenbank geschickt hat, und die Stelle im Quelltext, an der die Datenbankabfrage implementiert ist.

Die unterschiedlichen Möglichkeiten des Performance-Trace   Tipp 89

- **Tabellenpuffer-Trace**: Der Tabellenpuffer-Trace ist eng mit dem SQL-Trace verwandt. Sie können den meisten Open-SQL-Anweisungen im ABAP-Quelltext nicht ansehen, ob sie auf die Datenbank oder auf einen Tabellenpuffer zugreifen. Zu jeder Datenbanktabelle können Sie im ABAP Dictionary einstellen, ob das System einen Tabellenpuffer verwenden soll. Ist der Tabellenpuffer aktiv, kann das System viele Open-SQL-Anweisungen ohne Zugriff auf die Datenbank direkt über den Tabellenpuffer ausführen. Der SQL-Trace zeigt solche Zugriffe nicht an, weil die Datenbank nicht beteiligt ist. Um alle Zugriffe auf Daten aus Datenbanktabellen aufzuzeichnen, sollten Sie daher sowohl den SQL-Trace als auch den Tabellenpuffer-Trace aktivieren.

- **Enqueue-Trace**: Mit dem Enqueue-Trace können Sie die Sperren aufzeichnen, die die Anwendung auf der Ebene des Applikationsservers mit dem SAP-Sperrkonzept setzt. Auch lesende Zugriffe auf die Sperrtabelle, zum Beispiel mit dem Funktionsbaustein `ENQUEUE_READ`, zeichnet der Enqueue-Trace auf. Anhand des Ergebnisses können Sie herausfinden, welche Sperren eine Anwendung tatsächlich setzt. Zu jedem Trace-Eintrag sehen Sie außerdem, an welcher Stelle im Quelltext die Anwendung versucht hat, eine Sperre zu setzen oder aufzuheben. In Kombination mit dem SQL-Trace können Sie so auch herausfinden, in welcher Reihenfolge die Anwendung Datenbankzugriffe und Sperranfragen durchführt.

- **RFC-Trace**: Der RFC-Trace erstellt ein Protokoll der Aufrufe von remotefähigen Funktionsbausteinen in anderen Systemen (RFCs). Auch RFCs im aktuellen System mit der Destination `NONE` werden vom RFC-Trace erfasst.

Bei allen genannten Funktionalitäten haben Sie außerdem die Möglichkeit, zusätzlich bei jedem Eintrag im Ergebnisprotokoll einen Stack-Trace anlegen zu lassen. Über den Stack-Trace haben Sie die Möglichkeit, die Aufrufhierarchie nachzuvollziehen, über die die jeweilige Aktion aufgerufen wurde. Dies kann beispielsweise hilfreich sein, wenn eine Anwendung Aktionen durchführt, die Sie nicht erwartet hätten, oder wenn sie dieselbe Aktion überraschenderweise mehrfach ausführt. Aktivieren Sie den Stack-Trace vor dem Beginn der Aufzeichnung über den Menüeintrag **Performance-Trace • Stacktrace aktivieren**.

Tipp 90

Datenbanktabellen zu einer laufenden Anwendung bestimmen

Sie kennen eine Anwendung, die bestimmte Informationen anzeigt, wissen jedoch nicht, in welcher Datenbanktabelle diese Informationen abgelegt sind? Mit dem Performance-Trace kommen Sie der Informationsquelle auf die Spur.

Mit dem Performance-Trace können Sie das Verhalten einer Anwendung analysieren. Das Wissen, das Sie dabei über das Verhalten der Anwendung gewinnen, können Sie nicht nur zur Optimierung oder Korrektur der Anwendung einsetzen.

Verwenden Sie den Performance-Trace doch auch, wenn Sie herausfinden möchten, aus welchen Datenbanktabellen eine Anwendung die angezeigten Informationen liest. Dann können Sie selbst Anwendungen schreiben oder Auswertungen erstellen, die auf dieselben Datenbanktabellen zugreifen.

› Und so geht's

1. Öffnen Sie einen ersten Modus, in dem Sie die zu analysierende Anwendung ablaufen lassen möchten. Führen Sie hier schon einmal alle vorbereitenden Aktionen aus, die Sie mit dem Trace nicht aufzeichnen möchten.

2. Starten Sie den Performance-Trace in einem zweiten Modus über die Transaktion ST05 oder über den Menüpfad **System › Hilfsmittel › Performance Trace**.

3. Aktivieren Sie im Einstiegsbild zum Performance-Trace die Ankreuzfelder für den **SQL-Trace** und für den **Tabellenpuffer-Trace**. So erhalten Sie ein Protokoll über alle Datenbankzugriffe, unabhängig davon, ob der Applikationsserver für die Datenbanktabelle einen Puffer verwendet oder nicht.

Datenbanktabellen zu einer laufenden Anwendung bestimmen **Tipp 90**

4. Aktivieren Sie die Aufzeichnung über die Schaltfläche **Trace einschalten**.

5. Führen Sie nun im ersten Modus die Aktionen aus, zu denen Sie die Zugriffe auf Datenbanktabellen aufzeichnen möchten.

6. Kehren Sie in den zweiten Modus zurück, und beenden Sie die Aufzeichnung über die Schaltfläche **Trace ausschalten**.

7. Wechseln Sie über die Schaltfläche **Trace anzeigen** (👓) zum Anzeigefilter des Performance-Trace.

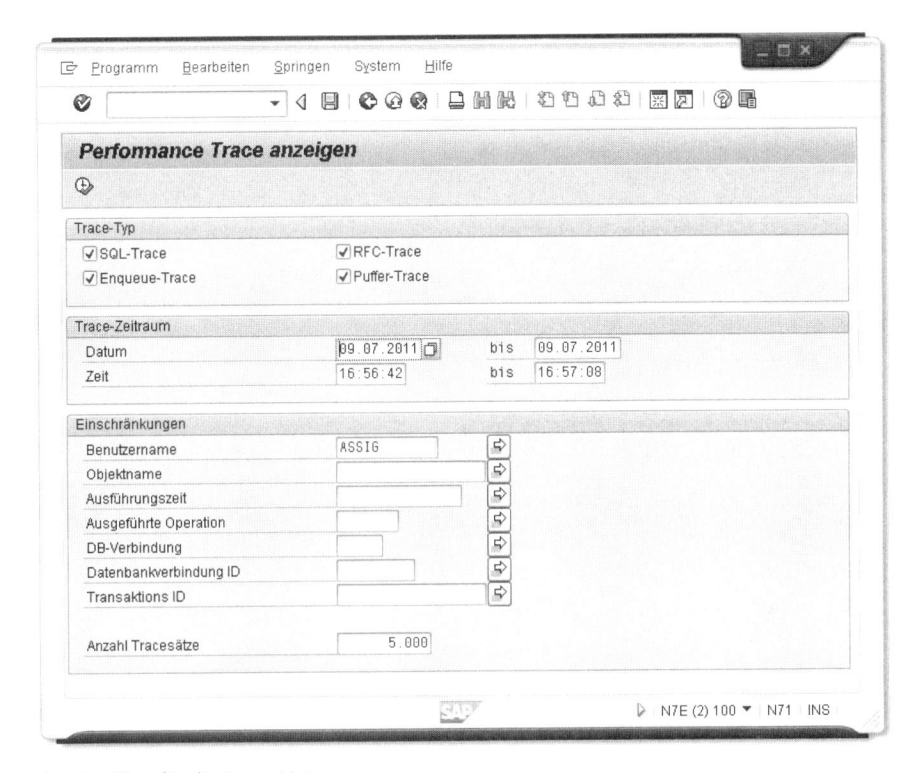

Anzeigefilter für die Trace-Liste

8. Im Anzeigefilter können Sie über Selektionsbedingungen angeben, welche Ergebnisse aus dem Protokoll Sie sehen möchten. Beispielsweise können Sie hier angeben, dass Sie nur Zugriffe auf bestimmte Datenbanktabellen oder nur Zugriffe sehen möchten, die mindestens eine bestimmte Laufzeit benötigt haben.

9. Wenn Sie alle gewünschten Selektionsbedingungen eingegeben haben oder einfach das gesamte Protokoll sehen möchten, klicken Sie auf die **Ausführen**-Schaltfläche (🕒), oder drücken Sie die Taste [F8].

TEIL 10 Werkzeuge zur Analyse von Anwendungen

10. Die **Trace-Liste** stellt Ihnen nun alle Aktionen dar, die Sie zuvor aufgezeichnet und über die Selektionsbedingungen ausgewählt haben. Exemplarisch zeigt Ihnen die folgende Abbildung einen Auszug aus der Trace-Liste, die beim Aufruf einer Wertehilfe für den Benutzernamen entstanden ist. Anhand der Spalte **Objektname** können Sie in der Abbildung erkennen, dass die Wertehilfe die Benutzernamen aus der Datenbanktabelle USR02 gelesen hat.

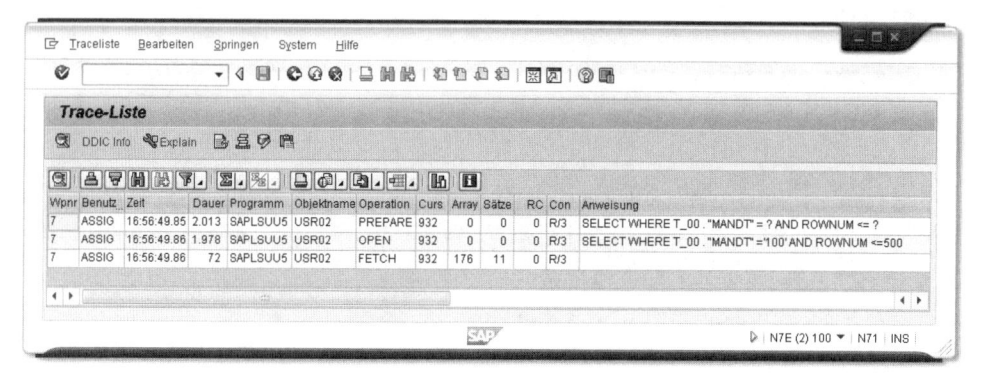

Wpnr	Benutz	Zeit	Dauer	Programm	Objektname	Operation	Curs	Array	Sätze	RC	Con	Anweisung
7	ASSIG	16:56:49.85	2.013	SAPLSUU5	USR02	PREPARE	932	0	0	0	R/3	SELECT WHERE T_00."MANDT" = ? AND ROWNUM <= ?
7	ASSIG	16:56:49.86	1.978	SAPLSUU5	USR02	OPEN	932	0	0	0	R/3	SELECT WHERE T_00."MANDT" ='100' AND ROWNUM <=500
7	ASSIG	16:56:49.86	72	SAPLSUU5	USR02	FETCH	932	176	11	0	R/3	

Trace-Liste zum Aufruf einer Wertehilfe für Benutzernamen

Tipp 91
Die Laufzeitanalyse verwenden

Mit der Laufzeitanalyse können Sie sich im Detail anzeigen lassen, wofür Ihre Anwendungen wie viel Zeit benötigen. So erfahren Sie, welche Stellen Sie sich genauer anschauen sollten, wenn Sie das Laufzeitverhalten der Anwendung spürbar verbessern möchten.

Mit der Laufzeitanalyse steht Ihnen ein weiteres Werkzeug zur Verfügung, mit dem Sie das Laufzeitverhalten von Anwendungen untersuchen können. Die Laufzeitanalyse liefert Ihnen Informationen darüber, wie viel Zeit einzelne Verarbeitungsblöcke wie Methoden oder Funktionsbausteine, Datenbankzugriffe und sogar bestimmte einzelne Anweisungen bei der Ausführung benötigen.

Die Laufzeitanalyse können Sie auf ähnliche Art verwenden wie die anderen Analysewerkzeuge der ABAP Workbench. Schalten Sie die Laufzeitanalyse zunächst ein. Führen Sie dann mit der zu untersuchenden Anwendung die Aktionen durch, deren Laufzeitverhalten Sie untersuchen möchten. Schalten Sie danach die Laufzeitanalyse wieder ab, und sehen Sie sich in Ruhe das Ergebnis der Analyse an.

› Und so geht's

Die Laufzeitanalyse starten Sie über die Transaktion SAT oder über den folgenden Menüpfad:

System › Hilfsmittel › Laufzeitanalyse › Ausführen

Sie gelangen so zunächst in das Einstiegsbild zur Laufzeitanalyse. Über deren Registerkarte **Messen** können Sie Einstellungen zur Laufzeitanalyse vornehmen und die Laufzeitanalyse starten. Auf der Registerkarte **Auswerten** listet die Laufzeitanalyse die bereits durchgeführten Messungen auf.

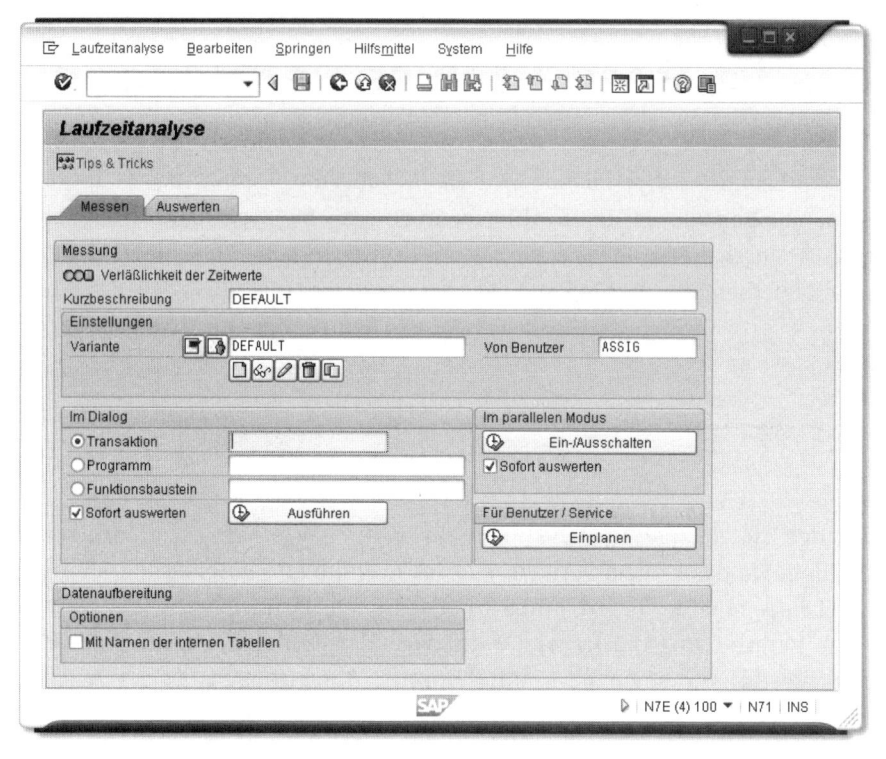

Einstiegsbild zur Laufzeitanalyse

Die Einstellungen zur Laufzeitanalyse können Sie in Form von Varianten ablegen. Wählen Sie dazu im Bereich **Einstellungen** über die Wertehilfe eine vorhandene Variante aus, legen Sie eine neue Variante an ([ ]), oder kopieren Sie eine vorhandene Variante ([ ]), und passen Sie sie anschließend Ihren Vorstellungen entsprechend an ([ ]).

Die Einstellungen zu einer Variante können Sie auf drei Registerkarten anpassen:

- **Dauer und Art:** Auf der Registerkarte **Dauer und Art** legen Sie die maximale Größe und die maximale Dauer der Aufzeichnung fest. Besonders wichtig ist hier auch die Einstellung im Bereich **Aggregation**: Wählen Sie die Einstellung **Pro Aufrufstelle**, wenn Sie sich zunächst einen groben Überblick über das Laufzeitverhalten verschaffen möchten. Mit der Aggregationseinstellung **Keine** zeichnet die Laufzeitanalyse zusätzlich die Aufrufhierarchie auf. Nur wenn Sie die Aggregation abgeschaltet haben, können Sie auch die Aufzeichnung des Speicherverbrauchs aktivieren.

- **Anweisungen:** Auf der Registerkarte **Anweisungen** können Sie auswählen, für welche Anweisungen die Laufzeitanalyse die Laufzeit einzeln aufzeichnen soll. Hier können Sie beispielsweise die in der SAP-Standardvariante nicht aktive separate Aufzeichnung von Operationen auf internen Tabellen aktivieren.

- **Programm(-teile):** Die Registerkarte **Programm(-teile)** können Sie verwenden, um die Messung nur für bestimmte Programme, Funktionsbausteine oder Methoden durchzuführen. Wenn Sie hier nichts angeben, zeichnet die Laufzeitanalyse alles auf, was Sie während der Aufzeichnung ausführen.

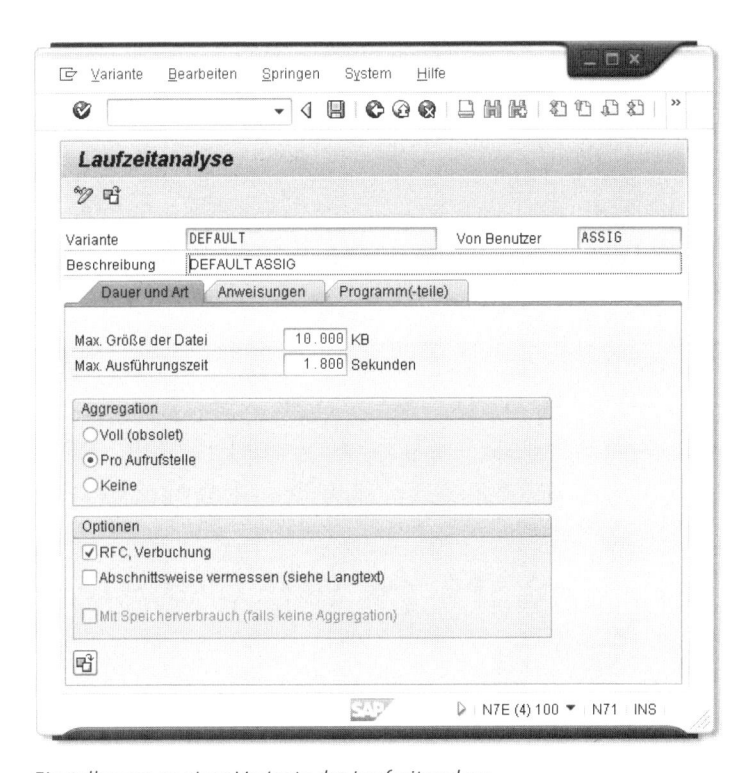

Einstellungen zu einer Variante der Laufzeitanalyse

Wenn Sie die gewünschten Einstellungen vorgenommen und abgespeichert haben, kehren Sie auf die Registerkarte **Messen** des Einstiegsbilds der Laufzeitanalyse zurück.

Wählen Sie nun im Bereich **Im Dialog** eine Transaktion, ein Programm oder einen Funktionsbaustein aus, dessen Laufzeit Sie messen möchten. Mit der

Schaltfläche **Ausführen** (![]) rufen Sie die angegebene Anwendung auf. Die Laufzeitanalyse ist dabei bereits aktiviert. Führen Sie nun in der Anwendung alle Schritte aus, zu denen Sie die Laufzeit messen möchten. Verlassen Sie dann die Anwendung wie gewohnt, zum Beispiel über die **Zurück**-Schaltfläche (![]).

Sie gelangen nun direkt in die Auswertung der gerade durchgeführten Messung. Die Auswertung können Sie auch später noch über die Registerkarte **Auswerten** im Einstiegsbild der Laufzeitanalyse erneut aufrufen. Die Oberfläche zur Auswertung ist ähnlich wie die Oberfläche des neuen ABAP Debuggers gestaltet und kann wie diese modular angepasst werden.

Um sich zunächst einen Überblick darüber zu verschaffen, wie lange die Anwendung gelaufen ist und welche Arten von Anweisungen welchen Anteil an der Laufzeit hatten, wechseln Sie auf die Registerkarte **Profil**. Hier wird die Laufzeit in Form eines Baums hierarchisch auf verschiedene Bereiche heruntergebrochen. So können Sie beispielsweise erkennen, ob interne Berechnungen auf dem Applikationsserver, Datenbankzugriffe oder die Kommunikation mit anderen Systemen den größten Anteil an der Laufzeit der Anwendung hatten.

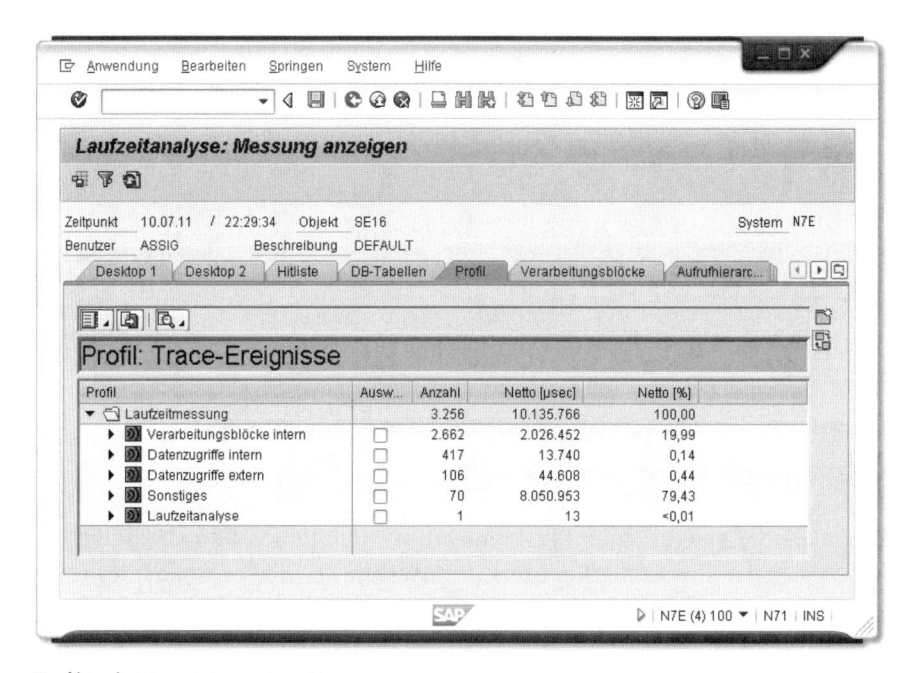

Profil in der Auswertung einer Messung

Die Laufzeitanalyse verwenden Tipp 91

Auf der Registerkarte **DB-Tabellen** können Sie sehen, auf welche Datenbanktabellen die Anwendung wie häufig zugegriffen und wie viel Zeit sie dafür jeweils benötigt hat.

Eine Auflistung der Bestandteile der ausgeführten Anwendung, die die längste Laufzeit benötigt haben, finden Sie auf der Registerkarte **Hitliste**. Wichtig ist hier jeweils die Unterscheidung zwischen der Brutto- und der Nettozeit. Die Bruttozeit gibt an, wie viel Zeit vom Beginn bis zum Ende der Ausführung eines Verarbeitungsblocks insgesamt vergangen ist. Die Nettozeit gibt dagegen nur an, wie lange die Anwendung mit der Ausführung des Verarbeitungsblocks selbst beschäftigt war. Weitere Verarbeitungsblöcke, die aus einem Verarbeitungsblock aufgerufen werden, schlagen sich nur in der Bruttozeit nieder, nicht aber in der Nettozeit. Um die Stellen zu finden, die hauptverantwortlich für eine lange Laufzeit sind, sollten Sie sich darum in der Hitliste die Zeilen mit der größten Nettozeit ansehen. Aus diesem Grund ist die Hitliste standardmäßig so sortiert, dass die Zeilen mit der größten Nettozeit oben stehen.

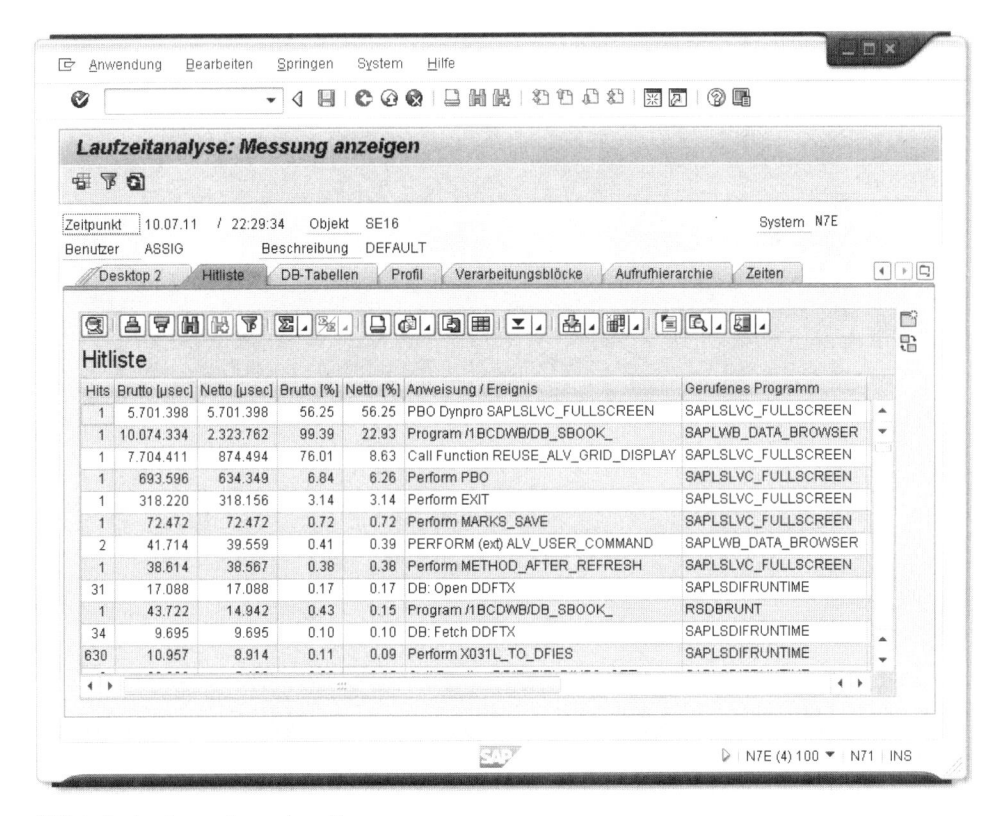

Hitliste in der Auswertung einer Messung

TEIL 10 Werkzeuge zur Analyse von Anwendungen

Ein Nachteil der Darstellung der Hitliste als sortierte Liste liegt darin, dass Sie den Ablauf der Anwendung nicht nachvollziehen können. Weder sehen Sie, in welcher Reihenfolge die verschiedenen Anweisungen ausgeführt wurden, noch erkennen Sie, welcher Verarbeitungsblock einen anderen Verarbeitungsblock aufgerufen hat. Diese Informationen liefert Ihnen die Registerkarte **Aufrufhierarchie**. Sie listet die einzelnen Anweisungen in chronologischer Reihenfolge auf. Über die Spalte **Ebene** können Sie außerdem nachvollziehen, ob ein Verarbeitungsblock den nächsten aufgerufen hat. Durch die chronologische Anordnung von mitunter Tausenden von Zeilen geht aber bei umfangreicheren Messungen in dieser Ansicht schnell der Überblick verloren.

Die Vorteile der Hitliste und der Aufrufhierarchie vereint die Registerkarte **Verarbeitungsblöcke**. Sie stellt die Aufrufhierarchie in Form eines Baums hierarchisch dar. Zu jedem Knoten des Baums zeigt sie Ihnen die Brutto- und die Nettolaufzeit an. Klappen Sie jeweils die Knoten mit der größten Bruttolaufzeit auf, bis Sie einen Knoten mit langer Nettolaufzeit finden. So finden Sie schnell die Stellen, die den größten Anteil an der Gesamtlaufzeit haben, und behalten dabei den Überblick darüber, an welcher Stelle der Anwendung Sie sich gerade befinden.

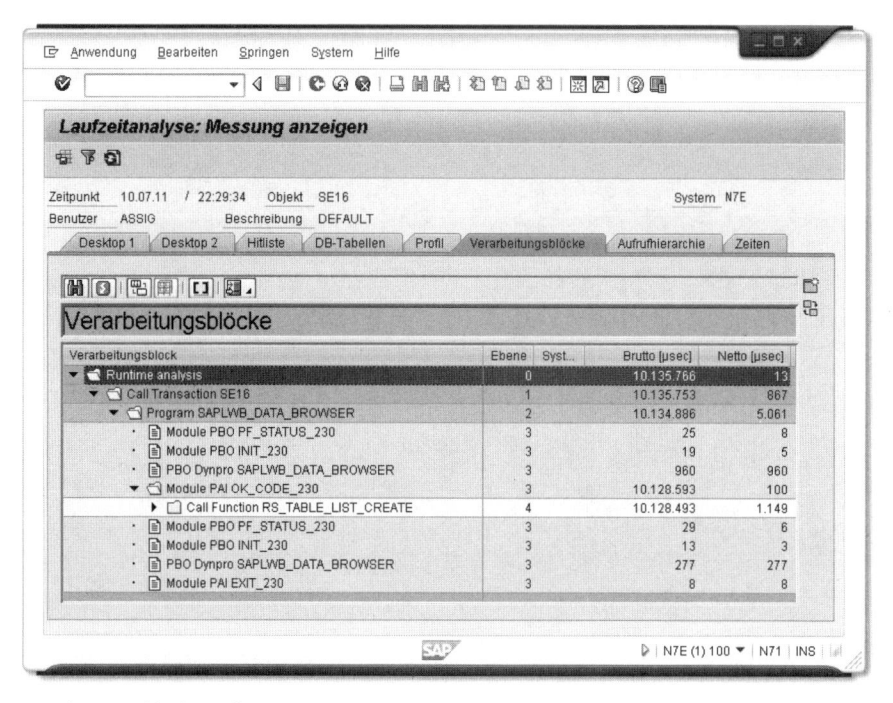

Verarbeitungsblöcke in der Auswertung einer Messung

Die Laufzeitanalyse steht Ihnen in der beschriebenen Form ab Release 7.0 EHP2 zur Verfügung. In Systemen mit älteren Release-Ständen können Sie die alte Version der Laufzeitanalyse verwenden, die Sie über die Transaktion SE30 erreichen. Einige Funktionalitäten wie die detaillierte Anzeige der Aufrufhierarchie sind dort jedoch noch nicht verfügbar.

Falls Sie sich bereits an die Transaktion SE30 gewöhnt haben, müssen Sie sich auch in Systemen mit neueren Release-Ständen nicht umgewöhnen. Die Transaktion SE30 führt hier genau wie die Transaktion SAT automatisch in die neue Laufzeitanalyse.

Tipp 92

Die Laufzeitanalyse mit Web-Dynpro-Applikationen verwenden

Im SAP GUI können Sie die Laufzeitanalyse einfach über das Menü einschalten. Diese Möglichkeit haben Sie in Web-Dynpro-Applikationen nicht. Hier erfahren Sie, wie Sie dennoch die Laufzeitanalyse verwenden können.

Ähnlich wie beispielsweise als Webservice aufrufbare Funktionsbausteine werden die Web-Dynpro-Applikationen in einem ABAP-Applikationsserver als Services verwaltet. Sie können daher die Laufzeitanalyse für Web-Dynpro-Applikationen über die Verwaltung der Services aktivieren.

Das in diesem Tipp für Web-Dynpro-Applikationen beschriebene Vorgehen können Sie analog auch für Services anderer Art ausführen. So können Sie auch für diese Services die Laufzeitanalyse nutzen.

› Und so geht's

Starten Sie die Pflege der Services über die Transaktion SICF. Geben Sie im daraufhin erscheinenden Selektionsbild im Feld **Servicename** den Namen der Web-Dynpro-Applikation an, für die Sie die Laufzeitanalyse durchführen möchten. Klicken Sie auf die **Ausführen**-Schaltfläche (), um die Selektion auszuführen.

Die Laufzeitanalyse mit Web-Dynpro-Applikationen verwenden Tipp 92

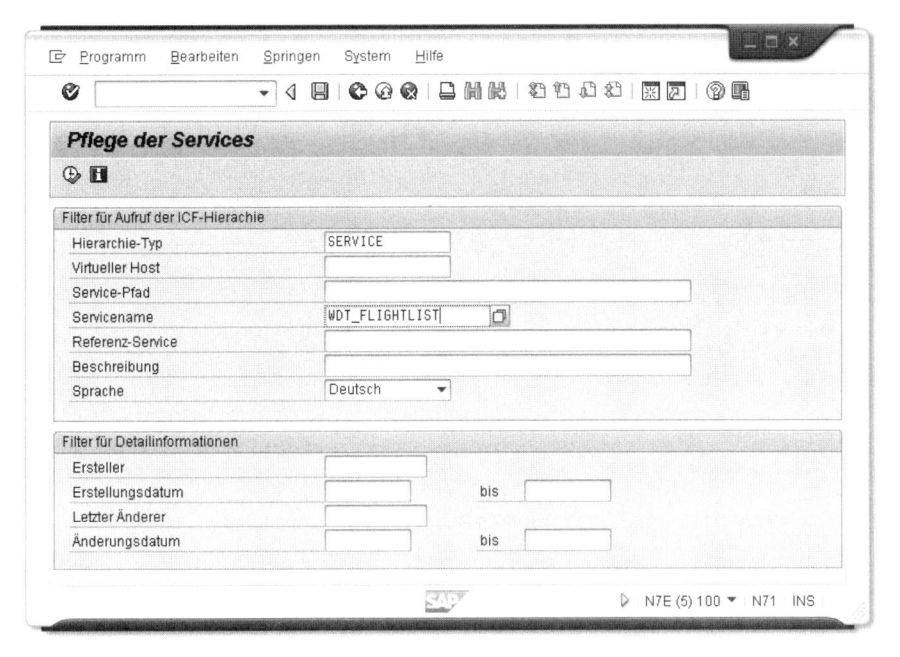

Selektionsbild zur Pflege der Services

Die Services im System, die Ihren Selektionsbedingungen entsprechen, werden nun hierarchisch als Baum dargestellt. Auf der untersten Ebene des Baums befindet sich der Knoten mit der Web-Dynpro-Applikation, deren Namen Sie zuvor eingegeben haben. Markieren Sie diesen Knoten durch einen einfachen Klick mit der linken Maustaste.

Für die ausgewählte Web-Dynpro-Applikation können Sie nun die Laufzeitanalyse über das Menü ein- und ausschalten. Dazu befinden sich unter dem Menüpfad **Bearbeiten ▸ Laufzeitanalyse** die Menüeinträge **Aktivieren** und **Deaktivieren**.

Rufen Sie den Menüeintrag **Aktivieren** auf, bevor Sie in der Web-Dynpro-Applikation die Aktionen ausführen, zu denen Sie die Laufzeitanalyse durchführen möchten. Bevor das System die Laufzeitanalyse aktiviert, können Sie in einem Pop-up noch Einstellungen zur Laufzeitanalyse vornehmen.

Einstellungen beim Aktivieren der Laufzeitanalyse

Aktivieren Sie die Einstellung **Benutzerabhängig**, wenn Sie die Laufzeitanalyse nur für bestimmte Benutzer oder nur für den aktuellen Mandanten ausführen möchten. Über die Einstellung **Alle Benutzer** bzw. über die Eingabe eines Benutzernamens im Feld **Benutzer** können Sie dann im Detail festlegen, wessen Aktionen Sie aufzeichnen möchten.

Damit das System nicht unnötig belastet wird, falls Sie das Deaktivieren der Laufzeitanalyse vergessen sollten, wird die Laufzeitanalyse nur für die angegebene **Gültigkeitsdauer** aktiviert. Wenn Ihre Aktionen vermutlich länger dauern werden als die standardmäßig eingestellten fünf Minuten, erhöhen Sie den Wert entsprechend.

Nachdem Sie die gewünschten Einstellungen vorgenommen haben, schalten Sie die Laufzeitanalyse über die Schaltfläche **Aktivieren** () ein. Führen Sie nun in der Web-Dynpro-Applikation die Aktionen aus, deren Laufzeitverhalten Sie aufzeichnen möchten.

Die detaillierten Einstellungen zur Laufzeitanalyse wählen Sie über die Felder **Var. Benutzer** und **Variante** aus. Geben Sie im Feld **Var. Benutzer** den Namen des Benutzers an, dessen Einstellungen Sie nutzen möchten. Im Feld **Variante** können Sie dann eine Laufzeitanalysevariante dieses Benutzers auswählen. Bleibt das Feld **Variante** leer, zeichnen Sie mit den Standardeinstellungen des gewählten Benutzers auf.

Bei der **Messgenauigkeit** können Sie zwischen den Einstellungen **Niedrig** (die Genauigkeit ist abhängig von dem Betriebssystem des Applikationsservers) und **Hoch** (die Messung erfolgt auf Mikrosekunden genau) wählen. Über die Einstellung **Verarbeitung** legen Sie fest, wie sich die Laufzeitanalyse verhält, wenn die gewählte Web-Dynpro-Applikation nach der Aktivierung der Laufzeitanalyse mehrfach aufgerufen wird. Wählen Sie hier **Einzel-Einträge**, um zu jedem Aufruf eine separate Messung durchzuführen, oder **Sammel-Einträge**, wenn Sie alle Aufrufe der Web-Dynpro-Applikation in einer Messung aufzeichnen möchten.

Die Angaben zur **URL** und zum **Protokoll** übernimmt das System automatisch anhand des Service, den Sie beim Aufruf des Menüeintrags markiert haben. Alternativ können Sie hier auch manuell angeben, für welchen Service Sie die Laufzeitanalyse aktivieren möchten.

Kehren Sie danach in die **Pflege der Services** zurück, und rufen Sie den Menüeintrag **Deaktivieren** auf. Auch beim Deaktivieren der Laufzeitanalyse zu einem Service erscheint ein Pop-up. In diesem Pop-up können Sie auswählen, ob Sie die Laufzeitanalyse nur für einen bestimmten Service oder für alle Services im System abschalten möchten. Außerdem können Sie über die Einstellung **Benutzerabhängig** festlegen, ob Sie die Laufzeitanalyse für alle Benutzer oder nur für den aktuellen Benutzer abschalten möchten.

Die Anzeige und die Auswertung der Ergebnisse können Sie über die Transaktion SAT bzw. über die Transaktion SE30 aufrufen. Näheres dazu erfahren Sie in Tipp 91.

» Tipp 93

Den Performancemonitor in Web-Dynpro-Anwendungen einsetzen

Mit dem Performancemonitor können Sie sich einen Überblick über das Laufzeitverhalten und den Speicherverbrauch einer laufenden Web-Dynpro-Anwendung verschaffen. Auch aus dem SAP GUI bekannte Informationen zur laufenden Sitzung finden Sie im Performancemonitor in der Web-Dynpro-Welt wieder.

Der Performancemonitor zeigt in laufenden Web-Dynpro-Anwendungen Informationen über die Laufzeit, den Speicherverbrauch und den Applikationsserver an. Sie können den Performancemonitor direkt in einer laufenden Web-Dynpro-Anwendung im Webbrowser aktivieren. In der oberen rechten Ecke des Browserfensters sehen Sie dann die Informationen, die Ihnen der Performancemonitor bereitstellt.

Der Performancemonitor eignet sich, um einen groben Überblick über das Laufzeitverhalten und den Speicherverbrauch Ihrer Anwendung zu gewinnen. Falls Sie dabei Verbesserungsbedarf feststellen, sollten Sie auf die weiteren Analysewerkzeuge der ABAP Workbench zurückgreifen, um das Verhalten der Anwendung im Detail zu analysieren. Der Performancemonitor steht Ihnen seit Release 7.0 EHP1 zur Verfügung.

› Und so geht's

Um den Performancemonitor zu aktivieren, drücken Sie im Webbrowser die Tastenkombination [Strg] + [Alt] + [⇧] + [P]. Die Anzeige der Web-Dynpro-Anwendung muss dabei im Webbrowser den Fokus haben. Um das sicherzustellen, klicken Sie zum Beispiel vor der Eingabe der Tastenkombination in ein Eingabefeld auf der Oberfläche der laufenden Web-Dynpro-

Anwendung. Alternativ können Sie auch die URL, über die Sie die Web-Dynpro-Anwendung aufrufen, um den URL-Parameter `sap-wd-perfMonitor=X` erweitern.

Sobald Sie den Performancemonitor aktiviert haben, sehen Sie in der oberen rechten Ecke des Browserfensters einen zusätzlichen Bereich mit Informationen über die laufende Anwendung. Die Zahl hinter dem Zeichen **#** gibt dabei an, wie häufig die laufende Web-Dynpro-Anwendung bisher mit dem Applikationsserver kommuniziert hat, also, wie viele Interaktionsschritte bisher stattgefunden haben. Die Angabe **Memory** zeigt an, wie viel Speicher der Workprozess der laufenden Web-Dynpro-Anwendung auf dem Applikationsserver belegt. Dahinter folgen drei Angaben zur Laufzeit des letzten Interaktionsschritts: **End2End** beschreibt die Gesamtdauer des Interaktionsschritts inklusive den Zeiten für die Verarbeitung auf dem Applikationsserver, für die Kommunikation und für die Darstellung im Client. Die Angabe **Server** enthält nur die Zeit, die der Applikationsserver selbst für die Verarbeitung der Anfrage benötigt hat. Die Angabe **Client** enthält eine grobe Aussage über die Zeit, die Ihr Webbrowser im Rahmen des letzten Interaktionsschritts für die Aufbereitung der Anzeige benötigt hat.

Zusammengefasste Darstellung im Performancemonitor

Verschiedene Angaben zur Laufzeit sind beim Start des Performancemonitors zunächst noch nicht verfügbar. Erst wenn Sie mit der nächsten Aktion in der Web-Dynpro-Anwendung wieder einen Interaktionsschritt auslösen, kann der Performancemonitor Ihnen vollständige Angaben zum jeweils letzten Interaktionsschritt liefern.

Neben den beschriebenen Angaben enthält die zusammengefasste Darstellung im Performancemonitor noch zwei Links. Mit einem Klick auf den Link **>>** können Sie den Performancemonitor aufklappen und so auf detailliertere Informationen zugreifen. Mit dem Link **[X]** können Sie den Performancemonitor wieder komplett schließen.

Die detaillierte Darstellung des Performancemonitors ist in Bereiche gegliedert, zwischen denen Sie über Links hin und her schalten können. Nach dem Aufklappen sehen Sie zunächst den Bereich **Overview**. Hier zeigt der Performancemonitor einige Informationen zur aktuellen Sitzung an, die das SAP GUI am unteren rechten Rand des Fensters anzeigt. Dazu zählen das SAP-System und der Mandant, in dem Sie angemeldet sind, sowie der Benutzername, den Sie dabei verwendet haben.

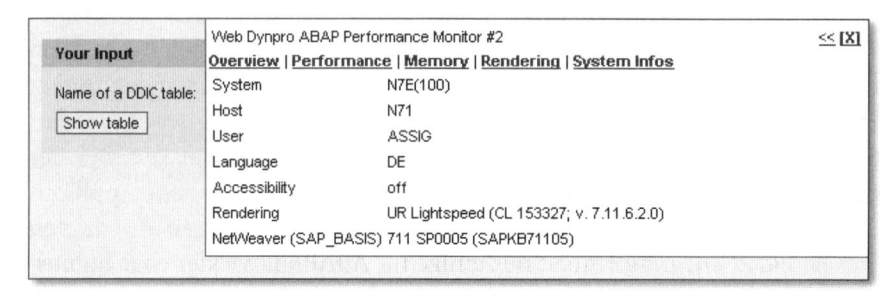

```
Your Input          Web Dynpro ABAP Performance Monitor #2                    << [X]
                    Overview | Performance | Memory | Rendering | System Infos
Name of a DDIC table:  System          N7E(100)
 [Show table]          Host            N71
                       User            ASSIG
                       Language        DE
                       Accessibility   off
                       Rendering       UR Lightspeed (CL 153327; v. 7.11.6.2.0)
                       NetWeaver (SAP_BASIS) 711 SP0005 (SAPKB71105)
```

Der Bereich »Overview« im Performancemonitor

Im Bereich **Performance** finden Sie mehrere Kennzahlen wieder, die der Performancemonitor auch in der zusammengefassten Darstellung anzeigt. Die zusätzliche Angabe **Max memory in step** gibt Auskunft darüber, wie viel Speicher der Applikationsserver während der Verarbeitung des letzten Interaktionsschritts maximal für die laufende Web-Dynpro-Anwendung benötigt hat. Unter **Response Data** können Sie außerdem ablesen, wie groß die Datenmenge war, die der Applikationsserver im Rahmen des letzten Interaktionsschritts an den Webbrowser geschickt hat.

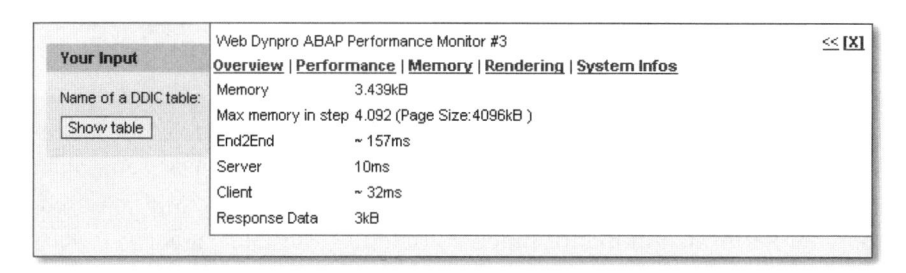

```
Your Input          Web Dynpro ABAP Performance Monitor #3                    << [X]
                    Overview | Performance | Memory | Rendering | System Infos
Name of a DDIC table:  Memory             3.439kB
 [Show table]          Max memory in step 4.092 (Page Size:4096kB )
                       End2End            ~ 157ms
                       Server             10ms
                       Client             ~ 32ms
                       Response Data      3kB
```

Der Bereich »Performance« im Performancemonitor

Der Bereich **Memory** ist vor allem wegen des Links **Write Memory Snapshot** interessant. Klicken Sie auf diesen Link, um einen detaillierten Speicherabzug der laufenden Web-Dynpro-Anwendung zu erstellen. Über den Memory Inspector können Sie dann analysieren, wofür die Anwendung wie viel Speicher benötigt (siehe Tipp 94). Außerdem enthält der Bereich Angaben zur Anzahl der verwendeten Components und Controller sowie zur Context-Größe.

Den Performancemonitor in Web-Dynpro-Anwendungen einsetzen **Tipp 93**

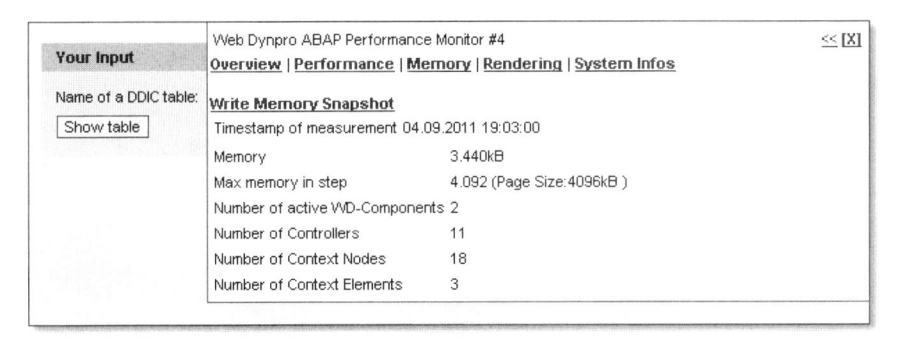

Der Bereich »Memory« im Performancemonitor

Der Bereich **Rendering** enthält nur einige für ABAP-Entwickler eher uninteressante Kennzahlen zu der Bibliothek, die im Webbrowser für die Anzeige der Web-Dynpro-Anwendung sorgt. Im Bereich **System Infos** finden Sie noch einige Informationen über das SAP-System, die Sie im SAP GUI jederzeit über den Menüeintrag **System ▸ Status...** abrufen können. Dazu zählen etwa die Angaben zum Betriebssystem, zum Kernel oder zu den installierten Komponenten Ihres Applikationsservers.

Tipp 94

Den Speicherbedarf von Anwendungen analysieren

Sie haben den Eindruck, dass eine Anwendung zur Laufzeit mehr Speicher benötigt, als sie sollte? Der Memory Inspector gibt Auskunft darüber, wofür die Anwendung den Speicher verwendet und wie sich der Speicherbedarf mit der Zeit verändert.

Mit dem Memory Inspector können Sie sich einen Überblick darüber verschaffen, wie viel Speicher eine laufende Anwendung auf dem Applikationsserver verwendet und wofür sie den Speicher benötigt. Das grundsätzliche Vorgehen zur Ermittlung des Speicherverbrauchs besteht dabei aus zwei Schritten: Sie erzeugen zunächst einen sogenannten *Speicherabzug* einer laufenden Anwendung. Dieser Speicherabzug enthält detaillierte Informationen über den Speicherverbrauch der Anwendung zu dem Zeitpunkt, zu dem Sie den Speicherabzug erstellt haben. Im zweiten Schritt analysieren Sie über die Dialoge des Memory Inspectors den Inhalt des zuvor erstellten Speicherabzugs.

Außerdem ist es möglich, in zwei unterschiedlichen Situationen jeweils einen Speicherabzug derselben Anwendung zu erstellen. Diese beiden Speicherabzüge können Sie dann miteinander vergleichen. So können Sie herausfinden, welche Auswirkungen bestimmte Aktionen auf den Speicherverbrauch der Anwendung haben.

> Und so geht's

Um aus einer laufenden Anwendung heraus einen Speicherabzug zu erstellen, haben Sie zwei Möglichkeiten:

- Erstellen Sie den Speicherabzug in der laufenden Anwendung über den Menüeintrag **System ▸ Hilfsmittel ▸ Speicheranalyse ▸ Speicherabzug erzeugen**.

- Geben Sie alternativ in das Befehlsfeld des SAP GUI den Befehl /hmusa ein, und bestätigen Sie Ihre Eingabe mit der ⏎-Taste.

Auch aus dem ABAP Debugger können Sie Speicherabzüge für die gerade laufende Anwendung erstellen. Nutzen Sie dazu im ABAP Debugger den folgenden Menüeintrag:

Entwicklung ▸ Speicheranalyse ▸ Speicherabzug erzeugen

So ist es beispielsweise möglich, jeweils einen Speicherabzug zu erstellen, bevor bzw. nachdem Sie eine Methode ausgeführt haben. Auf diese Art können Sie später analysieren, welche Auswirkungen die Methode auf den Speicherverbrauch hatte. Mit dem Weg über den ABAP Debugger ist es auch möglich, Speicherabzüge von Anwendungen ohne Benutzeroberfläche im SAP GUI anzulegen, beispielsweise von Hintergrundjobs oder von Web-Dynpro-Anwendungen.

Auch um die Anzeige der Speicherabzüge aufzurufen, können Sie aus zwei Alternativen wählen:

- Verwenden Sie den Menüeintrag **System ▸ Hilfsmittel ▸ Speicheranalyse ▸ Speicherabzüge vergleichen**.

- Starten Sie den Memory Inspector über die Transaktion S_MEMORY_INSPECTOR.

Beim Start des Memory Inspectors sehen Sie zunächst in der oberen Hälfte des Fensters eine Liste aller verfügbaren Speicherabzüge.

Klicken Sie doppelt auf einen Speicherabzug, um sich den Inhalt des Speicherabzugs anzeigen zu lassen. Der Memory Inspector zeigt daraufhin im unteren Teil des Fensters detaillierte Informationen zum Speicherverbrauch der Anwendung an, zu der Sie den Speicherabzug erstellt haben. So können Sie beispielsweise sehen, wie viel Speicher die Anwendung für eine interne Tabelle oder für die im Speicher gehaltenen Instanzen einer Klasse benötigt.

TEIL 10 Werkzeuge zur Analyse von Anwendungen

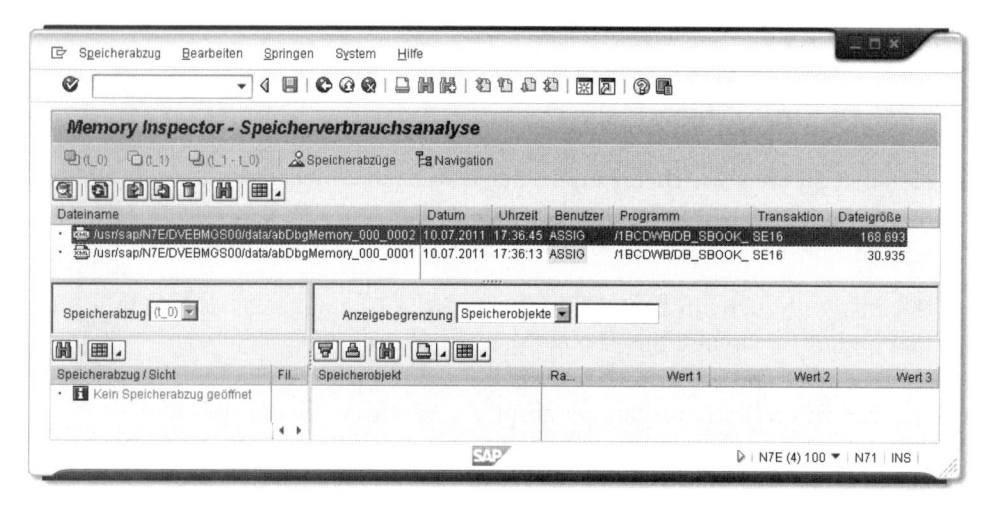

Auswahl der Speicherabzüge im Memory Inspector

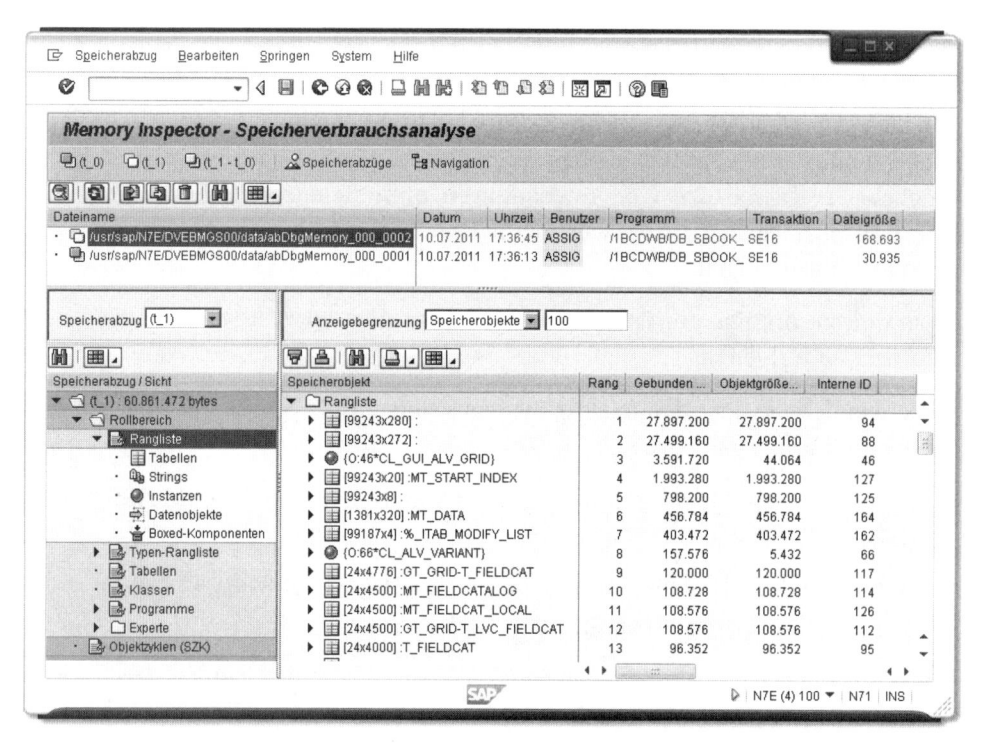

Anzeige des Speicherverbrauchs im Memory Inspector

Der Memory Inspector unterstützt Sie auch beim Vergleichen von zwei Speicherabzügen. Voraussetzung dafür ist, dass Sie die beiden Speicherabzüge innerhalb desselben Rollbereichs erstellt haben. Sie können dann nacheinander zwei Speicherabzüge auswählen, jeweils per Doppelklick auf den jeweiligen Speicherabzug. Diese Speicherabzüge bezeichnet der Memory Inspector nun als **t_0** und als **t_1**. Unabhängig davon, in welcher Reihenfolge Sie die Speicherabzüge auswählen, sorgt der Memory Inspector dafür, dass der früher erstellte Speicherabzug als **t_0** und der später erstellte Speicherabzug als **t_1** geführt wird.

Klicken Sie dann auf die Schaltfläche **(t_1 – t_0)** (), um die beiden Speicherabzüge zu vergleichen. Statt der absoluten Werte aus einem Speicherabzug zeigt der Memory Inspector Ihnen nun im unteren Teil des Fensters die Differenzen zwischen den beiden ausgewählten Speicherabzügen an.

Tipp 95

Den Coverage Analyzer einsetzen

Sind Sie auf der Suche nach Quelltext, den Sie nicht mehr benötigen? Oder möchten Sie herausfinden, ob im Rahmen Ihrer Tests alle Bestandteile Ihrer Anwendungen durchlaufen wurden? Dann sollten Sie auf die Dienste des Coverage Analyzers nicht verzichten.

Der Coverage Analyzer liefert Ihnen Informationen darüber, welche Bestandteile Ihres Quelltextes das System in einem bestimmten Zeitraum ausgeführt hat. Wenn Sie den Coverage Analyzer für ein System aktiviert haben, protokolliert dieser, wie häufig das System Programme oder Klassen, Bearbeitungsblöcke wie Funktionsbausteine oder Methoden und sogar einzelne Anweisungen ausführt. Auch darüber, ob bei der Ausführung der einzelnen Anweisungen Laufzeitfehler auftraten, führt der Coverage Analyzer Buch.

Die Daten, die der Coverage Analyzer erfasst, können Sie verwenden, um Ihre Tests gezielt so zu erweitern, dass möglichst alle Anweisungen im Quelltext auch durchlaufen werden. Wenn Sie feststellen, dass bestimmte Zeilen im Quelltext niemals durchlaufen werden, haben Sie möglicherweise nicht mehr benötigte Anweisungen entdeckt, die Sie entfernen können, um die Lesbarkeit Ihrer Anwendungen zu verbessern.

› Und so geht's

Starten Sie den Coverage Analyzer über die Transaktion SCOV. Am linken Rand des Dialogs des Coverage Analyzers können Sie zwischen den verschiedenen Ansichten wechseln.

Wenn Sie den Coverage Analyzer in einem System zum ersten Mal ausführen, müssen Sie möglicherweise zunächst einige Einstellungen vornehmen.

Klicken Sie dazu unter dem Knoten **Administration** doppelt auf den Eintrag **Einstellungen**. Wechseln Sie in den Änderungsmodus, und nehmen Sie die notwendigen Einstellungen vor. Beispielsweise sollte im Bereich **Batchjob zum Anstoßen der Datensammlung** im Eingabefeld **Datensammlung: Batchserver** ein Applikationsserver angegeben sein. Die Namen Ihrer Applikationsserver können Sie sich über die Transaktion SM51 auflisten lassen.

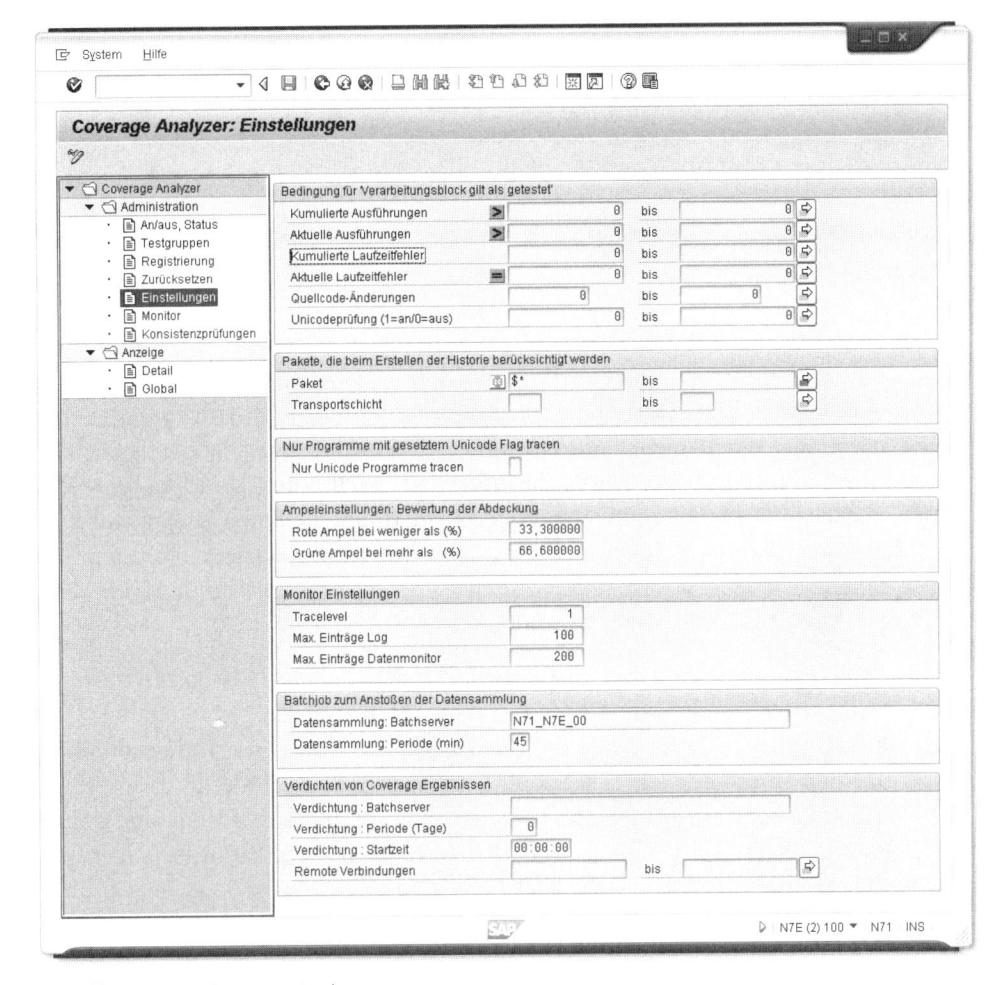

Einstellungen zum Coverage Analyzer

Haben Sie die gewünschten Einstellungen vorgenommen, wechseln Sie zur Sicht **An/aus, Status**. Im Bereich **An- und Ausschalten des Coverage Analyzers** können Sie den Coverage Analyzer über die Schaltfläche **ein** aktivieren.

TEIL 10 Werkzeuge zur Analyse von Anwendungen

Status des Coverage Analyzers

Beim ersten Start führt der Coverage Analyzer eine Initialisierung durch. Dabei generiert das System alle Entwicklungsobjekte, die es noch nicht mit dem aktuellen Stand erzeugt hat. SAP empfiehlt, die Initialisierung abends oder am Wochenende durchzuführen, um möglichst keine laufenden Anwendungen abzubrechen, die noch mit einem alten Stand laufen. Über die Schaltfläche **Detail** im selben Bereich können Sie einen Dialog aufrufen, mit dem Sie den Fortschritt der Initialisierung nachvollziehen können. Die Initialisierung ist abgeschlossen, sobald in diesem Dialog die Anzahl im Feld **Noch nicht bearbeitet** auf **0** gesunken ist.

Nachdem Sie den Coverage Analyzer aktiviert haben, müssen Sie noch die Datensammlung für einen oder mehrere Applikationsserver aktivieren. Markieren Sie dazu in der Liste mit der Überschrift **Status der Datensammlung auf den verschiedenen Servern** eine Zeile, und klicken Sie darüber auf die Schaltfläche **Start** (▢). Der Coverage Analyzer zeichnet fortan auf, welche Anweisungen im Quelltext auf dem jeweiligen Applikationsserver ausgeführt werden.

Die Informationen, die der Coverage Analyzer zusammengetragen hat, können Sie sich über die Einträge unter dem Knoten **Anzeige** ansehen. Klicken Sie auf den Eintrag **Detail**. Sie können dann zunächst über ein Selektionsbild auswählen, zu welchen sogenannten *Programmobjekten* Sie Informationen sehen möchten. Als Programmobjekte werden im Coverage Analyzer beispielsweise Klassen, Reports und Funktionsgruppen bezeichnet.

Nachdem Sie die Selektion ausgeführt haben, sehen Sie zunächst eine Liste der ausgewählten Programmobjekte mit zusammengefassten Daten zu jedem

Programmobjekt. Zu jedem Programmobjekt zeigt der Coverage Analyzer verschiedene Kennzahlen an. Dazu gehören die Prozedurabdeckung (beispielsweise in einer Klasse der Anteil der Methoden, die aufgerufen wurden) und die Anweisungsabdeckung (der Anteil der Anweisungen im gesamten Programmobjekt, die ausgeführt wurden).

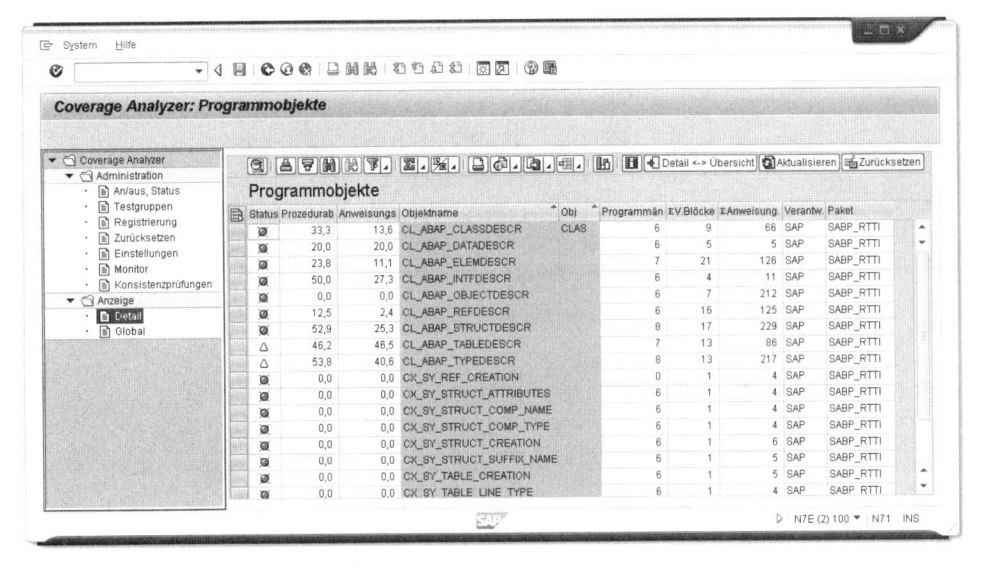

Daten des Coverage Analyzers zu mehreren Programmobjekten

Mit einem Doppelklick gelangen Sie in eine ähnliche, detailliertere Listenansicht. Hier zeigt der Coverage Analyzer Ihnen vergleichbare Kennzahlen zu den einzelnen Verarbeitungsblöcken an, das heißt beispielsweise zu den Methoden einer Klasse.

Der Coverage Analyzer aktualisiert in einem einstellbaren Zeitintervall die für die Auswertungen verwendeten Daten. Darum können die angezeigten Daten möglicherweise veraltet sein. Über die Schaltfläche **Aktualisieren** () können Sie unabhängig von der regelmäßigen automatischen Aktualisierung eine Aktualisierung der angezeigten Daten anfordern.

Aus der Liste der Verarbeitungsblöcke können Sie durch einen Doppelklick auf einen der Verarbeitungsblöcke in eine noch detailliertere Sicht wechseln. Der Coverage Analyzer zeigt Ihnen dann den Quelltext des Verarbeitungsblocks an. In der Quelltext-Anzeige im Coverage Analyzer sind die einzelnen Anweisungen farblich hinterlegt. Anweisungen, die das System seit der letzten Änderung am Quelltext und der Aktivierung des Coverage Analyzers ohne Laufzeitfehler ausgeführt hat, stellt der Coverage Analyzer grün dar. Andere Anweisungen hinterlegt der Coverage Analyzer rot, blau, gelb oder schwarz.

TEIL 10 Werkzeuge zur Analyse von Anwendungen

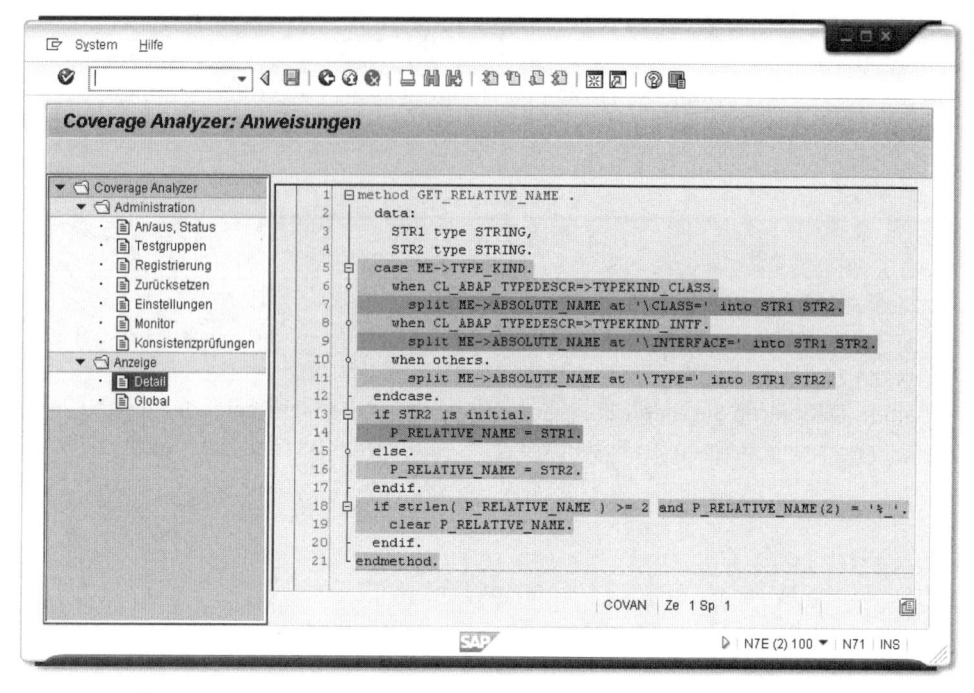

Quelltext-Anzeige im Coverage Analyzer

TEIL 11

Mit Transportaufträgen arbeiten

Das Transportsystem stellt die Entwicklungsobjekte, die Sie in einem System erstellt haben, in weiteren Systemen bereit. Die Tipps aus diesem Teil helfen Ihnen dabei, Ihre Entwicklungen mit möglichst geringem Aufwand Transportaufträgen zuzuordnen und den Überblick über Ihre Transportaufträge zu behalten. Definieren Sie einen Standardauftrag, wenn Sie nicht bei jeder Änderung an einem weiteren Entwicklungsobjekt gefragt werden möchten, in welchem Transportauftrag Sie Ihre Änderungen aufzeichnen möchten. Außerdem erfahren Sie in diesem Teil, wie Sie die Inhalte von Transportaufträgen analysieren und ändern können, und was Sie tun müssen, wenn Sie bestimmte Entwicklungsobjekte zukünftig in einem anderen System weiterentwickeln möchten.

Tipps in diesem Teil

Tipp 96	Standardaufträge definieren	370
Tipp 97	Transportaufträge organisieren	373
Tipp 98	Mit Sperren in Transportaufträgen arbeiten	378
Tipp 99	Einträge in Transportaufträgen verschieben	382
Tipp 100	Mit Entwicklungsobjekten in ein anderes System umziehen	386

Tipp 96
Standardaufträge definieren

Stört Sie bei Änderungen an Entwicklungsobjekten die Nachfrage nach dem Transportauftrag, weil Sie ohnehin immer wieder denselben Transportauftrag auswählen? Dann definieren Sie einen Standardauftrag, und die Nachfrage nach dem Transportauftrag verschwindet.

Ändern Sie in der ABAP Workbench ein Entwicklungsobjekt, das noch nicht in einem Transportauftrag gesperrt ist, fragt das System Sie, in welchem Transportauftrag Sie Ihre Änderungen aufzeichnen möchten. Im Entwickleralltag bearbeiten Sie typischerweise nacheinander mehrere Entwicklungsobjekte, die Sie dann auch in einem Transportauftrag transportieren möchten. Die Nachfrage des Systems nach einem Transportauftrag bei jeder neuen Änderung an einem weiteren Entwicklungsobjekt ist dabei eher störend.

Sie können zu jedem Auftragstyp einen Standardauftrag definieren, beispielsweise einen Transportauftrag als Standardauftrag für Änderungen, die Sie in einem Workbench-Auftrag aufzeichnen müssen, und einen weiteren als Standardauftrag für Änderungen am Customizing. Durch die Definition von einem oder mehreren Standardaufträgen sorgen Sie dafür, dass das System Sie nicht mehr bei jeder Änderung an einem weiteren Entwicklungsobjekt nach dem Transportauftrag fragt. Falls Sie einen der ausgewählten Standardaufträge zur Aufzeichnung verwenden können, nutzt das System diesen stattdessen automatisch. Nur wenn das geänderte Entwicklungsobjekt nicht in einen der festgelegten Standardaufträge aufgenommen werden kann, erscheint wieder die bekannte Nachfrage nach dem Transportauftrag.

Sie müssen auch nicht befürchten, dass Sie andere Entwickler, die ihre Änderungen vielleicht in einem anderen Transportauftrag aufzeichnen möchten, mit Ihrer Auswahl eines Standardauftrags stören könnten. Die Auswahl der Standardaufträge ist benutzerspezifisch, das heißt, jeder Benutzer kann für sich festlegen, mit welchen Standardaufträgen er arbeiten oder ob er die Nachfrage weiterhin bei jedem weiteren bearbeiteten Entwicklungsobjekt sehen möchte.

Standardaufträge definieren **Tipp 96**

› Und so geht's

Lassen Sie sich Ihre offenen Transportaufträge im Transport Organizer anzeigen. Rufen Sie dazu den Transport Organizer beispielsweise über die Transaktion SE10 auf. Geben Sie dann im Einstiegsbild des Transport Organizers im Feld **Benutzer** Ihren Benutzernamen an. Aktivieren Sie die Ankreuzfelder zu jedem für Sie interessanten **Auftragstyp**, und setzen Sie im Bereich **Auftragsstatus** den Haken nur im Ankreuzfeld **Änderbar**. Klicken Sie dann auf die Schaltfläche mit dem Baum-Symbol (🔲) und der Beschriftung **Anzeigen**.

Sie sehen nun eine hierarchische Darstellung der noch nicht freigegebenen Transportaufträge, in denen eine Aufgabe mit Ihrem Benutzernamen existiert. Auf der obersten Ebene des Baums befinden sich die Mandanten, gefolgt von den Auftragstypen wie Workbench oder Customizing, dem Zielsystem und dem Auftragsstatus. Auf der Ebene unter dem Auftragsstatus befinden sich die Transportaufträge.

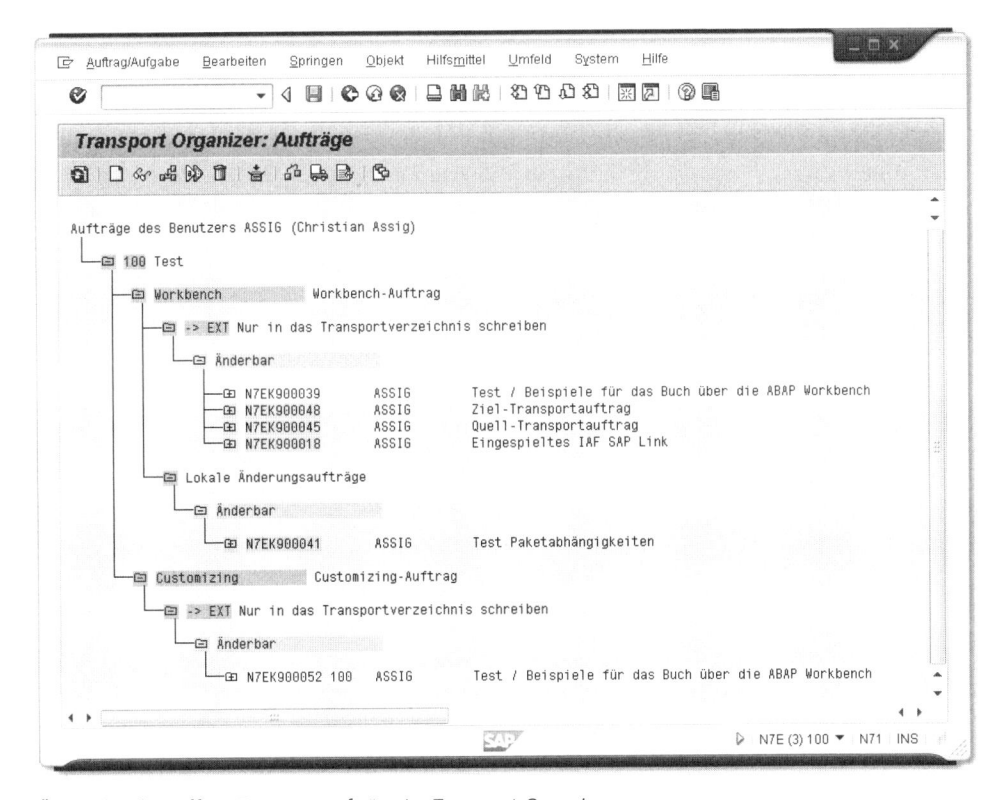

Übersicht über offene Transportaufträge im Transport Organizer

371

Um einen Transportauftrag als Standardauftrag zu definieren, markieren Sie den Transportauftrag, indem Sie einmal mit der linken Maustaste auf die Nummer oder auf die Beschreibung des Transportauftrags klicken. Rufen Sie dann den Menüeintrag **Hilfsmittel ▸ Standardauftrag ▸ Setzen** auf. Der Transport Organizer stellt den als Standardauftrag definierten Transportauftrag nun farblich hervorgehoben dar.

Sie können zu jedem Auftragstyp jeweils einen Standardauftrag definieren. Falls Sie zuvor bereits einen Standardauftrag desselben Typs ausgewählt hatten, überschreiben Sie diese Auswahl durch die Auswahl eines neuen Standardauftrags.

Möchten Sie bis auf Weiteres keinen Standardauftrag mehr verwenden, markieren Sie wie zuvor den als Standardauftrag ausgewählten Transportauftrag, und rufen Sie den Menüeintrag **Hilfsmittel ▸ Standardauftrag ▸ Rücksetzen** auf.

Außerdem haben Sie die Möglichkeit, für die Auswahl eines Standardauftrags eine Gültigkeitsdauer anzugeben. Rufen Sie dazu zu einem markierten Standardauftrag den Menüeintrag **Hilfsmittel ▸ Standardauftrag ▸ Gültigkeitsdauer...** auf. Sie können dann in einem Pop-up ein Datum aussuchen, bis zu dem der Standardauftrag gültig bleibt. Nach dem Ablauf der Gültigkeitsdauer fragt das System Sie bei Änderungen an Entwicklungsobjekten wieder nach einem Transportauftrag, bis Sie einen neuen Standardauftrag auswählen.

Tipp 97
Transportaufträge organisieren

Der Transport Organizer bietet Ihnen eine Vielzahl von hilfreichen Funktionalitäten an. Verwenden Sie zum Beispiel beim Anlegen eines Transportauftrags einen anderen Transportauftrag als Vorlage, oder fassen Sie mehrere Transportaufträge zu einem zusammen.

Der Transport Organizer enthält nicht nur die Grundfunktionalitäten zum Anlegen und Freigeben von Transportaufträgen. Viele kleine Funktionalitäten erleichtern Ihnen die Organisation der Transportaufträge und helfen Ihnen so dabei, den Überblick über Ihre offenen Transportaufträge zu behalten.

Beispielsweise können Sie beim Anlegen neuer Transportaufträge die Einstellungen und die Entwicklungsobjekte aus einem bereits vorhandenen Transportauftrag übernehmen. Damit mehrere zusammenhängende Transportaufträge nicht versehentlich einzeln transportiert werden, können Sie sie zu einem Transportauftrag zusammenfassen. Außerdem können Sie für einzelne Transportaufträge gezielt verbieten, dass andere Benutzer weitere Aufgaben in einem dieser Transportaufträge anlegen.

› Und so geht's

Um die beschriebenen Funktionalitäten zur Organisation von Transportaufträgen nutzen zu können, öffnen Sie die hierarchische Ansicht der Transportaufträge im Transport Organizer (erreichbar über die Transaktionen SE10 und SE01).

TEIL 11 Mit Transportaufträgen arbeiten

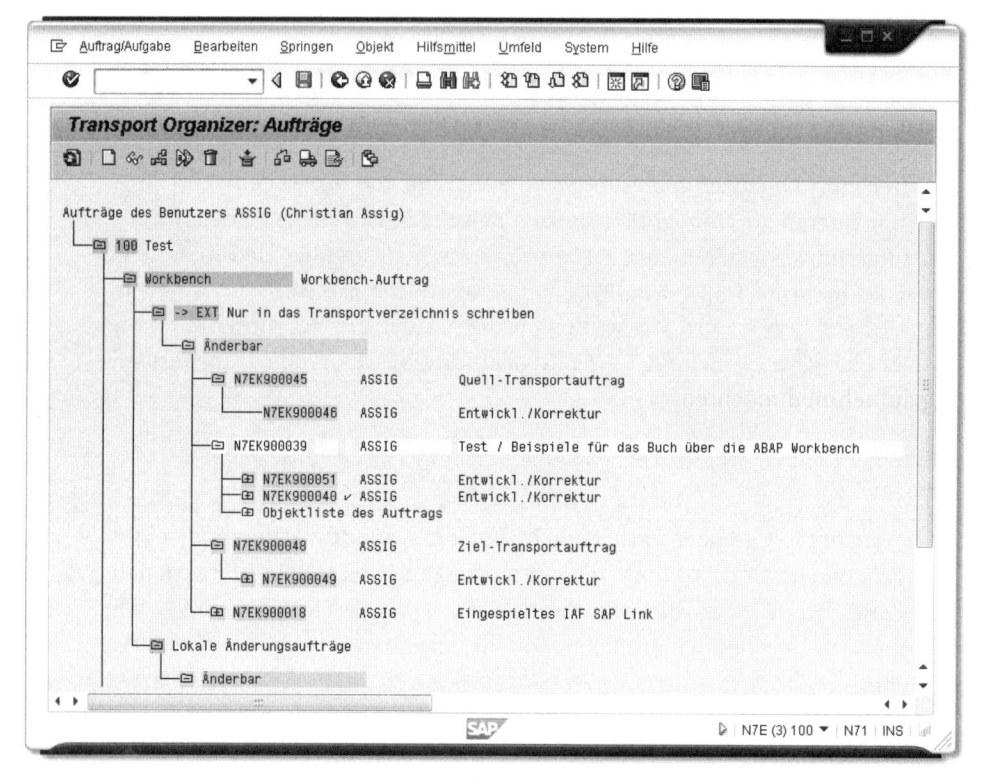

Hierarchische Ansicht der Transportaufträge im Transport Organizer

Der Transport Organizer bietet zwar keine Funktionalität an, die explizit das Kopieren eines bereits bestehenden Transportauftrags oder das Anlegen eines neuen Transportauftrags mit einem bereits bestehenden als Vorlage ermöglicht. Sie können die entsprechenden Funktionalitäten dennoch erreichen, wenn Sie die vorhandenen Funktionalitäten in der richtigen Kombination verwenden.

Wenn Sie beispielsweise im Transport Organizer einen neuen Transportauftrag auswählen, indem Sie auf das Anlegen-Symbol ([]) in der Toolbar klicken, müssen Sie normalerweise den Typ des Transportauftrags, die Beschreibung, die Mitarbeiter und das Ziel manuell auswählen. Sie können all diese Einstellungen auch von einem bereits existierenden Transportauftrag übernehmen: Markieren Sie dazu den bereits existierenden Transportauftrag, indem Sie seine Nummer oder seine Beschreibung in der hierarchischen Darstellung einmal mit der linken Maustaste anklicken. Klicken Sie nun auf das Anlegen-Symbol, erscheint keine Nachfrage nach dem Typ des Transportauftrags. Auch die Beschreibung, die Mitarbeiter und das Ziel übernimmt der Transport Organizer dabei automatisch als Vorschlagswerte, die Sie bei Bedarf noch verändern können.

Wenn Sie auf diesem Weg einen Transportauftrag anlegen, enthält dieser noch keine Entwicklungsobjekte. Mit dem Transport Organizer können Sie bei Bedarf dieselben Entwicklungsobjekte in den Transportauftrag aufnehmen, die bereits in einem anderen Auftrag oder in einer anderen Aufgabe enthalten sind. Markieren Sie dazu den Ziel-Auftrag in der hierarchischen Darstellung, und klicken Sie in der Toolbar auf die Schaltfläche mit dem Symbol zum Aufnehmen von Objekten (🖫). Über ein Pop-up können Sie dann angeben, auf welche Art Sie Entwicklungsobjekte in den Transportauftrag aufnehmen möchten.

Pop-up zur Aufnahme von Objekten in einen Transportauftrag

Markieren Sie den Auswahlknopf **Objektliste eines Auftrags**, wenn Sie die Objekte aus einem einzelnen Transportauftrag übernehmen möchten. Geben Sie daneben noch die Nummer des Quell-Auftrags an. Obwohl dies in der Beschriftung nicht erwähnt ist, können Sie als Quelle statt eines Auftrags hier auch eine Aufgabe angeben, aus der Sie die Entwicklungsobjekte übernehmen möchten.

Mit dem Auswahlknopf **Objektlisten mehrerer Aufträge** gelangen Sie in einen Dialog, in dem Sie über Selektionskriterien mehrere Aufträge als Quelle auswählen können. Markieren Sie den Auswahlknopf **Frei gewählte Objekte**, um Entwicklungsobjekte hinzuzufügen, unabhängig davon, ob Sie sich bereits in einem Transportauftrag befinden. Auch hier erscheint ein Selektionsbild, und Sie können beispielsweise alle Entwicklungsobjekte aus einem Paket, von einem Verantwortlichen oder aus einem Originalsystem auswählen. Auch über den Typ des Entwicklungsobjekts und über den Namen oder über Teile des Namens können Sie auf diesem Weg einzelne Entwicklungsobjekte aussuchen.

In Entwicklungsprojekten kommt es häufig vor, dass Sie zusammen mit Entwicklungen in der ABAP Workbench auch Änderungen in Customizing-Tabellen vornehmen. In solchen Fällen ist es in der Regel notwendig, den Workbench-Auftrag und den Customizing-Auftrag gleichzeitig in andere Systeme zu transportieren, damit nach dem Transport im Zielsystem kein inkonsistenter Stand entsteht. Um sicherzustellen, dass Sie nicht versehentlich nur einen der beiden Aufträge transportieren, können Sie einen Customizing-Auftrag als Bestandteil eines Workbench-Auftrags definieren. Sie können den Customizing-Auftrag dann nicht mehr einzeln transportieren, stattdessen transportiert das System ihn automatisch als Bestandteil des Workbench-Auftrags.

Um einen Customizing-Auftrag an einen Workbench-Auftrag zu hängen, markieren Sie zunächst den Customizing-Auftrag in der hierarchischen Ansicht im Transport Organizer. Rufen Sie dann den folgenden Menüeintrag auf:

Hilfsmittel ▸ Reorganisieren ▸ Customizing-Auftrag ▸ An Workbench-Auftrag hängen

In einem Pop-up müssen Sie dann noch angeben, welche Nummer der **Workbench-Auftrag** hat, an den Sie den Customizing-Auftrag hängen möchten. In der hierarchischen Ansicht im Transport Organizer erscheint der Customizing-Auftrag daraufhin unter dem Workbench-Auftrag, ähnlich wie eine Aufgabe des Workbench-Auftrags. Möchten Sie nun bei einer Änderung im Customizing den Customizing-Auftrag über die Wertehilfe auswählen, müssen Sie den Workbench-Auftrag aufklappen und den darunterliegenden Customizing-Auftrag selektieren. Über den Menüeintrag **Von Workbench-Auftrag trennen** unter demselben Menüpfad können Sie dafür sorgen, dass Sie die beiden Aufträge wieder separat handhaben können.

Pop-up zum Anhängen eines Customizing-Auftrags an einen Workbench-Auftrag

Falls Sie eine vollständige Aufgabe aus einem Auftrag in einen anderen verschieben möchten, können Sie dies über den folgenden Menüeintrag erreichen:

Hilfsmittel ▸ Reorganisieren ▸ Aufgabe umhängen...

Aus zwei Transportaufträgen können Sie einen Transportauftrag machen, der die Inhalte beider Transportaufträge enthält. Rufen Sie dazu diesen Menüeintrag auf:

Hilfsmittel ▸ Reorganisieren ▸ Aufträge verschmelzen...

Möchten Sie verhindern, dass andere Benutzer Aufgaben in einem Transportauftrag anlegen, können Sie den Auftrag schützen. Rufen Sie dazu den Menüeintrag **Auftrag/Aufgabe ▸ Auftrag ▸ Schützen** auf. Den geschützten Auftrag erkennen Sie dann an einem kleinen Schloss-Symbol (🔒) neben der Auftragsnummer. Unter demselben Menüpfad befindet sich auch der Menüeintrag **Schutz aufheben**, mit dem Sie dafür sorgen können, dass auch andere Benutzer wieder Aufgaben in dem Auftrag anlegen können.

Die Liste der Entwicklungsobjekte in einer Aufgabe oder in einem Auftrag ist normalerweise in der Reihenfolge sortiert, in der Sie die Entwicklungsobjekte in den Transportauftrag aufgenommen haben. Typischerweise ist das die Reihenfolge, in der Sie die Entwicklungsobjekte bearbeitet haben. Die Entwicklungsobjekte können Sie nach der Art des Entwicklungsobjekts, genauer gesagt nach der Programm-ID und nach dem Objekttyp sowie nach dem Namen sortieren, indem Sie folgenden Menüeintrag aufrufen:

Auftrag/Aufgabe ▸ Objektliste ▸ Sortieren und verdichten

Außerdem entfernt diese Funktionalität doppelt vorhandene Einträge, die entstehen können, wenn Sie manuell Einträge in die Aufgabe oder in den Auftrag aufgenommen haben.

# Tipp 98

Mit Sperren in Transportaufträgen arbeiten

Sperren in Transportaufträgen verhindern, dass Sie Änderungen an einem Entwicklungsobjekt gleichzeitig in mehreren Transportaufträgen aufzeichnen.

Wenn Sie ein Entwicklungsobjekt bearbeiten und es dabei einer Aufgabe eines Transportauftrags zuordnen, setzt das System automatisch eine entsprechende Sperre in der Aufgabe. Anders als die Sperren des SAP-Sperrkonzepts geht es bei diesen Sperren nicht darum, die gleichzeitige Bearbeitung des Entwicklungsobjekts durch verschiedene Entwickler zu verhindern. Sperren in Transportaufträgen und den zugehörigen Aufgaben haben zum Ziel, dass ein Entwicklungsobjekt sich immer nur in einem offenen Transportauftrag befindet.

Aber warum darf sich ein Entwicklungsobjekt nicht in mehreren offenen Transportaufträgen gleichzeitig befinden? Stellen Sie sich vor, Sie nehmen nacheinander mehrere Änderungen an dem Entwicklungsobjekt vor, beispielsweise erweitern Sie eine Methode um zusätzliche Anweisungen. Jede einzelne Änderung ordnen Sie einem anderen Transportauftrag zu und beschreiben in jedem Transportauftrag nur die Änderung, die Sie gerade durchgeführt haben. Wenn Sie dann irgendwann einen der Transportaufträge freigeben, ermittelt das System den aktuellen Stand der Methode und transportiert diesen in die anderen Systeme. Damit würden Sie unbewusst auch die Änderungen transportieren, die Sie den anderen Transportaufträgen zugeordnet haben. Die Sperren in Transportaufträgen sollen Ihnen demnach dabei helfen, den Überblick über Ihre Transportaufträge zu behalten, um Inkonsistenzen beim Transportieren zu vermeiden.

〉 Und so geht's

Die Auswirkungen der Sperren in Transportaufträgen können Sie beim Bearbeiten eines Entwicklungsobjekts zu verschiedenen Zeitpunkten beobachten. Möchten Sie beispielsweise ein bereits vorhandenes Entwicklungsobjekt öffnen und in den Änderungsmodus wechseln, erscheint möglicherweise bereits eine Meldung, die sich auf einen Transportauftrag bezieht. Kündigt die Meldung an, dass das System zu einem bereits vorhandenen Transportauftrag eine neue Aufgabe anlegt, bedeutet dies, dass das Entwicklungsobjekt bereits in einer anderen Aufgabe dieses Transportauftrags gesperrt ist. Da Sie Änderungen an diesem Entwicklungsobjekt aufgrund der bereits vorhandenen Sperre in keinem anderen Transportauftrag aufzeichnen dürfen, sorgt das System mit dem Anlegen der Aufgabe dafür, dass die Voraussetzungen für die Aufzeichnung Ihrer Änderungen erfüllt sind. Falls Ihnen in derselben Situation die Berechtigung zum Anlegen einer Aufgabe fehlt oder der Transportauftrag geschützt ist (siehe Tipp 97), weist Sie das System darauf hin und wechselt nicht in den Änderungsmodus.

Da bei bereits gesetzter Sperre schon feststeht, in welchem Transportauftrag das System die Änderungen aufzeichnen muss, erscheint beim Speichern der Änderungen keine Nachfrage nach dem Transportauftrag. Das System nimmt das Entwicklungsobjekt stattdessen automatisch auch in Ihre Aufgabe in dem Transportauftrag auf, in dem das Entwicklungsobjekt bereits gesperrt ist.

Sie können auch gezielt nachsehen, ob und gegebenenfalls in welchem Transportauftrag ein Entwicklungsobjekt gesperrt ist. Rufen Sie dazu den Objektkatalogeintrag des Entwicklungsobjekts auf. In den meisten Entwicklungsobjekten ist dies über den folgenden Menüeintrag möglich:

Springen • Objektkatalogeintrag

Klicken Sie dort auf die Schaltfläche mit dem Übersichts-Symbol (🖼) und der Beschriftung **Sperrübersicht**. Sie sehen dann, in welchem Transportauftrag das Entwicklungsobjekt gesperrt ist. Diese Ansicht zeigt Ihnen nicht alle Aufgaben des Transportauftrags an, in denen das Entwicklungsobjekt enthalten ist. Auch wenn das Entwicklungsobjekt in mehreren Aufgaben als gesperrt angezeigt wird, erscheint hier nur exemplarisch die Nummer einer Aufgabe.

Übersicht der Sperren in Transportaufträgen zu einem Entwicklungsobjekt

Entwicklungsobjekte, die Sie ohne eine Änderung am Entwicklungsobjekt manuell in einen Transportauftrag aufnehmen, sind in diesem Transportauftrag zunächst nicht gesperrt. Im Transport Organizer (Transaktion SE01 oder SE10) haben Sie die Möglichkeit, auch diese Entwicklungsobjekte in Ihrem Transportauftrag zu sperren. So können Sie beispielsweise sicherstellen, dass kein anderer Entwickler die Objekte noch verändert, die Sie gerade für einen Transport von Kopien vorbereiten.

Um alle Objekte in einem Transportauftrag oder in einer Aufgabe zu sperren, markieren Sie den Transportauftrag bzw. die Aufgabe in der hierarchischen Ansicht, und rufen Sie den Menüeintrag **Auftrag/Aufgabe ▸ Objektliste ▸ Objekte sperren** auf. Falls einzelne Entwicklungsobjekte bereits in einem anderen Transportauftrag gesperrt sind und darum nicht in Ihrem Transportauftrag gesperrt werden können, erscheint eine entsprechende Meldung.

Welche Entwicklungsobjekte in Ihrem Transportauftrag gesperrt sind, sehen Sie auch in der Detailansicht des Transportauftrags oder einer Aufgabe. Klicken Sie dazu in der hierarchischen Ansicht doppelt auf die Nummer oder die Beschreibung. Auf der Registerkarte **Objekte** sehen Sie dort zu jedem Entwicklungsobjekt in der Spalte **Sperr-/Importstatus**, ob das jeweilige Entwicklungsobjekt im aktuellen Transportauftrag gesperrt ist. Von hier aus können Sie auch Sperren für einzelne Entwicklungsobjekte in Ihrem Transportauftrag setzen. Markieren Sie dazu die Zeilen mit den zu sperrenden Entwicklungsobjekten, und klicken Sie in der Toolbar der Liste der Entwicklungsobjekte auf die Schaltfläche mit dem Sperren-Symbol (🔒).

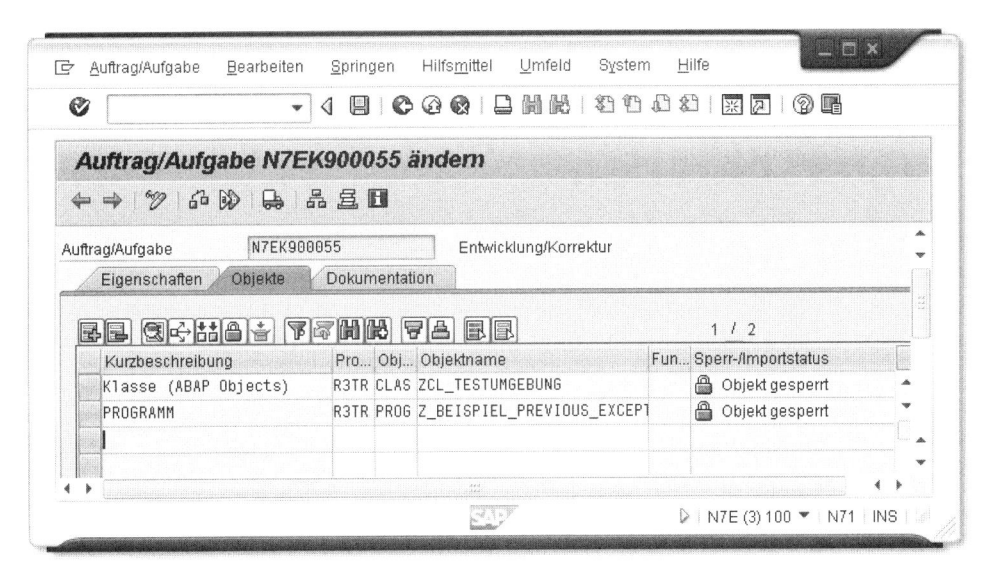

Detailansicht zu einer Aufgabe eines Transportauftrags

Es ist übrigens nicht möglich, eine Sperre in einem Transportauftrag explizit wieder zu löschen. Die Sperren werden automatisch aufgehoben, sobald Sie den zugehörigen Transportauftrag freigeben. Auch wenn Sie ein Entwicklungsobjekt manuell aus allen Aufgaben eines Transportauftrags löschen, ist danach auch die Sperre wieder aufgehoben.

Tipp 99

Einträge in Transportaufträgen verschieben

Die Auswahl eines Transportauftrags ist keine endgültige Entscheidung: Bei Bedarf können Sie die Änderung an einem Entwicklungsobjekt auch im Nachhinein noch manuell einem anderen Transportauftrag zuordnen.

Wenn Sie sich nicht explizit dagegen entscheiden, zeichnet die ABAP Workbench jede Änderung, die Sie an einem Entwicklungsobjekt vornehmen, in einem Transportauftrag auf. So können Sie die Änderungen, die Sie in einem Entwicklungssystem durchgeführt haben, gezielt in andere Systeme transportieren.

Bei mehreren geöffneten Transportaufträgen kann es leicht geschehen, bei der Auswahl des Transportauftrags versehentlich den falschen auszuwählen. Auch aus anderen Gründen kann die Anforderung entstehen, dass Sie die ursprünglich gewählte Zuordnung der Änderung zu einem Transportauftrag ändern müssen. Dazu kann es beispielsweise kommen, wenn Sie verschiedene Änderungen ursprünglich in einem Transportauftrag transportieren wollten, nun aber mehrere Transportaufträge verwenden möchten, um gezielt nur einzelne Änderungen zu transportieren. Vorausgesetzt, Sie verfügen über die dafür notwendigen Berechtigungen, ist es in einem solchen Fall möglich, manuell einzelne Einträge aus einer Aufgabe eines noch nicht freigegebenen Transportauftrags zu entfernen und sie in eine entsprechende Aufgabe eines anderen Transportauftrags aufzunehmen.

Aber Vorsicht: Das Verschieben von Einträgen in Transportaufträgen ist ein tiefer Eingriff in das Transportwesen. Fehler, die Sie dabei machen, kann das Transportsystem nicht mehr automatisch korrigieren. Versuchen Sie darum nach Möglichkeit, Ihre Änderungen an Entwicklungsobjekten von Anfang an im richtigen Transportauftrag aufzuzeichnen. Wenden Sie den Inhalt dieses

Tipps nur dann an, wenn es sich nicht vermeiden lässt, und gehen Sie dabei besonders sorgfältig vor.

〉 Und so geht's

Um einen Eintrag aus einer Aufgabe eines Transportauftrags in eine Aufgabe eines anderen, gleichartigen Transportauftrags zu verschieben, führen Sie die folgenden Schritte durch:

1. Öffnen Sie im Transport Organizer (Transaktion SE01 oder SE10) die Aufgabe, in der Sie die Änderung aufgezeichnet haben. Wechseln Sie über die Schaltfläche zum Umschalten des Bearbeitungsmodus (✏️) in den Änderungsmodus.

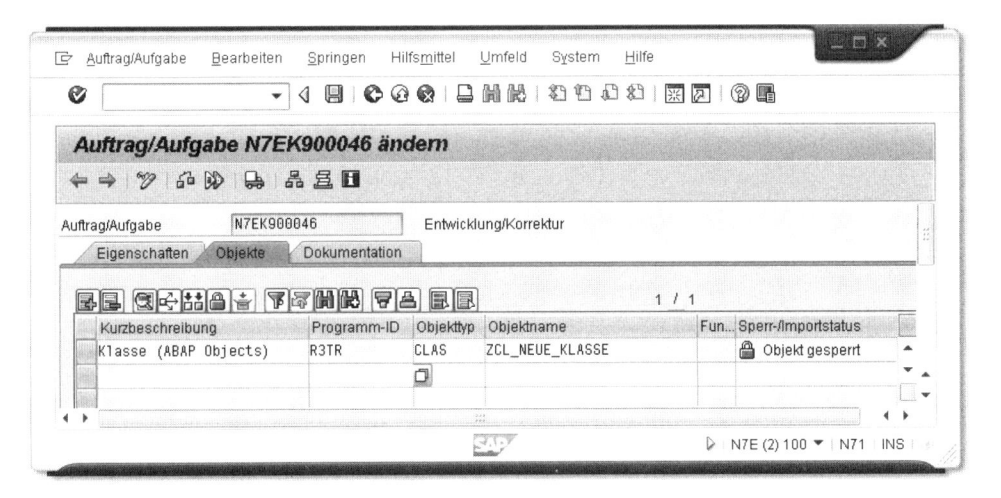

Bearbeiten einer Aufgabe im Transport Organizer

2. Öffnen Sie in einem weiteren Modus parallel die Aufgabe, in die Sie das Entwicklungsobjekt verschieben möchten, ebenfalls im Transport Organizer. Wechseln Sie auch hier in den Änderungsmodus.

Falls die Aufgabe noch keine Entwicklungsobjekte enthält, erscheint möglicherweise die Meldung, dass der Auftrag noch unklassifiziert ist und Sie ihn aus diesem Grund nicht bearbeiten können. Rufen Sie in diesem Fall zunächst den Menüeintrag **Auftrag/Aufgabe » Aufgabentyp ändern...** auf. Wählen Sie den Aufgabentyp aus, den auch die Quell-Aufgabe hat. Danach können Sie in den Änderungsmodus wechseln.

3. Suchen Sie in der Quell-Aufgabe die Zeile mit dem Entwicklungsobjekt, das Sie dem anderen Transportauftrag zuordnen möchten.

4. Drücken Sie die Tastenkombination [Strg] + [Y], um den Inhalt mehrerer Zellen gleichzeitig markieren zu können. Markieren Sie dann in der zuvor identifizierten Zeile die Zellen in den Spalten **Programm-ID**, **Objekttyp** und **Objektname**. Die Spalten erkennen Sie auch daran, dass die Zellen dieser Spalten in noch leeren Zeilen eingabebereit sind.

5. Kopieren Sie den Inhalt der drei Spalten mit der Tastenkombination [Strg] + [C] in die Zwischenablage.

6. Wechseln Sie zur Ziel-Aufgabe. Platzieren Sie den Cursor in der ersten eingabebereiten Spalte einer leeren Zeile, und fügen Sie den Inhalt der Zwischenablage mit der Tastenkombination [Strg] + [V] ein. Drücken Sie einmal die [↵]-Taste, damit das System Ihre Eingaben überprüft.

7. Falls Sie Tabelleninhalte in eine andere Aufgabe verschieben, erscheint in der Zeile mit dem Eintrag jeweils eine Schaltfläche mit dem Schlüssel-Symbol (🔑). Klicken Sie in diesem Fall in der Quell- und in der Ziel-Aufgabe auf diese Schaltfläche, und kopieren Sie auch die Schlüssel der zu transportierenden Tabelleneinträge aus der Quell- in die Ziel-Aufgabe.

8. Speichern Sie die Änderungen an der Ziel-Aufgabe, indem Sie auf die Schaltfläche mit dem Speichern-Symbol (💾) in der Systemfunktionsleiste klicken.

9. Prüfen Sie noch einmal, dass die Zeilen, die Sie kopiert haben, vollständig in der Ziel-Aufgabe angekommen sind. Vergrößern Sie dazu den Inhalt der Spalte **Objektname**, um den gesamten Inhalt zu sehen. Haben Sie beim Kopieren Fehler gemacht, laufen Sie Gefahr, dass Sie einzelne Änderungen an Entwicklungsobjekten nicht in die anderen Systeme transportieren. Solche auseinanderlaufenden Versionsstände verursachen mit großer Wahrscheinlichkeit Fehler, deren Ursachen im Nachhinein nur noch schwer zu identifizieren sind.

10. Markieren Sie in der Quell-Aufgabe die Zeile, deren Inhalt Sie zuvor kopiert haben, indem Sie auf die dafür vorgesehene unbeschriftete Schaltfläche am linken Rand der Zeile klicken. Klicken Sie dann auf das Symbol zum Löschen der markierten Zeile (🗑) in der Toolbar zur Liste der Einträge.

11. Bestätigen Sie die zwei Meldungen, die Sie darauf hinweisen, dass Sie das Entwicklungsobjekt seit der letzten Änderung noch nicht transportiert haben und dass das Entwicklungsobjekt in dieser Aufgabe gesperrt ist.

Bestätigen Sie dann die Rückfrage, ob Sie das Entwicklungsobjekt aus der Liste löschen möchten, indem Sie auf die Schaltfläche **Ja** klicken.

12. Wechseln Sie erneut in die Ziel-Aufgabe. Markieren Sie dort die zuvor neu eingefügte Zeile. Klicken Sie dann in der Toolbar zur Liste der Einträge auf die Schaltfläche mit dem Sperren-Symbol (🔒).

Falls das Setzen der Sperre im letzten Schritt fehlschlägt, ist das verschobene Entwicklungsobjekt möglicherweise noch in einer anderen Aufgabe enthalten. Dazu kommt es beispielsweise, wenn mehrere Entwickler dasselbe Entwicklungsobjekt bearbeitet haben. In diesem Fall müssen Sie auch den jeweiligen Eintrag, in dem das Entwicklungsobjekt vorkommt, aus allen anderen Aufgaben des ursprünglichen Transportauftrags löschen. Weitere Informationen zu den Sperren in Transportaufträgen können Sie in Tipp 98 nachlesen.

Tipp 100

Mit Entwicklungsobjekten in ein anderes System umziehen

Möchten Sie Entwicklungsobjekte zukünftig in einem anderen System weiterentwickeln, müssen Sie einen sogenannten Umzug durchführen. Der Standardweg über einen Umzugstransport setzt voraus, dass das alte Entwicklungssystem noch verfügbar ist. Aber auch ohne das alte System gelingt der Umzug in zwei einfachen Schritten.

Jedem Entwicklungsobjekt in einem System, das auf einem ABAP-Applikationsserver basiert, ist ein Originalsystem zugeordnet. Das Originalsystem ist das System, in dem Sie das Entwicklungsobjekt weiterentwickeln können. In allen anderen Systemen sind allenfalls Reparaturen an dem Entwicklungsobjekt möglich. Die reguläre Weiterentwicklung erfolgt dagegen immer im Originalsystem, aus dem Sie dann die neuen Versionen des Entwicklungsobjekts in die anderen Systeme transportieren können.

Im Lauf des Lebenszyklus eines Entwicklungsobjekts kann es vorkommen, dass Sie sich dafür entscheiden, das Entwicklungsobjekt zukünftig in einem anderen System weiterzuentwickeln. Vielleicht soll das bisherige Entwicklungssystem außer Betrieb genommen werden, oder Sie haben sich aus organisatorischen Gründen dazu entschieden, bestimmte Entwicklungen zukünftig in einem anderen System durchzuführen.

Der in diesem Fall vorgesehene reguläre Weg über einen Umzugstransport setzt voraus, dass Sie noch Zugriff auf das alte Entwicklungssystem haben. Außerdem müssen das alte und das neue Entwicklungssystem über einen Transportweg miteinander verbunden sein. Sie eröffnen den Umzugstransport im alten Entwicklungssystem, nehmen in diesen alle Entwicklungsobjekte auf, die umziehen sollen, und transportieren den Umzugstransport in das neue Entwicklungssystem. Dabei wird das Originalsystem der im Umzugstransport enthaltenen Entwicklungsobjekte automatisch angepasst. Kommt ein Umzugstransport für Sie nicht infrage, können Sie in dem neuen Entwicklungssystem das Originalsystem der Entwicklungsobjekte auch ohne einen Umzugstransport anpassen.

› Und so geht's

Um einen Umzug mit einem Umzugstransportauftrag durchzuführen, starten Sie den Transport Organizer über die Transaktion SE10. Wählen Sie im Einstiegsbild mindestens den **Auftragstyp** namens **Umzüge** aus, und klicken Sie auf die Schaltfläche mit dem Baum-Symbol (🖳) und der Beschriftung **Anzeigen**.

Klicken Sie dann in der hierarchischen Ansicht der Transportaufträge auf die Schaltfläche mit dem Anlegen-Symbol (🗋) in der Toolbar. In einem Pop-up können Sie nun den Typ des neuen Transportauftrags auswählen.

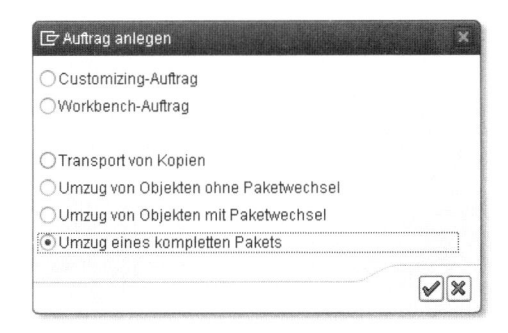

Pop-up zur Auswahl des Typs des Transportauftrags

Für einen dauerhaften Umzug von Entwicklungsobjekten kommen die beiden Auftragstypen **Umzug von Objekten mit Paketwechsel** und **Umzug eines kompletten Pakets** infrage. Der **Umzug von Objekten ohne Paketwechsel** ist dagegen nur für einen temporären Wechsel des Entwicklungssystems vorgesehen. Möchten Sie mit einem vollständigen Paket und allen darin enthaltenen Entwicklungsobjekten umziehen, wählen Sie den Auftragstyp **Umzug eines kompletten Pakets**. Wenn Sie dagegen nur einzelne Entwicklungsobjekte aus einem Paket oder aus mehreren Paketen in den Umzug mit einbeziehen möchten, wählen Sie den Auftragstyp **Umzug von Objekten mit Paketwechsel**.

Wie bei jedem Transportauftrag müssen Sie auch bei Umzugstransporten eine **Kurzbeschreibung** und das **Ziel** des Transports angeben. Beim Umzug eines kompletten Pakets müssen Sie schon beim Anlegen des Transportauftrags im Eingabefeld **Paket** den Namen des Pakets angeben, mit dem Sie umziehen möchten. Falls Sie mit mehreren Paketen umziehen möchten, legen Sie zu jedem beteiligten Paket einen eigenen Umzugstransport an. Die Unterpakete zu einem Paket nimmt das System nicht automatisch in den Transportauftrag auf. Sie müssen darum auch für jedes Unterpaket jeweils einen neuen Umzugstransport anlegen.

Eine weitere Besonderheit eines Umzugs eines kompletten Pakets liegt darin, dass Sie im Feld **Zieltransportschicht** die neue Transportschicht des Pakets angeben müssen. Die Transportschicht eines Pakets gibt an, in welche Systeme die Änderungen an den enthaltenen Entwicklungsobjekten mit regulären Transporten transportiert werden sollen. Die bisherige Transportschicht des Pakets enthält noch das alte Entwicklungssystem als Startpunkt. In der neuen Transportschicht muss dagegen das neue Entwicklungssystem der Startpunkt sein.

Auftrag anlegen			
Auftrag		Umzug eines kompletten Pakets	
Kurzbeschreibung			
Paket	☑	Zieltransportschicht	
Inhaber	ASSI6	Quellmandant	100
Status	Neu	Ziel	
Letzte Änderung	04.09.2011 17:42:23		

Anlegen eines Umzugs eines kompletten Pakets

Bei einem Umzug von Objekten mit Paketwechsel geben Sie neben der **Kurzbeschreibung** und dem **Ziel** nur das **Zielpaket** an, das heißt das Paket, in dem sich die Entwicklungsobjekte nach dem Umzug befinden sollen. Das Zielpaket sollte bereits im neuen Entwicklungssystem vorhanden sein und einer Transportschicht angehören, die das neue Entwicklungssystem als Startpunkt hat. Im alten Entwicklungssystem muss das angegebene Zielpaket dagegen nicht vorhanden sein. Falls Sie mit einzelnen Entwicklungsobjekten umziehen möchten, die in Zukunft zu verschiedenen Paketen gehören sollen, können Sie entweder je Zielpaket einen neuen Transportauftrag anlegen, oder Sie passen die Paketzuordnung nach dem Transport mit einem Transportauftrag im neuen Entwicklungssystem manuell an.

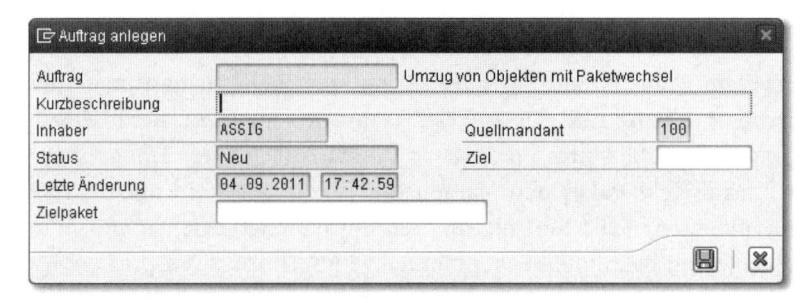

Auftrag anlegen			
Auftrag		Umzug von Objekten mit Paketwechsel	
Kurzbeschreibung			
Inhaber	ASSI6	Quellmandant	100
Status	Neu	Ziel	
Letzte Änderung	04.09.2011 17:42:59		
Zielpaket			

Anlegen eines Umzugs von Objekten mit Paketwechsel

Nach dem Anlegen des Umzugs von Objekten mit Paketwechsel müssen Sie die Entwicklungsobjekte, mit denen Sie umziehen möchten, noch zur Objektliste des Transportauftrags hinzufügen. Der Umzug darf dabei nur vollständige Entwicklungsobjekte enthalten, das heißt beispielsweise Klassen, aber keine einzelnen Methoden. Falls Sie die Objektlisten von alten Transportaufträgen als Grundlage für die Zusammenstellung der Objektliste des Umzugstransports verwenden, können auch Teilobjekte in die Objektliste gelangen. Um den Transportauftrag in einem solchen Fall freigeben zu können, müssen Sie alle Teilobjekte in der Objektliste Ihres Transportauftrags durch die umgebenden Gesamtobjekte ersetzen. Markieren Sie dazu den Transportauftrag in der hierarchischen Ansicht des Transport Organizers, und rufen Sie den folgenden Menüeintrag auf:

Auftrag/Aufgabe ▸ Objektliste ▸ Teilobjekte -> Gesamtobjekte

Alle Schritte, die das System im Rahmen eines Umzugstransports für Sie automatisch ausführt, können Sie bei Bedarf auch manuell durchführen. Statt mit einem Umzugstransport können Sie die Entwicklungsobjekte beispielsweise mit einem Transport von Kopien in das neue Entwicklungssystem transportieren. Zu den Entwicklungsobjekten ist dann zunächst noch das alte Entwicklungssystem als Originalsystem hinterlegt. Außerdem gehören die Entwicklungsobjekte nach dem Transport erst einmal zu einem Paket, das noch der alten Transportschicht zugeordnet ist.

Um das Originalsystem der Entwicklungsobjekte anzupassen, wechseln Sie aus dem Einstiegsbild des Transport Organizers in die Transport Organizer Tools. Auf demselben Weg können Sie auch die Paketzuordnung oder den Verantwortlichen der Entwicklungsobjekte ändern. Rufen Sie dazu den Menüeintrag **Springen ▸ Transport Organizer Tools** auf. Die einzelnen Werkzeuge der Transport Organizer Tools werden nun in Form eines Baums dargestellt. Klicken Sie unter dem Knoten **Objektkatalog** doppelt auf den Eintrag **Objektkatalogeinträge von Objekten eines Auftrags ändern**. Sie gelangen nun in das Selektionsbild des Programms RSWBO051, das Sie alternativ auch direkt aufrufen können. Geben Sie hier die Nummer des Transportauftrags mit den Entwicklungsobjekten an, zu denen Sie das Originalsystem, die Paketzuordnung oder den Verantwortlichen ändern möchten.

Das Werkzeug zum Ändern der Objektkatalogeinträge zeigt Ihnen nun die Entwicklungsobjekte aus dem Transportauftrag an, ebenfalls in Form eines Baums. Markieren Sie in diesem Baum die Entwicklungsobjekte, zu denen Sie den Objektkatalogeintrag ändern möchten. Klicken Sie dazu jeweils ein

TEIL 11 Mit Transportaufträgen arbeiten

einzelnes Entwicklungsobjekt oder einen der übergeordneten Knoten an, und klicken Sie dann in der Toolbar des Werkzeugs auf die Schaltfläche mit dem Markieren-Symbol (🔲).

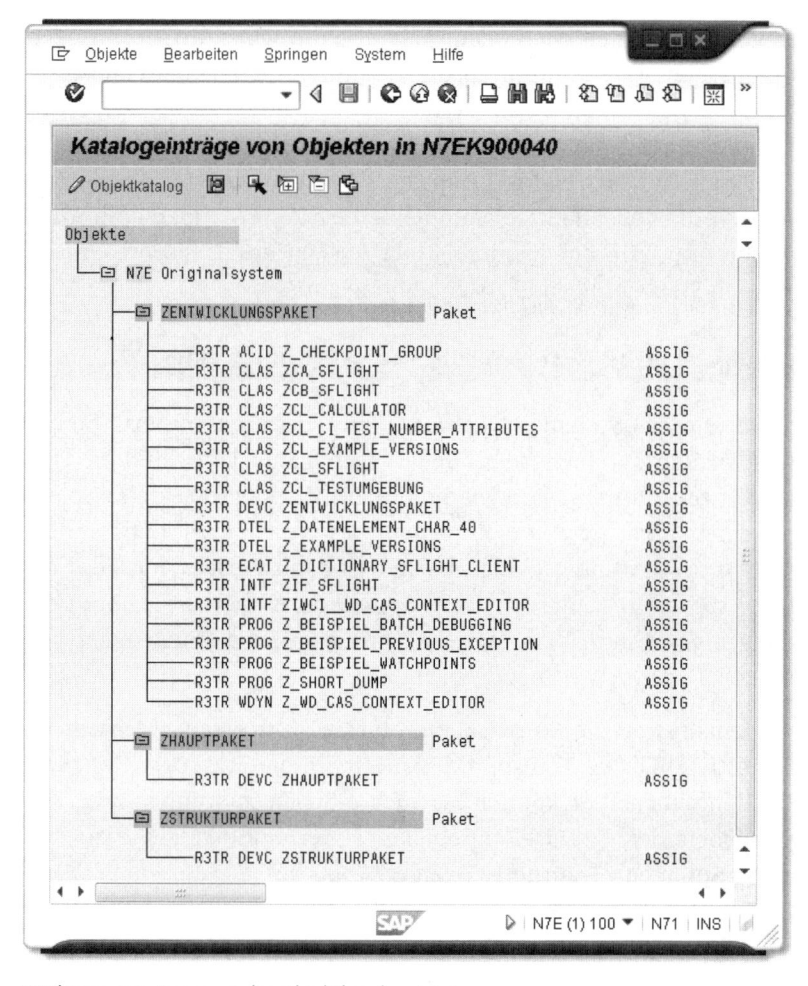

Werkzeug zum Anpassen der Objektkatalogeinträge

Haben Sie alle gewünschten Objekte markiert, geben Sie im Befehlsfeld im SAP GUI den Funktionscode MASS ein, um die Massenänderung der Objektkatalogeinträge aufzurufen. Daraufhin erscheint ein Pop-up mit den drei Ankreuzfeldern **Paket**, **Verantwortlicher** und **Originalsystem**. Aktivieren Sie die für Sie relevanten Ankreuzfelder, und geben Sie jeweils daneben den neuen Wert ein, den Sie zu allen markierten Entwicklungsobjekten in den Objektkatalog eintragen möchten. Bestätigen Sie Ihre Eingaben durch einen Klick auf die Schaltfläche mit dem Okay-Symbol (✔).

Pop-up zur Massenänderung von Objektkatalogeinträgen

Auch die Transportschicht eines Pakets können Sie manuell anpassen. Öffnen Sie dazu das Paket im Änderungsmodus im Package Builder (Transaktion SE21) oder im Object Navigator (Transaktion SE80). Wechseln Sie auf die erste Registerkarte, die je nach Release-Stand Ihres Systems entweder **Attribute** oder **Eigenschaften** heißt. Geben Sie dort im Eingabefeld **Transportschicht** den Namen der neuen Transportschicht für das Paket an. Speichern Sie Ihre Änderung an dem Paket, und aktivieren Sie das Paket, falls dies im Release-Stand Ihres Systems möglich ist.

Der Autor und die Ideengeber

Christian Assig studierte Informatik an der Fachhochschule Gelsenkirchen und an der University of Western Australia in Perth. Bei der IOT Institut für Organisations- und Technikgestaltung GmbH entwickelte er von 2004 bis 2011 objektorientierte Informationssysteme in ABAP. Seit 2011 arbeitet er als SAP-Entwickler bei der Thalia Holding.

Guido Alshuth studierte an der Fachhochschule Gelsenkirchen Angewandte Informatik mit der Fachrichtung Betriebliche Informationssysteme. Bei der IOT GmbH spezialisierte er sich zunächst auf Beratungs- und Entwicklungsleistungen im Umfeld des SAP Logistics Execution Systems. Im weiteren Verlauf seiner Tätigkeit weitete er seinen Wirkungskreis auf zusätzliche SAP-Module mit dem Schwerpunkt entlang der logistischen Prozesskette aus. Aktuell begleitet er als Berater in leitender Funktion ein Entwicklungsprojekt für ein SAP Manufacturing Execution-System in der Stahl erzeugenden und verarbeitenden Industrie.

Marian Baron studierte Nachrichtentechnik an der Fachhochschule Gelsenkirchen. Seit 1999 ist er als Berater und Entwickler im SAP-Umfeld tätig. In zahlreichen Kundenprojekten konnte er sich ein fundiertes Wissen im Bereich der logistischen SAP-Module sowie der Anwendungsentwicklung in ABAP aneignen. Derzeit ist er in die Entwicklung eines Manufacturing Execution-Systems eingebunden.

Gerd Becker begann seine berufliche Laufbahn im Salzgitter-Konzern mit einer Ausbildung zum Energieanlagenelektroniker. Über das konzerneigene Rechenzentrum stieg er 1989 als Seiteneinsteiger in die Programmierung mit BASIC, PLI, Assembler und CSP ein. Seit 2003 entwickelt er in SAP-Systemen mit ABAP, seit 2010 auch objektorientiert.

Philipp Borgmann studierte Angewandte Informatik an der Fachhochschule Gelsenkirchen und schloss sein Studium 2009 als Master of Science ab. Seit 2006 arbeitet er bei der IOT GmbH, wo er an diversen Kundenprojekten und Entwicklungen maßgeblich beteiligt war. Gegenwärtig ist er als SAP-Berater und Entwickler in den Bereichen SAP Retail, SAP LES und SAP EWM tätig.

Christian David studierte an der Leibniz-Universität in Hannover Mathematik und Informatik. Nach dem Abschluss trat er 1986 als IT-Berater in die Siemens AG ein. Dort war er zunächst an der Entwicklung von OLTP-Anwendungen auf Basis hierarchischer und relationaler Datenbanken beteiligt. Anschließend folgte eine Reihe von Projekten im SAP-Umfeld, die sich in den Bereichen Logistik, Qualitätssicherung und Rechnungswesen bewegten. Die Schwerpunkte liegen dabei auf der Online-Integration von Fremdsystemen mit SAP ERP, der Entwicklung von Add-On Komponenten auf der Basis von SAP NetWeaver und der Individualisierung von SAP-Systemen. Die Beratung umfasst Architektur, Technologie, Entwicklung und Projektleitung.

Aldo Hermann Fobbe studierte an der Fachhochschule Gelsenkirchen Informatik und ist seit dem Jahr 2000 bei der IOT GmbH als Manager für Produktentwicklung und Technologie im SAP NetWeaver-Umfeld tätig. Er prägte die Entwicklung eines auf ABAP Objects aufbauenden SAP Manufacturing Execution-Systems durch die frühe Weichenstellung in Richtung einer serviceorientierten Softwarearchitektur, basierend auf dem SAP NetWeaver Application Server ABAP.

Frank Grüning studierte Informatik an der Technischen Universität Braunschweig und arbeitet seit 1992 als Consultant im SAP-Beratungs- und Entwicklungsgeschäft der Stahlindustrie. Neben zahlreichen nationalen und internationalen Beratungs- und Entwicklungsprojekten war er von 1998 bis 2002 im Development-Team der SAP Industry Business Unit Mill Products in Walldorf tätig. Momentan arbeitet er in einem internationalen Entwicklungsteam im Bereich der Konsolidierung dezentraler SAP-Systemlandschaften.

Martin Holtkamp studierte Angewandte Mikroinformatik an der Fachhochschule Gelsenkirchen. Seit 1998 beschäftigt er sich mit der Entwicklung von Anwendungen und Schnittstellen in der Programmiersprache ABAP. In zahlreichen Projekten konnte er fundiertes Wissen in den Bereichen Systemarchitektur, Debugging, Performanceanalyse, ABAP Objects, Object Services und in den logistischen Standardmodulen im SAP ERP-System aufbauen. Als leitender Entwickler war er maßgeblich an der Entwicklung neuer objektorientierter Frameworks basierend auf SAP NetWeaver-Technologie beteiligt. Neben seiner Tätigkeit als Business Analyst gehört auch die Beratung und Schulung von ABAP-Entwicklern zu seinem heutigen Aufgabengebiet.

Markus Lück studierte Angewandte Informatik an der Fachhochschule Gelsenkirchen. Seit dem Jahr 2009 unterstützt er die IOT GmbH durch die Entwicklung eines Application Frameworks für Implementierungen in Web Dynpro ABAP und durch die Beratung von Kollegen und Kunden beim Einsatz der Web-Dynpro-Technologie.

Robert Schulte studierte Ingenieurinformatik an der Fachhochschule Gelsenkirchen. Nach einigen Jahren der Softwareentwicklung in ABAP und zwischenzeitlicher Tätigkeit in der Projektleitung im Rahmen einer SAP-Einführung ist er nun als Prokurist in einem Unternehmen tätig, das Produkte für den Bereich Berechtigungen in SAP vertreibt.

Marc Zimmermann ist seit zehn Jahren bei einem unabhängigen Beratungs- und Systemhaus als Berater und Entwickler im SAP-Umfeld tätig. Er studierte an der Fachhochschule Gelsenkirchen Angewandte Mikroinformatik und übernahm nach seinem Studium unterschiedliche Rollen in diversen Kundenprojekten bei Industrie- und Handelsunternehmen sowie im öffentlichen Sektor. Sein Tätigkeitsspektrum reicht von der Softwareentwicklung bis hin zur Anwendungs-, Technologie- und Architekturberatung. Sein Hauptwirkungskreis ist derzeit die Beratung im organisationsweiten und -übergreifenden Geschäftsprozessmanagement.

Index

%SurroundedText% 93
*$&$MUSTER 79
/$sync 161
_EDITOR_EXIT 80

A

ABAP Debugger 100, 216, 218, 240, 241, 243, 246, 249, 255, 256, 260, 264, 267, 271, 274, 278, 282, 361
ABAP Dictionary 119, 165, 168, 173, 176, 179, 183, 187
ABAP Editor 18, 30, 34, 37, 43, 48, 75, 76, 78, 82, 84, 89, 91, 116, 221, 288
ABAP Unit 224, 328
  lokale Testklasse 299
  Testklasse 299
ABAP-Paketkonzept 133, 139
ABAP-Stack 244
Abgleichkennzeichen 181
Abhängigkeit zwischen Paketen 139, 142
Ablaufzeit 153
Aggregation 346
aktive Version, Rückkehr 131
aktivierbarer Checkpoint 235
Aktivieren und Datenbank anpassen 178
alle Syntaxfehler anzeigen 55
alte Version wiederherstellen 130
Analyse
  lexikalische 49
  semantische 50
  syntaktische 49
Änderer, letzter 297
Änderung, untersagte 110
Änderungsgrund 182
Anlegen eines Transportauftrags mit Vorlage 374
Ansicht, formularbasierte 199
Anweisung
  problematische 317
  überflüssige 317
  veraltete 317
Anweisungsabdeckung 367
Anwendungskomponente 134
Anwendungslogik 183
Anzeigeformat 214

ASSERT 235
Assertion 235
Aufgabe umhängen 377
Aufgabentyp ändern 383
Aufruf
  Konstruktor 75
  remotefähiger Funktionsbaustein 81, 339
Aufrufhierarchie 350
Auftrag
  Auftragsstatus 371
  Auftragstyp 371, 387
  schützen 377
  verschmelzen 377
Aufzeichnung eines
SAP-GUI-Kommandos 231
Aufzeichnungsroutine 181
Ausgabelänge 119, 157
Auslösen eines Ereignisses 61
Auslösestelle zeigen 280
Ausnahme, klassenbasierte 278, 283
Ausnahmeklasse 299
Ausnahmeobjekt immer erzeugen 278
Ausnahmeobjekt, letztes 279
automatische Code-Vervollständigung 20
automatische Fehlerkorrektur 53
automatische Formatierung nach jedem Einfügen 43

B

BAPI Browser 81
Batch-Workprozess 251
Bedingungseingabe, freie 268
Befehlsfeld 161, 243, 246, 250, 253, 261, 361, 390
Benennung des Benutzer-Desktops 277
Benutzer-Desktop benennen 277
Benutzeroberfläche generieren 205
Benutzerprofil 18
Berechtigungsgruppe 180
Beschreibung der Ausnahme 283
beteiligte Datenbanktabelle 342
bevorzugter Parameter 107
Bezugstyp 120

BI_PERSISTENT 122
Block hervorheben 21
Block zusammenklappen 21
Blockauswahl 34
Breakpoint 235, 249, 251, 257, 260, 261, 263, 264, 267, 270, 277, 283
    Bedingung ändern 266
    Bedingung anlegen 265
    Bedingung löschen 266
    externer 249, 256
Breitenangabe, relative 208
Bruttozeit 349
BUFFER 80
Business Configuration Set 181
Business Server Pages 249

C

CALL FUNCTION 315
CALL METHOD 76
Checkpoint, aktivierbarer 235
Checkpoint-Gruppe 235
CHEGUI-Kommando 232
CL_AUNIT_ASSERT 225
CL_CI_TEST_ROOT 334
CL_CI_TEST_SCAN 334
CL_OO_INCLUDE_NAMING 114
Class Builder 23, 99, 115, 117, 122, 213, 225
Classic Debugger 242
Code-Hinweis 84, 89, 91
Code-Vervollständigung 84, 86, 89
    automatische 20
Code-Vorlage 20, 88, 91
Code-Vorschlag 45, 89
Compiler 49
Container-Formular erzeugen 207
Context 196, 206
Context-Editor 196
Coverage Analyzer 326, 364
Customizing 276
Customizing-Auftrag 370, 376
    an Workbench-Auftrag hängen 376
Customizing-Tabelle 179

D

Darstellung
    formularbasierte 23
    quelltextbasierte 23
Data Browser 105
Datenbank
    anpassen 178
    Eigenschaft 173
    Utility 177
    View 165
Datenbankobjekt 177
Datenbanktabelle 119, 165, 168, 173, 176, 179, 183, 186, 190
    beteiligte 342
Datendeklaration löschen 63
Datenschutz 152
Datentyp 119
Debugger-Layer konfigurieren 271
Debugger-Profil 272
    Einstellungen ändern 244, 276, 278
Debugger-Sitzung 276, 277
Debugging 241, 243, 248, 249, 253, 256, 267, 271, 274
    aktivieren 254
    deaktivieren 255
    einschalten 217
Definition eines Ereignisses 57
Desktop 274
Dialogstruktur 191
Dialog-Workprozess 251
direkte Typeingabe 121
Dokumentation 39
Domäne mit Festwert 164
Drag & Drop 66, 74, 77, 248
dynamisch Quelltext generieren 78
dynamischer Test 321
dynamisches Muster 79
Dynpro 205
    Konsistenz 315
    Stack 244

E

eCATT 228
Editiersperre 110, 112
Editor, methodenbasierter 199
Eigenschaft, semantische 170
Einfügen, erweitertes 30
Eingabehilfe 168
Eingabeprüfung 168
Eingabevorschlag 151

Einrückung 40, 43
  Quelltext 34
Einstellung 18, 43, 76, 89, 91, 129, 199, 242, 244
einstufiger Pflegedialog 181
Eintrag
  aus der Historie löschen 152
  Maximalanzahl 153
Element, sichtbares 137
elementare Suchhilfe 164
End2End 357
Endlosschleife 249
Enqueue-Trace 341
Entwicklungsdatenbank 127
Entwicklungselement, nach außen sichtbares 138
Entwicklungsklasse 106
Entwicklungsobjekt
  gelöschtes 103
  wiederherstellen 130
Entwicklungspaket 133
Entwicklungssystem, neues 386
Ereignis 57
  auslösen 61
  definieren 57
  objektorientiertes 57
  statisches 58
Ereignisbehandler 57
  registrieren 61
Ereignisbehandlermethode 60
Ereignisparameter 58
Ergebnis der Inspektion 332
Ersetzen generischer Parameter 115
erweiterte Prüfung 314, 328
erweitertes Einfügen 30
EU_INIT 301
EU_PUT 301
EU_REORG 301
Exception-Kette 279
exklusive Sperre 220
EXP 166
Export-Parameter 166
Extended Computer-Aided Test Tool 228
externer Breakpoint 249, 256

F

F4-Hilfe 164

farbliche Hervorhebung 21
Fehleranalyse 284
Fehlerkorrektur, automatische 53
Fehlermeldung 49
Fehlerschwere 140
Fehlersuche 278, 282
Feldabhängigkeit 192
Feldeigenschaft 316
Fenster, modales 246
Fensterteilungslinie 22
FOR TESTING 225
Format, internes 215
Formatierung 43
  automatische 43
  von Quelltext 33
formularbasierte Ansicht 199
formularbasierte Darstellung 23
Formularfeld 154
freie Bedingungseingabe 268
Fremdschlüssel 164, 168
Fremdschlüsseltabelle 168
Frontend-Editor (neu) 18
Function Builder 217, 219
funktionale Kurzschreibweise 107
funktionale Schreibweise 75, 76
Funktionsbaustein, remotefähiger 81, 339

G

gelöschtes Entwicklungsobjekt 103
  wiederherstellen 130
Generierung eines Tabellenpflege-Dialogs 190
generischen Parameter ersetzen 115
Granularität von Sperren 29
GridLayout 209
Groß- und Kleinschreibung 37
Großschreibung 37

H

Hauptpaket 133
  kein Hauptpaket 135
Hervorhebung
  eines Blocks 21
  farbliche 21
Hintergrundanwendung 219, 249
Hintergrundjob 361

Hintergrundverarbeitung 237
Historie 151
  Beschreibungstext 153
  Eintrag löschen 152
  löschen 152
Hitliste 349

I

ICF 253, 256
IF_WORKFLOW 122
IMP 166
Implementierung 199
Import-Parameter 166
Include 173
Include-Name 115
Index des Verwendungsnachweises 301
individuelle Aufzeichnungsroutine 181
Initialisierungsflag 173
Initialwert 173
inkrementelle Suche 21, 288, 289
Inspektion 319, 322, 328
  als Job einplanen 326
  zyklisch einplanen 327
Inspektionsergebnis 332
Instanzereignis 58
Integrität, referenzielle 168
Interface 303
Internationalisierung 317, 334
interner Name 114
internes Format 215
Internet Communication
Framework 253, 256
Inversion of Control 57

J

Job debuggen 250
Jobübersicht 249

K

Kardinalität 170
kein Hauptpaket 135
keine Aufzeichnungsroutine 181
Klasse suchen 297
Klasse, persistente 299

Klassen-/Interface-Navigator 24
klassenbasierte Ausnahme 278, 283
Klassenbibliothek 307
klassischer ABAP Debugger 240
Kleinschreibung 38
Kommandofeld → Befehlsfeld
Kommentar 40, 78, 84, 149
Kommentarzeile 40
Konsistenz 168
Konvertierungsroutine 119
Kopfkommentar 41
Kopie transportieren 380, 389
Kopieren eines Transportauftrags 374
Korrekturvorschlag 53
Kundennamensbereich 79, 191
Kundenprogramm, produktives 98
Kurzdump 282
Kurzschreibweise 76, 101
  funktionale 107

L

Langtext des Laufzeitfehlers 283
Laufzeit 356, 357
  messen 222
Laufzeitanalyse 326, 345, 352
  aktivieren 353
  deaktivieren 353
Laufzeitfehler 282
Laufzeitverhalten 213, 221, 339, 345
Layer 272
Layer-Aware Debugging 271
Layer-Step 272
Layout 205, 208, 258, 274
Layoutdaten 209
Lesezeichen 22
letzter Änderer 297
letztes Ausnahmeobjekt 279
lexikalische Analyse 49
Liste
  gesetzte Sperren 219
  Laufzeitfehler 282
  Sperreinträge 27
Literal 94
LOG-POINT 235
Logpoint 235
lokale ABAP-Unit-Testklasse 299
lokale Testklasse 226
Löschen

Eintrag aus der Historie 152
ungenutzte Datendeklaration 63
Löschungskennzeichen 106
Lower case 38
LPos 166

M

Markieren
spaltenweises 34
veränderte Zeilen 21
Massenänderung von Objektkatalogeinträgen 390
MatrixLayout 209
maximale Anzahl von Einträgen 153
mehrstufige Zwischenablage 20, 30
Memory Inspector 358, 360
MESSAGE 101
MESSAGE-ID 102
Messgenauigkeit 355
Methode verschieben 65
methodenbasierter Editor 199
Metrik 321
Microsoft Word 39
modales Fenster 246
Modifikation 317
Modularisierung 68
Modultest 224, 328
Muster 75, 76, 93
bearbeiten 79
dynamisches 79
selbst definiertes 78
Musterfunktion 74, 76, 78, 81

N

nach außen sichtbares Entwicklungselement 138
Nachricht 101
Nachrichtenklasse 29, 101
Nachrichtennummer 101
Nachrichtentyp 101
nächste Objektmenge 272
Name, interner 114
Namensraum 28
generierter 191
reservierter 79

Navigationsfenster 149
Navigationsstapel 149
Nettozeit 349
neuer ABAP Debugger 240
neues Entwicklungssystem 386

O

Object Navigator 82, 134, 139, 142
Object Services 123
Objekt
Selektion 325
sperren 380
Zuordnung 325
Objektkatalog 103, 112, 132, 389
Eintrag 103, 379
Eintrag ändern 389
Objektkollektor 326
Objektliste 24, 74, 77, 160, 297, 380
eines Transportauftrags 375
neu aufbauen 161
sortieren und verdichten 377
Objektmenge 272, 319, 322, 330
nächste 272
Objektname 105
objektorientiertes Ereignis 57
Objektstruktur 191
Objekttyp 105
offener Transportauftrag 371
optimistische Sperre 220
optionaler Parameter 107
Organisation von Transportaufträgen 373
Originalsprache 103
Originalsystem 103, 375, 386, 390

P

Paket 103, 133, 136
kein Hauptpaket 135
Pakethierarchie 133, 142
Paketprüfung 136, 142
als Client 143
als Server 143
Fehler 142
Paketschnittstelle 136, 139, 142
Paketstruktur 133

PAKPARAM 142
Parameter
  bevorzugter 107
  Export-Parameter 166
  Import-Parameter 166
  präferierter 108
Parser 49
Performance-Analyse 339
Performance-Beispiel 221
Performance-Monitor 356
Performance-Prüfung 320
Performance-Trace 339, 342
persistente Klasse 299
Persistenzabbildung 123
pessimistisches Sperrverfahren 27
Pflege eines Service 253, 352
Pflegedialog 179, 181, 183, 186, 190
Pflegemerkmal 188
Pflege-View 179, 183, 186
Platzhalter 28, 92, 101
POPUP_GET_VALUES 80
Pop-up-Fenster 246
Post-Mortem-Analyse 286
präferierter Parameter 108
Pretty Printer 40, 43, 46
Primärschlüssel 173
Primärtabelle 187
problematische Anweisung 317
produktives Kundenprogramm 98
produktives SAP-Standard-
  programm 98
Programm-ID 105
Programmierkonvention 321
Programmierrichtlinie 316
Programmierung, robuste 321
Programmobjekt 366
Programmstatus 98, 243
Programmtext anlegen 95
Proxy-Prüfung 321
Prozedurabdeckung 367
Prozessübersicht 251
Prüftabelle 168
Prüfung, erweiterte 314, 328
Prüfvariante 319, 322, 328

Q

Qualitätsprüfung 224
Quelltext
  analysieren 50
  durchsuchen 288
  dynamisch generieren 78
  extrahieren 69
  Segmente extrahieren 68
  strukturieren 41
  vergleichen 310
  Wildwuchs 78
quelltextbasierte Darstellung 23

R

RAISE EVENT 61
Refactoring 65, 69, 300
Refactoring-Assistent 65
referenzielle Integrität 168
Registrieren eines Ereignis-
  behandlers 61
Reihenfolge der Felder einer
  Datenbanktabelle 176
relative Breitenangabe 208
Release 6.40 119
Release 7.0 EHP1 145, 196, 356
Release 7.0 EHP2 23, 62, 87, 228, 238,
  261, 264, 269, 271, 279, 351
Remote Function Call 81, 249, 339
remotefähiger Funktionsbaustein 81
  Aufruf 81, 339
Rendering 359
Repository Browser 133
Repository-Infosystem 297, 306
reservierter Namensraum 79, 191
RFC 81, 249, 339
RFC-Trace 341
robuste Programmierung 321
ROOTUIELEMENTCONTAINER 209
RSWSOURCET 80
Run Time Type Services 335

S

SAP Business Workflow 122
SAP Code Inspector 291, 318, 322, 328,
  333
  eigenerTest 333
  Prüfung 114
  Test 333
SAP GUI 85, 86, 151

Kommando aufzeichnen 231
  Verknüpfung 246
SAP NetWeaver Business Client 228
SAP-Hinweis 85, 142, 301
SAP-Sperrkonzept 27, 110, 217, 339, 378
SAP-Standardprogramm, produktives 98
Scanner 49
Schlüssel 173
Schlüsselattribut 122
Schlüsselfeld 170, 173
  einer Texttabelle 170
Schreibweise, funktionale 75, 76, 107
Schutz aufheben 377
selbst definiertes Muster 78
Selektionsmethode 165
semantische Analyse 50
semantische Eigenschaft 170
SENDER 58
Service pflegen 253, 352
Session-Breakpoint 249, 257
SET HANDLER 61
SETUP 225
Sicherheitsprüfung 320
sichtbares Element 137
SLAD 271
SLAD-Cockpit 272
Software Layer-Aware Debugging 271
Softwarekomponente 134
Spaltenbreite 157
Spaltenüberschrift 119
spaltenweises Markieren 34
Speicherabzug 358, 360
  erzeugen 361
  vergleichen 361
Speicheranalyse 361
Speicherbedarf 360
Speicherverbrauch 356, 360
Sperr-/Importstatus 380
Sperranforderung 339
Sperrargument 28, 219
Sperrbaustein 217, 218
Sperre
  exklusive 220
  in Transportauftrag 104, 378, 385
  optimistische 220
  testen 218
Sperreintrag 27
Sperrkonflikt 218
  simulieren 217
Sperrmechanismus 27

Sperrmodus 219
Sperrübersicht 379
Sperrverfahren, pessimistisches 27
Splitscreen-Editor 310
Splitter Control 276
SPos 166
SQL-Trace 340, 342
Stabilitätsproblem 22
Stack-Trace 341
Standardauftrag 370
  rücksetzen 372
  setzen 372
Standardaufzeichnungsroutine 181
Standardnachrichtenklasse 101
START_UP 277
statisches Ereignis 58
Statistik 321
String-Literal 94
Strukturerweiterung 317
Strukturierung des Quelltextes 41
Strukturpaket 133
stufenweises Suchen 289
Suche
  ABAP-Anweisungsmuster 294
  ABAP-Token 294
  inkrementelle 21, 288, 289
  Klasse 297
  stufenweise 289
Suchfernglas 289
Suchfunktion 321
Suchfunktionalität 288
Suchhilfe 119, 164, 168
  elementare 164
Suchhilfe-Exit 167
Suchhilfeparameter 165
sy-batch 251
syntaktische Analyse 49
Syntaxfehler, alle anzeigen 55
Syntaxprüfung 21, 46, 49, 53, 314, 320, 328
Systembefehl 247
System-Debugging 243, 254
Systeminformation 359
Systemprogramm 99, 243, 254

T

Tabellenpflegedialog generieren 190
Tabellenpflegegenerator 180, 183, 188

Tabellenpuffer 339
Tabellenpuffer-Trace 341, 342
Tabellensichtpflege 181
Tabellenumsetzung 177
TADIR 105
Tastaturkürzel 22, 30, 37, 40
Tastenkombination 85, 356
TEARDOWN 225
Template-Galerie 205
temporäre Version 125
Test 329
   dynamischer 321
Testklasse 225
   lokale 226
Testprogramm 99, 221
Testskript 228
Testumgebung 115, 212, 219
Testverwaltung 338
TEXT_ID 280
Textfeldliteral 94
Textsymbol 94
Texttabelle 170
Tippfehler 53, 152, 289
Token 49
Trace
   anzeigen 343
   ausschalten 343
   einschalten 343
   Liste 344
TransparentContainer 209
Transport
   von Kopien 380, 389
   Ziel 387
Transport Management System 125
Transport Organizer 371, 373, 380, 383, 387, 389
Transportauftrag 124, 179, 326, 370, 373, 378, 382
   anlegen 374
   Eintrag verschieben 382
   kopieren 374
   offener 371
   organisieren 373
   schützen 377
   Sperre 104, 378, 385
   verschmelzen 377
Transportschicht 135, 388
Typ
   Interface 119
   Klasse 119

Typeingabe, direkte 121
TYPES 121
Typgruppe 119
Typisierungsart 120

U

überflüssige Anweisung 317
Umbenennen von Variablen 62
Umfeld 307
Umfeldermittlung 306
Umsetzung erzwingen 178
Umzug 387
   Entwicklungsobjekt 386
   komplettes Paket 387
   Objekt mit Paketwechsel 387
   Objekt ohne Paketwechsel 387
Umzugstransport 386
untersagte Änderung 110
Upper case 37

V

Variable umbenennen 62
Variablendefinition 35
   bereinigen 62
veraltete Anweisung 317
veränderte Zeile markieren 21
Verantwortlicher 104, 375, 390
Vererbungshierarchie 303
Vergleich über Systeme 311
VERS_AT_IMP 125
Verschieben
   Eintrag in Transportauftrag 382
   Methode 65
Version 124
   erzeugen 125
   temporäre 125
   vergleichen 126
   wiederherstellen 130
   ziehen 125
Versionsdatenbank 127, 130
Versionshistorie 124
Versionsvergleich 128
Versionsverwaltung 124, 126, 130
Vervollständigung aktivieren 90
Verwaltung von Tests 338
Verwendungserklärung 136, 139, 142

Index

Verwendungsnachweis 149, 300, 303, 306
   Index 301
View-Cluster 190
   Pflege 193
View-Feld 187
View-Typ 187
Volltextsuche 291
Vorlage 93
Vorschlag 84
   Eingabe 151
Vorwärtsnavigation 148
VSEOCLASS 299

W

Watchpoint 263, 267, 270
   anlegen 267
   auf Objektattribut 269
WDY_BAPI_BROWSER 82
WDY_WB_GET_COMPONENT_CLASS 117
WDY_WB_GET_CONTROLLER_INCLUDE 117
Web Application Builder 82
Web Dynpro 199, 208
   Anwendung 249, 253, 256, 352, 356, 361
   Code-Wizard 202, 205
   Component 117, 256
   Controller 196, 199, 202
   Web Dynpro Explorer 196, 199, 202, 205
Webservice 249, 253
Wechsel
   zum klassischen ABAP Debugger 241
   zum neuen ABAP Debugger 241
Werkzeug zum Ändern eines Objektkatalogeintrags 389
Wertehilfe 154, 171
Wiederverwendbarkeit 68
Workbench-Auftrag 370, 376
Workflow 122

Z

Zeilenendekommentar 40
Zeilennummerierung 21
Zeitpunkt, Pflegedialog 183
Ziel des Transports 387
Zielpaket 388
Zieltransportschicht 388
Zurück zur aktiven Version 131
Zurückholen 130
Zusammenklappen von Blöcken 21
zweistufiger Pflegedialog 181
Zwischenablage 30, 34, 43
   mehrstufige 20, 30

www.sap-press.de

Das Standardwerk zur klassischen SAP-Formularerstellung

Basiswissen, fortgeschrittene Techniken, bewährte Lösungen

Zusammenspiel mit SAP Interactive Forms by Adobe

Hertleif, Wachter, Heck, Karas, Tsantilis, Trapp

SAP Smart Forms

Diese 3. Auflage zeigt Ihnen alles zur altbekannten SAP-Formularerstellung in aktueller Anwendung! Sie lernen dazu alle relevanten Werkzeuge kennen, können Formulare mit Daten füllen, Logik versehen und ansprechend gestalten. Auch fortgeschrittene Techniken, wie die Anbindung externer Output-Management-Systeme oder die Programmierung eigener ABAP-Logik, realisieren Sie nach der Lektüre mit Leichtigkeit. Die Autoren erläutern Ihnen alles auf dem neuesten Stand: zeitgemäßes Formulardesign, die Einbindung von SAP Smart Forms in moderne Systemlandschaften, die Vorbereitung auf die Interactive-Forms-Migration u. v. m.

ca. 630 S., 3. Auflage, 69,90 Euro
ISBN 978-3-8362-1793-4, Dezember 2011

>> www.sap-press.de/2902

www.sap-press.de

Alle wichtigen Schnittstellentechnologien im Überblick

RFC, BAPI, ALE, IDoc und SOAP in praktischer Anwendung

Komplett ausprogrammierte Beispiele in ABAP, Java, C und C#

2., akt. und erw. Auflage

Michael Wegelin, Michael Englbrecht

SAP-Schnittstellenprogrammierung

Dieses umfassende Handbuch zeigt Ihnen, wie Sie das Zusammenspiel von IT-Systemen mittels programmierbarer Schnittstellen erfolgreich in die Tat umsetzen! Sie erfahren zunächst, wie Sie den SAP NetWeaver Application Server ABAP/Java ansprechen und wie sich die verschiedenen Programmiersprachen in diesem Kontext verwenden lassen. Nach der ausführlichen Beschreibung klassischer und moderner Schnittstellen und Protokolle lernen Sie, wie Sie die Komponenten des Application Servers konfigurieren.

490 S., 2. Auflage 2011, 69,90 Euro
ISBN 978-3-8362-1736-1

>> www.sap-press.de/2829

www.sap-press.de

Praxisnahe Workshops zur
IDoc-Erzeugung und -Entwicklung

Testwerkzeuge, Rückmeldungen,
User-Exits, Verbuchungstechniken,
Serialisierung u. v. m.

Neu in dieser Auflage: Webservices,
IDoc-Copymanagement,
E-Mail-Anbindung u. v. m.

Sabine Maisel

IDoc-Entwicklung für SAP

Dieses Buch versetzt Sie in die Lage, IDocs selbstständig zu programmieren und zu erweitern. Die Autorin beschreibt dazu alle Details der IDoc-Anpassung auf SAP-Seite, also Customizing-Techniken, die Erweiterung der Standardbausteine sowie komplette Eigenentwicklungen. Der Fokus liegt dabei immer auf dem für IDocs relevanten Anteil dieser Erweiterungstechniken, aber auch die nicht speziell auf einen IDoc-Typen ausgerichteten Methoden werden Ihnen erläutert. Zudem werden Besonderheiten dargestellt. Alle Lösungen werden dazu mit Codebeispielen und Screenshots illustriert.

328 S., 2. Auflage 2011, 59,90 Euro
ISBN 978-3-8362-1734-7

>> www.sap-press.de/2826

SAP PRESS

www.sap-press.de

Grundlagen, Bedienung, eigene Prüfungen, Tipps & Tricks

Erprobte Lösungen zur Qualitätssicherung von ABAP-Programmen

Detaillierte Beschreibungen aller SAP-Standardprüfungen

Randolf Eilenberger, Frank Ruggaber, Reinhard Schilcher

Praxishandbuch SAP Code Inspector

Nehmen Sie Ihre ABAP-Programme unter die Lupe! Der SAP Code Inspector hilft Ihnen dabei, festgelegte Standards von ABAP-Programmen zu überwachen. Ob Sie Ihre eigenen Codings auf funktionale Fehlerfreiheit oder die Arbeit externer Entwickler auf die Einhaltung vereinbarter Qualitätsnormen hin untersuchen möchten: Die Autoren vermitteln Ihnen in diesem Handbuch den praktischen Umgang mit dem Code Inspector. Alle Prüfungsmöglichkeiten, vorgegeben oder selbst definiert, werden dabei einem Realitäts-Check unterzogen. Derart gerüstet werden Sie Fehler frühzeitig entdecken und in Folge die Entwicklungs- und Wartungskosten senken.

466 S., 2011, 69,90 Euro
ISBN 978-3-8362-1706-4

>> www.sap-press.de/2525

www.sap-press.de

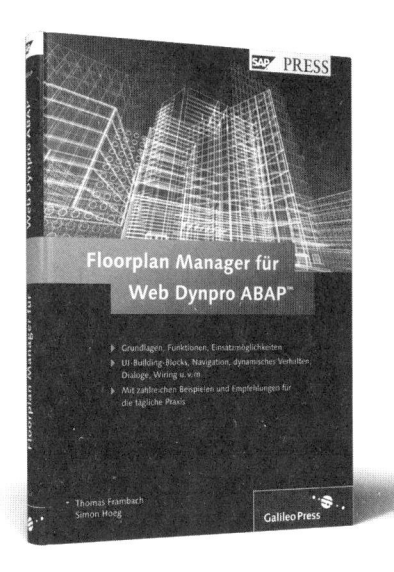

Grundlagen, Funktionen, Einsatzmöglichkeiten

UI-Building-Blocks, Navigation, dynamisches Verhalten, Dialoge, Wiring u. v. m.

Mit zahlreichen Beispielen und Empfehlungen für die tägliche Praxis

Thomas Frambach, Simon Hoeg

Floorplan Manager für Web Dynpro ABAP

Sie wollen Geschäftsanwendungen entwickeln, die vom Look & Feel der SAP Business Suite nicht zu unterscheiden sind? In diesem Buch finden Sie alles, was Sie dazu wissen müssen. Aufbauend auf den technologischen Grundlagen und anhand vielfältiger Beispiele stellen Ihnen die Autoren alle Möglichkeiten und Funktionen des Floorplan Managers vor: vordefinierte UI-Patterns für Listen und Formulare, Navigation, Dialogkonfiguration u.v.m. Die Übersichtlichkeit der Darstellung macht es zudem zu einem geeigneten Nachschlagewerk für die tägliche Praxis.

366 S., 2011, 79,90 Euro
ISBN 978-3-8362-1530-5

>> www.sap-press.de/2290

SAP PRESS

www.sap-press.de

Praxisworkshop zur ABAP-Programmierung mit der Workflow Engine

Workflows Schritt für Schritt erweitern und anpassen

Beispiele, Problemlösungen sowie Tipps und Tricks für die tägliche Praxis

Ilja-Daniel Werner

Workflow-Programmierung mit ABAP

In diesem Buch lernen Sie die Workflow Engine eigens aus Sicht der ABAP-Entwicklung kennen. In vielen kleinen Workshops wird Ihnen erläutert, inwiefern sich die Workflow-Programmierung von der klassischen Applikationsentwicklung unterscheidet und wie Sie das Verhalten von Workflows entsprechend beeinflussen können: beim Einsatz von BOR-Objekten, der Bearbeiterfindung, dem Datenfluss oder der Ereigniserzeugung. Kommentierte Codebeispiele helfen Ihnen dabei, Ihre Workflow-Anforderungen zukünftig voll umzusetzen und dabei typische Stolpersteine zu umgehen.

188 S., 2011, 49,90 Euro
ISBN 978-3-8362-1677-7

\>\> www.sap-press.de/2480

Presents the most recent ABAP technologies and tools through the eyes of a developer

Includes new topics like syntax enhancements, ABAP Test Cockpit, AJAX, SAP BusinessObjects integration, XML processing, Rich Islands, NWBC 3.0, and many more

Rich Heilman, Thomas Jung

Next Generation ABAP Development

After reading this book, you will be able to assess and employ the new tools and features of ABAP within SAP NetWeaver 7.0 to 7.0 EHP2. The updated and revised second edition assumes a scenario where a fictive university has just converted from SAP R/3 4.6C to SAP NetWeaver 7.0 (SAP Business Suite 7.0), this time with the default installation option of EHP2. Readers will experience the entire development process of applications – design, development and testing of all areas – through the eyes of a developer, and will walk away with a firm understanding of many of the newer technologies or design techniques that were not previously available in ABAP.

735 pp., 2. edition 2011, with CD, 69,95 Euro / US$ 69.95
ISBN 978-1-59229-352-0

>> www.sap-press.de/2406

www.sap-press.de

Ihr praktischer Einstieg in FI

Geschäftsabläufe verständlich dargestellt: mit vielen Buchungsbeispielen und SAP-Abbildungen

Schritt-für-Schritt erklärt: Debitoren, Kreditoren, Hauptbuch, Anlagen u.v.m.

Ana Carla Psenner

Buchhaltung mit SAP: Der Grundkurs für Einsteiger und Anwender

Dieses Buch führt Sie anschaulich und jederzeit verständlich durch Ihre täglichen Aufgaben in der Buchhaltung mit SAP. Sie lernen Klick für Klick, wie Sie Stammdaten und Belege erfassen und Rechnungen, Gutschriften oder Zahlungen buchen. Durch den klaren, handlungsorientierten Aufbau und die verständliche Sprache ist dieser Grundkurs ein idealer Begleiter für den Einstieg in die Software.

ca. 396 S., 39,90 Euro
ISBN 978-3-8362-1713-2, November 2011

\>> www.sap-press.de/2532

SAP PRESS

www.sap-press.de

Schritt für Schritt richtig
einkaufen mit MM

Von der Bestellanforderung
bis zur Rechnungsprüfung

Mit vielen SAP-Abbildungen
und Arbeitsanleitungen

Tobias Then

Einkauf mit SAP: Der Grundkurs für Einsteiger und Anwender

So arbeiten Sie schnell und sicher im Einkauf mit SAP: Dieses Buch führt Sie Klick für Klick durch Ihre täglichen Aufgaben im SAP-Modul MM – von den Stammdaten über die einzelnen Einkaufsschritte bis zur Rechnungsprüfung. Der klare, handlungsorientierte Aufbau des Buches macht es Ihnen leicht, das Gelernte praktisch im SAP-System nachzuvollziehen.

357 S., 2011, 39,90 Euro
ISBN 978-3-8362-1712-5

>> www.sap-press.de/2531

SAP PRESS

www.sap-press.de

Schnell und zuverlässig mit SAP arbeiten

Die wichtigsten SAP-Module verständlich erklärt

Schritt für Schritt und mit vielen Beispielen und Abbildungen

Keine Vorkenntnisse erforderlich!

Olaf Schulz

Der SAP-Grundkurs für Einsteiger und Anwender

So einfach kann SAP sein! Mit diesem Grundkurs lernen Sie das SAP-System kennen und bedienen: Klick für Klick führt das Buch Sie durch die Software und zeigt Ihnen alle Funktionen, die Sie in Ihrer täglichen Arbeit benötigen. Auch die zentralen SAP-Module MM, SD, FI, CO und HR/HCM werden verständlich erklärt. Mit zahlreichen Übungsaufgaben können Sie Ihr Wissen überprüfen und festigen.

398 S., 2011, 29,90 Euro
ISBN 978-3-8362-1682-1

>> www.sap-press.de/2488

SAP PRESS

MITMACHEN & GEWINNEN!

SAP PRESS

Sagen Sie uns Ihre Meinung und gewinnen Sie einen von 5 SAP PRESS-Buchgutscheinen, die wir jeden Monat unter allen Einsendern verlosen. Zusätzlich haben Sie mit dieser Karte die Möglichkeit, unseren aktuellen Katalog und/oder Newsletter zu bestellen. Einfach ausfüllen und abschicken. Die Gewinner der Buchgutscheine werden persönlich von uns benachrichtigt. Viel Glück!

▶ **Wie lautet der Titel des Buches, das Sie bewerten möchten?**

▶ **Wegen welcher Inhalte haben Sie das Buch gekauft?**

▶ **Haben Sie in diesem Buch die Informationen gefunden, die Sie gesucht haben? Wenn nein, was haben Sie vermisst?**
- ☐ Ja, ich habe die gewünschten Informationen gefunden.
- ☐ Teilweise, ich habe nicht alle Informationen gefunden.
- ☐ Nein, ich habe die gewünschten Informationen nicht gefunden. Vermisst habe ich:

▶ **Welche Aussagen treffen am ehesten zu?** (Mehrfachantworten möglich)
- ☐ Ich habe das Buch von vorne nach hinten gelesen.
- ☐ Ich habe nur einzelne Abschnitte gelesen.
- ☐ Ich verwende das Buch als Nachschlagewerk.
- ☐ Ich lese immer mal wieder in dem Buch.

▶ **Wie suchen Sie Informationen in diesem Buch?** (Mehrfachantworten möglich)
- ☐ Inhaltsverzeichnis
- ☐ Marginalien (Stichwörter am Seitenrand)
- ☐ Index/Stichwortverzeichnis
- ☐ Buchscanner (Volltextsuche auf der Galileo-Website)
- ☐ Durchblättern

▶ **Wie beurteilen Sie die Qualität der Fachinformationen nach Schulnoten von 1 (sehr gut) bis 6 (ungenügend)?**
☐ 1 ☐ 2 ☐ 3 ☐ 4 ☐ 5 ☐ 6

▶ **Was hat Ihnen an diesem Buch gefallen?**

▶ **Was hat Ihnen nicht gefallen?**

▶ **Würden Sie das Buch weiterempfehlen?**
☐ Ja   ☐ Nein
Falls nein, warum nicht?

▶ **Was ist Ihre Haupttätigkeit im Unternehmen?**
(z.B. Management, Berater, Entwickler, Key-User etc.)

▶ **Welche Berufsbezeichnung steht auf Ihrer Visitenkarte?**

▶ **Haben Sie dieses Buch selbst gekauft?**
- ☐ Ich habe das Buch selbst gekauft.
- ☐ Das Unternehmen hat das Buch gekauft.

KATALOG & NEWSLETTER

www.sap-press.de

Ja, bitte senden Sie mir kostenlos den neuen **Katalog**. Für folgende SAP-Themen interessiere ich mich besonders: (Bitte Entsprechendes ankreuzen)

- ☐ Programmierung
- ☐ Administration
- ☐ IT-Management
- ☐ Business Intelligence
- ☐ Logistik
- ☐ Marketing und Vertrieb
- ☐ Finanzen und Controlling
- ☐ Personalwesen
- ☐ Branchen und Mittelstand
- ☐ Management und Strategie

Ja, ich möchte den **SAP PRESS-Newsletter** abonnieren. Meine E-Mail-Adresse lautet:

Teilnahmebedingungen und Datenschutz:
Die Gewinner werden jeweils am Ende jeden Monats ermittelt und schriftlich benachrichtigt. Mitarbeiter der Galileo Press GmbH und deren Angehörige sind von der Teilnahme ausgeschlossen. Eine Barablösung der Gewinne ist nicht möglich. Der Rechtsweg ist ausgeschlossen. Ihre freiwilligen Angaben dienen dazu, Sie über weitere Titel aus unserem Programm zu informieren. Falls sie diesen Service nicht nutzen wollen, genügt eine E-Mail an **service@galileo-press.de**. Eine Weitergabe Ihrer persönlichen Daten an Dritte erfolgt nicht.

◀ Absender

Firma

Abteilung

Position

Anrede   Frau ☐   Herr ☐

Vorname

Name

Straße, Nr.

PLZ, Ort

Telefon

E-Mail

Datum, Unterschrift

◀ Antwort

SAP PRESS
c/o Galileo Press
Rheinwerkallee 4
53227 Bonn

Bitte freimachen!

SAP PRESS